北京市科学技术研究院首都高端智库研究报告

**创新政策蓝皮书**

U0516254

# 北京科技创新政策研究报告
# （2020）

主　编／方　力

副主编／李国飞　王海芸　王　涵

经济管理出版社
ECONOMY & MANAGEMENT PUBLISHING HOUSE

**图书在版编目（CIP）数据**

北京科技创新政策研究报告.2020/方力主编.—.北京：经济管理出版社，2021.6
ISBN 978-7-5096-8042-1

Ⅰ.①北… Ⅱ.①方… Ⅲ.①技术革新—科技政策—研究报告—北京—2020 Ⅳ.①F124.3

中国版本图书馆 CIP 数据核字（2021）第 108182 号

组稿编辑：陆雅丽
责任编辑：张馨予
责任印制：张馨予
责任校对：张晓燕

出版发行：经济管理出版社
　　　　　（北京市海淀区北蜂窝 8 号中雅大厦 A 座 11 层　100038）
网　　址：www. E-mp. com. cn
电　　话：(010) 51915602
印　　刷：唐山昊达印刷有限公司
经　　销：新华书店
开　　本：787mm×1092mm/16
印　　张：19
字　　数：427 千字
版　　次：2021 年 9 月第 1 版　2021 年 9 月第 1 次印刷
书　　号：ISBN 978-7-5096-8042-1
定　　价：88.00 元

# 前　言

当今世界正经历百年未有之大变局，新一轮科技革命和产业变革深入发展，国际力量对比深刻调整。特别是 2020 年，中美贸易摩擦不断升级，逆全球化趋势加剧，加之突如其来的新冠肺炎疫情全球蔓延，使全球未来发展的不确定性增加，世界经济面临持续低迷态势。

党的十九届五中全会强调，要坚持创新在我国现代化建设全局中的核心地位，把科技自立自强作为国家发展的战略支撑，并把完善科技创新体制机制作为坚持创新驱动发展、全面塑造发展新优势的重要内容。在新形势下，科技创新受到了前所未有的重视，凸显了以改革促创新、以创新促发展的重要性和紧迫性。

"十三五"时期，围绕全国科技创新中心建设，北京全力推进"三城一区"建设；加速布局前瞻性基础研究，在人工智能、区块链、脑科学等前沿科技领域保持全国领先优势；以创新经济为标志的创新高地迅速崛起；围绕释放人才、创新活力、优化创新环境，北京持续发布成果转化条例、科研项目和经费管理 28 条、科创 30 条等科技体制机制改革政策，科技创新创业生态充满活力。围绕开放创新，北京市推出新一轮服务业扩大开放综合试点，同时建设国家服务业扩大开放综合示范区，设立以科技创新、服务业开放、数字经济等为主要特征的中国（北京）自由贸易试验区，以更加开放的政策推动国际化发展。

2020 年是"十三五"收官之年，中共北京市委十二届十五次全会在部署"十四五"时期北京经济社会发展任务时，强调"四个中心"是党中央赋予北京的城市战略定位，也是引领这座城市发展的定向标和导航仪，要更加突出创新发展，提出以建设国际科技创新中心为新引擎，率先探索构建新发展格局的有效路径。北京建设国际科技创新中心迎来重大机遇窗口期。在新的历史方位和时代坐标下，北京更需围绕国际科技创新中心建设加大战略和政策研究力度，提出更加明确的发展思路、更加有效的创新举措，从而破解科技领域改革难题，推动科技创新体制机制改革向纵深发展，为国际科技创新中心建设提供有力的制度保障。

本书是"北京市科学技术研究院首都高端智库"（以下简称"北科智库"）系列蓝皮书成果之一。"北科智库"作为首批首都新型高端智库试点单位，也是 14 家试点单位中唯一的一家科技创新智库，充分发挥自身优势，在科技创新政策领域深入研究，积极为北京市委市政府建言献策，产生了一批高水平成果。本书围绕科技创新政策，汇集了近年来北科智库研究人员的优秀研究成果。

本书共分 3 篇 19 章，重点针对北京科技创新中心建设的若干重要问题开展了专题研究，并对国家和北京 2020 年出台的科技创新政策进行了梳理。全书分为区域创新篇、创新改革篇和成果转化篇，从"三城一区"发展、科技体制改革、文化科技融合、科学数据管理、科技成果转化等不同角度开展研究，提出对策建议，以期为"十四五"时期北京加速推进国际科技创新中心建设、实现创新驱动发展提供决策依据。

本书由北京市科学技术研究院党组书记方力总体策划，时任北京科学学研究中心党总支书记李国飞、北京科学学研究中心副主任王海芸和北京科学学研究中心科技政策部主任王涵负责研究工作的整体推进和各章内容的编纂指导。北京科学学研究中心助理研究员杨博文负责具体组织协调，各篇内容主要由北京科学学研究中心的研究人员共同完成。

鉴于学识和研究水平有限，书中错误和疏漏在所难免，欢迎广大读者提出宝贵意见和建议。

**编委会**

2021 年 3 月

# 目　录

区域创新篇

创新改革篇

## 成果转化篇

## 附 录

# 区域创新篇

# 第一章 "三城一区"协同联动发展现状、问题及对策研究[①]

2014年以来,习近平总书记多次视察北京并发表重要讲话,指出北京要以建设具有全球影响力的科技创新中心为引领,抓好"三城一区"建设。近年来,北京在建设具有全球影响力的科技创新中心过程中,高度重视"三城一区"主平台建设,先后编制完成了中关村科学城、怀柔科学城、未来科学城、亦庄新城和创新产业集群示范区(顺义)的发展规划,明确了"聚焦中关村科学城,突破怀柔科学城,搞活未来科学城,升级北京经济技术开发区(以下简称经开区)和顺义区"的发展思路。但对于"三城一区"整体发展,特别是协同联动方面的考虑亟待加强。本章聚焦"三城一区"协调联动问题,分析"三城一区"联动发展的现状和存在的问题,提出相关对策建议。

## 第一节 "三城一区"协同联动发展的必要性

### 一、北京建设全国科技创新中心的需要

上海市提出举全市之力推进科创中心建设,进一步聚焦张江,即张江综合性国家科学中心、张江科学城、张江国家自主创新示范区,"三个张江"是上海科创中心建设的主阵地、主战场。深圳聚焦光明科学城,建设综合性国家科学中心核心承载区。上海和深圳都聚焦一个科学城,而北京聚焦"三城一区"四个区域,显得相对分散,更加需要将"三城一区"作为一个整体,明确其总体定位以及内部各城(区)的功能作用。只有"三城一区"协同联动发展,才能高效地带动北京全国科技创新中心的建设和发展。

### 二、带动北京南北城乃至全市协同发展的需要

长期以来,北京南北城科技创新发展的水平差距较大。北城集中了大部分创新资源,具有较强的科技创新实力,"三城一区"中的三城都位于北城,创新型产业集群示范区(顺义)也在北部,只有经开区位于南城,最新的亦庄新城规划范围达到约225平方千米,

---

① 本章作者:李海丽、陈海燕、曹静、吴瑞娟。

将通州区的台湖高端总部基地、光机电一体化基地、马驹桥镇区、物流基地等都纳入进来，肩负着承接三大科学城科技创新成果转化的重要使命。因此，"三城一区"联动发展对于带动北京南北城以及全市协同发展具有重要的意义。

### 三、探索区域协同联动发展路径的需要

"三城一区"协同联动发展不仅关系到北京城市创新能力整体提升，而且也关系到京津冀世界级城市群竞争优势的发挥。可以说，京津冀创新共同体建设关键看北京，北京建设全国科技创新中心关键看"三城一区"。只有"三城一区"形成一个有活力的创新体系，京津冀区域协同联动才能有坚实的基础。推动"三城一区"协同联动发展，促进科技创新要素流动和创新网络形成，将改变创新链、产业链和资金链布局，更有效优化整合创新资源，形成更紧密的协同创新共同体，为探索区域协同联动发展提供经验路径。

# 第二节　"三城一区"协同联动现状

从整体上看，"三城一区"R&D 经费内部支出和 R&D 人员全时当量均已占到全市的五成左右，科技论文数和专利申请数分别占到全市的六成和四成[①]，已经初步显现出全国科创中心建设的主平台地位。同时，"三城一区"又各自具备不同的特点，怀柔科学城和未来科学城处于刚起步建设阶段；经开区和顺义区功能较为单一，产业化基础和条件最为突出；中关村科学城具有研发、转化、产业化、孵化、制度创新等多重复合功能，发展相对成熟，目前与其他"两城一区"存在一些互动交流，也有一些实质性的合作。其他"两城一区"之间互动交流较少，协同联动还仅限于初步沟通阶段，还未有实质性的联动。

### 一、中关村科学城——怀柔科学城协同联动

一是 2019 年 6 月中关村科学城与怀柔科学城签订了《海怀携手双城联动共建科创发展新生态战略合作框架协议》[②]，到 2025 年，海淀、怀柔将共同建成一批支撑原始创新的重大科技基础设施、创新基地和研发机构，形成一批科研协同攻关成果，打造一批科技创新深度应用场景，开展一批高水平科技创新活动，落地一批合作共建民生项目，共同构建营造宜创宜业宜居宜游的科技创新生态和城市建设治理生态。二是中关村科学城内的中科院、北京大学、清华大学等机构支持怀柔科学城的高能同步辐射光源等 5 个重大科技基础设施、材料基因组等 20 多个重大科技研发平台建设。三是中关村发展集

---

① 资料来源：北京市统计局数据，数据统计范围未包含顺义区。
② 资料来源：http://www.bjhr.gov.cn/ywdt/hrkx/202009/t20200907_1999200.html。

团与怀柔区签署怀柔科学城项目合作框架协议①，共同成立怀柔科学城建设发展公司，并依托该公司打造成世界一流的科学城。四是推进北京101中学怀柔校区扩建、北京实验二小怀柔分校扩建等项目建设，实现中关村一小、五一小学等市级名校与怀柔科学城雁栖学校、杨宋小学一体化办学。五是推进北京大学医学部密云校区和研究型智能医院建设等项目建设。

## 二、中关村科学城——未来科学城协同联动

一是中关村科学城与未来科学城共建生命科学园。中关村科学城为生命科学园发展提供人才、技术支撑，未来科学城为生命科学园发展提供政策、土地等支撑。二是中关村科学城向未来科学城输出知识产权、科技金融、研发检测等科技中介服务体系，在未来科学城共建中关村金种子企业服务站。三是支持未来科学城引入中关村二小等3所名校分校。

## 三、中关村科学城——北京经济技术开发区协同联动

一是发布实施《关于共同建设中关村科技成果产业化先导基地的行动方案》，促进经开区承接转化中关村科学城内的高校院所成果。据统计，2019年北京经济技术开发区转化落地117个"三城"科技成果项目②。二是中关村科学城与经开区之间初显产业分工协作趋势。据调研，中关村科学城有些企业保留总部功能，将研发和产业化环节放到了经开区，如利亚德；还有一些企业将总部和研发中心放在中关村科学城，到经开区设立功能型基地，如百度。三是支持经开区借助中关村科学城优质教育资源，新建北京经济技术开发区建华实验学校、人大附中北京经济技术开发区学校等。四是发布《关于促进中关村顺义园第三代半导体等前沿半导体产业创新发展的若干措施》，支持顺义区第三代半导体产业发展。

## 四、其他"两城一区"之间互动

2019年8月，经开区领导到怀柔科学城考察，并就双方进一步合作达成共识，要建立合作沟通对接机制，结合两区实际，围绕大科学装置建设推进产业配套和产业集群构建，优化顶层设计和基层布局，利用好交叉研究平台，共同探索推动产业金融投资、生态环境建设、人才服务和干部交流等，加快推进"三城一区"联络线建设等③。9月，经开区领导到未来科学城考察，并就进一步合作进行了交流，明确了要建立合作沟通对接机制，主动对接、相互支持，建立工作专班，在信息互通、科技成果产业化合作、设备采购、公共实验室平台开放、平台公司合作、干部交流等方面形成合作方案。④

---

① 资料来源：http://www.xzlunwen.com/20181202/1449483.html。
② 资料来源：北京市人民代表大会常务委员会网站，http://www.bjrd.gov.cn/xwzx_1/xwkx/yfly/202001/t20200114_200487.html。
③ 资料来源：http://www.bjhrqw.gov.cn/hrdw/ywjj/xwtp/789055/index.html。
④ 资料来源：https://www.sohu.com/a/339687015_120209831。

# 第三节  "三城一区"协同联动存在的问题

## 一、"三城一区"之间发展不协调

"三城一区"发展不够均衡，呈现"两高两低"格局。中关村科学城无论是 R&D 经费投入、R&D 人员数量还是专利成果在"三城一区"中均占八成以上，科技论文占九成以上①；经开区具有高精尖产业集聚优势，产出效率较高，随着新规划落地，将呈加快发展势头。未来科学城和怀柔科学城尚处于建设初期，在"三城一区"中各类指标所占份额小，基本在5%以下，劳均产出均不足北京经济技术开发区的四成。另外，因发展阶段不同，"三城一区"公共基础设施和服务配套还参差不齐，中关村科学城和北京经济技术开发区比较成熟，怀柔科学城和未来科学城"城"的配套方面还有待完善。

## 二、协同联动体制机制不健全

一是尚未建立协同管理模式。市政府分别设立中关村科学城管委会、怀柔科学城管委会、未来科学城管委会、北京经济技术开发区管委会四个外派机构，全面推进各城/区建设。"三城一区"两两之间有建立合作沟通对接机制的意向，但是也是初步的，仅限于区的层面，整体"三城一区"之间协同机制还未建立，基本还是各自为战，局限于自家"一亩三分地"范围。二是"三城一区"尚未实现政策协同，如土地、人才、资本等政策还是在全市统一部署下，各自制定自己区域内的政策。

## 三、创新要素尚未实现无障碍流动

一是"三城一区"人才尚未实现无障碍流动。中科院研究人员到怀柔科学城工作面临诸如子女入学、家属就业等问题，即使每天花费4小时在路上也愿意住在海淀，不愿搬去怀柔。二是"三城一区"企业尚未实现无障碍流动。企业会直接影响地方政府税收，因此各地纷纷制定各类土地租赁、税收减免等政策，避免优质企业流失。三是科技成果尚未实现无障碍流动。大部分科研成果还是由每个科学城内部的单位转化。

## 四、在提升国际影响力方面缺乏协同

一是在打造国际知名创新型产业集群方面协同不足。虽然中关村科学城、怀柔科学城、未来科学城均在石墨烯、生命科学、能源材料等方面布局了科技创新资源，但"三城一区"整体并未形成基于大健康、生命科学等的创新型产业集群。二是"三城一区"国

---

① 资料来源：北京市统计局数据，数据统计范围未包含顺义区。

际会议联动策划有待加强。目前，中关村科学城的中关村论坛、怀柔科学城的国际综合性科学中心研讨会、经开区的世界机器人大会，均已具有一定影响力，如能强强联合形成合力，则有望赶超上海浦江创新论坛在国际上的影响力。

# 第四节 "三城一区"协同联动发展建议

"三城一区"作为国家和北京市科技创新的重要载体，特别是中关村科学城，经过多年的发展，科技创新资源聚集，本身也在向北京市乃至全国输出科技成果。"三城一区"也在协同的观念层面达成了共识，认为在产业合作、空间布局等方面联动发展是非常有必要的，彼此之间已经开展了一些交流互动，初步建立起一些合作沟通机制。"十四五"时期，要进一步推进"三城一区"协同联动发展，打造同一标准的基础设施和公共服务，构建高质量发展的创新生态，促进创新资源自由流动，提升"三城一区"整体国际品牌。

## 一、加强协同联动的顶层设计，建立统筹协调的组织管理体系

一是加强规划统筹衔接。制定出台协同联动发展指导意见，强化功能分工，形成功能互补、联动发展的格局。加强"三城一区"各自规划与市级城市规划、科技创新中心规划的衔接，"三城一区"共享生产生活空间，共享公共服务设施，共同推动跨区域产城融合发展。加强重大基础设施统筹规划，加快交通互联互通。二是推进协同管理。成立统筹管理机构，建立重大事项协同推进机制，探索协同治理新模式。根据"三城一区"各自规划目标，对可以统一纳入统计的指标进行规范，促进"三城一区"整体可考核指标体系构建，健全对"三城一区"整体评价的统计体系和评价体系。加强"三城一区"政策协同，推进中关村先行先试政策在其他两城一区落地实施，统筹"三城一区"人才、税收等政策的协同。三是统筹重大任务和项目在"三城一区"的布局。统筹大科学装置等国家重大科技基础设施、重大任务和重大项目在"三城一区"布局，统筹国家实验室、国家技术创新中心、国家工程研究中心等重大平台布局。

## 二、提升互联互通水平，打造同一标准的基础设施和公共服务

加强"三城一区"之间的轨道交通、高速公路等交通体系建设；推进优质教育、医疗保障、住房等资源在"三城一区"布局，形成同一标准、水平相当的公共服务供给。完善"三城一区"信息基础设施，实施 5G 网络全覆盖工程。统筹布局公用数据共享平台、智能计算中心等算力基础设施。协同布局自动驾驶应用场景，经开区全面放开核心区智能网联汽车道路测试，打造新一代人工智能等重大场景应用示范区；顺义区运营自动驾驶封闭测试场。建设融合基础设施，支持"三城一区"深度应用互联网、大数据等技术，建设智

慧能源等设施。

### 三、促进创新要素无障碍流动，建立一体化的创新服务体系

搭建"三城一区"创新服务平台，集成推送产业技术协同创新、科技基础设施共享、创新政策落实、科技投融资、开放创新合作、"双创"服务等创新服务资源，促进人才、成果、资本、信息等数据资源开放共享。建立一体化人才保障服务标准，实行人才评价标准互认制度；建立技术创新成果市场交易平台，实现"三城一区"技术创新成果转化的市场化配置；设立"三城一区"协同创新专项基金，引入各类促进科技创新的金融机构，构建多元资金供给体系，加快金融领域协同改革和创新，促进资本有序自由流动；推动土地要素市场化配置综合改革，提高资源要素配置效能和节约集约利用水平。引导实现创新资源在"三城一区"无障碍流动，为"三城一区"协同联动发展夯实服务基础。

### 四、抓住"牛鼻子"，加强创新链、产业链协同联动

根据区域发展的特色探索共赢机制，促进"三城一区"创新链、产业链的协同联动。一是加强创新源头引领。以中关村科学城为龙头，强化原始创新和自主创新的源头供给，发挥研发创新优势，延长产业链条，带动"三城一区"基础研究和关键核心技术突破，加强其与怀柔科学城、未来科学城、经开区、顺义区的创新链、产业链协同联动。二是深化研发合作。通过建立联合研究机构，推动"三城一区"研发能力提升，如中关村科学城推动中关村企业与未来科学城央企共建联合研究机构，打造开放式研发平台。怀柔科学城加强重大科技基础设施开放共享，共同研究制定"三城一区"重大科技基础设施的共建共享办法，加大对社会的开放力度，提升科技研发创新的支撑能力。三是加强与高精尖产业之间的对接。统筹协同创新平台、重大项目等创新要素资源，"一区"全面对接"三城"在硬科技、智能制造、5G、工业互联网等方面的科技成果，推动国家及本市重大产业项目优先在经济开区和顺义区布局；根据"三城一区"各自产业布局，促进产业链不同环节之间的对接和协作，推动在生命科学、新材料等领域形成世界影响力的创新型产业集群和创新共同体；推动"三城一区"与中关村各分园加强对接，围绕创新链和产业链，建设需求对接平台、新技术及新产品推介平台，推动中关村各分园提升产业承接能力，促进产业不同环节协作。四是完善科技成果转化对接机制。通过开展周期性的对接会，建立成果转化联盟，构建"三城"成果数据库等方式，打通"三城一区"沟通渠道，推动"三城"科技成果向"一区"转化落地。建立"一区"对"三城"研发创新的反向促进机制，引导"一区"中的产业集群与"三城"中的高校和科研机构紧密对接，围绕成果转化和产业化过程中的共性技术瓶颈，凝练技术需求，完善重大创新项目的形成机制，反向引导"三城"研发攻关方向。

### 五、加强联动发展机制建设，提升"三城一区"整体影响力

一是加强联动发展政绩考核。顺应"三城一区"科技创新要素流动和联动发展的需

要，对政绩考核进行适当调整，调动地方政府官员的积极性。二是完善利益分配机制。在GDP 核算、科技成果转化收益、项目创造产值税收、重点项目共招共推、创新人才共引共育等方面按照协议约定进行分成，激发联动发展积极性。三是以自贸区建设为抓手促进联动发展。高水平建设"三城一区"自贸区高科技片区，在贸易便利化方面，探索创新举措，促进联动发展。四是整合国际活动品牌。将中关村论坛打造成综合性国际交流平台，开办平行论坛，整合国际综合性科学中心研讨会、全球能源转型论坛、世界机器人大会、智能网联汽车大会、北斗导航年会等资源。五是加强"三城一区"对京津冀及全国辐射引领。建设好京津冀协同创新共同体，探索共建京津冀联合实验室、协同创新联盟；建立跨区域科技资源服务平台、成果转化对接与技术转移通道，推动"三城一区"科技成果向全国辐射外溢。

# 第二章 怀柔科学城创新生态系统构建分析[①]

2016年9月，国务院印发《北京加强全国科技创新中心建设总体方案》，自此怀柔科学城正式投入建设，定位于建设成为世界原始创新承载区。北京市委、市政府高度重视，以国际视野对怀柔科学城发展进行了顶层设计，出台了《怀柔科学城发展建设规划（2016-2020年）》《北京怀柔综合性国家科学中心建设重点任务实施方案（2017-2020年）》等系列文件，建立了多组织推进机制，并成立了怀柔科学城管理委员会作为专门推进机构来加大建设力度，并取得了积极成效。但鉴于新冠肺炎疫情突发、国际经贸往来及科技合作形势严峻的局势，国内将逐步形成以国内大循环为主体、国内国际双循环相互促进的新发展格局，从"十四五"乃至更长的周期发展来看，怀柔科学城面临着严峻挑战的同时，发展与机遇并存，因此对其创新生态系统如何打造和演化展开研究意义非凡。

## 第一节 契合怀柔科学城发展的创新生态系统理论分析

从创新网络、创新系统到创新生态系统是一个不断演化的过程。创新生态系统的概念由美国总统科技顾问委员会于2003年第一次正式提出，曾国屏等（2013）[②] 探讨了创新生态系统的动态性、栖息性和生长性，认为创新生态系统是创新要素集聚并聚合反应、创新价值链和创新网络形成并拓展的开放系统。Cross（2013）[③] 认为，创新生态系统是以核心企业为主导的由利益相关者组成的创新联盟体，也包括研究、开发和应用等持续动态发展的创新子群落。费艳颖（2019）[④] 认为创新环境、创新主体、环境与主体之间的创新资源流动，是创新生态系统的主要构成元素，由此构建高效的创新生态系统需要从优化创新制度环境、加强创新主体联合、加快创新资源积累三方面着手。已有相关研究强调了创新资源、创新主体和创新环境是创新生态系统不可或缺的三个组成部分。

本章认为，科学城的创新生态系统主要包括创新资源、创新主体以及创新制度环境。

---

① 本章作者：王海芸、于贵芳。

② 曾国屏，苟尤钊，刘磊. 从"创新系统"到"创新生态系统"[J]. 科学学研究，2013，31（1）：4-12.

③ Cross, S. E. Strategic considerations in leading an innovation ecosystem [J]. GSTF Journal on Business Review, 2013, 2 (3).

④ 费艳颖，凌莉. 构建高效的国家创新生态系统 [J]. 人民论坛，2019（18）：62-63.

目前怀柔科学城的创新生态系统仍处于初期建设阶段，多渠道集聚创新要素和创新资源，初步形成了创新网络，但创新生态系统尚在动态演化中。从协同论的角度来看，系统各要素之间的协同是自组织过程的基础，系统内部各要素之间要建立协同机制，要素之间的竞争和协同作用是系统产生新结构的直接根源。因此，怀柔科学城要兼容并蓄接纳全球创新资源，发挥多主体作用，改变线性发展思维，注重核心领域创新链、价值链及产业链的重构，打造多层次的"央地协同、市区联动协同、产学研用协同、京津冀协同、产业链协同、创新链协同"发展新格局，并注重营造规范的创新制度环境，从而形成独具特色的创新生态系统。

# 第二节　怀柔科学城创新生态系统的发展现状分析

目前，怀柔科学城城市框架已经扎实起步，北京怀柔综合性国家科学中心建设成效初步显现，一批重大科技基础设施建成，一批科技成果产生。未来怀柔科学城建成以后将面向全球开放，推动国际科研合作，实现高质量发展。未来规划目标是：到2025年，示范效应明显，承载能力全面增强，怀柔科学城城市框架基本形成，北京怀柔综合性国家科学中心影响力显著提升；到2035年，突破效应明显，基本建成国际知名的科学城和国家科学中心，世界最大的重大科技基础设施集群形成，综合性国家科学中心功能彰显，一批具有世界影响力的原始创新成果产生；到2050年，全面建成引领世界一流的科学城和国家科学中心。

## 一、创新要素

创新要素在一定地理空间内的集聚是创新生态系统形成与发展的先决条件，其主要包括技术、人才、资本、数据等。怀柔科学城作为"三城一区"重要组成，定位为与国家战略需求相匹配的世界级原始创新承载区，将通过国家重大科技基础设施建设，尤其注重顶尖人才和团队的创新要素的集聚，推动基础前沿研究、关键核心技术和颠覆性技术突破，为北京高质量发展提供新动能。

怀柔科学城在基础研究方面目前重点聚焦了五大科学方向：物质科学、空间科学、地球系统科学、生命科学和智能科学，正准备开展高水平和前沿技术的研究。其领军人才及团队也围绕这些学科进行布局。有一定的顶尖人才储备，但国际顶尖科学家及其团队依然缺乏。怀柔科学城内各类人才聚集，高层次领军人才有来自空间科学领域的吴季院士、纳米领域的王中林院士及中科院物理所所长方忠、中科院院士白春礼等一批专家。

怀柔科学城的发展是以大科学装置为核心，持续打造一批科技研发平台集群，大科学装置建设的宗旨是建设一批、运行一批、论证一批、储备一批。"十三五"时期国家和北京市在怀柔科学城布局建设了包括5个大科学装置和24个科技研发平台在内的总计29个科学设施平台。截至2021年6月，"十二五"国家重大科技基础设施地球系统数值模拟装置落成启用，高能同步辐射光源、先进光源技术研发与测试平台等科研装置相继进入科研状态。由此，怀柔科学城正式迈入了建设与运行并重的新阶段。

## 二、创新主体

创新主体是创新资源集聚的载体，主要包括高校和科研机构、创业企业、领军企业、风险投资/金融机构等。围绕科学城整体创新链布局创新主体和服务机构，一批一流大学、科研院所、高技术企业、孵化转化园区、新型研发机构、科技服务机构、国家制造业创新中心等创新主体向怀柔科学城加快集聚。

### （一）持续吸引新型研发机构和研究院

一是北京协同创新研究院在怀柔科学城落成。二是北京雁栖湖应用数学研究院落成。2020年6月，北京市政府牵头筹建的新型研发机构——北京雁栖湖应用数学研究院落户怀柔科学城，国际著名数学家、清华大学数学科学研究中心主任丘成桐领衔，主要围绕数学物理与理论物理、材料科学、人工智能与大数据、统计方法与数据科学等重大应用领域与研究方向，建设一流新型研发机构。三是中科院北京纳米能源与系统研究所于2020年11月底前整建制搬迁至怀柔科学城内。该所是北京市和中科院联合组建的新型研发机构，主要从事纳米能源和纳米自驱动系统研究，创立压电电子学和压电光电子学两个学科，拥有摩擦纳米发电机4项核心技术，产出和转化了摩擦电空气净化器等一批科研成果。此外，还包括国科大怀柔科学城产业研究院、海创产业技术研究院、魏桥国科研究院等一批新型研发机构。

### （二）顶尖高校积极支持怀柔科学城建设

北京市十五届人大常委会第七次会议曾指出，怀柔科学城将布局引进建设"小而精、新而特"大学或学院。目前，围绕怀柔科学城的学科布局，北京大学、清华大学和中国科学院大学均积极参与了怀柔科学城建设。北京大学医学部落户怀柔东区；清华大学和北京怀柔科学城建设发展有限公司共同建设的空地一体环境感知与智能响应研究平台目前正在加快建设；中国科学院大学作为怀柔科学城内的主要高校，怀柔科学城要继续加快中国科学院大学的发展与建设，深化科教融合，加大与中科院各院所之间的学科联动，通过发挥国际一流人才平台的作用，支持中国科学院大学建设世界一流大学和学科。此外，北京电影学院怀柔校区建设也在有序推进，北京理工大学、北京航空航天大学等高校也正在积极谋划参与怀柔科学城建设。

### （三）培育科技服务机构和服务品牌

一是金融服务。目前深圳证券交易所、上海证券交易所在怀柔成立企业上市服务中心或工作站，为怀柔企业上市提供精准有效的上市服务。比如，北京新时空科技股份有限公司于2020年8月在上海证券交易所上市，成为怀柔区第三家上市企业；科拓恒通生物技术股份有限公司于 2020 年 7 月在深圳证券交易所创业板上市，实现了怀柔区创业板上市企业零的突破。二是推进国家科学中心国际合作联盟实体运行，筹备 2021 年国际综合性科学中心研讨会，积极参与中关村论坛等。

### （四）持续吸引创新主体企业入驻怀柔科学城

有研科技集团建设的国家动力电池创新中心建成并投入运行；机械研究总院集团牵头建设的制造业创新中心——国家轻量化材料成型创新中心进入中期评估阶段；正在引进培育一批科学仪器细分领域的企业等，鼓励企业在生物医药、诊断试剂、包装材料等领域深耕细作，培育更多医药健康优质企业。

### 三、创新环境

创新环境为创新主体提供了生存的必要条件和土壤，对于整个创新生态系统的演化发挥一定的支撑作用。创新环境大致包括四个方面，即政策环境、人文环境、自然环境和资本环境。

政策环境方面。着眼未来，规划正在编制。《"十四五"时期北京怀柔综合性国家科学中心规划》以及怀柔科学城落实控制性详细规划、科学设施平台建设运行、科技创新生态培育 3 个行动计划都正在研究编制，旨在为怀柔科学城建设提供长远的政策保障。

人文和自然环境方面。国际人才社区、共有产权房、商品房、科学家公寓等住房项目正加快推进；北京一零一中学怀柔校区正扩建，怀柔医院二期、妇幼保健院等教育医疗配套项目有序推进；雁栖小镇项目主要功能是为商业、办公、居住、公共服务配套，相关功能也在持续完善等。雁栖河生态廊道一期已开工建设，主要为科研人员提供休闲交流、观光、体育健身等活动场所；市郊铁路怀密线已开通至清河站，通密线已经开通运营，城际铁路联络线、三城联络线以及涉及怀柔科学城的轨道线路也在规划中。

资本环境方面。由于怀柔科学城仍在建设之中，创新环境之中资本环境的营造主要是证券等科技服务机构的入驻，相关内容已在"创新主体"部分阐述，此处不再赘述。

# 第三节　怀柔科学城创新生态系统演化过程中面临的问题和挑战

## 一、怀柔科学城内的创新要素聚集不够且尚未发生聚合反应

科学城的发展需要聚集大量的技术、人才、资本、数据等创新要素，这些创新要素之间还要有相互协同，并产生聚合反应，才能真正地促进科学城的高质量发展。从人才聚集角度看，围绕五个学科方向的国际顶尖科学家及其团队依然缺乏，目前我国科技发展的国

际形势对于国际人才的集聚有一定影响，尤其是中美之间的贸易摩擦也对中美人才交流影响较大，再加上 2020 年国际新冠肺炎疫情持续恶化，也使得未来国际人才交流充满了极大的不确定性，有必要采取多元化方式、实施国际通行的人才机制进行培养和引进；从数据角度看，目前怀柔科学城内尚没有规范的大数据中心，未来科学城内大科学装置产生的海量数据的管理还处于不确定状态；从投融资角度看，虽然上海证券所等机构已经进驻了科学城，但尚缺乏大量高质量的基金公司的关注等。

### 二、怀柔科学城内的创新主体单一，协同创新不足

目前，怀柔科学城创新生态体系主体形式较单一、主体间联系不足，存在着现有科研系统的封闭运行机制尚未完全打破、科研与产业的有机联系并未建立、国际学术交流合作的氛围环境尚未有效形成、产学研合作不顺畅等问题，导致人才、资金、技术等相关创新要素的集聚规模不大，创新创业生态环境有待优化，科技与经济之间尚未形成互为促进的良好局面。

### 三、创新环境与科学城未来发展不匹配

政策环境与科学城未来发展不匹配。怀柔科学城未来要建成世界级原始创新承载区，其建设需要进一步发挥政策先行先试作用，目前世界级原始创新承载区的建设正处于初期发展阶段，针对其发展的人才、财税金融、住房保障、基础设施配套、成果转化等一揽子政策尚未制定，对国内外各类创新要素的吸引力不够强，特殊使命的实现需要有一系列先行先试的政策来支持。

多层级的管理机制亟待进一步优化。怀柔科学城建设发展涉及的参与主体多、协调难度大，既包括院市合作之间的协调、市与国家部委的协调，还包括跨市级各委办局、跨怀密两区的协调，特别是需要在规划、土地开发、项目建设方面统筹协调各方面关系，推进难度大，有必要从全市层面进行综合调配。

基础设施亟待建设。国际化程度较低，国际顶级学术交流缺乏；科研创新环境有待完善，创新文化氛围有待培育；目前科学城内的基础设施、公共服务配套设施等相对滞后，科研人员的居住、交通、生活、医疗、文化、子女教育等一系列问题突出，与期望中的世界级原始创新承载区的需求有较大差距。

# 第四节　怀柔科学城创新生态系统完善的相关建议

### 一、创新要素大量集聚科学城并需要发生聚合反应

怀柔科学城的发展不仅需要多层面集聚技术、人才、资本、数据等创新要素，还要引

导各类要素发生聚合反应，加快创新要素的流动，加大市场化配置要素的改革力度，提升创新要素的配置效能，充分释放科技人才等创新要素的活力，促进技术及设备要素与资本要素融合发展，为促进技术转移转化提供更多金融产品服务，推进政府数据开放共享，从而高效地促进科学城创新生态系统的不断完善。

科技人才要素集聚并发生聚合作用。要围绕核心学科方向形成高层次人才团队和机构合理的人才梯队，把会聚国内外一流人才和团队摆在更重要的位置，强化高端引进与自主培养相结合，着力形成人才领先发展的格局；以大科学装置为主线，依托中国科学院优势创新单元，协同全国创新资源，建立一批科学家工作室；要加强中青年科技人才培养，吸引国内外优秀青年博士围绕大科学装置和交叉研究平台从事博士后研究；在科研院所和高校建设国家青年英才培养基地，组建跨学科国际化团队；推动科学城加快建设成为国际人才社区，并在该人才社区试行关键科技领域个人所得税 15%~25% 的优惠等政策。提升外籍科学家的社会保障水平、引进高质量国际学校统筹协调外籍科学家子女入学就读，优化怀柔科学城国际软环境等。

构建以大科学装置为核心的协同创新网络。国外的科学中心最初定位都侧重基础研究，强调大科学和前沿理论的突破，因此要重视构建以大科学装置为核心的协同创新网络，完善以大科学装置为核心的创新链与产业链在怀柔科学城内的有序布局，创新大科学装置建设和运营方式，发挥中国科学院的主力军作用。

加大北京科创基金对怀柔科学城基础研究的支持力度；完善政府引导基金与参股合作子基金的合作和分配机制，重点对投资科技成果转化等早中期项目加大政府支持比例；优化深交所怀柔科学城企业上市服务中心、上交所资本市场服务怀柔科学城工作站的服务功能，分层次、有重点、有梯度地进行企业上市培育。

分领域分行业联合共建全国性数据中心。强化央地协同，努力探索高效的央地大数据合作机制利用大科学装置的服务数据，在怀柔科学城内分领域、分行业联合共建全国性数据中心，通过数据驱动资源、要素的精准投入和优化配置，推动科学城建设。

## 二、各类创新主体之间充分协同并发挥非线性作用，才更有利于形成高效的自组织系统

怀柔科学城的创新主体主要包括科研机构、大学、企业、中介机构等。中央及北京政产学研用等多主体的协同创新是促进怀柔科学城发展的关键所在，要以长远的战略眼光，以加强原始创新能力及深化体制机制改革为突破口，强化协同创新效应，充分发挥中国科学院的引领作用，把首都地区创新资源优势转化为科技竞争优势，多主体联合开展国际大科学计划和大科学工程，提升交叉前沿领域的源头创新能力和科技综合能力，努力建成国际一流科学城。

充分发挥央属科研机构、新型研发机构及大学的作用。一是充分发挥科研机构的战略

性平台作用①，支持中科院等院所构建开放灵活的科研组织体系，实现分散资源的高效整合与优化配置，促进参与者之间开放式聚合与深度对接，形成高效科研管理运行体系；支持中科院等院所承担突破关键共性技术的主要战略任务；支持科研院所以高水平研发设施和权责清晰的合作规则，探索重大技术突破的组织模式创新，对产业研发伙伴形成强大的平台凝聚力，引领各类创新主体形成深度的创新协同。二是围绕科学城的五大方向高标准组建新型研发机构，对标国际一流科研机构，注重运行机制、科研团队、创新能力、发展潜力、领衔科学家创新水平和行业影响力等方面建设。三是充分发挥中国科学院大学的引领作用，加强与北大、清华及国际知名高校的深度融合，通过共建国际—国家科技创新中心、实验室等方式，以国家重大项目合作为依托，联合行业领域上下游企业，及时进行成果转化及产业化。

不断优化怀柔科学城内的科技创新基地建设，构建以国家实验室为核心的科研管理运行体系，明确现有科研院所或高校与国家实验室之间的人员隶属关系；建立资源共享制度，向国内外同行开放；形成人才开放流动机制，人才聘用国际化；创新国家实验室评估机制，探索多元评价激励方式等，在更大程度上释放科研人员的科研探索自主权。

发挥平台龙头企业的引导作用，借鉴德国创新生态系统发展经验，瞄准生命科学、材料等关键领域，大力推动存量科研院所与创新性企业合作，提高创新能力和水平。瞄准国内外创新型企业，支持高水平的企业研发平台落地，支持带动中小企业科技研发活动，形成协同创新格局。

### 三、积极营造开放创新、宜研宜业宜居的创新环境

只有高质量的开放创新才能更好地同外界交换物质与能量并形成有序结构，积极地输入输出则构成了产生自组织的有序结构。

舒适的生活环境是科学城建设的基本要求。围绕"工作、居住、服务、通勤"来构建多功能服务保障体系。优化城市交通结构实现与北京主城区便捷、快速的高频通行，完善交通环境；推动市级优质教育资源在科学城布局，不断提升怀柔科学城的吸引力和承载力；建立科技人才长期居住、短期交流居住等分类、分层次住房保障体系；引进国际化酒店、咖啡厅等，打造"类海外"生活环境。

宜于原始创新的人文环境是科学城发展的核心需求。顺应创新空间从"园区"向"街区"转变的大趋势，推进建立包容、开放的研究和工作环境，形成更加开放、自由、宽容失败的创新氛围；打造弘扬科学精神的科普基地，营造多元融合的人文环境；要以前瞻性思维布局科普基础设施和科学文化设施，重点建设科学长廊、科普基地和现代科学馆，积极承办专业科学展览、科技文化交流活动。

孕育创新发展的服务环境是科学城发展的保障力量。要培育多层次的中介机构，构建

① 陈凤，余江，甘泉，张越. 国立科研机构如何牵引核心技术攻坚体系：国际经验与启示 [J]. 中国科学院院刊，2019，34（08）：920-925.

各类科技条件平台，支持并壮大社会组织提供政府和企业合作科研的能力；打造创新型孵化器、技术转移机构等，包含知识产权、金融科技、检验检测、技术交易等科技服务业态，为原始创新成果打通发现、孵化、转化直至产业化的高质量快速通道。

成果转化与产业发展环境是科学城发展的"加速器"。要在科学城、北京乃至京津冀地区等更大范围延伸以大科学装置为核心的产业链和供应链布局，围绕物质、材料、生命科学等领域打造相对完备的产业链，加大产业支撑体系建设，推进高质量科技成果在北京及津冀地区落地转化；发展与大科学基础设施相关的会展经济；发展科学仪器产业，打造科学仪器产业全链条生态系统，努力打造高端科学仪器产业高地，打造"怀柔科仪谷"高端品牌。

高效的治理体系和政策制度环境是科学城发展的催化剂。要统筹推动"央地协同、市区联动协同"的行政管理和治理体系；要赋予怀柔科学城核心区域发展更大的改革自主权，支持其对标世界最高标准，大胆闯、大胆试，从先行先试、政策从优、充分赋权的角度，在科学城的管理体制、开发建设、投融资、人才服务、住房保障、财政支持、产业发展、重大基础研究课题经费使用、土地利用、密云区和怀柔区的跨区合作及税收和收益分配等方面出台相关支持政策，然后进一步扩大到非核心区域，未来凡支持北京原始创新的重大改革举措都可在怀柔科学城先行先试，为建成世界级原始创新承载区提供政策保障。

# 第三章 国家自主创新示范区管理模式研究[①]

国家自主创新示范区是我国在 2009 年开始建设的区域性科技创新区域，旨在通过科技体制改革的政策先行先试，推动高新技术产业的创新发展，通过经验探索发挥示范引领作用。自 2009 年 3 月国务院批复中关村国家自主创新示范区（以下简称中关村示范区）以来，陆续批复了武汉东湖、上海张江等 21 家国家自主创新示范区，本章选取武汉东湖国家自主创新示范区（以下简称东湖示范区）、上海张江国家自主创新示范区（以下简称张江示范区）、深圳国家自主创新示范区（以下简称深圳示范区）这四个具有代表性的国家自主创新示范区的管理模式进行对比分析，为中关村示范区的管理机制优化提供了借鉴与启示。

## 第一节 代表性国家自主创新示范区的管理特点

北京中关村、武汉东湖、上海张江、广东深圳四个国家自主创新示范区不仅是全国建立最早的国家自主创新示范区，也是经济发展活跃、高新技术企业涌现、新兴产业高速发展的区域，代表了我国华北、中部、东部、东南部四个地区的创新发展。它们因地制宜，有着不同的管理运行模式。

### 一、中关村示范区管委会以统筹协调资源为主

中关村示范区不同于其他国家自主创新示范区的资源禀赋之一就是靠近中央，能有效协调资源，获得先行先试政策是中关村的优势所在。中关村管委会是负责对中关村"一区多园"发展建设进行综合指导的市政府派出机构，并未被赋予行政职能，主要是市政府对中关村的发展建设负有责任，中关村的工作机制更多强调各部门加强沟通，统筹协调各类资源为创新服务，政府部门职责中服务大于管理，这种管理理念对当时和现在而言都是较为先进的。

中关村充分发挥靠近中央资源的优势，批复为国家自主创新示范区后，由科技部牵头，国家发展改革委、教育部、科技部、工信部、财政部等 21 个有关部委和单位共同组

---

① 本章作者：杨博文、常静。

成了中关村国家自主创新示范区部际协调小组。同时成立中关村创新平台，采取特事特办、跨层级联合审批模式，落实国务院同意的各项先行先试改革政策。平台下设重大科技成果产业化项目审批联席会议办公室、科技金融工作组、人才工作组、新技术新产品政府采购和应用推广工作组、政策先行先试工作组、规划建设工作组、中关村科学城工作组、现代服务业工作组和军民融合创新工作组 9 个工作机构，19 个国家部委相关司局和 31 个北京市相关部门派驻人员到平台办公，围绕重大科技成果转化和产业化项目、先行先试政策扶持等受理事项开展工作。北京市各委办局通过这个平台，跟科技部等六部委建立了支持重大项目的部市会商机制，以科技部为例，建立了重大项目"直通车"的机制，北京市层面觉得比较好的产业化项目，可以直接向科技部推荐，作为重点支持的备选项目。

中关村示范区并不是封闭式管理高新区，示范区分园实行"双重领导、以区为主"的领导体制。16 个分园成立了 17 个分园管理机构，大兴—亦庄园分别由北京经济技术开发区管委会、大兴—亦庄园管委会管理。除经济技术开发区管委会为市政府派出机构外，其余均为区政府派出机构。

## 二、东湖示范区管委会具有行政职能

东湖示范区是继中关村示范区之后，国务院批准建设的第二家国家自主创新示范区，它采用与中关村示范区不同的管理模式同样取得了较快发展。2016 年，中国（湖北）自由贸易试验区武汉片区又在东湖高新区挂牌，这标志着东湖高新区成为集示范区、自贸区优势为一体的创新发展区域。

东湖示范区以强化政府服务为理念，在示范区内实行"封闭式管理"，通过改革行政审批制度，实现行政审批办事不出示范区。省、市人民政府有关部门实施的示范区范围内的行政审批事项由管委会负责实施。随着产业布局的扩大，通过上级政府授权的"托管模式"，将周边乡镇、街道或指定区域的社会经济管理权限交由高新区全面托管，从而解决了产业空间不足的难题。

## 三、张江示范区对管理机构进行统筹

张江示范区是 2011 年 1 月获得国务院批复的，它包含了张江综合国家科学中心、张江科学城和张江国家自主创新示范区三个概念，是上海科创中心建设的主阵地。"三个张江"的关系可以概括为"一心一城多园"。一心即张江综合性国家科学中心，是上海科创中心建设的关键和核心，是上海强化科技创新策源功能最重要的抓手；一城即张江科学城，是张江综合性国家科学中心的核心承载区，也是张江示范区的核心园；多园即张江示范区的 22 个分园。

2018 年 4 月，上海市对科创中心管理体制做出调整，从体制上把叫"张江"的管理机构都归入科创中心体系，重组上海推进科创中心建设办公室为市政府派出机构，实行"四合一"的管理体制，同时挂张江综合性国家科学中心办公室、上海市张江高新技术产业开发区管理委员会、上海市张江科学城建设管理办公室、中国（上海）自由贸易试验区管理委员会张江管理局牌子。2020 年 1 月发布的《上海市推进科技创新中心建设条例》中明确设立科技创新中心建设推进机构，对张江国家自主创新示范区的建设和发展进行战略规划、统筹协调、政策研究和评估。

### 四、深圳示范区管委会统筹力度强

深圳示范区是 2014 年获得批复的，是我国首个以城市为基本单元的国家自主创新示范区，面积涵盖了全市 10 个行政区和新区的产业用地，包括深圳国家高新区和其他产业园区。从管理机制来看，深圳示范区管委会隶属于深圳市科技创新委员会，主要发挥改革先行先试的功能。深圳市政府在 2019 年调整成立了深圳自创区（深圳高新区）领导小组，领导小组组长由市长担任，小组成员包括了市发展改革委、市科创委、各区政府等 35 个部门，建立起了强有力的领导架构，也有利于各项创新政策的推进。

# 第二节　中关村与其他示范区管理运行机制对比分析

四个国家自主创新示范区的管理模式有着较大差别，为了实现改革先行先试的功能，因地制宜，探索出了各具特色的管理模式。通过对比中关村示范区与其他示范区在管理机制方面存在的差异，为下一步中关村示范区的管理改革提供借鉴思路（见表 3-1）。

表 3-1　中关村与其他示范区管理模式对比

| 示范区 | 管委会定位 | 人员管理 | 空间拓展 | 协调机制 |
|---|---|---|---|---|
| 中关村 | 统筹协调 | 公务员 | 各分园发展不均衡 | 中关村创新平台；<br>分园管委会与行政区划管理机构的关系：全面整合、独立合署办公、独立职能、挂靠管理 |
| 东湖 | 统筹协调+行政职能 | 全员聘用制 | "托管模式" | 封闭式管理，管委会有行政审批权 |
| 张江 | 统筹协调+部分行政审批功能 | — | 各分园各自开发建设 | 部分行政审批权限下放给分园管理会，企业为主体参与开发 |
| 深圳 | 统筹规划 | 公务员 | 以整个城市为主体 | 深圳自创区（深圳高新区）领导小组由市长牵头统筹资源 |

资料来源：本章作者根据调研信息整理。

## 一、示范区管委会定位

从《中关村国家自主创新示范区条例》中对中关村管委会的定位可以发现，中关村管委会的职能中，协调资源的功能远大于组织领导的功能，可直接调配的资源是比较有限的，与行政区划的政府职能部门的沟通协调也与其区域规划发展定位、政府绩效目标、当地资源禀赋、中关村分园管理体制等诸多因素相关，因此中关村管委会统筹协同各分园的发展难以如设想般顺畅开展。

东湖示范区管委会在"封闭式管理"的实际工作中不仅有协调服务功能，还被赋予了执行经济社会事务管理的职能，但是由于东湖示范区管委会是湖北省政府的派出机构，不是一级政府，其法律地位不明确这一问题带来一系列诸如行政执法主体资格、示范区与省、市、区之间的关系，示范区的人事管理权等问题，这些问题逐渐成为制约示范区发展的主要瓶颈。在《东湖国家自主创新示范区条例》（以下简称《东湖条例》）中，专设一章"管理体制"，通过九条内容明确管委会法律地位、管理权限，省、市政府最大限度地下放权力，给予示范区改革创新更大的空间。按照解放思想、明确简政、彻底放权的要求，采取"概括加列举"的模式，明确了管委会行使市人民政府相应的行政管理权限，同时对具体职责分项作了列举，如规划编制、项目审批、土地管理、公共服务等，进一步明确了管委会的事权范围。《东湖条例》中还提到了"管委会依法推行行政许可权、行政处罚权和行政强制权相对集中行使"。虽然在管理体制的运行过程中仍存在职责授权、部门整合、协调工作等问题，但是东湖示范区管委会的职能通过此次立法得以明确，虽然仍为政府派出机构，但是具备了较强的管理和调配资源的能力，获得全省和全市的大力支持，高效地推动东湖示范区发展。

深圳示范区管委会是深圳市创新委的一个部门，从组织结构上看，具有层级清晰、职能明确的机构定位，有利于决策和推进各项工作的统筹协调发展。

## 二、人员管理

中关村管委会是负责对中关村"一区多园"发展建设进行综合指导的市政府派出机构，聘用人员全部为行政序列的公务员。在工作中经常遇到人员不足、工作积极性不高等问题。东湖示范区管委会在激发人员动力方面取得较好的效果。

东湖示范区实行封闭式管理，而管委会是省政府派出机构，并非一级政府，但又要行使政府的职能，执行全面的社会经济管理。《东湖条例》明确东湖示范区管委会自主设立、调整工作机构，在核定的编制和员工总数内，建立健全以全员聘用制为主的干部人事制度，适应示范区改革发展的需要。通过多种形式的选人用人机制、薪酬激励机制和人才交流机制，东湖示范区管委会吸引了来自清华大学、北京大学、复旦大学、上海交通大学等名校的毕业生等优秀人才来管委会工作，有效地激活了管委会的工作动力。但在实际工作中，由于全员聘用制的员工并不在编制序列内，优秀人才即便是处级干部也难以在政府部门间顺畅流动，还需要进一步探索。再者，现有执法机关的正式执法编制有限，大部分工作人员属于派遣制用工，执法人员数量过少和繁杂的执法活动的矛盾显得尤为突出。

## 三、产业空间拓展

2012 年中关村示范区在经过空间规模和布局进行调整后，形成了包括海淀园、昌平园、顺义园、大兴—亦庄园、房山园、通州园、东城园、西城园、朝阳园、丰台园、石景山园、门头沟园、平谷园、怀柔园、密云园、延庆园 16 园的"一区十六园"发展格局。随着北京全国科技创新中心的建设，中关村示范区的空间范围与北京"三城一区"的空间布局有所交叉重叠，管委会对所属部分园区的管理难以实现理想效果。

东湖示范区随着产业布局迅速扩大，土地空间开始受限，面临产业空间不足的难题。经过武汉东湖高新区多年的建设经验，东湖示范区以"托管模式"实现了空间管理。1999年，东湖高新区发现没有自己全面管理的产业空间，没有实施全面管理的区域。武汉市相关部门经过集中研究，提出"托管方案"：把东湖高新区相邻的洪山区、江夏区的一些乡镇村，分批次移交东湖高新区管理；将有关行政区的乡镇村移交东湖高新区托管，不涉及行政区划调整，被托管区域的人大代表、政协委员选举及其参政议政活动，由原所在行政区统一部署进行，东湖高新区配合；被托管区域的计划、统计、民政、教育、卫生劳动、土地规划与建设、环保、园林绿化、计划生育、农村建设等行政管理事务，由市政府委托东湖高新区实施管理，东湖高新区管委会设立相应管理机构实施管理；被托管区域享受的权利与承担的义务，移交东湖高新区；实施托管后，被托管区域的工商、税务、财政、质量监督、公安、社保等管理事务，由设在东湖高新区的相关职能部门负责管理，税收收入由被托管区与东湖高新区按比例划分。这种托管不实行高新区与行政区合一的模式，坚持作为政府派出机构的高新区管委会对区域实施经济和社会的管理，这在全国还是首创。在《东湖条例》第二条中对东湖示范区的范围的规定中提出了包括"省人民政府、武汉市人民政府委托东湖新技术开发区管理的区域"，暗含了这种托管扩容的模式。

1999~2010 年先后经历 6 次托管后（见表 3-2），高新区的面积达到了 518 平方千米[①]。

表 3-2　东湖示范区的六次托管历程

| 次数 | 时间 | 托管范围 |
|------|------|----------|
| 第一次 | 1999 年 6 月 | 将洪山区所属的钢铁、群英、关山、曙光村交由东湖高新区托管 |
| 第二次 | 2000 年 7 月 | 托管了江夏区的郑桥、茅店、周店、东山、关山村（托管到东湖高新区改名为关南村）和中南政法学院居委会（简称 5 村 1 委），主要位于光谷南三环线一带，是光谷现在的核心区域 |

---

① 细数武汉光谷的 6 次扩容过程，从 0 到 518 平方公里［EB/OL］. 搜狐网, http：//www.sohu.com/a/221929716_ 497382, 2018-02-09.

| 次数 | 时间 | 托管范围 |
|------|------|----------|
| 第三次 | 2005 年 8 月 | 托管了江夏区佛祖岭、汪田、九夫、泉岗、宗黄、杨店、大邱、大舒、湖口、邬家山、牌楼舒、大谭等村和该区域的居委会（简称 13 村 1 委） |
| 第四次 | 2007 年 9 月 | 托管了江夏区豹澥镇 |
| 第五次 | 2008 年 4 月 | 托管了洪山区九峰乡及九峰、马驿、三新、保丰、群建、新农、新建、新洪、河刘、新跃 10 个村 |
| 第六次 | 2010 年 5 月 | 成建制托管了洪山区左岭镇及所属 16 个村和 4 个社区，洪山区花山镇及所属 13 个村和花山社区、赛山村飞地、严东湖渔场、花山渔场，江夏区流芳街及所属 13 个村及龙泉社区、龙泉林场、龙泉茶场，江夏区五里界街蔡王、吴泗、方咀、檀树岭、联益、张湾、大屋陈、星火、罗立、白湖、牛山、何头咀、青山 13 个村及大屋陈社区、大屋陈茶场、凤凰山五十万变电站、大坝养殖场、沙咀湖养殖场、箔咀湖、牛山湖、豹澥后湖。<br>此次托管是光谷跨越式发展的标志 |

资料来源：本章作者根据公开报道信息整理。

东湖高新区采用托管方式解决产业空间问题是创新，"托管模式"被全国广泛学习，但面对土地统筹规划执行时仍有执行难度。东湖示范区管委会被法律赋予了"依法对示范区的土地进行管理，并负责土地及地上建筑的征收和补偿工作"，土地的审批、拆迁等问题依旧是行政区和高新区管理部门的难题。

## 四、统筹协调机制

中关村示范区的"一区十六园"的管理机制各不相同，管理机构的设置也不尽相同。分园管理机构设置可归纳为全面整合、独立合署办公、独立职能、挂靠管理四种模式，不同模式对分园工作的统筹能力也不同。全面整合模式是分园管理机构与功能区管理机构全面整合，工作体系比较完善，包括亦庄园、怀柔园。独立合署办公模式是分园管理机构与区属部分部门合署办公，对分园工作有较强的管理统筹能力，包括海淀园、石景山园、门头沟园。独立职能模式是分园管理机构独立办公并设置独立管理职能，对所属园区有一定的管理能力，包括东城园、西城园、朝阳园、丰台园、顺义园、昌平园、通州园。挂靠管理模式是指分园未设独立管委会，挂靠在区属部门办公，分园职能弱，包括大兴园、平谷园、房山园、延庆园、密云园。分园实际职能设置与分园发展阶段、分园管理模式有关。但是相对而言，中关村管委会对其统筹管理的能力较弱，造成各分园的同质化发展，不利于中关村的整体建设。

相较而言，张江示范区管委会主要执行经济功能和部分行政审批功能，公共服务功能一般由所在的行政区负责。张江示范区逐渐将区内企业的审批权限从所在行政服务中心分离出来，下放至分园管委会，对于条件成熟的分园，实行部分行政审批权限的下放，包括企业登记、预防卫生、市容绿化、环境评价，使分园管委会拥有了相应的行政审批权利，有利于企业办事效率的提高。对于条件尚不成熟的其他分园，上述行政审批权限仍由所在行政区县分局负责。各分园区同时存在"管委会+开发公司""功能区+管委会+开发公司""以企业为主体的开发管理体制"三种开发和管理体制。例如张江科学城的开发建设工作采取"小管委会+大集团公司"的运行模式。打破以往资产管理和行政管理统一行使的模式，在园区实行两种管理权相分离、分开行使的模式。资产管理权归上海市财政局，行政管理权归浦东新区，公司总经理由上海市人民政府任命，大大提高了政府执行效率。通过"管委会与公司合一"协调运行，创造性地实现了"区镇联动"管理模式，实行"一个品牌、统一招商、联合开发、利益共享"联动机制，调动了园区、街道乡镇等相关主体的积极性。

# 第三节　优化中关村示范区管理机制的建议

近年来，面对全国各个国家自主创新示范区、自贸区的快速发展，中关村的优势不再如以往那般明显。"一区十六园"的发展没有形成统筹协调的局面，不利于各分园产业差异化、高端化发展。中关村各园区的统筹协调发展是北京市关注的重点问题，如何加强中关村示范区的管理也是当前中关村管委会亟待研究的内容。通过对比分析，对中关村示范区的管理有以下五点借鉴：

一是通过立法明确管委会的事权范围。中关村示范区与东湖示范区是两种完全不同的园区管理体制，中关村示范区是开放式的而东湖示范区是封闭式的，因此，中关村管委会的行政职权显然要弱于东湖示范区管委会。《东湖条例》中对东湖示范区管委会的法律地位、职责范围、管理权限给予了明确规定，《上海市推进科技创新中心建设条例》也明确了科技创新中心建设推进机构对张江国家自主创新示范区发展建设的作用。而《中关村条例》中没有提到中关村管理委员会，更加弱化了中关村管委会的地位。因此，建议以立法保障的形式赋予中关村管委会明确的职责，在"放管服"改革中要加强放和管的结合，更好地发挥政府的作用。

二是创新干部管理模式，激活创新动力。我国的高新园区管委会通常都是所在地政府的派出机构，并非一级政府，但是作为公务员序列，编制人员有限，随着园区的扩大都会面临任务重人手不足的问题。建议中关村管委会学习东湖示范区管委会的"全员聘用制"人事制度，通过更加灵活的薪酬激励机制吸引人才加入中关村建设。

三是中关村要强化与中央的沟通协调机制，争取更多的先行先试政策。相比其他示范区，中关村的特点之一是与中央单位联系便利，有利于央地协同。"中关村创新平台"是其资源整合的重要载体，中央各部委派驻中关村管委会参与工作，更直接地发现创新主体发展的难点痛点，高效研究政策方案，真正实现了特事特办、跨层级联合审批模式。在中关村未来发展中仍然需要立足北京特色，做好央地协同，强化中关村创新平台的地位和作用。

四是学习借鉴东湖示范区"托管模式"，研究中关村十六园统筹发展机制。"托管模式"的本质是带动了被托管区域的产业经济发展，是探索高效利用资源的模式，并不太适用于北京市当前的发展格局。中关村经过30多年的发展，已经形成了开放式的管理模式，中关村十六个分园散落在各个城区，而海淀区、朝阳区、西城区、昌平区等主要城区都具有各行政区内的发展特色及产业规划，且发展成绩显著，加之北京市建设全国科技创新中心打造"三城一区"的新格局，形成了与中关村竞争资源的形态，使得中关村不具备实施"托管模式"的条件。但中关村分园的发展可以学习"托管模式"的管理经验，与行政区协商工作职责，赋予分园区一定的行政职责，提升资源统筹效率。

五是借鉴张江科学城"区镇联动"模式，研究中关村市场化运作模式。张江科学城通过"管委会与公司合一"协调运行，创造性地实现了"区镇联动"管理模式，是探索实施市场化运作的范例。"中关村"已经成为在全国甚至全球都具有知名度的创新园区名牌，可以充分发挥这一品牌效应，在分园区试行"政府引导、联合开发、利益共享"的机制，调动园区管委会、行政区政府、企业等相关主体的积极性，探索市场化园区运作模式，推进政府治理现代化。

# 第四章 沪深蓉科技创新中心立法对北京的启示①②

科技创新中心建设作为一项重大的国家发展战略，主要瞄准国家重大科技需求，是解决重大科学问题、提升原始创新能力、推进技术变革与高精尖产业和区域发展的重要载体。党的十八大以来，国家推动实施创新驱动发展战略，有步骤地在全国布局建设科技创新中心。《"十三五"国家科技创新规划》明确支持北京、上海建设具有全球影响力的科技创新中心。《粤港澳大湾区发展规划纲要》提出粤港澳大湾区要建设"具有全球影响力的国际科技创新中心"。成渝地区双城经济圈建设被确立为国家战略，党中央明确提出要建设具有全国影响力的科技创新中心。法律法规作为规则之治的重要载体，对加快科技创新中心建设、促进经济高质量发展具有不可或缺的重要意义。从这个角度而言，梳理科技创新中心立法的内涵外延与理论依据、研究地方科技创新立法的阶段和特点、分析上海和成都等部分省市推进科技创新中心建设立法的需求、思路、框架和重点制度等，具有非常重要的理论价值和实践意义，值得北京推进科技创新中心立法工作进行借鉴。

## 第一节 科技创新中心立法的内涵外延及理论依据

### 一、科技创新中心立法内涵和外延

科技创新中心一般对应的是整个城市或城市群的发展战略，关键要素包括国际化高端人才、一流大学和科研机构、众多创新创业企业、发达的科技金融服务、宽松的创新文化环境和完备的制度政策体系等。《全球科技创新中心指数2020》将全球科技创新中心定义为在全球科技和产业竞争中凭借科学研究和技术创新的独特优势，发展形成引导全球创新要素流动方向、提高资源配置效率的枢纽，最终成为科学中心、创新高地和创新生态融合发展的全球城市。

科技创新中心立法是围绕科技创新中心建设来系统地考虑，从城市或者城市群层面来

---

① 本章作者：王涵、王海芸。
② 王涵，王海芸. 沪深蓉科技创新中心立法对北京的启示 [J]. 科技智囊，2021（4）。

规范各种法律关系。科技创新中心立法与科技进步法在立法目标、立法价值、立法内容和规范主体关系上皆有不同，科技进步法是旨在促进、组织和控制科学技术的研究和发展及其成果的产业化，以发展先进的生产力、合理开发和利用自然为目的，[①] 是针对科技创新链条和参与科技创新的主体进行支持、鼓励和规范；而科技创新中心立法要从城市或城市群功能角度来考虑，需要从科技创新全链条、高质量发展、教育、园区建设、区域合作、文化和生态等多层面和多角度来支持、鼓励和规范各种关系。

## 二、科技创新中心立法理论依据

科技创新中心立法要遵循综合法理学观点。综合法理学[②]是国内外学者关于法律哲学和法律本质的基本观点，主张不以任何单一的、绝对的因素来解释法律，认为法律的制定和实施要受社会、经济、心理、历史、文化以及各种价值判断等多种因素的制约，科技创新中心立法作为包含诸多主体、要素的城市立法，需要遵循综合法理学观点。

科技创新中心立法要明晰城市立法的重点。科技创新中心立法是针对整个城市或城市群的科技创新立法，不同于一般的科技立法，也与地方科技进步条例等科技基本法不同，具有调节当前一个时间阶段、综合考虑城市、区域或跨区域的诸多主体和载体在科技创新活动中的法律关系。目前仅有少量针对科技园区、自主创新示范区等"类城市"的特定区域的科技立法研究，认为园区立法不同于科技立法，立法原则不同，具有过渡型立法特点，属于城市或区域立法[③]。

科技创新中心立法要正确处理"科研权利"和"政府职责"关系。目前，科技法规范的主要内容包括设置政府职责，科研主体的权利则较少得到体现，科研自由和科研自主应该成为科技创新立法价值导向[④]，科技创新中心立法规范也应将其实施的助力点放置于"科研权利"而非"政府职责"[⑤]。

# 第二节　地方科技立法阶段和特点研究

## 一、地方科技立法阶段

多年来，各地注重落实国家创新驱动发展战略，加强科技创新立法。《中华人民共和

① 董洪民.地方科技立法的体系构建研究［D］.江苏：东南大学，2019.
② 李志平，孙畅.基于法理视角的科技创新立法研究［J］.哈尔滨学院学报，2010，31（10）：1-5.
③ 喻中.论城市立法的基本原则——以北京中关村条例、深圳高新区条例为个案的研究报告［J］.城市发展研究，2002（6）：1-7.
④ 李政刚.我国科技创新立法的价值重塑及制度因应［J］.科技管理研究，2020（9）：13-19.
⑤ 周海源.从政府职责到科研权利：科技法虚置化的成因与出路［J］.华中科技大学学报，2016（6）：68-75.

国科学技术进步法》（以下简称《科学技术进步法》）在 1993 年制定，从各省市对《科学技术进步法》贯彻落实情况进行分析，地方立法可分为以下四个阶段：

一是地方立法先行探索阶段（1993 年之前），先后有大连市（1991 年）、沈阳市（1991 年）和江苏省（1992 年）颁布了"科学技术进步条例"，云南省制定了《云南省促进民族自治地方科学技术进步条例》（1993 年）。

二是名称和体例遵循国家科技基本法阶段（1993~2005 年）。《科学技术进步法》颁布实施后到 1999 年，共有 23 个省/自治区、2 个直辖市、10 个省会或副省级城市、5 个较大城市制定了科技进步地方法规，大多数省市的名称为"科学技术进步条例"，辽宁、天津、青海、西藏的名称为"实施《中华人民共和国科学技术进步法》办法/若干规定"。立法制定集中在 1994~1997 年。2000 年以后，较多省市开始对科学技术进步条例进行修改。

三是地方开始注重地方立法权限阶段（2006~2013 年）。2006 年，国家确定了"自主创新、重点跨越、支撑发展、引领未来"的科技工作指导方针。2007 年《科学技术进步法》开始修订，地方从照搬型立法逐步转变为根据地方科技创新发展实际需求进行立法设计。2008 年，深圳市出台了《深圳经济特区科技创新促进条例》，昆明市出台了《昆明市科学技术进步与创新条例》。2009 年，重庆市出台了《重庆市科技创新促进条例》，随后，广东、湖北、辽宁等省制定了自主创新促进条例，山西、江西、青岛、宁波制定了科技创新促进条例。从名称上看，新出台的地方法规不再局限于"科学技术进步"，开始更多地出现"科技创新""自主创新"等；从立法内容看，逐步重视整个创新链条，并增加科技人才培养、科技金融、知识产权保护、创新环境等内容。

四是地方立法与城市战略定位紧密结合阶段（2014 年至今）。2014 年以来，根据国家战略部署和本地发展功能定位，上海、北京和粤港澳提出建设具有全球影响力的科技创新中心和国际科技创新中心。成都也积极争创西南科技创新中心。2020 年 5 月 1 日，作为科技创新中心建设基本法的《上海市推进科技创新中心建设条例》（以下简称《上海条例》）开始施行。《深圳经济特区科技创新条例》（以下简称《深圳条例》）于 2020 年 11 月 1 日起施行。《成都市推进科技创新中心建设条例（草案）》（以下简称《成都条例》）于 2020 年 9 月 4 日公开征求意见，提出将成都建设成具有全国影响力的科技创新中心，引领带动西部地区跨越式发展。

## 二、地方科技立法特点

一是绝大部分省市建立了以科学技术进步条例为基本法的立法体系。根据《中华人民共和国立法法》（以下简称《立法法》）和本地科技创新立法需求，全国有 29 个省、直辖市、自治区和部分省会城市、具有立法权的城市已经落实国家《科学技术进步法》，制定了对应的科技进步条例，在体例上基本与国家《科学技术进步法》一致。

二是政策先行，通过科技发展规划、计划和先行先试政策等进行创新创业环境优化。

例如，北京虽然没有制定科技进步条例，但是在实践载体、制度安排、政策保障、环境营造等方面持续用力，形成由《北京市技术市场条例》《中关村国家自主创新示范区条例》《北京市促进科技成果转化条例》等 10 部地方性法规、6 部政府规章和 200 余项行政规范性文件构成的科技法规政策体系。

三是建立了以自主创新条例或科技创新促进条例为基本的立法体系。2006 年以来，国家把自主创新提到了一个前所未有的位置，各省市也高度重视自主创新工作，通过立法支持、鼓励和规范创新创业主体的自主创新活动，包括研究开发与创造成果、成果转化与产业化、创新型人才建设及创新环境优化等。

四是建立了以科技创新中心条例为基本法的立法体系。从一个城市建设科技创新中心的角度立法，涵盖创新主体、创新能力、创新承载区和创新环境建设，确定了科技创新中心建设的基本框架，为相关具体配套制度的制定、实施提供依据。同时，科技创新中心立法还要考虑与其他"中心"、自贸试验区以及区域一体化建设和联动发展的关系。

# 第三节　　地方科技创新中心条例分析研究

## 一、立法需求

由于国家层面没有制定出台科技创新中心建设的上位法，因此地方推进科技创新中心建设立法的需求在于：一是基于城市科技创新自身发展、提升城市发展能级和核心竞争力的需要；二是为了解决推进科技创新中心建设中存在的制度性障碍和瓶颈问题；三是科技创新中心立法是进行重大制度适度前瞻考虑的需要，例如，新型研发机构法律地位的确定、基础研究投入等制度的设计；四是现有法律制度不适应创新驱动发展的需要，需要新的法规来有效规范新的科技管理部门政府行为和新的社会关系。

## 二、立法思路

首先，应该明确科技创新中心建设立法是基于城市科技创新发展的立法，从城市新的功能定位的角度建立立法的基本框架，为后续科技创新中心发展需要的具体配套制度的制定、实施提供依据。其次，科技创新中心需要秉承综合立法的理念，注重科技创新中心建设与其他中心、自贸试验区、区域一体化建设联动发展等关系，重视创新文化与社会发展等因素在立法中的体现。最后，立法还应关注政府与市场的关系，坚持改革引领，以制度创新促进科技创新，构建适宜科技创新中心建设发展的制度环境。

## 三、总体框架

根据科技创新中心建设的总体部署和重点内容，结合科技创新中心定位和需求，总体框架围绕城市科技创新立法进行系统设计，包括创新主体建设、创新载体建设、创新能力建设、人才环境建设、金融环境建设和社会创新环境建设等方面。

### 四、制度侧重点

一是在立法中把支持创新载体建设放在重要位置。《上海条例》将"聚焦张江推进承载区建设"单列一章，为推进张江科学城建设成为科学特征明显、科技要素集聚、环境人文生态、充满创新活力、宜居宜业的世界一流科学城进行重点制度设计。《成都条例》单列"创新载体"为一章，将中国西部（成都）科学城、综合性国家科学中心、新型基础设施、双创载体、产业功能区纳入其中。《深圳条例》首次将建设深圳综合性国家创新中心，以及相依托的光明科学城、深港科技创新合作区、西丽湖国际科教城和国家实验室、广东省实验室等科技创新平台写入条例，明确其法律地位，保障其长期稳定地发展。

二是注重基础研究在科技创新中的重要作用。基础研究是科技创新的源头动力，《深圳条例》在全国率先以立法形式固定财政对基础研究的投入，基础研究和应用基础研究资金投入比例应不低于市级科技研发资金的30%。企业用于资助基础研究和应用基础研究的捐赠支出可参照公益捐赠享受有关优惠待遇。《上海条例》在"创新能力建设"中明确提出，科研事业单位应加强基础研究和应用基础研究，提升原始创新能力。鼓励企业和社会力量增加基础研究投入。

三是首次在立法中明确科技金融的重要位置。《上海条例》单设"金融环境建设"一章，《成都条例》和《深圳条例》也将"科技金融"单列一章，推进科技金融创新试点，加强科技金融服务体系建设，构建以政府投入为引导、企业投入为主体，政府资金与社会资金、股权融资与债权融资、直接融资与间接融资有机结合的科技投融资体系，发挥金融对科技创新的服务作用。

四是首次将科技人才的培养引进、激励评价和流动等全环节在立法中规范。《成都条例》单列出"科技创新人才"一章，将人才发展支持、人才培养和引进、人才评价、人才激励、人才流动纳入立法支持、鼓励和规范内容。《上海条例》单列出"人才环境"一章，坚持"人才是创新的第一资源"的理念，从优化科技创新人才培养、引进、评价和激励、流动来推进体制机制优化，营造近悦远来、人尽其才的发展环境。

## 第四节　对北京科创中心条例制定的启示分析

### 一、要研究确立北京市科技创新基本法制度

目前，北京市尚未建立科技创新方面的基本法，呈现出只有"龙身"没有"龙头"

的现象①，现有法规、规章和政策间的衔接有时存在一些问题。科技政策先行虽然可以更加灵活和突破，但是层次较低，政策效果作用时间不稳定，规范的社会关系面较窄。上海、深圳、成都等市都制定了对科技创新活动进行全面规范的综合性地方法规，是科技创新的"基本法"，将本地行之有效的改革举措转化成制度安排，破解制约创新驱动发展的制度瓶颈，并对深化体制机制改革作出前瞻性规定，有利于以制度创新推动科技创新，将制度优势转化为制度效能。

因此，建议北京借鉴深圳、上海的科技立法系统化思路，在国家法律框架下，按照《立法法》规定的地方立法权限，适时启动北京市推进科技创新中心建设的地方立法工作，制定一部全面规范本市科学技术活动的基础性法规，对北京市科技创新及相关活动的宗旨、指导方针以及与科技创新相关的科技、经济、金融、教育、财政等制度作出法律规范，为本市科技法规政策体系整体框架奠定基础，并与地方科技立法规划相衔接，进一步调整和规范科技创新活动中各主体的权利义务关系。

## 二、要处理好新形势下科技创新基本法与现行法规的关系

目前，北京市正在开展修订《北京市经济技术开发区条例》立项论证工作，《中关村国家自主创新示范区条例》正在进行立法后评估工作，科技创新中心立法定位为科技创新领域基本法，应瞄准解决地方科技立法散乱而产生的制度不统一、不和谐问题，注重解决基本法与已经出台的法规之间的关系。上海、深圳和成都科技创新立法都注重了创新载体在科技创新中心建设中的重要作用。例如，《上海条例》将加快张江科学城建设提升到地方法规层面，并以立法来支持和规范重要承载区、自贸试验区以及临港新片区、长三角生态绿色一体化发展示范区等区域发展。《成都条例》将中国西部（成都）科学城、综合性国家科学中心建设在立法中明确。

因此，建议在科技创新中心地方立法制度设计中要妥善处理中关村科学城、怀柔科学城、未来科学城和北京市经济技术开发区协同合作的法律关系，《北京市经济技术开发区条例》修订工作要与《中关村国家自主创新示范区条例》和《北京市促进科技成果转化条例》做好衔接，形成全市统一的科技创新法治保障体系，聚焦现有的中关村和经济开发区、科技成果转化、优化营商环境等地方性法规中有关科技创新的一般性制度进行整合提炼和固化提升，进一步制定完善各领域地方性法规与政府性规章，打造具有首都特色的"法规群""制度群"。

## 三、要允许北京立足改革创新实践需要根据授权作变通规定

与上海、深圳和粤港澳大湾区相比，北京建设全国科技创新中心的创新改革突破力度不够。对于推进全国科技创新中心建设，如何调动或者规范中央在京科技资源活力非常重要。由于中央科研单位的人、财、物的行政管理权限不属于地方事权，如只从权利义务角

---

① 王涵. 北京科技立法相关问题和对策研究［J］. 北京科技智囊，2015（3）：62-68.

度予以规范，地方立法解决问题的力度远远不够。《深圳条例》变通了《中华人民共和国公司法》有关"一股一权""同股同权"的制度规定，借鉴美国"同股不同权"制度安排的资本市场更受新经济、新科技企业青睐的经验，率先以法规形式确立了"同股不同权"制度，运用立法变通权，对法律、行政法规等进行变通，在立法权限上具有更大的灵活性。

因此，建议允许北京立足改革创新实践需要，在国家服务业扩大开放综合示范区、自由贸易示范区和自主创新示范区三大国家战略在北京叠加，带来"三区驱动"的重大机遇期的新形势下，在北京根据授权作变通规定，既从实际出发遵循改革发展客观规律和法治建设的内在规律，又要体现地方需求和特色，加大科技体制机制改革突破力度，用法制的"立"来为改革发展的"破"保驾护航，从法律制度上进行改革的顶层设计。

### 四、要加强基础研究、科技人才的立法制度保障

北京作为全国科技创新中心，目标导向和问题导向都促使北京必须把基础研究作为一个重点，发挥在基础研究和原始创新方面的主力军作用，在整个科技创新的总布局中高度重视。人才是创新的第一资源，北京要充分激励好战略科学家、专业人才、青年科技人才的积极性，直面人才引进、使用、评价和激励中的老问题和新挑战，在立法中予以解决和保障。《深圳条例》将基础研究作为重点制度进行一系列创新；《上海条例》单列"人才环境"一章，推动体制机制优化，营造近悦远来、人尽其才的环境具有重要的意义。

建议北京在地方立法中可以借鉴这些经验，赋予自然科学基金法律地位，明确自然科学基金支持基础研究和科学前沿探索的主要功能定位，以及政府财政对于基础研究的大力支持，撬动企业以及其他社会力量对于基础研究投入的积极性。同时，明确对创新能力突出、创新成果显著人才进行持续稳定支持，加大对青年人才的支持力度，以及在海外人才引进、体现创新贡献的价值导向的评价和激励机制等方面予以立法保障。

# 第五章　北京、上海、粤港澳大湾区
# 科技创新比较分析①

    区域科技创新是国家创新体系的重要支撑。党的十九届五中全会聚焦强化国家战略科技力量，提出要布局建设区域性创新高地，支持北京、上海、粤港澳大湾区②形成国际科技创新中心。北京、上海、粤港澳大湾区作为我国综合科技创新水平最高的地区，也是代表我国参与全球科技创新竞争的主要区域。2016 年，《国家创新驱动发展战略纲要》提出要推动北京、上海等优势地区建成具有全球影响力的科技创新中心。2019 年，《粤港澳大湾区发展规划纲要》首次提出粤港澳大湾区要建设"具有全球影响力的国际科技创新中心"的战略定位，三地科技创新中心建设均已上升至国家战略。三地近年来围绕各自科技创新中心建设，通过深化科技体制机制改革和强化核心载体建设等举措，集聚高端创新要素，促进创新资源流动，取得了显著进展。

    本章基于政府统计数据和国际权威第三方数据库将三地科技资源、科技投入、科技产出、创新经济等方面从科技创新现状和历史发展两个角度分别进行了对比，综合分析三地各自科技创新发展的优势和薄弱环节。

## 第一节　科技资源

### 一、高等院校情况

    截至 2018 年底，北京、上海和粤港澳大湾区拥有高等学校共计 272 所，占全国高校总数的 10.21%。其中，粤港澳大湾区有 116 所，高于北京和上海。从隶属关系来看，三地央属高校占全国比重达 55.91%，高水平大学数量显著高于其他地区，北京在科教资源方面有着得天独厚的优势，拥有 38 家央属高校，占比超过全国四成，远超上海和粤港澳大湾区（见表 5-1）。

---

①　本章作者：王艳辉。
②　粤港澳大湾区由香港、澳门两个特别行政区和广东省广州、深圳、珠海、佛山、惠州、东莞、中山、江门、肇庆九个珠三角城市组成。

表5-1　北京、上海和粤港澳大湾区高等院校情况（2018年）

| 类型 | 北京 | 上海 | 粤港澳大湾区 | 合计 | 在全国占比（%） |
|---|---|---|---|---|---|
| 高等学校数量（所） | 92 | 64 | 116 | 272 | 10.21 |
| 本科院校（所） | 67 | 39 | 57 | 163 | 15.87 |
| 央属院校（所） | 38 | 10 | 4 | 52 | 55.91 |

资料来源：《中国科技统计年鉴》《广州统计年鉴》《深圳统计年鉴》《香港统计年刊》《澳门统计年鉴》、教育部等。

## 二、研发人力资源

从R&D人员规模看，2018年粤港澳大湾区达71.8万人/年，远高于北京的26.7万人/年和上海的18.8万人/年；尤其是该指标较2017年规模显著增加，同比增长35.6%，主要原因是深圳R&D人员数出现了大规模提升，2018年较上年增长了10.2万人/年，占粤港澳大湾区该指标增长的54.2%。从发展趋势看，2010年以来，粤港澳大湾区R&D人员规模翻了一番，年均增长率达到10.4%；而北京和上海R&D人员规模较为稳定，年均增长率分别为4.1%和4.2%（见图5-1）。

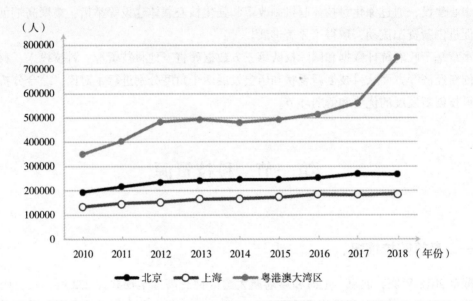

图5-1　北京、上海、粤港澳大湾区R&D人员数（2010~2018年）

资料来源：R&D人员等资料来源于《中国科技统计年鉴》、广东科技统计网、《香港统计年刊》等；从业人员资料来源于《北京统计年鉴》《上海统计年鉴》《广东统计年鉴》《香港统计年刊》等。

从R&D人员密度看，2018年，北京每万名从业人员中R&D人员数达到了216.0万人/年，分别是上海和粤港澳大湾区的1.6倍和1.3倍。但从发展趋势看，2010年以来，粤港澳大湾区R&D人员密度快速增长，年均增长率达8.1%，大幅领先于北京（1.8%）和上海（1.2%）（见图5-2）。

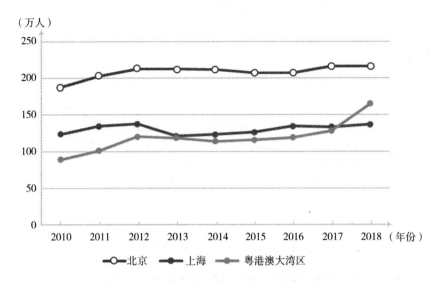

**图5-2 北京、上海、粤港澳大湾区 R&D 人员密度（2010~2018 年）**

资料来源：R&D 人员等资料来源于《中国科技统计年鉴》、广东科技统计网、《香港统计年刊》等；从业人员资料来源于《北京统计年鉴》《上海统计年鉴》《广东统计年鉴》《香港统计年刊》等。

从以上分析可以看出，粤港澳大湾区依靠广阔的地理范围和巨大的从业人口规模的优势，研发人员规模远远大于北京和上海。北京则在研发人员密度上仍然长期保持领先。但是随着近年来粤港澳大湾区科技创新迅猛发展，科技资源集聚速度显著提升，其研发人员密度已在 2018 年超越上海，与北京的差距进一步缩小。

# 第二节　科技投入

## 一、研发经费支出

从 R&D 经费内部支出规模看，2018 年，北京、上海、粤港澳大湾区三地 R&D 经费内部支出总规模达 6022.6 亿元，占全国比重超过三成。其中，粤港澳大湾区 R&D 经费内部支出规模最大，达 2792.7 亿元，分别为北京和上海的 1.5 倍和 2.1 倍。2010 年以来，三地 R&D 经费投入均保持了持续增长态势，其中粤港澳大湾区年均增长率最高，达 15.5%，高于上海（13.8%）和北京（10.8%）；北京增速较全国平均水平（13.7%）低 2.9%（见图5-3）。

从 R&D 经费投入强度看，北京一直以来表现出色，R&D 研发经费内部支出占地区生产总值比重长期维持在 6% 左右，2018 年达 6.17%，远高于上海（4.16%）和粤港澳大湾区（2.58%）。值得注意的是，粤港澳大湾区内地 9 个城市的 R&D 经费投入强度近年来迅

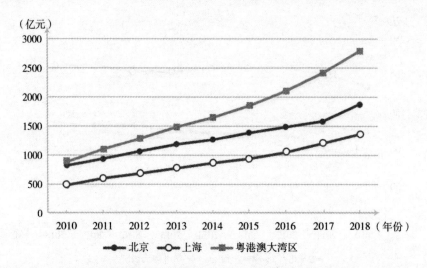

**图 5-3　北京、上海、粤港澳大湾区 R&D 经费内部支出情况（2010~2018 年）**

资料来源：R&D 经费资料来源于《中国科技统计年鉴》、广东科技统计网、《香港统计年刊》等；GDP 资料来源于《北京统计年鉴》《上海统计年鉴》《广东统计年鉴》《香港统计年刊》等。

速提升，2018 年达 3.21%，较 2010 年提升了 1.19%（见图 5-4）。

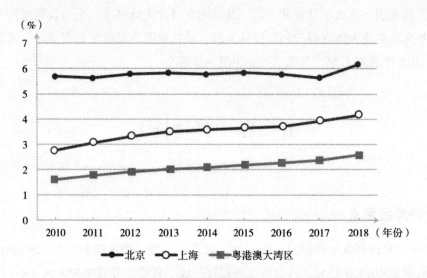

**图 5-4　北京、上海、粤港澳大湾区研发经费投入强度情况（2010~2018 年）**

资料来源：R&D 经费资料来源于《中国科技统计年鉴》、广东科技统计网、《香港统计年刊》等；GDP 资料来源于《北京统计年鉴》《上海统计年鉴》《广东统计年鉴》《香港统计年刊》等。

## 二、地方财政科技支出

从地方财政科技支出情况看，2018 年，三地合计规模达 1807.2 亿元，占全国的 31.3%。其中，粤港澳大湾区以 954.97 亿元居首位，是北京和上海的 2.2 倍。从历年数据看，三地地方财政科技支出总体上均保持上升态势，2010~2014年三地规模相当；2015年后，粤港澳大湾区地方财政科技支出规模快速提升，2015~2018年年均增长率高达28.5%，较北京（14.0%）和上海（16.2%）分别高出14.5%和12.3%（见图5-5）。

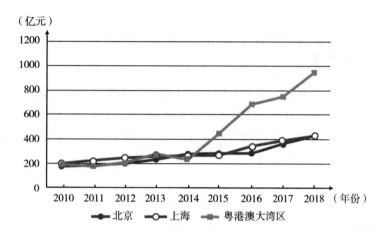

**图5-5 北京、上海、粤港澳大湾区地方财政科技支出情况（2010~2018年）**

资料来源：地方财政科技支出及地方财政支出资料来源于《北京统计年鉴》、《上海统计年鉴》、广东科技统计网、《香港统计年刊》等。

从地方财政科技支出占地方财政支出的比重看，2010年以来，北京和上海总体上呈现下降趋势，北京和上海2018年地方财政科技拨款占地方财政支出的比重分别达5.70%和5.11%，较2010年分别下降了0.88%和1.01%。而粤港澳大湾区则总体呈现快速上升趋势，从2010年的3.12%提高至6.33%，提高3.21%，在2016年超越北京和上海，显示大湾区地方政府对科技创新的重视程度日益增高（见图5-6）。

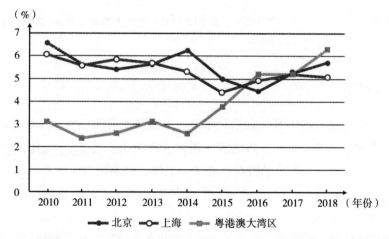

**图5-6 北京、上海、粤港澳大湾区地方财政科技支出占比情况（2010~2018年）**

资料来源：地方财政支出及地方财政科技支出数据来源千《北京统计年鉴》、《上海统计年鉴》、广东科技统计网、《香港统计年刊》等。

# 第三节 科技产出

## 一、科技论文发表

从 SCI 发表论文情况看，2018 年，北京、上海、粤港澳大湾区三地发表论文数占全国比重超过三成，达 32.2%。其中，北京以 59947 篇居首位，分别是粤港澳大湾区和上海的 1.4 倍和 2 倍；2016~2018 年年均增长率达 11.1%，高出上海 3%，但较粤港澳大湾区低 3.8%（见图 5-7）。

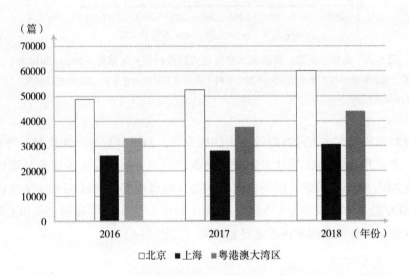

**图 5-7 北京、上海、粤港澳大湾区 SCI 科技论文发表情况（2016~2018 年）**

资料来源：科睿唯安 Web of Science 数据库。

## 二、专利产出

从专利申请情况看，2018 年，北京、上海、粤港澳大湾区三地专利申请量达 108.5 万件，占全国比重的 26.2%。其中，粤港澳大湾区表现突出，达 72.3 万件，分别是北京和上海的 3.4 倍和 4.8 倍。从发展趋势看，北京、上海、粤港澳大湾区专利申请量年均增长率分别为 17.7%、9.8% 和 23.0%，北京、上海与粤港澳大湾区的差距在进一步扩大（见图 5-8）。

从专利授权情况看，2018 年，北京、上海、粤港澳大湾区三地专利授权量达 64.8 万件，占全国比重的 27.8%。其中，粤港澳大湾区达 72.3 万件，分别是北京和上海的 3.5 倍和 4.7 倍。从发展趋势看，北京、上海、粤港澳大湾区专利授权量年均增长率分别为 17.7%、8.5%

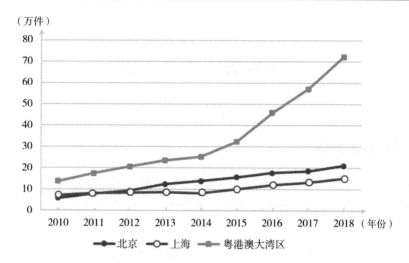

**图5-8 北京、上海、粤港澳大湾区专利申请情况（2010~2018年）**

资料来源：专利申请和授权资料来源于《中国科技统计年鉴》、国家知识产权局、广东省科技厅、广东科技统计网等。

和18.8%，北京、上海与粤港澳大湾区的差距同样在进一步扩大（见图5-9）。

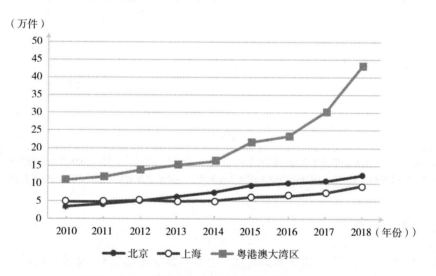

**图5-9 北京、上海、粤港澳大湾区专利授权情况（2010~2018年）**

资料来源：专利申请和授权资料来源于《中国科技统计年鉴》、国家知识产权局、广东省科技厅、广东科技统计网等。

# 第四节　创新经济

## 一、高新技术企业

粤港澳大湾区在规模和效益上均遥遥领先于北京和上海。从规模看，2018 年，粤港澳大湾区企业数量达 4.3 万家，分别是北京、上海的 2.3 倍和 4.7 倍；从业人员达 634.1 万人，分别是北京、上海的 2.7 倍和 3.9 倍。从效益看，大湾区营业收入约达 7 万亿元，分别是北京、上海的 2.2 倍和 3.6 倍；工业总产值达 5.4 万亿元，分别是北京和上海的 7.2 倍和 4.1 倍；出口总额达 1.3 万亿元，分别是北京和上海的 11.0 倍和 4.9 倍。北京与上海相比，尽管高新技术企业规模高于上海，但在工业总产值和出口总额方面均仅为上海的一半左右（见表 5-2）。

表 5-2　北京、上海、粤港澳大湾区高新技术企业情况（2018 年）

| 指标 | 北京 | 上海 | 粤港澳大湾区 |
| --- | --- | --- | --- |
| 高新技术企业入统数（家） | 18749 | 9023 | 42493 |
| 年末从业人员（万人） | 232.3 | 162.0 | 634.1 |
| 营业收入（亿元） | 32082.0 | 26547.6 | 69579.4 |
| 工业总产值（亿元） | 7245.3 | 13472.8 | 54840.7 |
| 出口总额（亿元） | 1226.1 | 2735.9 | 13461.9 |

资料来源：北京、上海高新技术企业资料来源于《中国火炬统计年鉴》；大湾区高新技术企业资料来源于《广东科技创新动态数据 2019（12）》，统计范围仅为内地 9 个城市；三地数据统计的均为入统高新技术企业情况。

## 二、技术市场

从技术合同成交额看，2018 年，北京、上海、粤港澳大湾区三地技术合同成交金额规模达 7640.64172 亿元，占全国比重的 43.2%。其中，北京技术合同成交金额表现优异，2018 年达 4958 亿元，约占全国的三成，分别是上海和粤港澳大湾区的 3.8 倍和 3.6 倍。从发展趋势看，2010 年以来，粤港澳大湾区保持了强劲的增长趋势，年均增长达 24.4%，较北京和上海分别高出 9.0 个和 12.3 个百分点，其规模于 2017 年超过了上海（见图 5-10）。

## 三、新产品销售收入

从新产品销售收入看，2018 年，北京、上海、粤港澳大湾区三地工业企业新产品销售收入为 50857.2 亿元，占全国比重接近三成。其中，粤港澳大湾区新产品销售收入规模达

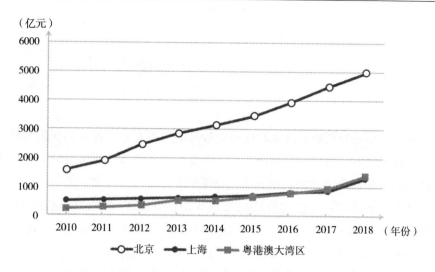

**图 5-10 北京、上海、粤港澳大湾区技术合同成交额情况（2010~2018 年）**

资料来源：技术合同成交资料来源于《中国科技统计年鉴》《广东科技统计数据》等，其中，大湾区数据仅为大湾区内地 9 个城市数据。

36923.9 亿元，是北京和上海的 8.9 倍和 3.8 倍，且持续保持着较高的增长，年均增长率达 15.3%，显示了粤港澳大湾区工业企业旺盛的创新活力和发展潜力；北京和上海近年来新产品销售收入规模较为平稳，年均增长率分别为 2.5% 和 3.4%（见图 5-11）。

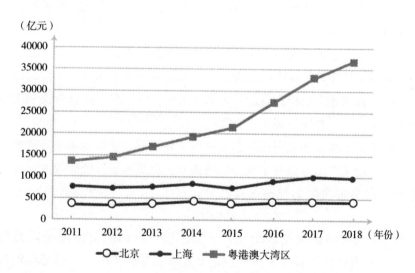

**图 5-11 北京、上海、粤港澳大湾区新产品销售收入情况（2010~2018 年）**

资料来源：新产品销售收入资料来源于《中国科技统计年鉴》《广东统计年鉴》等，其中，大湾区数据仅为大湾区内地 9 个城市数据。

# 第五节　主要结论

综上所述，三地科技创新近年来均保持了较好的发展态势，各自创新发展优势与特点突出。从创新链角度看，北京的基础研究优势明显，上海各方面指标发展均衡，粤港澳大湾区则在技术创新和产业化方面表现突出，具体如下：

第一，北京、上海和粤港澳大湾区是支撑我国创新型国家建设的核心区域。三地在R&D 经费投入、地方财政科技投入、发表论文数规模、专利申请量和授权量、新产品销售收入占全国的三成，技术合同成交额占全国的四成，在人才集聚、创新投入、创新产出和创新经济等方面引领全国，是我国科技创新资源最丰富、综合科技创新发展水平最高的三个区域。

第二，在原始创新能力方面，北京领先上海和粤港澳大湾区。北京在本科及央属高校数量、研发人才密度、研发经费投入强度、高质量国际科技论文发表和技术交易上具有显著优势，显示北京仍是我国基础研究和原始创新能力最高的区域。

第三，在技术创新和产业化方面，粤港澳大湾区领先于北京和上海。在专利申请量和授权量、高新技术企业规模和效益、新产品销售等方面远高于北京和上海，显示粤港澳大湾区在技术创新和企业创新活动方面拥有巨大优势，是我国技术创新水平和创新产业发展程度最高的区域。

第四，高新技术企业效益和新产品销售是北京创新发展的主要短板。北京在高新技术企业的规模、效益和增速以及新产品销售收入的规模和增速全面落后于大湾区；与上海相比，尽管北京高新技术企业规模和营业收入高于上海，但是在工业总产值和出口总额方面均仅为上海的一半左右，差距显著。

第五，基础研究是粤港澳大湾区创新发展的主要短板。尽管近年来粤港澳大湾区在研发经费投入及科学论文产出方面有了相当大的提升，但是其研发经费投入强度仍远远落后于北京和上海，科学论文产出规模尽管已经超过了上海，但与北京相比尚有相当大的差距。

第六，与北京和粤港澳大湾区相比，上海各项科技创新指标发展较为均衡。但在R&D 人员密度、地方财政科技支出占比、论文发表、专利产出等方面指标均落后于北京和大湾区。

第七，粤港澳大湾区科技创新潜力较大。从历年数据看，粤港澳大湾区在研发人才规模、地方财政科技支出及占比、科技论文发表、专利产出、技术市场及新产品销售等方面均保持了两位数以上的快速增长，显示出粤港澳大湾区在科技创新发展方面拥有强大的后发优势。

# 第六章 ILL 和 ESRF 对怀柔科学城大科学装置建设创新发展的启示[①]

大科学装置是国家科技基础条件平台的重要组成部分，是开展前沿研究、探索自然规律的重大科技基础设施，对解决经济社会发展和国家安全中的战略性、基础性和前瞻性科技问题意义重大，对培育国家战略科技力量至关重要。习近平总书记在 2014 年两院院士大会上讲话强调："要积极主动整合和利用好全球创新资源，从我国现实需求、发展需求出发，有选择、有重点地参加国际大科学装置和科研基地及其中心建设和利用。"目前，北京怀柔科学城正推进以高能同步辐射光源为代表的大科学装置集群建设，通过管理体制、机制创新和保障体系完善，更好地发挥大科学装置的科学、技术、产业服务的功能，国际大科学装置的成功经验无疑是值得借鉴学习的重要参照。位于法国格勒的劳厄-郎之万中子研究所（Institute Laue-Langevin，ILL）、欧洲同步辐射光源（European Synchrotron Radiation Facility，ESRF）是世界知名大科学装置，依托这些大科学装置，形成了能源、信息技术、物质等学科跨领域交叉融合，基础研究、应用研究和产业部门跨机构协同创新，其所在地格勒被美国《时代周刊》称为"欧洲神秘的创新之都"[②]，被业界誉为法国乃至欧洲的"硅谷"，其中大科学装置扮演了无可比拟的重要角色。为近距离、最直观学习感受大科学装置的成功经验，课题组实地考察了 ILL 和 ESRF，本章结合考察过程中的认识和体会，总结了大科学装置建设运营的机制及其成功的关键性因素，以期为怀柔科学城大科学装置的创新发展提供决策参考。

## 第一节 ILL 和 ESRF 概况

ILL 和 ESRF 位于格勒诺布尔（Grénoble）西北角的科学半岛，该岛又被称为科学多边形（Polygone Scientifique），是由流经格勒市的伊泽尔河（Isère）和德拉克河（Drac）在汇流处形成的占地 25 公顷的区域，ILL 和 ESRF 坐落在两河之间"半岛"的尖角位置（见图 6-1）。

---

[①] 本章作者：李宪振、常静、杨君怡。

[②] 茹志涛，孙玉明. 法国"格勒诺布尔科创中心"建设经验及启发 [J]. 全球科技经济瞭望，2019，34（7）：53-58.

**图 6-1　ILL 和 ESRF 位置示意图**

## 一、ILL 概况

ILL 始建于 1967 年，由法国和德国两国科学家联名发起建立，是世界第一个基于反应堆和加速器的高通量中子源。ILL 的核心装置高通量核反应堆（High-Flux Reactor，RHF）是世界最高强度的中子源；同时，ILL 拥有近 40 套性能先进且不断升级改造的设备和仪器，能够满足中子科学和技术领域的前沿研究需要。

ILL 中子源每年分 4 个时间段运行，每阶段连续 50 天，共计 200 天。夏季 1 个月和冬季 3 个月停运期间添加燃料，安装、检测和维护设备设施。各国用户在中子源上的使用时间由各国政府的投资份额决定。法国占有 1/3 的时间。除发起国法国和德国，1973 年英国加入合作管理，这三大缔约国承担了 ILL 绝大部分的经费投入。同时，西班牙、瑞士、奥地利、意大利、比利时、匈牙利、俄罗斯、捷克、瑞典等 11 个 ILL 的伙伴国也为其建设运行注入了大量资金。2019 年，ILL 的整体预算为 1.01 亿欧元[①]。

ILL 拥有工作人员 500 余人，其将自身视为一个研究服务机构（Service Institute），面向全球申请来访的科学家开放研究设施和实验资源。每年，来自近 40 个国家的 2000 余名研究人员到访 ILL 开展研究工作，约 500 个经严格遴选的科学实验在这里进行，产生科学论文 550~600 篇。其中有 168 篇于 2019 年发表在高影响力的学术期刊上[②]。ILL 的企业合作客户主要有西门子、施耐德等世界知名公司。

## 二、ESRF 概况

ESRF 是由欧洲 12 个国家投资 2.2 亿法郎共同建造的世界首座第三代高能同步辐射光源，1988 年开始建设，1994 年正式启用。输出光束线站在初建时只有 12 条，经过不断扩建升级改造，目前已经达到 44 条，每条束线一般配置 2 名科学家、2 名博士后和 1 名技术人员。束线可分为 6 组：结构生物学、X 射线成像、聚合物结构、材料结构、电子结构和磁学、动力学和极端条件，分属于物理学（Group1 - Group3）和生命科学（Group4 - Group6）两大领域，如 ID13 光束线站属于生命科学领域的第 5 组。

---

①② ILL. Annual Report 2019［EB/OL］．［2020-11-05］．https：//www.ill.eu/about-the-ill/documentation/annual-report.

ESRF 目前有 22 个成员国，包括 13 个缔约国和 9 个伙伴国。2019 年，ESRF 的经费预算为 1.1 亿欧元，工作人员 600 名左右。每年，从世界各地到访 ESRF 来使用这些 X 射线束开展研究工作的科学家将近 9000 人，每年论文发表量 2000 多篇①。欧洲很多制药、化妆品、食品、建筑、冶金、微电子等行业的大企业申请到欧洲同步辐射加速器进行实验，如法国赛诺菲-安万特制药、欧莱雅化妆品公司等②。

ESRF 一周 7 天、每天 24 小时不间断运行，提供高亮度、高精度的光源。其运行至今从未发生过故障，成为世界上性能最好、最可靠、用户最多、发表论文最多的 X 射线辐射光源，被誉为欧洲的科学"神灯"。有量化研究分析表明③，ESRF 为凝聚态物理、材料、生命科学等众多学科领域研究提供了有力支撑，促进了结构生物学等新兴交叉学科的形成和分化，在国际合作和产业技术研发中发挥了重要的纽带和平台作用。

# 第二节　机制创新

## 一、多国共建共管

科学研究的综合性和复杂性越来越依靠重大科技基础设施和新技术装备投入，人财物投入越来越高昂，以运行费为例，ILL 和 ESRF 在 2019 年的运行费用分别占当年经费预算的 20.53% 和 25%，如此巨大的投入单独一个国家无论是财力还是技术都难以承担。因此，通过国际合作共同出资建设和共同管理大科学装置，已成为比较普遍采取的策略，ILL 和 ESRF 就是这种管理模式下国际合作的杰出典范，由多国共建共管，成员国按约定的比例出资支持装置的建造、运行、对外开放等经费。ILL 最初由法国和德国发起，1973 年英国加入，之后另有西班牙等 11 个国家成为合作伙伴国。2019 年 ILL 年度报告显示，经费预算来源中法国、德国、英国占比 66.14%，西班牙、瑞士等 11 个合作伙伴国家占比 19.99%。ESRF 最初由欧洲法国、比利时等 12 个国家投资建设，2013 年 12 月俄政府批准科学界参与 ESRF 项目。2019 年各国出资 ESRF 的比例如图 6-2 所示。

## 二、理事会管理机制

大科学装置的建设成本高，而其建成后的运营管理更是关系到其价值能否得到充分实现，能否最大限度地服务于科学研究和技术创新活动。在运营管理方面，ILL 和 ESRF 基

---

① ESRF. A unique worldwide research facility, a centre of excellence ［EB/OL］. ［2020-11-05］. http://www.esrf.eu/about/press-room/intro-esrf-journalists.

② 陈馨旖，黄振羽. 大科学装置建设的参与主体演化 ［J］. 中国科技论坛，2019（12）：156-163，172.

③ 李宜展，樊潇潇，曾钢，等. 同步辐射光源的科技发展及科学影响分析——以欧洲同步辐射光源为例 ［J］. 世界科技研究与发展，2019，41（1）：16-31.

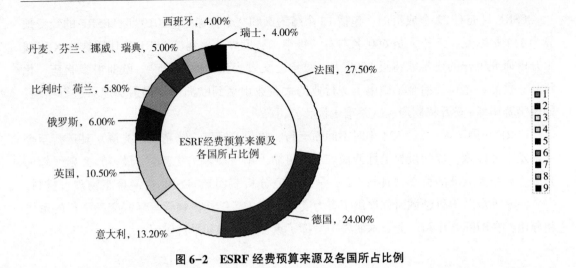

图 6-2　ESRF 经费预算来源及各国所占比例

本都采用了理事会管理架构。

　　具体来看，ILL 的组织管理架构如图 6-3 所示。所长实行轮换制，任期为 5 年。科学委员会由来自 11 个伙伴国的外部专家组成，负责就 ILL 应重点发展的科学优先领域、仪器设备和技术设施的发展改造需求等向所长提供建议，同时它也负责评估 ILL 的科学产出状况。指导委员会是 ILL 的管理主体，由缔约国的代表组成，每年召开两次会议；伙伴国的观察员、ILL 的高层管理者、科学委员会的主席和部分员工代表也都将参加上述会议。指导委员会发布管理基本指导意见，缔约国最终决定 ILL 将采取的运行和投资战略。

　　与 ILL 大致相仿，ESRF 的组织管理架构如图 6-4 所示，其中理事会负责拟订 ESRF 的议事规则，理事会的正、副两名主席除需来自不同的缔约国代表团外，其任期不超过 2 年。总干事是 ESRF 的行政总裁和法定代表人，由理事会任命，任期不超过 5 年。

## 三、持续推进装置改造升级

　　大科学装置建成后要保持长期稳定运行、持续取得科学技术活动的成功，就必须准确把握科技发展态势和需求，不断升级提升设施性能和服务能力，这是在全球科技竞争日趋激烈背景下保持生命力的关键，而这一过程甚至比起初的建设更为艰难。ILL 和 ESRF 为保持世界领先地位，以最安全、最稳定的实验设备和技术满足用户需求，均不惜代价持续对基础设施和设备进行升级改造。在此过程中，ILL 和 ESRF 均制定了明确的设施路线图，并通常给升级改造计划起一个响亮且有意义的名字进行实施。设施路线图的制定、组织管理、项目遴选等都采取透明、严谨的工作程序，其内容包括项目建议书的提交、评估和决策，目标可感知，时间阶段性强，便于后期落地实施（见表 6-1）。

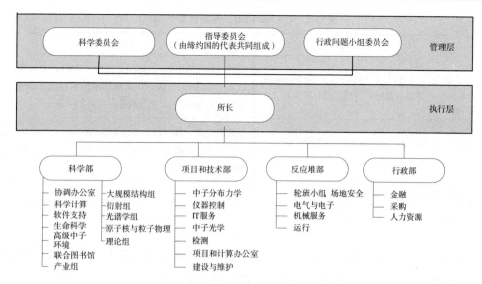

**图 6-3 ILL 组织架构图**①

注：在 ILL 官方资料的基础上做了一定的修改整理。

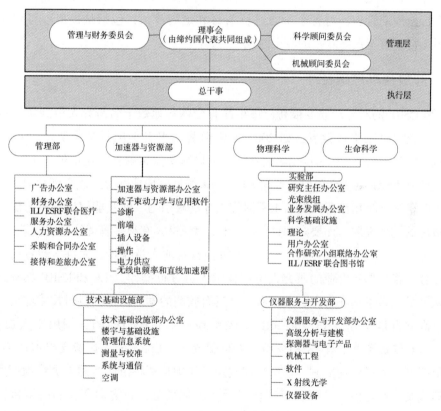

**图 6-4 ESRF 组织架构图**

资料来源：根据 ESRF 官网资料翻译，有修改。

---

① ILL. Annual Report 2019 ［EB/OL］. ［2020-11-05］. https：//www.ill.eu/about-the-ill/documentation/annual-report.

**表 6-1 ILL 和 ESRF 升级改造计划**

| 序号 | ILL | ESRF |
|------|-----|------|
| 1 | 千禧年现代化计划（Millenium Modernisation Program，2000-2016），投资 8500 万欧元 | 升级计划（Upgrade Program，2009-2015），总投资 1.8 亿欧元。建设 19 个新一代实验探索纳米世界的研究平台，新建一个 8000 平方米的超稳定实验大厅等 |
| 2 | 耐力现代化计划（Endurance，2016-2023），预算 6000 万欧元 | 极端辉煌源计划（Extremely Brilliant Source，2015-2022），总投资 1.5 亿欧元。建造新的存储环、建造新的最先进的波束线等 |
| 3 | 未来 2030（F-ILL2030） | |

资料来源：根据 ILL 和 ESRF 官网整理。

以极端辉煌源计划（EBS）为例，为实施该计划，2016 年 ESRF 专门以橘皮书的形式公开出版了相关研究，该书共分为四章，特别是第二章，关于每一阶段的执行方案，都有详细的描述。为了有一个文件尽可能准确地描述拟更新设备的参数，2018 年 9 月更新了橘皮书，公开"EBS 储存环技术报告"，重点给出升级的新储存环的详细规格。计划执行过程中，实行全周期管理，对各个阶段进行监督和定期评估，包括从提出项目建议书到实施，再到运行，直至最终除役的各个时期。

## 四、开放共享广纳贤才

ILL 和 ESRF 的对外开放度很高，每年都有全球各地数千名研究人员到访开展研究工作，其中不乏诺贝尔奖获得者，如 2003 年化学奖获得者美国科学家罗德里克·麦金农（Roderick Mackinnon）、2012 年化学奖获得者美国科学家布莱恩·克比尔卡（Brian K. Kobilka）就曾在 ESRF 的生命科学第 5 组 ID13 光束线站完成或部分完成原创性研究工作。这在很大程度上进一步增添了其对高水平研究人才的吸引力，使其能够广纳贤才服务带动整个格勒地区的创新发展。而要实现这一点，ILL 和 ESRF 有很多管理经验值得借鉴。

具体来看，一是 ILL 和 ESRF 非常注重机构自身的人员保障。大科学装置的运行维护和开放服务，都需要有专业的研究人员和技术人员进行操作。ILL 和 ESRF 都有着稳定的员工团队，员工数量均在五六百人左右，且具有较高的学历水平和科研技术能力。为保障其高效、高质开展工作，ILL 和 ESRF 的经费预算中有相当高的比例用于人员费支出。2019 年，ILL 经费预算中有 48.81% 用于人员费支出，ESRF 的人员费支出占比为 49.7%。二是采取畅通的人员流动机制。根据法律规定，法国从事科研职业的人员均为国家公职人员，科研人员在高等院校开展科研工作或承担教职任务，只需向所在的科研机构备案即可。在格勒，很多研究机构科研人员既牵头科研项目，又在某些高等院校承担教学任务，可根据科研任务需求进行跨机构、跨学科自由流动。ILL 和 ESRF 也都聘有大学教授和研究生为其服务。三是充分开放仪器设备和实验资源。ILL 和 ESRF 都将可对外开放的束流时间和相关仪器设备信息在其官网予以公开，并设有便捷的申请渠道。它们都聘请了实验室以外、来自世界各地的专家每年两次对申请项目进行评审、筛选；而项目一旦入选，其成员国的研究人员到这里做实验的所有费用，包括国际旅费，在格勒的吃、住、行以及实验费用都由实验室提供。同时，对于其成员国的研究人员，如果有快速进行样品结构特征和数据分析的研究需求，也可以通过简捷获取系统（Easy Access System）进行申请，而不用经过标准项目申请的评审流程。只是该系统只能为研究者提供室温条件下的短时束流时间，而且研究者不能亲自到这里进行实验，而只需将他们的样品寄给实验室指定的科学家进行测量和样品辐射控制。

## 五、基础研究与产业的无缝对接

一是明确基础研究与应用研究的比例。ILL 基础研究占比为 60%，聚焦在生物学、光谱学、晶体学、磁学、原子核及粒子物理等领域；应用研究占比为 40%，聚焦于 ICT、健康、能源、环境、功能材料等的研究以应对重大社会挑战。值得一提的是，ILL 和 ESRF 都在应对新冠病毒挑战的过程中发挥了重要作用，科学家们正在利用 X 射线、电子和中子来破译新型冠状病毒的分子机制并使其失活，一些以前需要数小时才能完成的实验，借助先进仪器设备，现在几秒钟即可完成。二是建立有利于促进成果转化的知识产权政策。如 ESRF 决定不在一个或多个国家申请此类保护，经同意，发明人可以自己的名义自费为自己的利益申请保护，但在这种情况下，任何可能授予的专利保护不得针对 ESRF 或合作伙伴；在技术转移方面，鼓励通过授权促进技术商业化，支持许可收入能够回馈发明者的创新目标，建立产业合作网络。三是设立专门部门进行产业创新。例如，ILL 在科学部下设立产业组，专门负责产业化工作。大科学装置都配备世界领先的尖端设备和仪器，仅在仪器设备领域，产业发展潜力巨大，ESRF 在 2008 年成立了仪器设备服务和发展处，重点研发同步辐射的仪器设备，保证光源的技术支持。四是契约化合作模式。在基础研究、应用研究和工业生产之间采取"契约化合作"，使产业界可获得更具市场竞争力的产品和技术，研究部门则获得更好的实验条件和经费保障，这种模式是格勒创新模式的显著标签①。

## 六、和谐共生的创新生态聚落

ILL 和 ESRF 在促进科学半岛形成创新生态聚落的过程中发挥的作用居功至伟。一是加强基础研究合作，为重大技术研发提供平台。格勒半岛是一个以大科学装置群为显著特色的创新区域，除 ILL、ESRF 之外还布局了其他大科学装置和国家级的研究中心。ILL、ESRF 在发展过程中非常注重与其他大科学装置和国家研究中心的合作，以进一步提升、发挥其平台功能。例如，2002 年，ILL、ESRF 同欧洲分子生物学实验室 EMBL 和埃贝尔结构生物学实验室 IBS 签署成立结构生物学联合体（Partnership for Structural Biology，PSB），开展欧洲及全球范围内蛋白质结构和功能的研发。该联合体的成立为结构生物学这一新兴学科的发展提供了一系列的技术平台，为未来医学的药物设计、基因修饰、疫苗研制、人

---

① 丁帅. 欧洲科学中心——法国格勒诺布尔研究与启示 [J]. 中国市场，2020，1040（13）：14-15.

工蛋白质的构建等奠定了重要基础，是世界独一无二的结构生物学中心。毫无疑问，这样一种"强强联手"的合作模式，也更加增强了格勒对于世界各地科学家的吸引力。二是发起 GIANT 园区计划。2009 年由 ILL、ESRF、法国 CEA 和法国国家科学中心（CNRS）等共8 家机构发起格勒先进新技术创新园（Grenoble Innovation for Advanced New Technologies, GIANT）园区计划，营造和谐的创新生态，促进学科交叉和技术共享，传播知识，更好地回应如数字转型、气候变化及其他环境问题、生命科学和健康发展等当下和未来重大经济社会发展挑战。三是敞开门户，开放合作。ILL 和 ESRF 在发展过程中不断接纳新的成员单位和合作伙伴，以为其自身发展注入新的资源和活力。如 FILL2030 计划的核心目标之一就是开拓新的国际合作伙伴。ESRF 合作伙伴由最初的 12 个增加到现在的 22 个。ILL 和 ESRF 共有一个图书馆，调研考察中的一个细节是在 ILL 办理好了访问通行证后，在 ESRF 通用。2012 年首次发起组织了"全球先进创新生态圈高层论坛"，此后每年在格勒和国外轮流举行，以搭建国际创新生态圈沟通平台，推动其与全球其他科技园区的交流合作。

# 第三节　借鉴启示

## 一、探索新型科研组织模式

近些年来，国家层面在不断强化科技创新基地（平台）的建设和优化发展。在 2020年 9 月 11 日科学家座谈会上，习近平总书记提出要"加快解决制约科技创新发展的一些关键问题"，其中就包括"整合优化科技资源配置，组建一批国家实验室，对现有国家重点实验室进行重组，形成我国实验室体系"。在此背景下，怀柔科学城不仅需要集聚一大批国家重大科技基础设施，而且还需要通过科研组织模式的创新，整合和优化科技创新资源，不断提升大科学装置的运行质量，产出更大的社会和经济效益。借鉴 ILL 和 ESRF 在多国共建、扩大合作机制和政府协调方面的经验做法，建议考虑建立科研组织新的机制，扩展科技创新资源的来源渠道，更好地发挥大科学装置的平台功能。

一是探索建立多地共建共管的大科学装置组织新模式。充分利用好京津冀协同发展的国家战略，积极引入天津和河北的创新资源和资金，支持大科学装置的建设和运营。可以通过签订组织协议，来约定支持大科学装置建造、运行等的出资比例，以及与出资比例相适应的权利与义务。由京津冀三地政府委托专业的科学机构组建管理部门，逐步完善协同合作的工作体制机制，探索形成共建共管基础上的利益共享和风险共担机制。

二是鼓励政产学研等多方主体共同参与大科学装置建设。在巩固、提升现有政府、科研院所和高校三方主体建设合力的基础上，通过建立扩大合作机制，探索将产业领域龙头骨干企业纳入到运营、使用科研设施的主体队伍之中。充分发挥龙头骨干企业整合产业链上下游资源的优势，鼓励其依托大科学装置与科研院所、高校共建联合实验室和联合学院，推动基础研究、技术进步和产业需求的深度融合。同时，鼓励中小微企业积极利用大科学装置开展技术研发，加快技术成果产业化进程。

三是加强大科学装置建设和运行中的央地协同。协调解决随着建设规模不断扩大和资金投入、参与科研的团队不断增多所带来的建设问题和管理问题。组建由国家牵头、地方政府参与的国家级大科学装置发展理事会或委员会，来牵头实施国家大科学工程或计划的发展战略，对大科学计划的发起、技术路线设计和可行性论证、评估和筛选进行统一把关。同时，理事会或委员会要负责统筹用好各方面科技创新资源，凝聚央地以及全社会力量协同推进大科学装置的建设和发展。

## 二、创新装置的管理运营机制

大科学装置建设人财物投入大，涉及的主体多样化，在管理运营上具有复杂性。未来，需要通过创新管理和运营机制来保障大科学装置的科学、技术、产业等各项功能的充分发挥。借鉴法国对 ILL 和 ESRF 设立的政策法律保障，以及 ILL 和 ESRF 在理事会管理机制和管理者授权方面的成功经验，建议考虑完善大科学装置建设的政策保障体系，建立完善的管理运营机制，并通过充分授权为大科学装置提供一个良好的发展环境。

一是完善大科学装置建设的政策保障体系。建立起包含从规划、设立到建设、运营全过程的大科学装置政策保障体系，从科研设施使用申请、资金投入与使用、人员聘用、效益分配等方面，对大科学装置建设运营实施精细化管理。探索以大科学装置为重点创新平台，试点实施一揽子涉及股权激励、税收减免和成果转化等方面的先行先试政策。建立政府牵头，社会各方广泛参与的大科学装置发展专项资金，根据建设主体的不同，可以设计不同的利益分配机制，以解决大科学装置长期运营所需经费的问题。

二是实行大科学装置发展理事会制度。建立国际接轨的治理结构和运行机制，将传统院所的行政管理转变为实行理事会领导下的院（所）长负责制。理事会设理事长 1 名，设副理事长 2 名。理事单位若干，由市相关委办局、参与建设的高校院所和企业组成。理事会下设秘书处，理事会负责怀柔科学城内大科学装置建设、创新发展的顶层设计、决策部署、统筹推进和督促落实等。理事会下实施院（所）长负责制，院（所）长由理事会任命，任期一般为 5 年。

三是扩大院（所）长对管理运行的决策权。在守住底线的前提下，对院（所）长在研究选题、人才聘用、经费使用、运行管理等方面给予充分信任和授权。理事会在制订和实施大科学装置发展计划等方面向院（所）长提出建议；并听取院（所）长对管理运行方面重大事项的决策汇报。完善管理运行过程中的容错和纠错机制，明确院（所）长的尽职免责条款；同时，完善科研管理人员的奖励激励机制。为院（所）长配备专职助理，协助其完成日常工作；建立专家顾问委员会，为院（所）长开展管理运行提供智力支撑。

### 三、提供持续稳定的支持保障

ILL 和 ESRF 的发展历程以及持续升级改造过程，充分说明大科学装置的建设与运营任重道远，除保持战略定力外，必须给予长期持续稳定的支持，同时还要不断完善优化人才队伍体系建设。具体而言，有以下三点：

一是给予长期稳定的经费支持，保障大科学装置的运行维护和升级改造。要建立长期稳定的财政投入和政策支持机制，为大科学装置的稳定运转、设备更新、升级改造等提供持续的资金保障。

二是制定清晰明确的设施路线图，持续推进功能优化提升。建立专门的管理机构，负责评估论证大科学装置建设计划的科学价值和成熟度等，考察人力、财力、管理和使用等方面的准备情况，将通过评估的项目列入设施路线图，启动建设、推进落实；同时，要对大科学装置的实施情况进行定期评估，并及时跟踪国际科技发展前沿，保持大科学装置设施路线图的科学性和先进性。

三是建立多元投入渠道，加大对大科学装置的建设投入。在保障持续稳定财政投入的基础上，引导企业和金融机构以适当形式加大支持力度，鼓励社会以捐赠和建立基金等方式多渠道投入，扩大资金来源，形成持续稳定投入机制。

### 四、建立灵活的引才用才机制

人才是第一资源，国家科技创新力的根本源泉在于人。ILL 和 ESRF 大科学装置具有显著的人才聚集效应，吸引聚集了高水平的科技人才，其中不乏诺贝尔奖获得者。借鉴 ILL 和 ESRF 在聚集高水平人才、为研究人员提供稳定经费保障、促进人员流动等方面的做法，建议将人才引进和培养作为怀柔大科学装置秀肌肉的重要舞台，建立灵活的引才用才机制，实现人才、项目、基地的一体化部署。

一是借助大科学装置的平台效应，吸引国内外高水平的研究人才。依托在建的大科学装置和交叉研究平台，布局科研项目，吸引新建大学和科研机构的新型研发中心、科学实验室。

二是建立稳定可预期的激励保障机制，保障人员经费支出。在大科学装置的运行经费中，要预留充分的人员费用支出比例（如50%左右），以稳定一批科研人员持续不断地从事相关设施的设置、操作、维护乃至后续的数据采集和分析工作，保障这些先进装置的持续稳定运行。对于利用怀柔大科学装置开展研究的外部科研团队，在约定公开科研成果的基础上，对其提供一定的经费支持，激励其利用设备开展高水平研究工作。

三是促进人员合理有序流动，加大科技信息交流。在怀柔科学城试点探索由外籍科学家承担相关科技研发项目。建立人才引进协商机制，加强聘用管理。

### 五、促进科教产金深度融合

怀柔科学城已有中国科学院大学，北京大学也成立了由校长领衔的项目领导小组，未来还将布局引进建设"小而精、新而特"大学或学院；科教融合、金融支持科技创新是大势所趋。借鉴 ILL 和 ESRF 在研究领域设置、知识产权政策、设立专业化部门等做法，建议考虑以大科学装置的建设创新发展为契机，促进教育、科研与产业界更紧密的结合，实现金融、科技和产业良性循环。具体而言，有以下三点：

一是坚持基础科研的同时，强化基础研究应用导向。进一步聚焦专业领域和社会重大挑战需求，通过科技金融创新、加速平台搭建、设立专门促进成果转化的服务机构等方式打通基础研究和产业化应用的创新链条。

二是建立开放、自由、流动的科研组织模式。改变科研工作封闭在各自独立的机构和系统中的方式，让中科院大学以及将来要进驻的大学的学生，可以自由地在科学城内的实验室进行研究与实习；科研人员可根据科研任务需求进行跨机构、跨学科自由流动。大科学装置和交叉研究平台等科研设施建成后一周 7 天、一天 24 小时开放，以保证较高的使用率，选取某些装置确定一周免费对外开放 1~2 天，以吸引更多的科研人员和企业来做实验。

三是建立起产业界与研究部门、高等院校的契约化合作关系。鼓励支持相关研究机构将前期研究和基础研究成果发布，并接受相关企业主体提出的应用研究和试验要求；出台相关制度规定，允许高校院所科研人员到相关企业兼职或以技术支持等方式参与企业技术创新，企业也可派遣研发人员到高校院所进行合作研发。

## 六、打造全球创新合作网络

习近平总书记强调，推动更深层次改革，实现更高水平开放，为构建更新发展格局提供强大动力。借鉴 ILL 和 ESRF 开放合作和营造创新生态的做法，建议在"走出去"和"引进来"两方面同时发力，营造更高水平的多元创新氛围。

一是积极"走出去"参与国际合作。通过派遣人员、申请研发合作项目、参加"全球先进创新生态圈高层论坛"、探索商讨成为合作伙伴国家等方式，与 ILL、ESRF 建立常态化交流机制。强化与法国格勒的科技合作，争取在怀柔共同推动举办类似"全球先进创新生态圈高层论坛"的国际科学论坛和高科技产业研讨会努力融入全球创新生态圈网络。

二是积极打造国际交流合作平台。发起具有较高国际影响力的科学计划、论坛、活动或会议，吸引国际知名专家学者和研究人员来怀柔科学城开展研究和实验，进行学术思想碰撞，不断为科学城高水平发展补充"新鲜血液"。

三是营造以大科学装置为核心的生态聚落。广泛宣传大科学装置存在及利用装置开展科学研究的重大科学、技术、经济、社会文化价值及意义；搭建普通大众与科学家交流沟通平台空间，主动揭开大科学装置的神秘面纱，及早发掘和捕捉孕育在实验室的重大科技需求和机会。强化展示中心规划建设，将开放、参观大科学装置打造成为必须打卡的"网红"景点。

# 创新改革篇

# 第七章 "十四五"时期北京深化科技体制机制改革若干建议①②

体制机制改革是科技创新中心建设的动力源泉。综观世界,美国、欧盟、日本等发达国家和地区之所以在科技创新领域保持领先地位,归根结底在于形成了一整套高效而充满活力的科技创新体制机制。"十三五"期间,北京市大力推进科技体制机制改革进程,围绕全国科创中心建设,加强顶层设计、完善组织架构,系统部署、纵深推进,增强了改革系统性、整体性、协同性,在中关村先行先试、人才体制机制、成果转化、科研项目管理、区域协同、促进科技经济相结合等重要领域和关键环节,不断推出重大改革举措,并取得了突破性进展,为全国科技创新中心建设提供了良好的制度保障。

"十四五"时期,面临百年未有之大变局和新一轮科技革命和产业变革的重大历史机遇期,北京作为全国科技创新中心,不但要支撑创新性国家建设目标、顺应国家科技创新治理体系改革要求,而且要面对区域创新和京津冀协同发展需求,正视特大城市治理和非首都功能疏解的现状,加快推进全国科技创新中心建设,必须要以体制机制改革为动力,最大限度地释放市场配置资源的决定性作用和更好地发挥政府作用,建立与中国特色社会主义市场经济体制相适应、符合科技发展规律的科技创新治理体系。

与国内外新形势和新要求相比,北京市科技体制机制还存在一些差距和不足,一些重大改革推进的步伐不够快,相关领域改革协同不足,一些深层次制度障碍还没有根本破除,导致北京丰富的科技资源优势没有转化为创新发展优势。例如,与粤港澳大湾区和上海相比,中关村的先行先试改革试验田优势不明显,亟待在重点领域有更大的改革突破力度;三城一区之间统筹机制和政策之间改革有待形成合力,改革协同性有待提升;鼓励基础研究和原始创新的机制有待健全;京津冀协同创新能力较弱,国际科技开放合作有待进一步提升;服务国家战略的法规政策支撑体系有待完善,应对国际竞争和科技安全的能力有待加强。总体来说,要解决体制机制问题,一是需要从体制上研究解决政府自身的错位、越位、缺位问题;最大限度地释放市场配置资源的决定性作用;充分激活各类创新主体的创新动力。二是需要针对抑制科技创新和阻断创新链的问题,列出政策突破点、提出改革创新举措,推进全面创新改革和先行先试改革。三是需要注重法规政策前瞻性和系统性,使尊重知识、崇尚创新、保护产权、包容多元成为全社会的共同理念和价值导向。

---

① 本章作者:王涵、涂平。
② 王涵,涂平."十四五"时期北京深化科技体制机制改革若干建议 [J]. 科技中国, 2020 (8).

# 第一节 明确职能定位，全面提升政府宏观调控和科学决策能力

未来的政府是有限政府，包括职责有限和资源（权力）有限，政府要明确职能定位，有所为，更要有所不为。北京作为首都，作为全国科技创新中心，政府更应该明确职能定位，提升科技创新治理能力。

## 一、应更多关注创新制度环境营造

科技创新活动应该更加强调市场配置资源的决定性作用。政府应该进一步在战略研究、规划制定和政策设计以及提供服务上发挥核心作用，专注创新壁垒清除、新市场创建和创新生态环境营造，特别是要加强对全国科技创新中心建设的立法保障，加快形成以"北京市科技进步条例"或"北京全国科技创新中心条例"等地方科技基本法为龙头，以一系列配套法规政策文件为龙体的"法规群"和"制度群"。

## 二、应持续加强统筹协调机制建设

虽然政府出台了一系列支持和激励科技创新的政策，但政策要分工到不同委办局和单位来组织管理实施。这种情形束缚了科技部门为科技创新工作采取的顶层部署、全局统筹政策组合内容的能力。"十四五"期间，应进一步从全国科技创新中心发展一盘棋的角度加强谋划，提升政策协调层级，建立创新政策协调审查机制，关注如何打破部门分割、重复分散的科技资源配置格局，强调部门间的统筹协调，强调区域协同发展，支持区县结合实际，采取更加有利于科技创新发展的措施。

## 三、应更好地处理中央和地方的关系

加快建设具有全球影响力的全国科技创新中心，是新时代中央赋予北京的重大战略任务。北京地区有丰富的人才和科技资源，截至 2018 年底，包括高等学校 92 所，各类科研院所 1000 多家，在京两院院士 785 人，占全国的 1/2 左右；国家重点实验室、工程技术研究中心等国家级创新平台 400 余家，均占全国的 1/3 左右；86 万左右的在校大学生及 2.74 万家国家级高新技术企业，北京区域内各类创新主体都应成为全国科技创新中心建设的主力军，在一定程度上反映了国家的科技创新能力，理应代表国家参与国际科技竞争，保障国家科技安全。"十四五"期间，在全球竞争格局发生重大变化的时代背景下，北京的创新体系和服务能力应进一步提升，发挥央地科技资源优势，依托国家实验室、综合性国家科学中心等重大创新载体和重大科技基础设施，创新重大创新载体运行机制，服务国

家科技战略力量布局的重大需求，成为新型举国体制的先行者和改革创新的推动者。

### 四、应重视咨询机构、科学共同体等参与决策

随着政府职能的调整收缩，政府不再是科技创新政策制定过程的唯一主体，政策主体下移明显。要加强首都新型高端智库建设，明确把智库、行业协会等社会组织纳入参与决策咨询体系，给予培育和发展，为科技创新中心发展提供决策支撑。发挥科学共同体学术规范和价值引导作用，加大在科研管理、学术自治、科技奖励与评价等方面的主导，重建学术规范和创新价值观。强化公民参与科技创新行政决策的制度保障，完善公民参与行政决策的渠道。

# 第二节　注重"改革导向"，推进全面创新和先行先试改革

科技体制机制改革不但要与科技创新的整体节奏相契合，同时要对未来科技发展所需的制度保障进行预估和超前部署，是整体战略部署中的"急先锋"。

### 一、"三城一区"管理体制机制亟待创新

"十四五"期间，要更好地发挥"三城一区"主平台支撑引领作用，聚焦"科学"与"城"的功能，创新管理体制机制，根据中关村科学城、怀柔科学城、未来科学城、北京经济技术开发区功能定位和发展特点，按照权责利统一的原则，分区域、分步骤依法推进审批权限赋权和下放。建立与中关村国家自主创新示范区部际协调小组联动工作机制，协调推进全国科技创新中心建设中的战略规划制定、重点任务布局、先行先试改革等跨层级、跨领域重人事项。

### 二、推进怀柔综合性国家科学中心体制机制创新

综合性国家科学中心是国家科技领域竞争和创新体系建设的基础平台。未来五年，应研究建立符合怀柔综合性国家科学中心发展的体制机制，以及有利于营商运作的市场化机制，构建科学城的法规政策体系，完成高层次人才引进、培养、服务等方面的政策。推动重大科技基础设施建设、共享等机制创新。

### 三、持续推进中关村先行先试改革

近年来，中关村国家自主创新示范区在建设人才特区、国家科技金融创新中心等支持政策的制度创新优势不显著，相较于自贸区、粤港澳大湾区等区域在力度上已处于劣势，

示范引领和政策吸引作用在日趋减弱。"十四五"期间，应充分发挥中关村国家自主创新示范区新时代深化改革"试验田"作用，围绕科研投入、科研管理、绩效评价、金融服务、外资注入以及出入境管理、海外人才落户等方面，先行先试一批创新政策，打造改革先行制度高地。推进中关村科技金融创新中心建设，打造世界级的创新资源配置枢纽。

# 第三节　深化自主权改革，有效激发科研机构创新动力

科研组织作为科技体制的微观基础，是科技体制活力的根本所在，一直是改革重点。在运行过程中，存在着较为突出的"所有者不到位""管理者不敢为"的治理结构不健全情况。现代科研院所制度建设任务依然任重而道远。

## 一、完善科研机构运行管理机制

科研院所作为事业单位的一种类型，缺乏独立法律法规来予以规范和促进发展、提供完善的制度供给。"十四五"时期应适时启动研究科技机构立法，科学确定不同类型单位的职能定位和权利责任边界，推动科研事业单位制定实施章程，允许科研机构完善内部用人制度，自主聘用工作人员、自主设置岗位、自主开展职称评审。

## 二、推动新型研发机构体制机制创新

近年来，科研组织模式创新，特别是新型研发机构的蓬勃发展对科技组织体制的改革提出了需求。政府应进一步放权赋权，支持建设一批世界一流的新型研发机构，按照政府引导与市场化运作相结合的原则，建立"开放竞争、动态调整"的管理机制，实施机构式资助与财政投入退坡机制，建设运行资金使用实行负面清单管理。赋予其在人员聘用、职称评审、经费使用、运营管理等方面的自主权，鼓励新型研发机构与高等学校联合培养研究生，允许持有永久居留身份证的外籍人才担任新型研发机构法定代表人，牵头承担政府科研项目等。

## 三、建立以增加知识价值为导向的科技成果权益分配机制

产权是改革的核心问题，财政资金设立的科研机构如何确定职务科技成果的产权边界，如何形成确保国家、单位、个人（团队）三方利益均衡、科学合理的权属利益体系，促进科研活动和成果转化的良性循环发展，亟待在总结实践探索基础上进一步厘清。"十四五"期间应进一步落实《北京市促进科技成果转化条例》，积极推进职务科技成果权属改革，落实和细化科技成果权属改革路径和实施方案。

# 第四节 聚焦以人为本，打造世界一流高端人才首选地

在全球化进程中，随着资本全球流动的加剧、全球分工协作的细化、国际产业的转移以及跨国公司的崛起，科技人才环流与全球共享愈发明显。如何吸引、集聚和留住高端人才都是北京亟待解决的问题。

## 一、完善高端人才引进和使用机制

目前，世界级科技大师缺乏、顶尖人才不足，如原创性基础前沿领域人才、高端领军人才、产业急需紧缺人才、高技能人才等。"高精尖"人才仍存在较大缺口，创新人才队伍结构仍不合理，创新团队质量和水平有待提升。外籍科研人员占比低，开展科研工作、出入境、社会保障体系等方面机制不完善。以中国科学院为例，2014年外籍人才占比不足1%。与之相比，马普学会2017年员工中有29.8%来自海外，科学家中有52.2%来自海外。"十四五"时期，应加大吸引高端人才力度，支持高端人才科研自主、经费使用自由、离岸创新、柔性流动等，赋予高端人才技术路线决策权、项目经费调剂权和创新团队组建权。以大数据手段开发寻访海外高端人才资源，开通海外引才直通车。鼓励高校、科研院所、企业聘用外籍人才担任重点实验室、研发中心、二级学院等机构的负责人。

## 二、健全创新人才激励和评价机制

相比而言，外籍高端人才在北京缴纳的获得报酬的税收优惠力度远远不及珠三角九市政策吸引力度。外籍科研人员也不能作为主持人或成果排名第一人申报北京市科学技术奖等科技奖项。"十四五"期间，要持续营造类海外创新环境，完善办公、居住、教育、医疗卫生、基础设施、商业和文化等配套，加快建设有海外氛围、多元文化、创新事业、贴心服务、宜居生活的国际人才社区。建立高端科技人才年薪制、协议工资制和技术入股模式，设立岗位特殊津贴和弹性福利制度，给予个人所得税优惠。改革完善科技奖励制度，提升评选活动的国际化程度，将对北京市科技创新活动作出贡献的外籍科技工作者纳入授奖范围，邀请高层次外籍专家参与提名和评审。

# 第五节 面向新经济，构建全链条法规政策支撑体系

"十四五"期间，全国科技创新中心所需的市场化、专业化、国际化的创新创业生态

需加快构建，需加快探索适合研发经济等高附加经济价值业态发展的政策体系。

## 一、注重新业态的前瞻性立法

当前，改革发展对立法的要求已经不仅是总结以往经验、肯定已有做法，而是需要通过立法做好顶层设计、引领改革进程、推动科技发展。"十四五"时期，应进一步加强立法和改革决策相衔接，做到重大改革于法有据、立法主动适应科技体制改革和新经济社会发展需要。例如，要支持未来市场的前瞻性立法。新基建大多属于新技术新产业，需要不同于旧基建的财政、金融、产业等配套制度支撑。支持和培育应用场景建设也需要在原有的政策上有所突破。数据经济也亟待开展对数据确权、个人数据保护等相关法律法规的预研。立法先行可以拓展新要素、新技术、新产品、新模式、新业态和新场景应用空间，推动首都高质量发展。

## 二、加强普惠性政策和需求性政策的制定

科技创新的技术主体是企业，未来五年应围绕企业创新进行普惠性财政政策支持。进一步降低企业研发成本，优化科技型中小企业的研发费用税前加计扣除政策。调整优化企业研发财政补助政策，持续激励企业加大研发投入。改革科技创新券使用管理，扩大创新券规模和适用范围，实现全国使用、北京兑付，重点支持科技型中小企业和创业者购买创新创业服务。探索建立"同股不同权"制度，保证科技企业原始股东以较小的持股比例继续对公司享有控制权。创新政府采购政策，重视面向绿色增长目标的创新成果的公共采购。奖赛机制或将成为政府采购新技术新产品解决方案的一种常见手段，让政府在减少管理成本的前提下，最大限度地动员公众的创新能力来解决战略性、公益性难题，政府只需要为最好的技术方案买单。

## 三、加强对科技创新全链条的政策保障

创新政策应是以一个整体的形式运转，覆盖科技创新活动各个方面、创新价值链的各个节点的政策，支持创新的各个类型和不同阶段。"十四五"期间，科技创新政策应进一步加强在整个创新链条的政策支撑保障作用。

一是创新基础研究投入方式，持续加大投入力度。在新形势下，国际交流合作面临新机遇和新挑战，科技创新发展在尖端技术和前瞻性研究探索中面临"无人区"，"十四五"时期需要更加强调基础研究、应用基础研究以及原始性创新和颠覆性创新，加大基础研究和原创性创新投入，培育顶尖人才和团队，优化全社会支持基础研究的环境。北京市可先行探索中央和地方共同出资、共同组织开展重大基础研究任务的新机制，发挥北京市自然科学基金和科技创新基金的支持引导作用，加大基础研究支持力度。实施"汇聚科学研究"模式，支持跨学科研究，在科研项目起始阶段提出全局性的、具有挑战性的研究问题，促进跨学科的发展，构建大协作的科研模式。引导企业加大对基础研究的支持力度，

在法律法规方面予以明确，在政策层面要积极引导，引导应用基础研究向经济社会发展需求延伸，加大应用基础研究激励力度。

二是关注颠覆性技术突破，系统设计与前瞻布局并重。颠覆性技术创新具有高风险、高回报特点，一旦取得成功，就能促成"技术突袭"，改变"游戏规则"，为实现"弯道超车"带来机遇，对经济社会和国家安全产生重大变革，因而受到各国和产业界高度关注。创新政策要允许"破坏式创新"的产生，尤其是在新领域的创新。"十四五"时期，要兼顾传统优势企业、特定行业与新兴企业的并重发展，通过政策引导与支持，让新兴行业通过颠覆式创新获取市场份额，不断创新并提高生产力。借鉴国外好的做法，研究针对颠覆性创新的支持政策。例如，法国于2018年1月设立了创新与工业基金专门支持颠覆性创新。2019年1月，法国国家投资银行与法国国家科研署签署战略合作伙伴协议，实施"深科技计划"（Plan Deeptech），协同推进对颠覆性创新项目的支持，推进深科技初创企业的创建与发展。

三是聚焦高精尖产业结构，促进经济高质量发展。关注"三城一区"和中关村"一区十六园"等园区的资源统筹配置和产业发展布局，根据未来北京产业发展趋势，系统设计政策框架体系。持续完善适合北京十大高精尖产业发展的政策体系。逐步建立与新业态发展相适应的监管方式。对新技术新业态新模式要采用审慎包容态度，创新新技术新产品新产业准入制度，通过新业态试点示范、建立适应数字经济新业态的治理体系、推进人工智能与政府治理深度融合，建构与新产业经济社会诉求相适应的监管方式。

# 第八章 北京以科技创新为核心的全面创新内涵与实施路径建议研究[①]

通过对技术革命、中国改革史的梳理，从生产力和生产关系角度深入分析以科技创新为核心的全面创新理论本源，得出以科技创新为核心的全面创新的内涵与特征。从理论创新、制度创新、产业化创新、政府治理创新和文化创新等角度分析北京以科技创新为核心全面创新存在的问题，并研究提出有针对性的路径建议。

## 第一节 以科技创新为核心的全面创新的提出及内涵

"以科技创新为核心的全面创新"既是一种时代性的主题判断，也是科技创新的一个战略指向及总体解决方案，更是一种国际竞争的高度自觉。要想做好对"全面创新"或者作为"核心"的科技创新的理解、诠释、贯彻和推进，要秉持一种历史与全局的眼光，并且站在战略高度上才行。本章从科技革命史和中国改革史分析入手，阐述以科技创新为核心的全面创新的内涵。

### 一、科技革命史

纵观科技发展进程，三次科技革命分别始于科学技术的突破和发展，通过技术发明或工艺应用，转化为现实的生产力。例如，第一次技术革命（产业革命）主体部分是动力技术，以蒸汽机为标志的机械制造实现了由工场手工业向机器工业的转变。

从生产力和生产关系角度看，以科技创新为核心的全面创新理论与马克思科技观一脉相承，与时俱进。其理论本源就是马克思有关生产力与生产关系的论断，即人类社会发展史是以科技为第一原动力的生产力和生产关系的变革过程。科学技术是第一生产力，科学技术的发展导致了生产力发展，生产力促进生产关系以及社会生产方式的变革，而生产关系和社会关系的最终变革要依靠生产力的发展。

所以，全面创新突破了科技与经济的混淆，建立了新思维和新理念。科技与经济的联结，需要的是"社会"的支点作用。社会与政府、市场是并列的，可在现实的经济分析与

---

① 本章作者：王涵。

具体政策设计中却忽视了"社会"这个维度。以科技创新为核心的全面创新就是既要重视科技的作用，又要在科技工作中突破市场范式，向社会生态思维转变。

## 二、中国科技创新发展史

一是毛泽东时期奠定了自主创新发展的重要基础。毛泽东坚持独立自主、自力更生，实现建国伟业，形成完整的工业、科技、军工体系，奠定了自主创新发展的基础。毛泽东从解放和发展生产力的高度强调科学技术的重要性，在 1963 年指出："科学技术这一仗一定要打好，并且必须打好；不打科学技术这一仗，生产力就无法提高。""我们不能走世界各国技术发展的老路，跟在别人后面一步一步地爬行……把我国建设成为一个社会主义现代化强国。"[①] 在引进设备与技术的过程中，毛泽东强调学习外国必须与独创精神结合起来，引进技术必须同自己钻研结合起来，强调"自力更生为主，争取外援为辅"。

二是邓小平时期最早从战略和全局的高度提出创新问题。在改革开放的背景下，邓小平提出了"科学技术是第一生产力"的论断，为中国特色的自主创新道路指明了方向，扩展了创新的思路和领域，把创新思想作为一种普遍的认识论和方法论贯穿到了各个方面。邓小平指出："我们损失了二十年或者三十年的时间，……把世界上最先进的科研成果作为我们的起点，洋为中用，吸收外国好的东西，先学会它们，再在这个基础上创新，我们就是有希望的。"[②] 1988 年 9 月，邓小平根据当代科学技术发展的趋势和现状，提出了"科学技术是第一生产力"的论断。邓小平同志的这一论断，体现了马克思主义的生产力理论和科学观。

三是江泽民时期提出科教兴国战略，正式提出自主创新的战略思想。1995 年 5 月召开全国科学技术大会，江泽民作出"创新是一个民族进步的灵魂，是国家兴旺发达的不竭动力"的科学论断。认为"一个没有创新能力的民族，难以屹立于世界先进民族之林"，强调创新是最有力的超越手段。江泽民把有没有创新能力，能不能进行创新，视为当今世界范围内经济和科技竞争的决定性因素。2000 年 6 月 20 日，江泽民首次明确指出："创新，包括理论创新、体制创新、科技创新及其他创新"。[③] 第一次对创新类型进行了科学的分类。这一观点，后来在党的十六大报告中得到更为全面的表述："通过理论创新推动制度创新、科技创新、文化创新以及其他各方面的创新，不断在实践中探索前进，这是我们要长期坚持的治党治国之道。"[④] 把体制创新更加科学规范地表述为制度创新，从而形成了理论创新、制度创新、科技创新和文化创新的提法，由原来的三位一体变成了四位一体。

四是胡锦涛时期确立自主创新为我国科技发展的指导方针。2006 年，胡锦涛总书记在全国科学技术大会上指出："建设创新型国家，核心就是把增强自主创新能力作为发展科学技术的战略基点，走出中国特色自主创新道路……大力推进理论创新、制度创新、科技

① 《毛泽东著作选读》下册，第 845 页。
② 中央文献研究室. 邓小平年谱 [M]. 北京：中央文献出版社，1989：44.
③ 江泽民. 江泽民文选（第 3 卷）[M]. 北京：人民出版社，2006：64.
④ 江泽民. 江泽民文选（第 3 卷）[M]. 北京：人民出版社，2006：537-538.

创新，不断巩固和发展中国特色社会主义事业。"2006 年，国务院出台《国家中长期科学和技术发展规划纲要（2006—2020 年）》，指出：今后 15 年，科技工作的指导方针是：自主创新，重点跨越，支撑发展，引领未来。要把提高自主创新能力摆在全部科技工作的突出位置。

五是习近平时期提出实施创新驱动战略，推动以科技创新为核心的全面创新。党的十八大以来，以习近平总书记为代表的新一届领导人强调实施创新驱动发展战略，就是要推动以科技创新为核心的全面创新，坚持需求导向和产业化方向……增强科技进步对经济增长的贡献率，形成新的增长动力源泉，推动经济持续健康发展。2014 年 12 月 9 日，习近平在中央经济工作会议上指出，创新要实，推动全面创新，更多靠产业化的创新来培育和形成新的增长点，创新必须落实到创造新的增长点上，把创新成果变成实实在在的产业活动。《中共中央关于制定国民经济和社会发展第十三个五年规划的建议》提出了"创新是引领发展的第一动力"的重大论断，指出："必须把创新摆在国家发展全局的核心位置，不断推进理论创新、制度创新、科技创新、文化创新等各方面创新，让创新贯穿党和国家一切工作，让创新在全社会蔚然成风。"这是马克思主义关于创新发展的理论在中国的最新探索，是"科学技术是第一生产力"的重要思想的创造性发展。

因此，全面创新是一种科技工作的新思维与新理念。"全面创新"及其所蕴含着的科技创新这个"核心"地位及作用的提出或认定，实际上代表着一种思维与理念的调整、总体解决方案的筹措和新时期国际竞争战略的布局。这种思维与设计，反映出科技创新发展根本观念的转变，是对与技术创新紧密联系的国家创新系统（NIS）的概念的超越。

## 三、以科技创新为核心的全面创新内涵

全面创新是涉及生产力、生产关系、社会关系的全要素、全系统、全方位变革，包括统筹推进科技创新、理论创新、制度创新、文化创新、市场创新、产业创新、生态文明创新等各方面创新，具有创新主体的全员性、创新内容的全面性、创新范围的全时空性、创新联系的协同性和创新体系的开放性等特点。

以科技创新为核心的全面创新反映科技创新的内在含义与客观要求。其实质是充分发挥科技创新在全面创新中的核心作用和根本动力源作用，以理论创新指引创新发展的方向、以制度创新作为创新发展的规则保障、以文化创新营造创新发展的社会软环境，大幅提高科技进步对经济、社会的贡献率，实施创新驱动发展战略，实现经济与社会全面协调可持续发展和综合国力不断提升。

一是理论创新提供了科技创新和其他要素创新的思想灵魂和方法来源。科学的理论创新成果对社会发展具有强大的先导作用，能够为创新发展提供正确的方向，提供基本的认识论、价值论和方法论，激发和凝聚不竭的动力，集中表现在它对科技创新、制度创新和文化创新以及其他各方面创新实践提供的理论指导和依据支撑，有效地避免创新实践的盲目性、自发性和随意性，从而有力地推动其他形式的创新实践的深入开展。

二是制度创新破除了创新发展的体制机制障碍，是科技创新和全面创新的规则保障。制度创新的实质是生产关系和上层建筑体制的变革和创新，是一种"全新型"或"改进型"的制度安排。制度创新通过破除体制机制藩篱，及时地建立健全和完善相关的制度体系，为理论创新、科技创新、文化创新等实践活动提供了制度规则保障。

三是文化创新是一个民族永葆生命力和凝聚力的重要基础，是其他要素创新不竭的精神动力。文化创新的实质是人的思想观念的创新，关键是要以价值观建设为核心，从民族价值观、荣辱观的高度来肯定创新、崇尚创新，以开拓创新为荣，以因循守旧为耻，为推进理论创新、科技创新和制度创新创造良好的社会氛围和社会软环境。科技创新的落实需要转变发展观念、转变发展方式、转变经济增长结构和转变政府职能，需要通过发挥文化创新的作用进行实现。

四是科技创新是经济社会发展的关键因素并且是全面创新的核心引领和根本动力。科技创新从其本质上讲就是人类的生产力和生产工具之间矛盾关系的历史问题。科技创新对生产力和生产关系都具有决定性影响作用。只有通过科技创新从根本上推动生产力的发展，促进经济社会协调发展，才能为更好地进行理论创新、制度创新、文化创新提供坚实的物质前提和基础，离开了科技创新的根本推动作用，理论创新、制度创新、文化创新等就成了无源之水、无本之木。科技创新在经济社会发展中的作用由支撑逐渐转向引领，地位更加重要；科技创新与其他要素创新展现出明显的乘数关系，科技创新只有融入产业经济社会文化等其他领域，才能发挥科技的核心作用。

# 第二节　以科技创新为核心的全面创新存在的问题

北京系统推进全面创新，要着重放在全国科技创新中心的新的城市战略定位上，特别需要在京津冀协同发展的这个"区域协同创新"大背景下来考虑。从这个角度来讲，还存在以下问题：

## 一、理论创新尚不完善，亟待为科技创新指引方向

北京系统推进全面创新需要顶层设计和总体治理。这种治理或顶层设计，离不开协同创新发展理论的自觉和政策思想的相应建立。如"区域创新集群""创新共同体""新区域主义"等关于区域共同体的理论探讨。而这些理论并没有被很好地理解、认识和创新，尚不能很好地为京津冀协同发展指引方向。

同时，北京在有效疏解非首都功能、加强全国科技创新中心建设的同时，原来用的是以市场化为方针的经济体制改革的思想来确定科技体制改革的框架，现在则应该超越市场或工业经济思维，超越技术创新做法，寻找和建立社会化、创意化和生态化的科技工作指

导新思想。

## 二、行政区划造成经济壁垒，没有形成统一的创新体制机制

长期以来，京津冀地区更多地考虑自己行政辖区的发展问题，这种行政分割体系造成了三地在经济上缺乏关联度，创新资源匹配度、产业间的衔接与协同不够，生产要素不能很好地在区域间实现自由流动，京津冀区域内统一开放的市场体系尚未形成，跨区域的创新生态和产业结构支撑体系没有建立。

## 三、经济发展、产业结构不均衡，产业和创新要素协同难度较大

京津冀三地间经济发展阶段不同，对科技创新的需求差异较大，区域间产业层级落差明显，单靠市场自发行为进行产业创新协作难度大。公共服务水平落差和产业配套薄弱也不利于形成京津冀地区高端产业和要素的有效协同。例如，从北京技术输出情况来看，北京技术转移在全国范围内呈现"跳远式"特征，即转移到经济发达地区的成果多。其主要原因是，与以广州、深圳为代表的地区产业生态相比，津冀地区产业发展创新生态环境与北京"高精尖"产业发展之间的配套还很薄弱。

## 四、政府创新治理手段和理念尚需进一步发展

党的十八届三中全会提出国家治理体系和治理能力现代化，其中政府创新治理也是很重要的一个方面。政府由管理向治理转变，要更加强调公众的参与，利用技术手段和大数据等进行信息公开是现实要求。政府不同层级和不同区域之间的协同合作，也亟待科学技术的支撑。还有，京津冀协同发展如果在区域治理、空间管制等方面能够摸索出一些新的模式的话，是个很好的示范。

## 五、文化协同发展存在的整合和合作障碍

一是文化整合障碍。京津冀各区域都有各自的文化脉络，如河北打出燕赵文化、天津亮出津门文化、北京推出京派文化等。这些文化有一定的区域局限，不能形成在全国范围内有规模影响的整体文化优势。

二是文化合作障碍。三地都没有从协同发展的角度去审视和规划，即使有产业协同，大多也是同构、同质和竞争的关系，缺乏长期的、具有约束力的制度和体制机制。

# 第三节　实施路径建议

北京系统推进以科技创新为核心的全面创新，就是在京津冀协同创新的大背景下，以

体制机制创新为保障，以科技创新为重点，以理论创新为引导，消除行政壁垒、体制障碍，实现体制协同、政策协同、规划协同、监管协同，共同营造激励创新的制度环境。

因此，京津冀一体化管理改革路径的基本思路：以科技创新为先导，以理论创新为指引，按照先易后难的原则，以管理技术手段的互联互通为突破口，奠定一体化管理的实体基础，再研究推动管理体制与政策、产业化的深度创新（先实体，后体制）。包括：整体规划区域产业布局，根据各自资源禀赋加快创新链上的产业结构错位发展；以基层改革为突破口，逐渐实现高层协同管理体制机制。在边缘交界处推动管理体制与政策一体化改革，逐渐扩展至中心区全面改革（先边缘，后中心）。

## 一、重视理论创新，为全面创新提供方向和指引

一是要有大区域协同创新理论指导，树立后工业时代的思维与理念。协同创新，本身就是后工业社会的一种现实需求和战略主张。侧重以下重点工作：激发各方面活力、整合社会资源、疏通各种协作渠道、建立战略支点、重视创意能力的建设、创意引领作用的发挥和创意对资本的驾驭作用、注重创新生态的建设、强调直面产业与民生的知识生产和研发服务、特别倚重科技成果转化及转化服务、强调大区尺度的协同联动。

二是要正确理解政府和市场各自的定位功能，厘清政府与市场配置资源的重点。政府的很多职能不能够像原来要靠行政、指令，要强调区域规划的引导，力图通过规划或者通过法律等来引导这个区域的协调发展。并根据京津冀协同发展的阶段，科学发挥政府与市场的作用。

三是要建立对领域性活动的理论认识。"领域"是一个比"产业"更加灵活宽泛的概念，甚至可以说领域代表的是一个范畴，而产业则是一个系统概念。领域性活动就是使科学、技术、经济和社会等诸多不同的领域相互协调，以实现真正发展的行为。全面推进经济、教育、科技等重要领域和关键环节的改革试验，把京津冀全面创新改革试验与区域协同发展、有序疏解北京非首都功能统筹协调、同步推进。

## 二、深化全面创新改革，以制度创新促进京津冀协同发展

一是推进创新改革政策交叉覆盖。发挥京津冀各地政策优势，促进三地创新激励政策融通共享。推进中关村国家自主创新示范区、北京服务业扩大开放综合试点、天津滨海国家自主创新示范区、天津自贸、河北石保廊地区国家级高新技术产业开发区、国家级经济技术开发区等相关政策的交叉覆盖、叠加发力，推动三地政策互动。研究在京津冀区域内实现高新技术企业互认备案、科技成果处置收益统一化、推行创新券制度、科技金融等相关政策。

二是探索新一轮的创新改革试点。在京津冀区域开展医疗器械上市许可持有人制度试点，将上市许可持有人制度由药品扩大到医疗器械领域。在津冀地区选择合适的区域，逐步承接北京药品医疗器械的生产环节，由北京市局实施许可和认证，并负责日常监管，实

现异地监管。推进小额贷款公司跨地区开展业务。银保监会允许在京津冀开展小额贷款公司跨地区经营试点，放宽对小额贷款公司跨区域经营的限制，促进京津冀金融一体化发展。探索税收利益分配方式，构建有利于京津冀协同发展的税收政策环境。充分考虑各产业区域税收贡献率，科学设计税收分享办法，探索跨行政区异地合作新模式。

三是创新人才引进评价和服务保障机制。建立京津冀党政领导干部、事业单位人才挂职交流的常态化机制，鼓励异地任职。建立区域人力资源开发孵化基地，联合组建三地统一的人力资源市场、人才服务中心等，搭建区域人力资源信息共享及人才交流合作平台。建立区域人才评价体系，出台京津冀人才认定意见，制定"京津冀人才标准"。健全区域人才服务体系，深化户籍制度改革，推进与户籍制度挂钩的就业、教育、医疗等相关领域配套制度改革。引进海外高层次人才入境、签证和居留便利化等北京先行先试政策在天津和河北同步实施共享。在给予外籍和京津冀地区高端人才的个人所得税补贴方面探索出新的先行先试政策。

### 三、科学谋划区域产业布局，以科技手段促进产业化创新

一是科学规划京津冀产业布局。针对京津冀地区产业的协同创新路径设计，需在考虑区域产业基础和能力、产业技术生命周期所处阶段和产业创新特征的基础上综合确定。未来的产业要围绕产业链和产业集群来考虑，围绕产业上游、下游，横向、纵向去发展和布局，使得三地之间的产业链群关系更加紧密。例如，集成电路产业是北京的优势产业，北京在研发、设计等领域处于世界前沿，而相关的制造等产业环节以及配套服务等则分散在各地，在京津冀协同发展的大背景下，北京集中做好研发、设计，围绕北京集成电路产业的发展需求，进行全球范围的引智招商，在京津冀区域内统筹布局，推动周边区域的发展。

二是加强重点产业领域协同创新，并瞄准产业链群的共建。启动一些重点领域，围绕节能环保、新能源、现代交通等重点领域，支持京津冀地区企业、高校院所开展联合研发、成果转化和示范应用。支持汽车电子、车联网等技术推广应用，加快交通大数据和智慧出行服务模式创新，支持新能源汽车示范应用和京津冀区域充电网络建设，促进京津冀交通一体化。生态环境的共治聚焦区域产业转型升级、污染防治、节能减排等发展需求，联合开展关键技术研发和应用示范，促进产业发展。

三是加快区域科技创新园区建设，推动协同创新和产业联动发展。京津冀区域创新实力比较强的园区多集中在京津塘高速公路这条线上，依托高速公路、高速铁路和现有的一些轴带进行拓展，把京津轴带进一步提升和优化。河北省要重点发展较有优势的一些园区，培育一些有竞争力的二级城市参与京津冀协同创新网络的建设。建设曹妃甸协同发展示范区，引导一批合作示范项目落地；建设张北云计算基地、承德大数据产业基地等园区，打造京津冀大数据综合试验区。支持保定·中关村创新中心建设；支持石家庄（正定）中关村集成电路产业基地建设；继续推进中关村海淀园秦皇岛分园、北京·沧州渤海

新区生物医药产业园、金隅集团冀东装备产业园等特色园区建设。加快天津滨海—中关村科技园区建设,打造产城融合的创新社区。

## 四、发挥科技创新支撑作用,加快推进政府治理现代化

一是借助大数据工具建立高效的政府职能体系。加强大数据开发应用的统筹布局,建立完整的智慧政务体系,全面整合信息数据资源,以数据采集、决策分析为手段,建立信息资源共享数据库,为政府职能部门、公众和企业提供城市公共平台,建立安全和标准,以及运营和维护保障体系。运用移动互联网技术为政府各部门提供移动办公、移动监测、移动执法等业务,通过智能移动终端实现政府工作人员及时实时处理公务,社会公众随时随地办理社会事务。

二是利用科技创新手段有效推进政府之间的合作。京津冀区域创新很关键的一步是政府内部主体的合作,即实现不同层级的政府以及不同政府部门之间协同合作。在大数据时代,实现不同部门之间的管理信息和数据共享,这是合作治理的一个重要前提。对于京津冀来说,特别强调的是公共服务的共用。要考虑什么样的硬件设施的共享、软件管理服务的共用、资格认证的公认,才能提升整个区域的经济效率,并降低成本。

三是利用技术手段提升社会公众参与政府治理便捷度。采用现代网络等进行数据、报告公开,重塑和完善政府公开的流程与环节,真正实现公众的知情权和参与权。结合云计算、大数据等技术的发展,建立有利于社会各界参与的沟通交流平台。在规划编制、科学地图、产业竞争地图、技术路线图、专利地图、科技计划(专项、基金)项目指南等的发布过程中,通过专业网站、微博、微信、微门户等信息技术手段公开征求科学家、科技社团、用户等社会各界的意见,使公众能够随时了解参与,为公众提供办事指南、相关下载、创新平台载体及项目申报的状态查询和结果公示、创新载体查询服务。

四是依托互联网技术建立公共信用评价体系。建立公共信用评价体系,营造"互联网+信用"模式,把信用信息应用嵌入行政管理和公共服务领域,来强化社会管理和公共服务职能。在审核企业发债、政府财政专项资金中应用信用记录和信用报告;建立重点人群信用档案,在行政许可中把信用记录作为参考;在政府采购和基础设施建设中推广第三方信用报告使用。落实信用统一代码制度,把统一社会信用代码作为法人信用记录的唯一信用标识,把身份证号作为个人信用记录的唯一标识,在移动互联网端实现法人查询和信用公示,加大信用黑名单的公示力度。

## 五、加强生态文化建设,构建全面创新的社会环境

一是加强京津冀地区的科技传播联动与媒体融合。要有一个区域性的媒体融合以及统一的宣传战略,有利于向国内外宣传京津冀,来统一地展示、树立一个新的姿态和形象。在网络传播上强化互联网思维,形成一种立体多样、融合发展的京津冀现代科技传播体系,将产业的数据向创新的研发端、科技服务端传播。科技传播的接收端也包括社会,尤

其是各种科技金融服务业。

二是开创深度融合开放的新局面。扩大国内外的交流与合作，鼓励在京外资研发中心参与承担市级科技计划项目，开展高附加值原创性研发活动，探索开展外籍科学家参与承担市级科技计划项目实施试点。推进社会组织国际化发展，探索允许符合条件的社会组织吸收境外组织或个人作为会员、在境外设立分支机构和跨境开展业务。争取开展境外组织和个人发起设立科技类民办非企业单位登记试点。对开展国际研发合作项目所需付汇，探索实行研发单位事先承诺、事后并联监管制度。

三是加快推进三地文化融合创新。建立和完善文化产业竞争机制，突破各自为政的小区域文化思维，开拓京津冀大边界的文化视角，以文化大项目带动文化产业的大发展，以大创意打造具有京津冀特色、中国气派、国际水准的文化品牌，提升文化产品和文化服务海内外的覆盖率和市场占有率。

建立公共文化设施建设交流机制，探索公共文化服务体系投入、建设、运行、管理的新机制，提升京津冀三地公共文化设施水平。建立共同价值体系，通过舆论引领、艺术彰显等方式，加大区域历史文化和区域文化精品的宣传和推介力度，增强京津冀三地人民的认同感。积极弘扬自由探索、敢于创新的思想理念，营造宽容失败、开放包容的创新文化，形成全社会鼓励创新、尊重创新、保护创新的良好社会氛围。

# 第九章　北京全面创新改革相关政策与法律法规协同研究<sup>①②</sup>

改革开放以来，我国特色社会主义法律体系已经基本形成，法治建设稳步推进。法治建设是法律法规不断完善的过程，也是改革政策与法律法规逐步协同的过程。这个过程主要体现在对实践证明已经比较成熟的改革经验和行之有效的改革政策上，及时上升为法律，以法律形式把改革成果固化下来；对实践条件还不成熟、需要先行先试的改革举措，按照法定程序作出授权；对不适应改革要求的现行法律法规，及时修改和废止，不让一些过时的法律条款成为改革的"绊马索"<sup>③</sup>。

近年来，北京实施全面创新改革试验，取得了显著成效。但改革的复杂性、系统性显著增强，触及的深层次问题增多，各种风险和挑战增多，对改革的协调性、有序性提出了更高要求。如何全面深化改革，是摆在北京面前的一个重大课题，只有做到立法和改革决策相衔接、相统一，不断完善法治建设才能为改革保驾护航。首先，改革风险需要通过法治化解，法治能够保障改革走得更稳、风险更低、质量更高。<sup>④</sup> 其次，改革成果需要法治保护，法治可以将改革的成功经验和有效政策以法律的形式固定下来，巩固改革的成果。最后，改革的失误需要法治及时纠偏，法治具有社会调整的功能，能够检验改革的成效、纠正改革的失误。这就更加需要我们不断推进法律政策协同，营造完善的法律政策制度环境，把改革纳入法制轨道，才能把改革发展基点放在创新上，争取塑造更多依靠创新驱动、更多发挥先发优势的引领型发展，保障全国科技创新中心建设。

## 第一节　北京全面创新改革试验成效显著

2016年以来，北京市围绕科技创新统筹协调机制、科技创新市场导向制度、科技成果转化机制、引进和使用人才机制、中关村示范区改革创新和科技创新治理体系等方面，全力推进各项改革试验任务落地实施，取得了显著成效，也为科技创新中心建设营造了良好

① 本章作者：涂平、王涵、杨博文。
② 涂平，王涵，杨博文. 北京市全面创新改革相关政策与法律法规协同研究 [J]. 创新科技，2020（3）：42-49.
③ 石平. 在法治下推进改革在改革中完善法治 [J]. 求是，2015（11）：48-49.
④ 付子堂. 法治与改革相辅相成 [N]. 人民日报，2019-12-04（09）.

的制度环境。

## 一、加强科技创新统筹协调机制

一是强化顶层设计，会同科技部等 10 个国家相关部委和单位推动组建北京推进科技创新中心建设办公室，建立了"一处七办"组织架构，其中设立了全面创新改革与中关村先行先试专项办，主攻政策创新和先行先试。二是统筹推进"三城一区"建设，围绕聚焦中关村科学城，突破怀柔科学城，搞活未来科学城，升级北京经济技术开发区，构建科技基础设施、基础研究、应用研究、成果转化、高精尖产业"五位一体"的创新链。

## 二、健全科技创新市场导向制度

一是完善"首都科技条件平台"机制，采取所有权与经营权分离的市场化运营方式，促使本市重大科研基础设施和大型科研仪器向社会开放，促进科技资源开放共享。二是实施科技创新券制度，鼓励本市小微企业和创业团队充分利用国家级、市级重点实验室、工程技术研究中心、市设计创新中心以及经认定的公共服务机构的资源开展研发活动和科技创新；与津冀两地共同签订创新券合作协议，推动科技创新券在京津冀区域互认互通。三是完善政府采购支持创新政策，研究起草本市创新产品和服务政府首购、订购的实施细则，及促进本市首台（套）重大技术装备示范应用的实施意见和办法。

## 三、健全科技成果转移转化机制

一是制定出台法规政策。出台《北京市促进科技成果转化条例》，以调动科研人员积极性为核心，以实现有的转、有权转、愿意转、转得顺为主线设计和突破相关制度。制定《北京市促进科技成果转移转化行动方案》（京政办发〔2016〕50 号），深化科技成果使用、处置和收益权等改革。与教育部、中科院等联合发文支持更多科技成果在京转化落地。二是搭建平台。推进科技成果转化统筹协调与服务平台建设，建立符合科技创新规律和市场经济规律的成果转化工作体系。推动成立北京高校技术转移联盟，建设首批 12 家高校技术转移办公室。三是设立北京市科技创新基金，与天使投资、创业投资等社会资本形成合力，引导投资高端"硬技术"创新、前端原始创新和符合首都战略定位的高端科研成果落地孵化转化。

## 四、创新人才引进和使用机制

一是创新高端外籍人才出入境管理。推进落实 2016 年出台的公安部支持北京创新发展的 20 项出入境政策措施，涉及外国人签证、入境出境、停留居留等方面的问题。2018年会同公安部提出 7 项支持中关村引进外籍人才的出入境政策创新意见，首次将中国籍高层次人才的外籍家属纳入永久居留"直通车"范畴。二是完善科技人员双向流动机制。出台《关于支持和鼓励市属高校专业技术人员创新创业的实施办法》，对鼓励科技人员在岗创业和离岗创业提出集合式政策支持。提出高校院所可根据工作需要设置流动岗位，聘用有创新实践经验的各类人才兼职，不受岗位总量限制，不占高级岗位职数。三是改进教学科研人员因公临时出国管理。将医院教学科研人员纳入政策受益范围；明确"专业技术进修"为学术交流合作活动；创新纳入政策适用范围单位的确认方式，实行单位"自证"和主管部门"联审"。将学术交流合作的具体界定职责赋予高校院所和医院，下放学术交流合作年度计划由高校院所负责管理。四是开展职称制度改革。全面推进职称分类评价标准和代表作清单制定工作，在 2018 年、2019 年大部分职称系列的评审工作中采用分类评价标准和代表作制度。推进科研机构职称评审权下放，在市农林科学院、市科学技术研究院等机构开展职称自主评聘改革。拓展中关村高端人才直通车评价范围至全市，让更多的专业人才通过直通车取得正高级职称。

### 五、深化中关村示范区改革创新

一是强化科技金融深度融合。推进中关村投贷联动试点，提出支持银行业金融机构开展投贷联动的十条措施，鼓励金融机构进行业务创新，探索适合科创企业发展的可复制金融服务模式。推进外汇管理改革试点，在全国率先实施外债宏观审慎管理试点，试点业务笔数和金额在全国试点范围内均居第一位。扩大外债便利化试点范围和借用外债额度，开展资本项目收入结汇支付便利化试点。二是推进知识产权领域改革。设立中关村核心区知识产权质押贷款风险处置资金池，由海淀区政府与北京知识产权运营管理有限公司共建，首期规模为 4000 万元。建设中国（中关村）知识产权保护中心，面向中关村新材料和生物医药产业领域开展的专利快速授权、确权、维权。

### 六、健全科技创新治理体系

一是深化科技体制改革。出台《关于新时代深化科技体制改革加快推进全国科技创新中心建设的若干政策措施》（京政发〔2019〕18 号），聚焦全市科技创新重点领域和关键环节，提出 30 条改革措施。二是深化科技项目和经费管理改革。制定《北京市进一步完善财政科研项目和经费管理的若干政策措施》（京办发〔2016〕36 号），实施 28 条政策措施，简化预算编制，下放预算调剂权限，下放科研仪器设备采购管理权限等。三是赋予新型研发机构发展自主权。2018 年印发《北京市支持建设世界一流新型研发机构实施办法（试行）》，在运行管理机制、财政资金支持与使用、绩效评价、知识产权和固定资产管理等方面赋予其更大的自主权，还建设了北京石墨烯研究院等四家新型研发机构。

## 第二节 北京全面创新改革相关政策与法律法规的冲突

北京全面创新改革试验虽然取得了显著成效，但是仍面临相关政策与法律法规冲突的问题，给身处改革中的创新主体带来一定的困惑和消极影响。这些冲突主要表现在法律与法律之间、法规与法律之间、政策与法律法规之间、改革政策之间不协同等方面。

## 一、法律与法律之间、法律与法规之间不协同

（一）科技成果权属的确定在《中华人民共和国促进科技成果转化法》与《中华人民共和国科学技术进步法》之间存在不协调

由于对科技成果权属确定上的观点存在分歧，《中华人民共和国促进科技成果转化法》（以下简称《促进科技成果转化法》）与《中华人民共和国科学技术进步法》（以下简称《科技进步法》）之间存在协调障碍。《促进科技成果转化法》明确赋予了科研机构、高等院校依法享有对科技成果的转化自主权和转化收益占有、使用和处分的自主权，但回避了科技成果权属确定方式的本质问题。

《科技进步法》第 20 条及解读规定：利用财政性资金设立的科学技术基金项目或者科学技术计划项目所形成的发明专利权、计算机软件著作权、集成电路布图设计专有权和植物新品种权，除涉及国家安全、国家利益和重大社会公共利益的外，授权项目承担者依法取得。项目承担者既可以是企事业单位，也可以是个人①。从《科技进步法》第 20 条的规定可以看出，科技成果权可以归个人所有。

（二）职务成果转化奖酬的规定在《促进科技成果转化法》与《中华人民共和国专利法》及其实施细则之间存在差异

《促进科技成果转化法》与《中华人民共和国专利法》（以下简称《专利法》）及其实施细则的规定在职务科技成果奖励报酬比例方面，对象一致但标准显著差异。如《促进科技成果转化法》规定，科技成果完成单位对完成、转化职务科技成果做出重要贡献的人员给予奖励和报酬的比例为：科技成果转让净收入或者许可净收入不低于 50%的比例；科技成果形成的股份或者出资比例中不低于 50%的比例；在成功投产后连续 3~5 年，每年科技成果转化营业利润不低于 5%的比例。

但是《专利法》实施细则规定，被授予专利权的单位给予发明人或者设计人奖金的比例为：一项发明专利的奖金最低不少于 3000 元；一项实用新型专利或者外观设计专利的奖金最低不少于 1000 元；在专利权有效期限内，从实施该项发明或者实用新型专利的营业利润中提取不低于 2%，或者从实施该项外观设计专利的营业利润中提取不低于 0.2%，或者是专利许可使用费不低于 10%。

专利也是一种科技成果，是适用《促进科技成果转化法》还是《专利法》，目前法律规定的不同导致了具体实施人员对于法律适用的诸多困惑和疑虑，也直接增加了相关奖励政策实施的成本和难度。

---

① 李援.《中华人民共和国科学技术进步法》释义及实用指南 [M].北京：中国民主法制出版社，2008.

（三）高等院校职责的规定在《中华人民共和国高等教育法》与《促进科技成果转化法》之间不同

对高等院校而言，核心使命是培养优秀的人才。《中华人民共和国高等教育法》第五条规定，高等教育的任务是培养具有社会责任感、创新精神和实践能力的高级专门人才，发展科学技术文化，促进社会主义现代化建设。但《促进科技成果转化法》赋予了高等院校更多科技成果转化的职责，并且为促进高校院所重视科技成果转化工作，《促进科技成果转化法》还规定，高校院所的主管部门以及财政、科技等相关行政部门建立有利于促进科技成果转化的绩效考核评价体系，以此来督促高等院校重视科技成果转化。对于高等院校而言，绩效考核是一根指挥棒，具有较强的导向作用。政府部门考核什么，高等院校就会重视什么。

两部法律对高等院校的职责定位和要求不同，造成高等院校对自身职责认定不清，容易产生对培养人才和促进科技成果转化两项职能在认识上的割裂，导致教书育人、科研和成果转化不能很好地相互促进的问题。

另外，《促进科技成果转化法》规定的转化方式之一"自行投资实施转化"一般不适合高等院校。因为自行投资实施转化是一种营利性的经营行为，必须具有丰富的经营管理能力和较强的市场拓展能力，包括产品开发能力、生产条件、市场渠道、经营团队等。显然自行投资实施转化与高等院校的使命、自身条件极其不符①。

## 二、改革政策与法律法规之间不协同

（一）北京市新技术新产品支持政策与《中华人民共和国政府采购法》（以下简称《政府采购法》）之间不协调

《政府采购法》存在着不利于通过政府采购支持创新企业和创新产品发展的规定，其第二十三条规定，采购人可以要求参加政府采购的供应商提供有关资质证明文件和业绩情况。一些新技术新产品参与政府采购时，虽然代表先进技术发展方向、具有较大市场潜力，但由于首次投向市场或尚未走向市场缺乏销售业绩，实操中科研单位承担科技计划项目所开展试点示范应用的情况也不能作为相关业绩，难以与成熟产品竞争，影响了新技术新产品的推广。

而北京市新技术新产品政策却大力支持其参与政府采购。《北京市新技术新产品（服务）认定管理办法》（京科发〔2014〕622号）提出：经认定的新技术新产品（服务），可享受政府采购和推广应用等政策支持。

（二）科研财务助理制度政策"模糊"与《中华人民共和国劳动合同法》（以下简称《劳动合同法》）保护劳动者规定"明确"之间不协调

《北京市进一步完善财政科研项目和经费管理的若干政策措施》（京办发〔2016〕36号）提出，承担市财政科研项目并使用财政科研经费的单位根据实际需要建立科研财务助

---

① 吴寿仁. 科技成果转化操作实务［M］. 上海：上海科学普及出版社，2016.

理制度。科研财务助理制度的设立初衷非常好，让专业的人做专业的事，把科研人员从烦琐的事务中解放出来。但是，上述政策并没有具体规定科研财务助理所需费用的解决渠道，并且在具体执行过程中，科研财务助理的聘用受到以下两点限制：一是承担财政科研项目的事业单位的编制数量有限，一般优先给科研人员解决编制，而科研财务助理主要以科研项目有无而设立，并非科研事业单位的主要岗位，因此对事业单位来说，没有编制就没有事业拨款来解决财务助理所需的经费。二是若事业单位对科研财务助理实行聘任制，根据目前科研项目经费管理办法，其所需经费只能从项目间接费用中占很小比例的管理费中支出，不能满足其聘用薪酬。另外，按照《劳动合同法》第十四条第二款第三项规定用人单位与科研财务助理连续签订两次聘用合同后，再签订合同时，用人单位不能拒绝续签。一旦事业单位无法承接到科研项目，就无法保证科研财务助理的薪酬。若用人单位与不同科研财务助理签订非连续两次合同，同样会给用人单位造成人员管理麻烦，也不利于科研经费管理工作的连贯性和延续性。

（三）北京市科研项目经费政策与《政府采购法》之间存在冲突

《北京市进一步完善财政科研项目和经费管理的若干政策措施》（京办发〔2016〕36号）提出下放科研仪器设备采购管理权限，明确规定项目承担单位可自行采购科研仪器设备。为此，北京市财政局发布了与之配套的相关文件，强调可以自行组织采购科研仪器设备。但是，《政府采购法》明确规定事业单位使用财政性资金必须执行政府采购程序。这就造成了北京市出台的关于科研仪器设备采购的创新政策与《政府采购法》之间出现不一致、不协调，存在"新规"与"原法"冲突的问题。

## 三、改革政策之间不协同

（一）《中关村示范区条例》与《中关村科学城规划》在区域划分上存在重合

《中关村科学城规划（2017年-2035年）》指出，中关村科学城确定的规划区范围为中关村海淀园，未来建设将扩大至海淀区全域。而《中关村国家自主创新示范区条例》规定中关村国家自主创新示范区是由海淀园等多园构成的。两者在区域规划上，海淀园是重合的部分。目前，海淀园是中关村国家自主创新示范区的核心区，又是中关村科学城的主要区域。

在重合区域上，目前有中关村管委会、中关村科学城管委会、海淀区区委三套管理班子。若部门职责划分不清，联动配合不够，可能导致部分区域交叉重复管理，而其他区域无人管理的现象。无论是对中关村示范区核心区未来的发展，还是对中关村科学城未来的发展，都会造成一定的影响。

（二）政府部门之间的政策协同力度不够

北京市科技政策支持科技成果在本地转化，但是其他部门发布的产业政策却在执行过程中导致一些好的成果落到外地，使得科技成果转化工作没有形成合力。

《北京市促进科技成果转移转化行动方案》（京政办发〔2016〕50号）指出要促进中

央在京科研院所、中央企业创新成果在京落地转化。据调查，在京申请注册科技型企业，经营范围有"生产"二字的无法完成工商登记。而技术研发类科技成果大部分涉及生产制备，如果没有生产制备也无法完成转化任务，成为这类科技企业注册申请无法逾越的障碍。

# 第三节　北京全面创新改革相关政策与法律法规不协同的原因及危害

北京全面创新改革相关政策与法律法规不协同的原因主要有法律法规与政策的自身特性、调整的目标及范围不同，立法与政策制定部门化等，可能导致深化改革于法有据出现"错乱"、改革呈现"双轨"运行状态、改革合力难以形成等不利影响。

## 一、改革政策与法律法规之间不协同的原因

### （一）法律法规具有稳定性和滞后性，改革政策具有灵活性和探索性

法律法规具有相对稳定的特点，因为法律法规是在总结经过一段时间实施后的政策经验的基础上，集中了大众的智慧和意见，经过实践检验而定型为法律的。法律法规具有一定程度的滞后性，因为其制定、修订与实施都需经过一套精密、复杂并耗时耗力的司法程序、立法程序。另外，社会是运动的又是快速发展的，法律法规的稳定性使其不可能时刻反映社会变化；又因为立法者的认知水平等因素，制定法律法规的时候对未来情况的预测有限，造成了法律法规的滞后性。比如现行《专利法》及其实施细则分别是在 2008 年、2010 年修订后颁布的，与在 2015 年修订后颁布的《促进科技成果转化法》在规定上存在差异，一定程度上是因为《专利法》及其实施细则制定时间较早，无法体现现在的情况，相对于社会发展有 定的滞后性。

政策具有灵活性、探索性等特点，可以更快地随着客观条件和形势发展的变化而变化。政策可以根据社会发展的需要，及时解决新出现的社会现象和社会问题，相对于法律法规而言，政策灵活多变，稳定性不强。政策在对国内外发展趋势研判，指导社会实践，解决改革发展中不断出现的重点难点问题等方面发挥着重要作用。

### （二）法律法规与改革政策在目标和调整范围方面存在不同

（1）追求的目标不同。法律法规的基本原则是平等，即同样情况同样对待；而政策的目的在于促进和保护整个社会的某种集体目标（公共利益），因此可以作利益衡量，求得社会福利最大化。

（2）调整社会关系的范围不同。法律的调整范围是全体公民，对一个国家的所有人都具有约束力。然而政策的调整范围是部分社会成员，对社会其他成员只具有号召力和引导

力，不具有强制力。法律更加强调权利与义务的统一性，而政策不强调权利与义务的对等关系。比如，《政府采购法》针对的是参与政府采购的所有主体；而北京市新技术新产品（服务）认定政策支持新技术新产品参与政府采购，目的是促进本市的新技术新产品发展，扶持创新企业这部分主体。再如，《劳动合同法》保护的是所有劳动者，而北京市财政科研项目和经费管理政策中提到的科研财务助理只涉及一小部分劳动者。

### （三）立法和政策制定部门化

往往是维护局部利益，难以有整体上的统一协调。在现行立法和行政管理体制下，大部分法律法规是由相关行政部门起草，然后提交立法机关审议通过；大量的改革政策是直接由相关部门制定并贯彻执行的。不可否认的是，由相关行政部门起草法律法规草案和制定改革政策有合理的一面，行政部门对相关领域有着丰富的管理经验，对于问题的把握较为清楚，能够对法律法规、政策的制定提供很好的参考。但是也有不可避免的潜在弊病，那就是立法部门化、政策制定部门化[①]。

立法部门化，个别行政部门利用法定职权和掌握的立法资源，在起草法律法规时过于强调本部门的权力而弱化相应的责任，就会造成与上位法律、与其他部门立法的内容发生冲突。政策制定部门化，通过政策制定来尽力扩大和巩固本部门的职权和利益，将一定责任推诿给其他部门承担。这不仅与国家大政方针、地方发展需求难以形成整体上的统一协调，部门之间政策也不能形成合力，严重阻碍了全面创新改革的推进和经济社会的快速发展。如《北京市促进科技成果转移转化行动方案》是由市科技部门主导起草的文件，而《北京市新增产业的禁止和限制目录》是由市发展改革部门主导制定的，两者在促进科技成果本地转化方面没有形成合力。

## 二、改革政策与法律法规之间不协同的危害

### （一）法律之间、法律法规之间不协同，导致改革于法有据出现"错乱"

改革是一个不断试错的过程，全面创新改革需要更大程度地求"变"求"新"；同时改革进程需要稳步有序地推进，防止出现全局性、长期性的失误，并使改革取得的成果得到维护和巩固，这就需要规则来及时纠偏纠错、需要法律法规为改革提供保障。新时代下，全面深化改革和全面依法治国同时推进，法制更要发挥引领和推动改革的作用。

但是如果法律之间、法律法规之间不协调，纠偏纠错的机制本身就不完善，就无法保障改革成果，使得改革可能沦为空谈，甚至会以法律法规不协调无法作为依据和保障为名怠于改革，将会对全社会造成更大的伤害，导致原本以破除藩篱为目的的全面创新改革难以推进。

### （二）改革政策与法律法规之间不协同，导致改革呈现"双轨"运行状态

以往的改革是在法律法规和政策较少、不完善、存在诸多空白情况下进行的。随着改

---

① 王军杰. 莫让部门利益污染法治水源 [EB/OL]. （2012-01-06）[2020-03-17]. http：//npc. people. com. cn/GB/28320/80575/80576/16813405. html.

革进程不断推进，到目前改革事业进入了前所未有的新阶段，法律政策日趋繁多、日趋完善，但也出现了"新规"和"旧法"同时存在的现象，新旧法律制度体系并存，给改革带来诸多矛盾和冲突，呈现"双轨"运行状态。有些部门敢于改革和行动，按照"新规"执行，改革成效显著；但是有些部门想改革想按照"新规"执行，却又担心违反"旧法"，导致改革落后于人。

（三）改革政策之间不协同，制约了改革合力的形成

有些改革涉及重大利益关系和体制机制调整，牵涉面宽、影响大，无论是对于改革决策部门还是对于改革落实部门和改革对象，都是一个巨大挑战。政策制定和落实还主要分散在各个部门，各部门之间缺乏有效的沟通协调机制，甚至是部门利益分割、政策不协调不配套、改革推进工作相互掣肘，制约了改革合力的形成①。有些改革政策的制定、落实和监督都由一个部门主导，其他部门配合，各个部门各自为政，而且还缺乏有效的改革考核激励机制，导致相关单位推进改革的积极性、主动性不高。

# 第四节　促进北京全面创新改革相关政策与法律法规协同的对策建议

推进北京全面创新改革试验，需要辩证地认识和处理政策与法律法规的关系，既不能简单等同，又不能完全割裂、对立起来，要确立法律政策协同的新理念、建设法律政策协同新机制。在处理二者实践上的矛盾，既要坚持依法办事，维护法律法规的稳定性和权威性，又要依据新的政策精神适时地修订法律法规；同时加强政策立法，把成熟的政策经验固化上升为法律法规，最终使二者在原则和内容上达成协调一致，相辅相成。

## 一、确立政策与法律法规协同的新理念

统筹规划，系统协调。全面创新改革的各项政策与法律法规的制定和实施，要放在全面创新改革工作的整体框架内综合考虑，确立政策与法律法规之间协同的理念，避免冲突和矛盾，充分发挥政策指导引领改革的作用，充分发挥法律法规维护巩固改革成果的作用，使法律、法规、政策之间的协同效应充分发挥，保障全面创新改革的推进，实现经济社会发展的互动共赢结局。

## 二、加强政策与法律、法规协同机制建设

强化部门之间的沟通协调机制。立法机关、政府法制机构、行政管理部门之间建立协

---

① 刘现伟. 积极稳妥推进混合所有制改革［J］. 中国经贸导刊, 2018（22）：43-46.

调机制及工作规则，统筹协调法律、法规、政策制定过程中的重大事项，在咨询、起草、征求意见等环节中，相关人员相互参与、信息沟通保持顺畅、规范要求协调一致，充分发挥不同层次治理规则在宏观和微观层面的协同作用①。

在市级层面成立专门工作组清理现有法规与政策。目前，本市全面创新改革涉及的地方性法规、规章和政策数量众多，存在不同程度的冲突，需要成立专门工作组进行系统、细致的清理。对不符合全面创新改革要求的地方性法规、规章和政策依法予以修改或废止，确保现行法规政策符合、适应本市全面创新改革的需要。

### 三、开展地方立法试点，为改革创新提供法制保障

对国家法律之间、行政法规与法律之间不协调的地方，应加强研究，提出修改建议，适时向国家立法机关进行反映，推动相关法律法规的修改。如文中提到的《专利法》及其实施细则与《促进科技成果转化法》之间规定存在的差异，建议前者与后者的规定保持一致。目前国家有关部门已经开展《专利法》修订工作，相信很快会解决这些问题。

国家立法机关应对现行法律法规之间不协调及国家法律空白的地方组织专家进行可行性论证，在符合改革创新要求的情况下，可以授权地方性法规先行先试，开展试点，让地方立法为国家立法积累有益经验，并为当地改革创新提供法制保障②。如在职务科技成果权属改革问题上，国家层面陆续发布相关文件提出"探索赋予科研人员科技成果所有权和长期使用权"，为顺应并落实国家改革精神和要求，结合北京市先期探索实践和现实需求，《北京市促进科技成果转化条例》在全国地方性法规层面率先对职务科技成果权属改革进行制度安排，明确规定政府设立的高校院所，可以将职务科技成果的知识产权以及其他未形成知识产权的科技成果相关权利，全部或者部分给予科技成果完成人，并同时约定双方成果转化收入分配方式③。

### 四、政策法律化，加强改革政策与法律法规之间的有效衔接

政策法律化，又称为政策立法，是指享有立法权的国家机关依照法定权限和程序，把经实践检验认为成熟和稳定，且在较长时期内调整规范社会关系的政策上升为国家法律或地方性法规，使这些政策获得法律效力和国家强制力的保障。它不仅包括制定法律，也包括修改、废止、认可、补充、审查法律的活动。

通过政策法律化的方式使政策上升为法律法规是我国法律及地方性法规制定的重要途径。对于新技术新产品参与政府采购的问题，可在本市地方性法规中进行规定予以支持，正如《北京市促进科技成果转化条例》中明确规定，支持政府采购企业创新产品，有关采购人或者采购代理机构不得以企业规模、成立年限、市场业绩等为由限制其参与政府采购

---

① 龚贺，盛立新，陈培叶. 社会治理中标准与法律法规政策的协同机制研究［J］. 标准科学，2017（12）：87.
② 顾德瑞. 试点与改革：地方自主权的扩展路径［J］. 体制改革，2017（3）：101.
③ 王海芸，王涵，等. 聚焦瓶颈精准立法释放制度"红利"［N］. 科技日报，2019-11-28（6）.

资格。

## 五、科学立法，加强立法的前瞻性

立法要加强在实践中探索，在探索中创新，在创新中发展。立法模式要改变过去被动回应式的立法、事后总结式的立法，不能总是在"跟跑"，要加强主动谋划式的、前瞻性的立法[①]。根据社会发展变化，加强对未来发展的判断和制度设计，通过法定程序融入到法律之中；将人民对于改革发展的愿望，通过法律表达出来；在亟须改革的空白领域及时立法，将与社会发展不相适应的法律及时修改或废止，让法律及时而准确地反映社会的需求，确保法律成为一切重大领域改革的先行者。如《北京市促进科技成果转化条例》中关于统筹制定应用场景建设有关规划和政策，加快构建科技成果转化所需的应用场景的规定，就是北京市立法机关和起草部门针对北京市目前面临的科技成果转化形成的新技术、新产品、新业态、新商业模式需要在本市测试和应用这种未来发展的形势，从而做出的前瞻性规定。

## 六、创新立法起草模式，委托专家起草法规

委托有关专家或专业第三方起草法律法规草案，通过中立、多元的主体参与，提高立法的科学性、公正性，以消除立法过程中的部门利益倾向，最大限度地实现立法的公平及社会效益[②]。同时，应建立和完善立法职业化制度，组建立法职业化队伍，提高立法者的立法水平和技术。扩大法律法规草案征求意见的范围，邀请相关法律专家、法规执行主体和利益相关人员参加立法座谈会、论证会，共同研究和讨论，广泛听取各界人士的意见和建议。

## 七、强化政策备案审查及制定科学性

重视政策的备案审查工作，要求政府部门出台的政策报立法机关或人民政府备案，由立法机关或人民政府对政策是否与现行法规及政策相冲突进行审查处理。强化对政策文件制定的科学性，政府各部门制定地方政策文件时，要提高政策文件的质量，减少政策文件与地方性法规的冲突、减少政策之间的冲突。如对于科研财务助理聘用所需经费来源的问题，建议在本市科研项目经费管理政策中规定科研项目经费可列支科研财务助理等聘用人员的劳务费。对于科研仪器设备采购问题，建议对急需的科研设备和耗材，采用特事特办的方式，缩短采购周期，增强采购灵活性和便利性。

## 八、实行部门联合发文，强化政策协同

要从更全面的角度考虑，从全局利益最大化和各主体福利最大化的角度考虑政策的制

---

① 马一德. 法治无特例，改革须依法［N］. 北京日报，2014-09-01（10）.
② 张峰振. 论委托第三方起草法律草案制度［J］. 内蒙古社会科学，2016，37（1）：124.

定，形成前进的合力。对于目前中关村示范区条例与中关村科学城规划中的区域划分存在重合，建议在今后推进工作中出台相关配套政策时，从全局出发，明确重合区域内政府部门之间分工，强化管理协同。

进一步加强政府部门间的协调配合，对于涉及多部门职能的政策，要联合发文；对于某项改革政策的推进需要其他各种配套政策措施的跟进，要加强部门之间的沟通协调，形成政策合力，积极推动改革创新的顺利实施；对于仅涉及本部门的政策，出台前要充分征求其他部门意见，确保政令统一、政策协同、组织高效、精准发力。对于《北京市新增产业的禁止和限制目录》建议联合市科技部门进行修订，政府部门在推动本市产业发展，严控非首都功能增量的同时，也应促进高端科技成果在本地落地转化，有助于加快构建高精尖经济结构，推动首都高质量发展。

# 第十章　北京文化和科技融合发展的现状、问题与对策[①]

党的十九大报告提出"要健全现代文化产业体系和市场体系，创新生产经营机制，完善文化经济政策，培育新型文化业态"。2020年9月，习近平总书记在湖南考察时强调，"文化和科技融合，既催生了新的文化业态、延伸了文化产业链，又集聚了大量创新人才，是朝阳产业，大有前途"[②]。随着新一轮科技革命的到来，以移动互联网、数字技术、人工智能、大数据等为代表的前沿科技与文化加速融合，显著提高了文化产品的更新换代速度，使得文化产品和服务业态不断创新，文化科技融合成为推动文化产业高质量发展的关键路径。

北京作为全国文化中心、科技创新中心，拥有极为丰富的文化资源、科技创新资源，近年来在促进文化科技融合方面成效斐然，形成了富有特色的创新成果，成为构建首都高精尖经济结构的重要组成部分。本章在明确文化科技融合的内涵和意义的基础上，对北京文化科技融合的基础、现状和问题进行分析，提出进一步促进北京文化科技融合的思路和对策。

## 第一节　文化与科技融合的内涵与意义

所谓文化科技融合，是指来自文化、科技方面的要素相互作用、相互渗透并创造更大价值的创新过程，最终形成文化与科技互相包容、互相促进、相辅相成、相得益彰的整体状态。在我国进入高质量发展的新阶段，既需要关注科技对文化的支撑作用，又需要关注文化对科技的引领作用，尤其需要关注现代科学技术在文化产业的生产制作、呈现、服务、传播等各个层面、各个环节中的支撑引领作用，优化用户文化体验，赋予文化产品更高、更强的创作力、感染力、吸引力、传播力和影响力，进而实现更大价值创造的相关问题。

文化科技融合是提升文化软实力的有效支撑。近年来，世界各国都十分重视通过提升

---

① 本章作者：方力、伊彤、江光华。
② 习近平在湖南考察时强调在推动高质量发展上闯出新路子谱写新时代中国特色社会主义湖南新篇章［EB/OL］. 新华网，http：//www.xinhuanet.com/politics/2020-09/18/c_ 1126512380. htm，2020-09-18.

· 85 ·

文化实力和竞争力，在国际竞争中寻求主动地位。科技承载着知识和文化传播的使命，丰富了文化的传播手段和表达方式，文化与科技的深度融合有利于提升社会公众的文化自信，从而增加国家的文化软实力。

文化科技融合是科技创新发展的重要促因。文化是科学技术的底蕴，是培育先进科技的土壤和气候。科学技术的持续发展需要社会为之提供适宜的文化环境。文化与科技融合不仅拓宽了文化的边界，丰富了文化的内容，也为科技发展提供了更全面的视野和更广阔的应用空间。

文化科技融合是文化产业高质量发展的关键途径。党的十九大报告提出，我国经济已由高速增长阶段转向高质量发展阶段。高质量发展是指坚持创新、协调、绿色、开放、共享的理念，不断满足广大人民群众日益增长的美好生活需求。文化产业发展实践证明，文化科技融合革新了文化生产和传播工具，提高了文化生产者的创意水平，提升了文化产品的内涵与品质，优化了文化产业内部结构，极大地提升了文化产业的创新效率，是实现我国文化产业高质量发展的基本导向。

## 第二节　北京文化科技融合发展的特点和优势

### 一、北京具有文化科技融合发展的优势基础

北京高等院校、科研机构数量以及研发投入和发明专利产出均居全国之首，拥有全国最丰富的科技和智力资源。同时，作为拥有 3000 多年建城史、800 多年建都史的世界历史文化名城，具备全国独一无二的传统文化资源和现代文化资源，这些丰富的科技和文化资源，为文化科技的融合发展提供了不可多得的先决条件。

### 二、政策环境日益完善

北京市委、市政府高度重视文化科技融合发展，先后出台了促进文化创意产业的一系列政策和规划。2018 年，北京市政府印发《北京市促进文化科技融合发展的若干措施》，内容涉及扶持重点企业发展、加强示范基地建设、提升文化创意设计服务发展水平、推动传统文化领域科技运用升级、促进文化科技融合新兴业态发展等 10 个方面。2020 年 4 月发布的《北京市推进全国文化中心建设中长期规划（2019 年–2035 年）》，将"发展文化科技融合新业态"列为其中的一条重要内容，提出"依托首都丰富的文化科技资源优势，加强产业共性关键技术研究""推动新技术、新产品、新装备在文化领域的示范应用""加快推进国家文化和科技融合示范基地建设，开展市级文化和科技融合示范基地认定管

理工作"①,进一步明确了文化与科技的融合方向。

## 三、网络信息技术发展优势明显

以大数据、智能化、移动互联网、云计算为代表的新一代网络信息技术与文化创意全面深度融合,"互联网+文化"的发展优势充分体现。在数字传媒领域,移动新媒体、数字出版、网络出版等一批新兴文化科技融合业态发展势头良好,特别是动漫游戏产业发展迅猛,已经初步形成了创作、研发、出版、运营、发行一体化产业链。在文博领域,信息技术与经典文化互相赋能,激发出文博文创巨大的市场潜力。

## 四、涌现出一批文化科技融合的领军企业

2019年,科技部评选出的16家单体类"国家文化和科技融合示范基地"中有4家在北京。北京现有14家文化独角兽企业,占全国的56%②。头部企业高度集聚,涌现出爱奇艺、利亚德、新华文轩、中影集团、完美世界、歌华有线、蓝色光标等一批文化科技融合企业,涵盖了短视频、动漫、游戏、影视、音乐等数字文化产业的核心领域,标志着北京已成为全国文化科技融合行业高地。

## 五、文化科技融合促进文化产业创新发展

2019年,北京4000多家规模以上文化产业法人单位实现收入12849.7亿元;规模以上文化产业实现增加值占北京地区GDP比重保持在10%左右,占比居全国首位;影视、创意、数字等领域引领全国产业发展,北京文物艺术品成交额占全国六成以上,影片产量和版权登记数量占全国近四成,创意设计服务业收入和广告经营额约占全国的1/4③。科技塑造文化新业态,促进文化新业态在疫情期间逆势上扬。2020年上半年,"文化+互联网"领域实现收入3247.6亿元,同比增长21.6%,占文化产业收入的比重达55.5%,同比提高12.1个百分点④。

## 六、文化产业结构呈现高端化创意化特点

根据《文化及相关产业分类(2018)》统计口径,北京有九成文化企业从事新闻信息服务、内容创作生产、创意设计服务、文化传播渠道、文化投资运营、文化娱乐休闲服务等文化产业核心领域,产业高端化特征显著。与数字技术、"互联网+"等紧密相关的

---

① 北京市人民政府. 北京市推进全国文化中心建设中长期规划(2019年-2035年)[EB/OL]. http://cppcc. china. com. cn/2020-04/10/content_ 75915750. htm,2020-04-10.

② 北京现有14家文化独角兽企业,占全国56% [EB/OL]. https://baijiahao. baidu. com/s? id = 1676537841955399069&wfr=spider&for=pc,新京报,2020-08-31.

③ 北京四成文化企业经营受疫情影响官方出"组合拳"止损 [EB/OL]. 中国新闻网,http://news. eastday. com/eastday/13news/auto/news/china/20200219/u7ai9103970. html,2020-02-19.

④ 《数说北京》文化+互联网塑造产业新业态 [EB/OL]. https://new. qq. com/omn/20200908/20200908A0JFNL00. html,财政纪事,2020-09-08.

新领域、新业态、新模式蓬勃发展，带动全市文化创意产业转型升级、提速换挡。

# 第三节　北京文化科技融合发展存在的问题

## 一、有利于融合的体制机制尚待完善

由于文化领域和科技领域分属两大行政管理系统，存在着人才、资本、技术等创新资源流动不顺畅的问题。文化产业管理部门涉及宣传、广电、出版等诸多部门，不同部门之间容易产生权责交叉或不明确等问题。此外，文化部门与科技部门之间存在明显的业务界限，阻碍着文化科技的有效融合和整体发展。

## 二、科技对文化产业的支撑作用远未充分发挥

文化科技成果供给不足，原始创新成果和集成创新成果均较为缺乏，对于信息技术、人工智能、大数据等前沿技术应用处于较浅层次，文化产业发展所需核心技术、软件系统尚未形成成熟的科技支撑体系。同时，文化企业与科技企业的对接渠道不畅通，提升产品体验的技术手段较为缺乏。

## 三、企业创新能力总体不足

除软件与信息技术服务行业外，多数文化科技融合企业在研发设计、生产和营销等环节都还在使用传统技术，融合深度不足，融合创新产品梳理较少。据统计，2018年，北京市文化及相关产业法人单位共150739个，拥有文化及相关产业专利授权总数8026件，在总体数量上居于前列，但从平均每个文化及相关产业法人单位拥有专利授权数来看，北京为0.053件，低于全国平均水平0.068件，与广东省（0.168件）、上海市（0.117件）、浙江省（0.101件）等地的差距明显；规模以上文化制造业企业有R&D活动的数量仅31家，企业研发投入强度（研发投入/主营业务收入）为0.85%，低于全国平均水平（1.30%）[1]。企业研发实力总体不足，导致文化和服务跟踪模仿多，领先的原创性产品较少，缺乏具有较高科技含量和北京特色的品牌文化产品和文化IP。

## 四、政策支持力度有待加强

税收优惠政策系统性不足，激励力度不大，且多为临时性政策，针对文化科技融合的政策较为缺乏。当前的国家高新技术企业认定政策对文化企业而言门槛偏高，作用有限。缺乏针对性的金融扶持政策，现有"投贷奖"资金规模和受惠企业数量与北京市文化企业

---

[1]　资料来源：《中国文化及相关产业统计年鉴》（2019）。

整体融资需求尚有较大差距。此外，文化科技融合的统计体系不完善，难以全面摸清产业发展现状。

### 五、有利于企业发展的产业生态环境尚需优化

从法制环境来看，文化科技融合产品在知识产权尤其在著作权和商标权保护方面的力度尚需加强。从融资环境来看，文化科技融合企业的资产类型多以商标、版权、著作权、专利技术等轻资产知识产权为主，与传统授信"重抵押"的风险控制模式相悖，企业"融资难、融资严、融资少"的问题依旧突出。从人才环境来看，缺乏文化创意、文化投资、文化管理、文化科技研发等方面的高端人才，缺乏既懂文化又懂科技的跨界人才，缺乏文化人才、科技人才两类人才交流互动的平台。从社会环境来看，文化与科技融合还未形成一种社会共识，尊崇和鼓励文化科技融合创新的社会氛围还不够浓厚。

# 第四节　促进北京文化科技融合发展的对策建议

### 一、完善文化科技融合体制机制

探索建立跨部门、跨区域、跨领域、跨行业、跨所有制的文化科技融合新机制。建立健全文化科技融合决策机制，借助推进全国文化中心建设领导小组办公室和北京推进科技创新中心建设办公室的力量，加强统筹决策。成立由市委宣传部、市科委、市文化和旅游局、市经信委、市广播电视局、市文物局、中关村管委会等部门参加的文化与科技融合联席会议机制，加强统筹协调。

### 二、培育和鼓励文化企业开展科技创新

设立北京市文化科技融合发展专项扶持基金，鼓励企业开展文化领域前沿技术和核心技术研究，积极推进数字技术、5G 技术、互联网、物联网、云计算、人工智能、新材料、虚拟现实等高新技术集成创新，注重其在文化领域的转化应用，推动文化产业结构优化升级和业态创新。支持龙头企业和研究机构研究、制定文化领域国际标准、国家标准、行业标准，以及地方标准等。

### 三、完善政策支持体系

健全资金投入机制，通过设立加强财政、税收、金融等手段的综合运用，引导资金有序进入文化科技融合产业领域。加强知识产权保护力度，完善著作权、专利权、商标权等知识产权法制体系和保护机制。支持文化产业与信息技术、高端装备等战略性新兴产业融

合发展。探索在中关村国家级文化和科技融合示范基地开展文化与科技融合示范企业认定试点工作，对认定企业给予一定比例的税收优惠。

## 四、优化文化科技融合产业发展生态

完善跨界交流、分享和协同的公共数字文化服务体系，整合文化信息资源，建设统一服务平台，优化网络服务环境。继续推进中关村国家级文化和科技融合示范基地建设，加快制定北京市文化和科技融合示范基地认定管理办法，鼓励各区根据实际建设和完善文化科技融合基础设施及公共服务平台。加强人才队伍建设，支持文化科技融合企业、园区与高等院所共建人才培养基地，培育并扶持一批文化科技创新的领军人才。

# 第十一章　北京新型研发机构评价指标体系研究[①②]

北京新型研发机构快速发展，正在成为重要的创新主体。北京通过建设生命科学研究所探索体制机制创新，当前又涌现出北京协同创新研究院、北京石墨烯研究院、北京大数据研究院、北京脑科学与智能技术研究院、全球健康药物研发中心等一批新型研发机构。北京市希望探索发展新型研发机构，争取国际一流科研成果落地北京，夯实全国科技创新中心地位。政府要确保对新型研发机构的支持物有所值，就要按照"严进严出"的原则对新型研发机构加强绩效考核，因此建立对新型研发机构的绩效评价指标体系，对政府分类管理和支持新型研发机构具有借鉴意义。

## 第一节　科研机构的一般评价指标

新型研发机构是我国提出的，相对中科院、农科院等体制内的科研机构具有创新的机制、高水平的科研成果的研发机构，对其评价不能直接套用当前对科研院所评价的指标体系。但新型研发机构本质也是研发机构，有关研发机构绩效评价的一般研究对新型研发机构的评价指标体系设计同样具有基础意义和借鉴价值。

赵华影提出，对科研机构的绩效评价可通过科研投入、科技产出、科技成果转化、人才培养及创新效益等因素来体现[③]，综合评价其在一定时期内的综合科研能力和发展动力。童桦等构建的科研绩效指标分为三个一级指标[④]：科技投入、科技产出和效益。八个二级指标：人力、资源、研究基地；论文、发明专利和获奖情况；人均产出率和千元产出率。Reagans 等从社会资本（social capital）和社会网络（social network）理论出发，采用文献计量评价（以出版物、出版物的引文和专利、专利的引文为依据进行科研评价），对科研

---

① 本章作者：杨博文、涂平。
② 杨博文，涂平．北京新型研发机构评价指标体系研究［J］．科研管理，2018，39（S1）：81-86.
③ 赵华影．产业技术研究院绩效评价体系研究［D］．天津：河北工业大学，2013：15.
④ 童桦，唐慧君，唐晖．研究型大学科研评价指标体系研究［J］．湖南大学学报（社会科学版），2005，19（3）：46-50.

绩效进行了定量分析①。Borman 和 Motowidlo 通过总结前人研究成果，提出了"任务绩效"（task performance）和"周边绩效"（contextual performance）的概念②。Campbell 选用科研成果水平、科研成果影响力、科研资源使用效率和可持续发展能力四个方面对科研机构的业绩进行评价③。Lyall 等指出，对科研机构的科技影响力和社会效益评价指标，可在具体分析科研经费、社会收益在机构不同层面权益人的体现和互动基础上选定④。柴国荣等构建了包括技术、市场、财务、经营环境、发展能力在内的大型科研院所的竞争力评价指标体系⑤。张凤等从创新产出、创新投入、创新绩效三方面提出了一种国家科研机构的创新绩效评价新模型⑥。

德国的弗朗霍夫应用研究促进学会采用专家评判法，由研究所从外部聘请的学术委员会进行同行专家评议⑦。来自学术界和产业界的专家各占一半，50%的专家来自国外。弗朗霍夫学会评价指标包括既定战略规划的完成情况、重点课题的实施进度、科研人员的整体素质与结构、客户满意度、技术成果转让的数量和收益、经费支出的范围、申请和取得专利的数量等。

美国国家标准与技术研究院（NIST）每两年开展一次同行评议进行绩效评估活动，评估委员会和专家组都由国家科学理事会（NRC）任命，成员的任期通常是 2~6 年⑧。专家从工业研究和发展实验室的管理与研究人员和国家政府实验室的人员中挑选 15 名国家工程院院士和 2 名国家科学院院士，还有一些顶尖的学术研究者和权威的社会学专家。按照整体到部分的划分，可以分为三个层次进行：一是作为商务部的一个部门，接受联邦政府的 GPRA（Government Performance and Results Act）与 PARR（Performance Assessment Rating Rool）评估，NIST 的正式绩效评估报告包含在 DOC 的年度绩效报告中；二是 NIST 主任委托国家研究理事会（NRC）对其下属的实验室研究中心同行评议；三是对其内部项目评估活动。NIST 对项目或者是技术的经济影响评估主要是利用经济学的一些指标，比如效益成本比率、社会回报率等。这三个层次相辅相成，其中，第一个层次主要是使用 PART 工具对 NIST 的项目展开评价，在此基础上对 NIST 的整体战略绩效目标进行评估，这是国家层面对 NIST 机构的绩效评估，具有法律效力。后两个层次则是 NIST 为了满足国

① Ray Reagans, Ezra W. Zuckerman. Networks, diversity, and productivity: The social capital ofcorporate R&D teams [J]. Organization Science, 2001（4）: 76-82.

② Borman, W. C. & Motowidlo, S. J. Expanding the criterion domain to include elements of contextualperformance. In: N. Schmitt & W. C. Borman ed., Personnel Selection in Organizations [M]. San Francisco: Jossey-Bass Publishers, 1993: 71-98.

③ Campbell, D. F. J. The evaluation of university research in the United Kingdom and the Netherlands, Germany and Austria [A]. Shapira P., Kuhlmann S. Learning from Science and Technology Policy Evaluation [C]. Edward Elgar, 2003: 98-131.

④ Lyall, C., Bruce, A., Firn, J., Firn, M. Assessing end-use relevance of public sector researchorganizations [J]. Research Policy, 2004, 33（1）: 73-87.

⑤ 柴国荣, 徐渝, 董书宁. 大型科研院所的综合竞争力评价研究 [J]. 科研管理, 2006（5）: 110-116.

⑥ 张凤, 霍国庆. 国家科研机构创新绩效的评价模型 [J]. 科研管理, 2007, 2（28）: 55-59.

⑦ 李晓轩. 德国科研机构的评价实践与启示 [J]. 中国科学院院刊, 2004, 19（4）: 274-303.

⑧ 周建中. 美国标准与技术研究院绩效评估的实践、方法及启示 [J]. 科技论坛, 2009（1）: 135-139.

家的评估需求而开展的内部评估活动，其中内部经济项目的经济影响评估又是作为同行评议和国家层面评估的基础材料支撑。

日本产业技术综合研究院对研究人员个人的评估，主要由人员所在部门进行测评，评估内容包括在国内外专业学会发表学术报告的情况、研究成果申报专利情况、参与对外合作研究情况以及与内部人员合作与互助情况等短期评估与长期评估。

综上所述，对科研机构的绩效评价是根据主要科技指标实施评价的过程。采用科学的方法对科研活动及其投入产出情况进行（价值）判断，评判在考核周期内科研机构的目标实现程度，以及出现薄弱环节的原因及对策，为科研机构的发展提供决策依据。传统科研机构的绩效评价指标对评价新型研发机构有一定的借鉴意义，但当前政府鼓励建立的新型研发机构相较于我国传统科研机构在科研组织模式、管理体制机制方面都有不同的特点，并且有特别的建设需求。因此，本书立足北京建立新型研发机构的目标分析，借鉴传统绩效评价指标体系，提出更具针对性的新型研发机构评价指标体系。

# 第二节　北京建设新型研发机构的目标分析

新型研发机构是独立的法人组织，其发展建设充分遵循科研规律和市场规律，并采取与国际接轨的理事会治理模式和市场化运作机制，集聚了一批国际一流科学家，协同多方资源从事基础前沿技术研究、关键核心共性技术研发、高端科技成果转化等科研活动。北京市建设新型研发机构的目标分析是建立对其进行遴选和绩效评价的关键原则。

## 一、聚焦在基础前沿研究、产业关键共性技术攻关的建设方向

《北京市"十三五"时期加强全国科技创新中心建设规划》中提出，建设全国科技创新中心的目标之一是"突破一批具有全局性、前瞻性、带动性的关键、核心和产业共性技术，率先形成以创新为引领的产业体系"。因此，基于北京的科技资源、创新环境和当前新型研发机构的发展方向，北京支持发展的新型研发机构应当聚焦世界科技前沿、面向国家重大战略、围绕首都经济社会发展需求，从事基础前沿研究、产业关键共性技术攻关等研发活动。

## 二、成为探索新型科研组织模式的新载体

北京作为全国科技创新中心，不断夯实自身的科技创新能力是关键。虽然北京现有的高校、科研机构的科研水平已经全国领先，中关村企业的科技创新也堪称全国翘楚，但仍需要不断增强科技创新的活力，新型研发机构的建立正是通过创新的科研组织模式，激发科研人员的创新动力，从而获得更多具有国际一流水平的科研成果。

### 三、成为吸引全球顶尖科学家来京发展的新平台

全国科技创新中心的特点之一应当是聚集了国际一流水平的科学家，并形成具有较高科技创新水平的研发团队。新型研发机构的建设正是搭建了聚集人才的平台，吸引国内外全球顶尖科学家及其创新团队来京建立研发机构，与北京地区高校、科研院所、企业联合共建人才培养基地，既增加研发机构的科研力量，又提升北京地区科研人才的创新能力，成为北京科技创新的核心竞争力。

### 四、成为科技体制机制改革突破点

北京要建设的新型研发机构更突出体制机制创新，以此为契机，形成科技体制机制改革的突破试点，从科研组织模式、科研经费管理方式、科研人才培养机制、科技成果转化等方面为传统科研院所体制机制改革提供借鉴。

### 五、成为世界一流成果产出的源头机构

北京需要的是与国际接轨的世界一流的研发机构，研发机构的管理制度要与美国、英国、德国等发达国家知名的科研机构看齐，加强科研经费监管与科学家自主研究并重；科研人才的集聚度要向国际知名科研机构、实验室对标，形成国际化的科研团队，促进国际科研合作交流；科研机构要产出具有国际水准的原创成果，成为我国科技创新的"活水源头"，在世界同行业同领域的科技创新中占有一席之地，具备一定的话语权。

### 六、探索科技成果转化的新模式

新型研发机构还担当了探索科技成果转化新模式的重任。从研发机构建立之初就不受当前高校、科研院所的相关规定的体制机制障碍，重视从创新链源头引入社会资本，建立更符合市场规律的基金支持模式、项目遴选模式等成果转化机制，将前沿基础研究、产业关键共性技术研究与北京的经济社会发展相联结，加速科技创新驱动首都经济发展。

# 第三节　评价指标体系构建

建立对新型研发机构的评价指标体系对于把握新型研发机构发展方向、落实建设目标、提高政府精准支持具有重要作用。与此同时，政府也在逐步探索对新型研发机构实行合同制的个性化管理，因此评价指标体系的建立不同于对传统科研机构的标准性评价方式，在本书评价指标体系的基础上还应结合不同机构的特色和合同约定内容，增加个性化的评价指标。

## 一、指标体系构成

根据研发机构综合评价的一般方法和新型研发机构的特殊性，按照科学性、全面性、实用性、目的性和定量与定性相结合的原则，根据北京建设新型研发机构的需求，定量与定性评价相结合，围绕科研投入、创新产出质量、成果转化、原创价值、实际贡献、人才集聚和培养六个方面构建指标体系（见表 11-1）。

表 11-1　北京新型研发机构评价指标体系

| 序号 | 一级指标 | 二级指标 | 三级指标 |
|---|---|---|---|
| 1 | 科研投入 | 财政经费投入 | 评价周期内的市财政科研经费收入（万元） |
| | | | 评价周期内的获得国家级科研项目经费收入（万元） |
| | | | 评价周期内的申请国家级科研项目数（项） |
| | | 社会资金投入 | 评价周期内企业委托研发项目数（项） |
| | | | 评价周期内社会捐赠收入（万元） |
| 2 | 创新产出质量 | 论文质量 | 评价周期内被 SCI（科学引文索引）、EI（工程索引）、ISTP（科技会议录索引）三大国际索引收录的论文发表数量（篇） |
| | | | 论文总体被引用次数（次） |
| | | | 前 1% 高被引论文（篇） |
| | | | 前 10% 高被引论文（篇） |
| | | 专利和标准质量 | 评价周期内发明专利拥有量（件） |
| | | | 评价周期内牵头或参与制定的省级以上标准数量（个） |
| | | 成果获奖情况 | 评价周期内获得国家级科技奖励数量（个） |
| | | | 评价周期内获得国际奖项数量（个） |
| 3 | 成果转化 | 成果转化机制 | 是否建立成果转化机制 |
| | | | 是否设置成果转化部门或专职工作人员 |
| | | 成果转化收益 | 通过成果转化拉动社会投资总额（万元） |
| | | | 评价周期内在北京创办企业数（家） |
| | | | 评价周期内成果转化累计收入（万元） |
| | | | 评价周期内年度成果转化收入占研发机构总收入比重（%） |
| 4 | 原创价值 | 学术影响力 | 领域 TOP10 发表的论文（篇） |
| | | | 是否在领域内国际组织任职 |
| | | | 领域国际重要学术会议特邀报告（次） |
| | | 技术创新价值 | 专利技术在评价时点上与本领域的其他技术相比是否领先 |
| | | | 专利技术是否填补国内空白 |
| | | | 专利技术在评价时点上是否存在解决相同或类似问题的替代技术方案 |

续表

| 序号 | 一级指标 | 二级指标 | 三级指标 |
|---|---|---|---|
| 5 | 实际贡献 | 经济贡献 | 评价期内带动产业增加值（万元） |
| | | 社会贡献 | 是否带动公共服务进步 |
| | | 服务行业情况 | 累计服务所在行业企业数（家） |
| | | | 是否加入产业技术创新联盟 |
| | | | 是否加入行业协会 |
| 6 | 人才集聚和培养 | 创新团队建设 | 创新团队结构是否合理 |
| | | | 创新团队数量（个） |
| | | 吸引高层次人才的能力 | 引进高层次创新人才数量（海聚工程、国家杰青、北京学者等）（人） |
| | | | 引进外籍创新人才数量（人） |
| | | 培养科研人才的数量和质量 | 培养的科研人才获得海聚工程、国家杰青、北京学者等人才计划支持的数量（个） |
| | | | 本研发机构内工作过的人员在其他单位工作担任的角色 |
| | | | 本研发机构培养科研人才在领域TOP10发表的论文（篇） |

资料来源：本章作者根据资料整理。

## 二、指标解释说明

（1）科研投入指标主要是指来自财政资金和社会资金的投入，其中财政资金包括中央及北京市财政对该研发机构的科研投入、该研发机构获得的国家级科研项目，社会资金包括从企业获得的研发项目、社会捐赠投入的金额。为鼓励新型研发机构市场化发展，评价时应根据各机构不同的发展特点，调高社会资金投入的权重。

（2）创新产出质量指标主要是指受评新型研发机构的论文、技术成果（含专利和标准）的质量情况。其中，论文质量主要从论文发表数量、被应用数量、高被引次数定量评价，专利和标准质量主要从发明专利拥有量、牵头制定省部级以上标准数定量评价，成果质量从获得的国家级、国际级奖项数量进行评价。评价时，前1%高被引论文、前10%高被引论文、国际级标准和奖项的权重应当调高。

（3）成果转化指标主要是指成果转化机制的建立和成果转化收益。成果转化机制的建立主要是定性评价指标，包括对被评研发机构是否建立成果转化机构、是否设置成果转化专职人员；成果转化收益主要包括通过成果转化带来的社会资本投入、成果转化落地北京创办企业数、成果转化累计收入、成果转化收入占总收入的比重。评价时，成果转化收益指标的权重应当较高。

（4）原创价值指标主要是指学术影响力和技术创新价值。学术影响力主要包括被评研发机构在领域TOP10发表的论文数、被评研发机构在领域内国际组织任职的情况、参加领域内国际重要学术会议特邀报告的情况；技术创新价值主要包括被评研发机构的专利技术与本领域其他技术相比是否领先、技术是否填补国内空白、领域内是否存在解决相同或类似问题的替代技术方案。这两个指标在评价基础前沿类和产业关键共性技术类新型研发机构时权重不同，在评价基础前沿类研发机构时学术影响力的权重较高，在评价产业关键共性技术攻关类研发机构时技术创新机制的权重较高。

（5）实际贡献指标主要是指经济贡献、社会贡献和服务行业发展的情况。经济贡献主要包括被评新型研发机构的成果带动产业增加值；社会贡献主要包括带动公共服务进步的情况；服务行业发展情况主要包括服务企业数量、加入产业技术创新联盟情况、加入行业协会情况。评价时，根据被评新型研发机构所在行业领域的差异、发展阶段不同，三个指标的权重赋值有所差异。

（6）人才集聚和培养指标是指创新团队建设、吸引高层次人才能力、培养科研人才的数量和质量。创新团队建设主要包括创新团队结构是否合理、创新团队数量；吸引高层次人才能力主要包括引进高层次创新人才数量、外籍创新人才数量；培养科研人才的数量和质量主要包括培养的科研人才获得人才计划支持的数量、本机构培养或工作过的科研人员在领域内的发展情况、本机构培养的科研人才在领域 TOP10 发表的论文数。评价时，此指标更多定性考察机构的创新人才情况，以定量指标作为参考依据。

# 第四节　评价指标操作建议

北京发展新型研发机构必定要通过对标国际一流科研机构，来吸引全球顶尖科学家回国建设，并能够产出世界一流创新成果，同时培育出世界级的创新人才团队，因此在实际使用评价指标时有以下建议。

## 一、定性与定量相结合

以定性评价为主，定量评价为辅。定量指标的评价分析可作为绩效评价专家委员会或政府管理部门对研发机构全景式判断的佐证，但研发机构的真实水平、科研前瞻性、社会影响力、经济价值等仍需同行专家的定性判断。因此，第一步，由评估机构根据评估方案对定量数据和材料进行分析，形成分析报告。第二步，专家委员会参考分析报告和研发机构提交的工作报告，通过团队陈述、专家提问、口头答辩、小组讨论等形式进行会议评审，并通过现场了解代表性成果、核查实际运行管理情况、个别访谈等形式进行实地考察，综合判断该研发机构的绩效水平，形成绩效评价意见。

## 二、建立由多方专家组成的评价专家委员会

针对受评新型研发机构的研究领域、运行管理、成果价值和财务管理等方面，选择国内外知名科技专家、行业专家、管理专家、财务专家和投资专家组成 9 人以上的评价专家

委员会。科技专家应当是受评研发机构的同行专家，科研水平高、熟悉该研发机构的主要研究方向在国内外的最新进展和发展趋势。行业专家应当是熟悉受评研发机构主要研究方向所在行业发展动态的行业内知名专家。管理专家应当是有著名研究机构管理经验、政府相关管理人员、国际知名管理咨询机构的负责人等对管理模式熟悉的专家，负责对该研发机构的运行模式合理性进行判断。财务专家应当是知名会计师事务所资深注册会计师等精通财务管理的专家，负责对该研发机构的经费使用合理性进行判断。投资专家应当是具有丰富投资经验的著名投资人，负责对该研发机构的成果价值进行判断。专家委员会各责任专家合作形成最终的评价意见。

## 三、重视特色研究的评价

评价专家委员会除评价新型研发机构的研发成果是否在国际学科前沿领域外，还应重视研发机构的个性化研究内容。因为有些前沿研究的成果往往不在行业研究热点范围内，所以对这类成果的评判需要评价专家有较宽广的国际战略视野和较强的科学前瞻性。这些成果有可能具有较强的原创性，并有可能引领未来新的研究方向，在评价中应当有所重视。

## 四、采用更加多样灵活的评估方式

一方面，建议简化会议评审的流程，更重视调研评审和国际同行专家评议，从会议评审中聚焦受评新型研发机构的突出特色，进一步组织评价专家委员会赴现场实际考察。另一方面，评价专家委员会要注重引入国际同行专家，对受评研发机构的研究水平和国际影响力做出评价。再者，可建立专业的网络评价平台，将评价材料放在网络平台，评价专家委员会成员可以远程审阅材料，提出初步意见。

# 第十二章 北京大型科研仪器
# 建设与管理研究[①]

大型科研仪器是基于科学原理和先进技术建造的复杂系统，是人们认识世界的重要工具。随着科研活动水平的大幅提升，科学研究广度和深度的不断拓展，大型科研仪器逐渐成为重大发现和前沿探索的必备条件。大型科研仪器建设与运行管理，反映了一个国家和地区的科技创新实力和科研管理水平。以美国为代表的西方发达国家建立了较为完善的法规制度与管理机制，推进大型科研仪器建设与管理。北京作为我国科技创新资源最为密集的地区之一，十分重视大型科研仪器在推动科技创新中的基础性作用，在增强大型科研仪器装备水平的同时，不断优化大型科研仪器管理，开创了科研仪器共享的"北京模式"，为全国科技创新中心建设提供了有力支撑。

## 第一节 北京大型科研仪器建设与管理现状

### 一、北京大型科研仪器装备水平不断提升

（一）北京大型科研仪器规模稳步增长

随着北京科技创新中心建设的大力推进，北京科技投入不断增大，人型科研仪器规模保持较快增长。调查显示，截至 2018 年底，北京地区大型科研仪器共有 2.1 万台（套），原值合计 364.8 亿元，与 2009 年相比，增长了 4.5 倍。2009~2018 年以来，北京大型科研仪器年均增长率达到 20.8%，高于全国平均水平（18.1%）（见图 12-1）。北京大型科研仪器规模居全国首位，2018 年北京大型科研仪器数量与原值分别占当年调查全国大型科研仪器总量（10.0 万台（套））的 20.4%、原值（1512.6 亿元）的 24.1%。上海市与广东省分列全国第二位与第三位，其中上海市大型科研仪器数量与原值分别为 0.92 万台（套）、153.0 亿元；广东省仪器数量与原值分别为 0.76 万台（套）、108.8 亿元。

"十一五"以来，北京大型科研仪器规模增速加快。"九五"之前，北京大型科研仪

---

① 本章作者：杨丽、邵永勤、类淑霞。

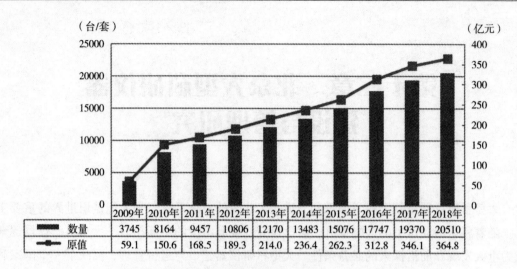

**图 12-1 大型科研仪器数量与原值发展情况（2009~2018年）**

资料来源：2018年北京科技资源调查。

器仅百余台（套），原值不足3亿元，"九五"期间，新增大型科研仪器228台（套），原值3.7亿元，而"十一五"期间，新增大型科研仪器6877台（套），新增原值128.4亿元，较"十五"期间分别增长6倍与7倍（见图12-2）。

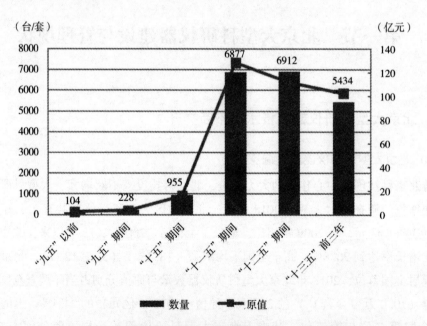

**图 12-2 大型科研仪器数量与原值增长情况（五年计划）**

资料来源：2018年北京科技资源调查。

随着北京大型科研仪器规模基础的建立及开放共享工作的大力推进，"十三五"时期，大型科研仪器购置呈逐年下降趋势。2016年，新增大型科研仪器数量为2617台（套），原值总额为 50.5 亿元，数量高于其他年份；2017 年新增仪器数量为 1623 台（套），原值为 33.3 亿元，数量与原值分别较上年下降 38.0%、34.1%；2018 年，新增仪器降为 1140 台（套），原值为 18.6 亿元，数量与原值分别较上年下降 30.0%、44.1%。

（二）北京聚集了一批高精尖大型科研仪器

依托国内顶尖科研机构与高等学校聚集优势，北京汇集了一批高精尖大型科研仪器。通常来说高精尖大型科研仪器的原值较高，2018 年北京 200 万元以上大型科研仪器总量为 4194 台（套），占全国总量的 24.4%。500 万元以上大型科研仪器为 1019 台（套），占全国总量的 1/3。800 万元以上大型科研仪器为 484 台（套），占全国总量的 35.0%，远高于其他省市。北京科研机构与高等学校科研活动水平不断提高，对高精尖大型科研仪器的需求逐步旺盛，其购置的高原值大型科研仪器数量增长较快。调查显示，2009~2018 年，相对于 20.8% 的年平均增速，200 万元及以上各原值区间科研仪器的增速较快，且高原值仪器增长速度均高于全国平均水平，尤其是 800 万元以上大型科研仪器的增速高于全国平均水平 2.9 个百分点（见图 12-3）。大型科研仪器已成为全国科技创新中心建设的重要支撑条件资源。

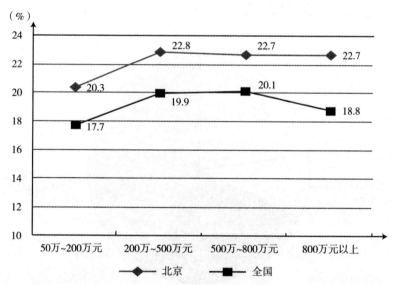

**图 12-3　不同原值区间大型科研仪器数量年均增长率（2009~2018 年）**

资料来源：2018 年北京科技资源调查。

## 二、北京大型科研仪器结构比例相对集中

### （一）200 万元以下仪器占比较高

北京科研机构与高等学校拥有的大型科研仪器以原值 50 万~200 万元的大型科研仪器为主。2018 年，原值 50 万~200 万元的仪器数量为 1.6 万台（套），占总数量的 79.6%；

800 万元以上的仪器设备 484 台（套），占总数量的 2.4%。从不同区间仪器的原值看，50 万~200 万元仪器总原值为 154.0 亿元，占比 42.2%；800 万元以上仪器总原值为 83.2 亿元，占比 22.8%（见图 12-4、图 12-5）。

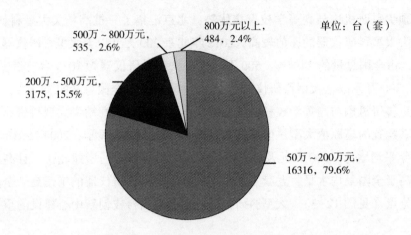

**图 12-4　不同原值区间大型科研仪器数量占比**

资料来源：2018 年北京科技资源调查。

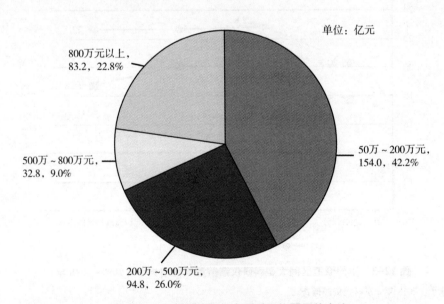

**图 12-5　不同原值区间大型科研仪器原值占比**

资料来源：2018 年北京科技资源调查。

## （二）北京大型科研仪器以分析仪器为主

分析仪器广泛应用于科学研究的各个领域，具有基础性、共用性特点。北京大型科研仪器以分析仪器为主。2018 年，北京 2.1 万台（套）大型科研仪器中，分析仪器为 9805

台（套），占总量的比例为47.8%。工艺试验仪器为2023台（套），占比9.9%，物理性能测试仪器占比8.7%（见图12-6）。

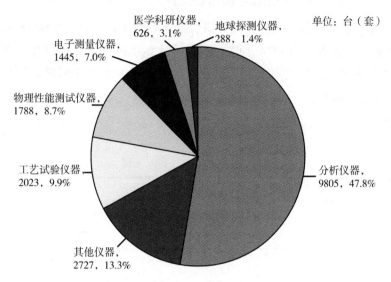

**图 12-6  北京大型科研仪器类型分布**

资料来源：2018年北京科技资源调查。

从不同类型的大型科研仪器在全国的分布来看，北京电子测量仪器、大气探测仪器、核仪器占全国的比重较高，分别为30.8%、24.9%、24.8%；而海洋仪器、天文仪器数量较少，占全国的比重分别为2.9%、13.4%（见图12-7）。

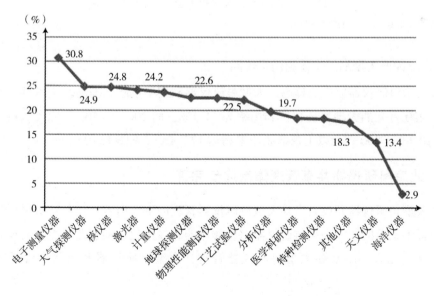

**图 12-7  北京不同类型大型科研仪器占全国总量的比重**

资料来源：2018年北京科技资源调查。

### 三、北京大型科研仪器利用率平稳发展

#### （一）运行2~3年的大型科研仪器利用率较高

2018年，北京2.1万台（套）大型科研仪器年有效工作机时为2941.6万小时，平均每台仪器的年有效工作机时为1434小时，平均利用率为89.6%[①]。新建账仪器的利用率普遍不高，2018年新建账仪器利用率为74.6%。运行2~3年的大型科研仪器利用率相对较高，2016年、2017年建账的大型科研仪器利用率分别高达105.6%、87.7%，高于总体利用水平（见图12-8）。

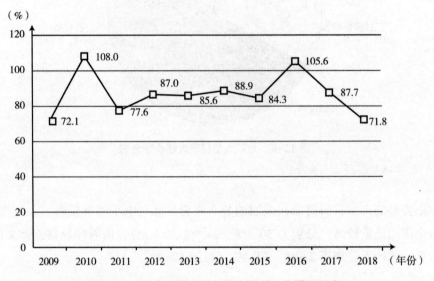

**图12-8　北京不同建账年份大型科研仪器利用率**

资料来源：2018年北京科技资源调查。

#### （二）高原值大型科研仪器利用率较高

随着大型科研仪器原值的提高，大型科研仪器利用率也随之提高。2018年，北京原值在50万~200万元的大型科研仪器利用率为81.1%，而200万~500万元大型科研仪器利用率为110.6%，800万元以上仪器利用率高达172.8%（见图12-9）。

### 四、北京科研仪器共享管理体系逐步完善

推进大型科研仪器开放共享是大型科研仪器管理的重要内容，也是解决科研仪器重复建设、闲置浪费等问题，提高科研仪器综合效益的有效途径。随着北京大型科研仪器规模的快速发展，北京不断加强大型科研仪器管理，大型科研仪器开放共享管理体系逐步完善。

---

① 大型科研仪器的利用率＝大型科研仪器年有效工作机时/1600（额定机时）×100%。

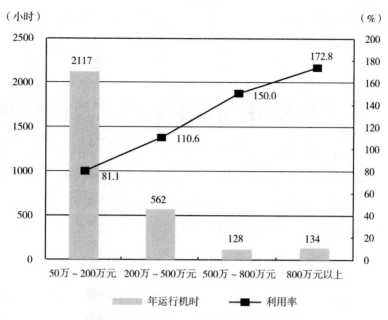

**图 12-9　各原值区间大型科研仪器利用率**

资料来源：2018 年北京科技资源调查。

## （一）出台并完善开放共享政策

政策与制度推动是仪器开放共享管理的重要保障。为推进北京科技资源的开放共享工作，北京市出台了系列政策制度，如《北京市促进科技条件共享若干意见》《关于加强首都科技条件平台建设进一步促进北京市重大科研基础设施和大型科研仪器向社会开放的实施意见》《北京市重大科研基础设施和大型科研仪器向社会开放评价考核实施细则（试行）》等，明确了管理部门和单位的责任，逐步理顺开放运行的管理机制，并取得了积极成效。2018 年，北京大型科研仪器除一些保密和特殊仪器不开展共享外，其他大型科研仪器全部参与了共享。为有效统筹资源，调控增量，合理布局新增科研设施与仪器，北京市出台了《北京市科技计划项目（课题）科研仪器设备购置查重评议工作实施细则（试行）》，规定了查重评议的主体、内容、原则、流程、责任等，以开放共享推动解决重复购置和闲置浪费的问题。此外，北京市开展了免税进口科研设备共享使用、大型仪器设备租赁、使用费出资入股试点等先行先试政策。

## （二）制度创新推动开放与合作

为促进首都科技资源服务创新创业发展，北京市于 2009 年启动了首都科技条件平台建设。北京市科委联合部分中央在京高校院所、大型企业及市属单位共同组建了科研设施与仪器开放服务体系，对在京高校院所企业科技资源进行有效整合、高效运营和市场化服务，形成了以科技资源促进产学研用协同创新的"北京模式"，探索了科研仪器资源开放制度创新，如所有权与经营权分离、财政资金绩效激励、利益分配机制、创新券等，取得了积极成效。截至 2018 年，首都科技条件平台共促进首都地区 882 个国家级、市级重点实验室、工程中心等 4.65 万台（套）仪器设备向社会开放共享，每年为企业提供测试检测、联合研发等服务合同额超过 20 亿元。

# 第二节　北京大型科研仪器建设与管理存在的问题

国家和北京市通过各类计划不断加大对科研仪器建设的投入，北京大型科研仪器装备水平不断提高。受科技资源多头管理、分散投入等体制机制影响，北京大型科研仪器建设与管理仍然存在诸多问题，主要表现在以下方面：

## 一、央地大型科研仪器资源合作仍需进一步加强

与中央在京大型科研仪器规模相比，北京市属单位仪器资源量所占的比例很小。2018年，北京 2.1 万台（套）大型科研仪器中，1.5 万台（套）为中央部门属单位所拥有，其数量与原值占总量的比例分别为 72%、73%。从近几年的变化来看，北京市属单位加大了对大型科研仪器的投入力度，从数量和原值所占比重来看呈现逐年增长趋势，但市属单位的大型仪器依旧不足三成，500 万元以上高精尖仪器也仅为总量的 28%。目前一些市属单位科研仪器资源未做到全部开放，而部门之间资源没有实现完全统筹，仍然制约北京市属与中央在京科研仪器资源的共享与合作。

## 二、大型科研仪器购置经费审批和使用不够规范

北京科研仪器购置费主要是从科技计划（专项、基金等）项目中的购置费项列支，在项目立项和预算评审中，对购置金额和购置合理性进行评审，具有较强的主观性。同时由于缺乏法律法规层面对仪器购置经费的根本性保障和制约，也导致了这一状况的出现。

## 三、大型科研仪器运行经费不足，资金来源单一

北京众多高校和科研院所通过各种科研渠道获得了数额不菲的科研经费，但在使用上制约较多。利用这些科研经费购买科研仪器比较容易执行，但造成了一部分大型科研仪器的购置只是为了完成经费执行率，闲置浪费现象较为突出。

## 四、开放共享法律保障不足，共享机制难以形成

为推进开放共享，从中央部门到地方省市先后出台了一系列促进大型科研仪器共享的政策与制度，但有利于大型科研仪器开放共享的法律保障不足。在缺乏强有力的法律支撑的情况下，大型科学仪器开放共享存在着推动乏力、监督乏据、监管乏人的被动情形。北京大型科研仪器利用率与共享水平有了较大提升，但闲置浪费现象仍然存在。

## 五、大型科研仪器自主创新引领能力有待加强

当今世界科技呈加速发展态势，科学研究探索不断向新的广度和深度拓展，学科交叉融合加速，前沿领域快速延伸。高水平科学研究的突破，越来越需要高精尖科研设施仪器等科技基础条件的支撑。一国科学仪器的发展水平在很大程度上决定了国家的科研实力水平。历经"九五"至今的持续投入以及战略规划，我国已初步形成了较为稳定的科学仪器自主研制和核心关键技术攻关的系统化支持制度，我国科研仪器的自主研制能力有所增强，部分类型大型科研仪器国产化率逐步提升。但我国大型科研仪器主要依赖进口，北京大型科研仪器国产化水平略低于全国平均水平。截至 2018 年底，北京地区有 1.5 万台（套）仪器是从国外引进的，设备原值合计 253.8 亿元。进口设备的数量和原值占总量的比重分别为 74.0% 和 69.6%。科研仪器创新需要长期的计划和连续积累，科研仪器具有极端专业性，高端科研仪器更需要专业、科研水平最高的领头单位引领。北京聚集了一批高水平科研机构与高校，其引领科研仪器创新的功能并未得到有效发挥。

## 六、实验技术人才不足，考核机制不尽合理

调查显示，我国科研人员和实验技术人员之比为 15：1，即 15 个科研人员配备 1 名实验技术人员，而美国每个科研人员平均配备 1.5 个实验技术人员。我国具有高级职称的科研人员和实验技术人员之比为 2.5：1，远低于美国的比例①。高校和科研院所科研仪器对外服务基本上都是由实验技术人员来操作，从而避免实验用户独立操作造成仪器损坏，减少了科研仪器的损耗和维修成本，因此一般情况下都不愿意将本单位科研仪器对外共享，即使共享也缺乏对用户反馈的重视。此外，我国的实验技术人员相对待遇差、社会认同感低，由此导致人员不稳定。实验技术人员与其他科研人员类似，考核以项目或者论文为主，并没有将用户评价作为重要的考核指标，实验技术人员考核评价与激励机制不尽合理。

# 第三节　发达国家大型科研仪器建设与管理主要经验

西方发达国家十分重视大型科研仪器管理工作，既有专门法规规范大型科研仪器的购置与使用，在其他相关制度法规中亦有所体现。本文对具有代表性的西方科研仪器管理的制度或法规进行了分析，例如：《联邦政府采购法》（Federal Acquisition Regulation）、《关于对高等教育机构、医院及非盈利机构给予资助的统一管理要求》（Uniform Administrative Requirements for Grants and Other Agreements with Institutions of Higher Education，Hospitals

---

① 王烁. 美国科研仪器设施开放共享的政策与实践［J］. 全球科技经济瞭望，2017（9）：38-43.

and Other Non-Profit Organizations，OMB Circular A-110)、国家自然科学基金《购置和使用设备的条件》（Conditions for Acquisition and Use of Equipment)、《2001 年美国国家科学基金会授权法》（National Science Foundation Authorization Act Of 2002)、《竞争性、特殊和设施研究拨款法》（Competitive，Special，and Facilities Research Grant Act)、加拿大《实验室服务法案》（Laboratory Services Act）等。综合分析，发达国家在大型科研仪器管理方面主要具有以下特点。

## 一、对公共财政资金购置大型科研仪器进行严格管理

### （一）大型仪器购置前进行科学评估以避免重复与浪费

发达国家大型科研仪器购置过程中的顶层设计和部门协调非常严格。购置前的评估程序，一般包括计划购置科研仪器机构内部评估与经费提供单位（如美国自然科学基金委员会，NSF）评估。评估内容不仅涉及经费数额，对购置单位专门的仪器管理人员配置也要加以评估。德国海尔曼·冯·赫姆霍尔茨德国研究中心联合会（HGF）规定，其下属研究中心建造或购置 250 万欧元以下的国家重大仪器设施由研究中心审批，250 万欧元以上、2500 万欧元以下的重大仪器设施由该联合会审批，2500 万欧元以上的重大仪器设施要由联邦教研部委托德国政府权威顾问机构——德国科学顾问委员会评估后由联邦教研部审批①。

### （二）建立公共财政支持大型科研仪器购置的法律环境

美国以法律的形式保障政府对大型科研仪器的投入。美国政府一般通过两种方式全资或部分出资购置科研仪器。第一种方式是联邦政府通过研发合同方式在相应研发项目中采购科研仪器。《1988 年高等教育机构研究设施现代化法》《2011 年美国国家科学基金会授权法》等都明确规定要加大对科研仪器的投资。第二种方式是联邦政府以拨款和合作协议的方式，在被资助的符合公共利益的研发项目中购置科研仪器，通过该渠道购置科研仪器的经费由美国联邦预算管理办公室《关于对高等教育机构、医院及其他非盈利机构给予拨款资助的统一管理要求》、美国能源部《能源部财务资助管理条例》和国家科学基金会的《国家科学基金资助条例》等法律法规予以保障。

### （三）建立清晰的产权界限规范科研仪器管理

美国的科研仪器平台根据性质的不同和政府资助方式的不同，有多种产权所有形式。美国联邦政府规定，通过研发合同方式购置的原值 5000 美元以下的科研仪器所有权归申请购置单位所有②。原值 5000 美元及以上的科研仪器所有权归属有三种情况：一是产权为申请购置单位所有；二是产权虽归申请单位所有，但联邦政府有权在项目结束后的 12 个月内

---

① 赫姆霍尔茨科研设施管理［EB/OL］. https：//www. helmholtz. de/cn/research_ infrastructure.

② The Office of Management and Budget. Uniform administrative requirements for grants and agreements with institutions of higher education, hospitals and other non-profit organizations［EB/OL］. ［2018-08-15］. https：//www. whitehouse. gov/omb/circulars_ a110.

将科研仪器转让给第三方；三是科研仪器产权归政府所有。规定拨款和合作协议购置的科研仪器所有权归申请购置单位所有。美国通过对科研仪器产权的清晰界定，明确了各主体的权责利，保证了仪器适用范围和使用方式的规范。

## 二、通过多种手段引导大型科研仪器的共享利用

### （一）通过法律法规引导大型科研仪器开放共享

美国政府将"完全、开放、无偿"的资源共享政策作为联邦政府的一项基本政策。韩国政府通过颁布一系列法律法规来保障大型仪器设备向社会开放共享，包括协同研究开发促进法、科学技术革新特别法、技术开发促进法、韩国科学技术院法、获得科学器材及共享的规定等。日本、法国、加拿大等国也相继公布了与科研仪器设备共享协作有关的法规[①]。

### （二）建立完善的大型科研仪器共享与运行机制

美国有着较为完善的科研仪器共享与运行机制，并根据科研仪器来源分类构建多元收费机制。以合同采购类仪器的共享机制为例，合同采购仪器依托单位有责任最大化提高平台的使用效率，因此有义务促进科研仪器的开放共享。对共享的激励和约束机制主要来自对仪器依托单位的绩效考核机制。政府职能部门根据合同约定的内容对国家实验室进行考核，并以考核为依据拨付运行维护经费。共享的收费机制根据用户性质和使用目的不同分为两种：对于非营利目的的使用，原则上不向用户收取费用；对于营利性部门为获得专利或其他收益而进行的平台使用，要按照"全部成本回收"的原则收取服务费。总体而言，营利性机构以获取收益为目的的使用时间占大部分设施运行时间的比例微乎其微，很多平台都不足1%，这种收费只能补偿运行维护成本中很小的比例[②]。

### （三）搭建特色平台并提升信息服务功能

美国著名高校大多建立了仪器公共平台。仪器公共平台学科涵盖多个学科领域，不仅能为校内用户提供服务，还能为校外用户提供多学科服务。如美国哈佛大学纳米中心、耶鲁大学医学院公共实验室、波士顿大学物理系公共平台等，汇集了一批有特色的仪器设备，构建具有专业特点的公共服务平台，提供技术支撑。英国国家计量公共检测研究和服务的共享平台（NPL）也是致力于向国家及社会提供分析测试服务的平台。国外专业性服务平台建设，在聚集科研仪器的同时，重视信息平台的搭建、改进和提高，通过大数据、多媒体在信息平台的应用，建立了线上咨询专家团队，回应访问者的需求，以更好地提升服务水平与质量。

### （四）国家财政支持共享仪器及平台运行

国外仪器共享平台的运行多依赖于政府及主管部门的大力支持。在美国，科研仪器的

---

① 肖李鹏，汤光平．国内外大型科学仪器设备开放共享分析及对策［J］．实验室研究与探索，2016，35（4）：275-278.

② 田杰棠．美国科研仪器平台的共享机制及启示［N］．中国经济时报，2006-10-10.

运行费用是联邦政府给予全部或部分支持的。通过研发合同方式在研发项目中采购的科研仪器是直接为联邦政府的利益服务的，其运行费用通常都由联邦政府部门支持。按照联邦政府的规定，申购单位必须最大化提供其使用效率，有义务促进科研仪器的开放共享，联邦政府相关部门根据合同约定的内容对申购单位进行考核，并以考核为依据拨付运行维护经费。通过拨款和合作协议的方式在研发项目中采购的科研仪器具有公益性质，运行费的资助比例要视情况而定，联邦政府可以给予全部或部分仪器运行费用。

欧盟大多研究基础设施与仪器都是由国家支持建造、资助和管理的。为推进科研仪器与设施的开放共享，欧盟实施了框架计划，支持跨国和虚拟接入，开展网络和联合研究活动。共享研究仪器与设施的大部分成本由参与国承担，但欧盟经常为规划、战略协调、网络和跨国访问等活动提供资金。2007~2013年框架计划（FP7）为研究设施拨款18.5亿欧元，2014~2020年框架计划（地平线2020）将为其提供约24亿欧元的支持①。

### 三、注重专业化实验技术支撑队伍建设

#### （一）专业实验技术队伍建设与用户培训相结合

发达国家高校和科研院所为实现大型科研仪器的优化管理，采取评价考核、激励引导等多项举措加强专业化实验技术队伍建设。美国科学技术研究队伍主要由科技管理人员、科学研究人员、实验技术人员和其他辅助人员组成，人才队伍配备合理。在美国高校实验室中，实验技术人员在科技队伍中的比例高达45%。此外，为提高科研仪器的利用率，美国很多高校和科研机构注重对大型科研仪器用户的使用技能培训，可以通过在仪器共享平台网页上公布仪器平台的各种规章制度、培训要求、人员安排与培训内容等，对外部用户和学生开展培训。通过1~2周的持续培训，用户可以达到独立操作和正确使用仪器的水平②。美国哈佛大学纳米中心对用户的培训几乎占到实验技术人员工作量的40%。用户独立使用科研仪器，有利于实现科研仪器每天24小时对外开放，可以大幅度提高科研仪器的利用率，节省仪器运行服务中的人力成本。

#### （二）实验技术队伍学历结构合理、人员稳定

发达国家实验技术队伍的人员稳定，实验技术岗位和其他工作岗位的待遇较低。哈佛大学的实验室的高级技术主管可以拿到接近普通教授的工资，其技术人员往往在实验室工作一生。此外，国外高校实验技术人员的学历一般都比较高，大多以硕士和博士为主，这使得他们的技术水平普遍较高。美国、日本、新加坡等国家对实验技术人员的绩效评定较为合理，一般不进行职称评定，虽然需要考核，但考核没有论文发表、教改项目等量化指标要求，而是十分重视用户评价，采取用户委员会评价机制。

① 欧盟如何资助研究设施和主要设备？[EB/OL].https：//royalsociety.org/topics-policy/projects/uk-research-and-european-union/role-of-EU-in-funding-UK-research/how-does-eu-fund-research-facilities-major-equipment/.
② 丁小丽，等.美国高校大型设备共享管理方式及启示[J].实验室研究与探索，2017，36（1）：234-237.

# 第四节　北京大型科研仪器建设与管理对策建议

## 一、优化财政资金购置科研仪器的管理

北京全国科技创新中心建设需要高质量的科研仪器等科技资源支撑，大型科研仪器建设水平要不断得以优化。一方面，要保持大型科研仪器投入水平。大型科研仪器具有基础性、战略性，中央及地方财政可通过直接财政资助、科技计划项目、仪器专项等形式对科研仪器建设及研发提供长期稳定支持，支持并促进科研仪器产业化发展，引导社会资本积极参与科研仪器的投入、研发、共享及运营。同时，要深化对高等学校、科研院所及其他科研机构利用地方科技、教育资金购置科研仪器的查重评议，按照需求导向、开放共享的原则，避免科研仪器的重复购置和低效配置。另一方面，北京全国科技创新中心建设也依托拥有高水平科技资源的高校与科研院所积极支持。北京市属单位要加强与中央在京单位开展积极合作，通过承接项目、仪器资源共享、科研仪器研发等方式，支撑重大科技突破，提升北京科技基础条件支撑能力，助力北京全国科技创新中心建设。

## 二、从法律层面规范科研仪器开放共享

以美国为代表的西方发达国家，大型科研仪器共享机制背后都有相关的法律法规作为保障和依据。我国促进科研仪器共享的法律缺位，仅在《科学技术进步法》中确定了科技资源开放共享的原则，但缺乏具体实施细则，一般都是通过相关的文件、政策做出规定。鉴于此，应在推动相关立法，出台《北京重大科研设施与仪器开放共享条例》，以立法的形式确定开放共享的基本理念和原则，引领国家及其他地方在推进科研仪器开放共享方面依法依规开展。同时应完善科研仪器产权制度，一方面，要明确科研仪器的管理主体，同时探索所有权和使用权的分离，促进以开放服务为核心业务的专业化服务机构发展，按市场规律促进科研仪器服务业态的发展，引导激励各类仪器平台从单一服务科研任务向多元化服务、服务"双创"升级；另一方面，要在法律层面上明确科研仪器主管单位的权利与责任，尤其是明确提升科研仪器使用效率方面的责任和义务。

## 三、完善科研仪器共享平台运行与收费管理制度

北京大型仪器的购置资金来源和构成较为多样化，包括中央财政全额出资购置、地方政府全额购置、中央与地方政府共同购置，也包括政府部分出资、依托法人单位配套出资

的情况。虽然仪器的产权在宏观角度归属于国家，使用权在具体的科研院所或机构，但产权和使用权的界定尚有很大的模糊空间，导致了仪器共享的本位主义障碍。因此，应合理借鉴发达国家的做法，适时推出适用于不同类别的科研仪器共享的政策法规，建立完善的共享运行规则和收费指南。如根据用户的不同性质制定不同的共享待遇，尤其是收费标准，依据单位性质不同制定对应的政策，如对科研院所用户、非营利机构用户和企业用户采取不同的收费标准。既达到了开放共享的目的，也在很大程度上体现了政府财政经费的使用目标。

## 四、加快科研仪器信息网络及管理平台建设

加快大型科研仪器信息网络的建设，完善首都科技条件平台信息系统，优化科研仪器信息化数据库。在大数据背景下，充分利用多样化的信息手段，对各地区、各部门的大型科研仪器分布情况，依托单位的管理措施、使用效益、运行经费来源等进行充分调查与分析，使得制定科研仪器发展规划有据可依。加强首都科技条件平台信息系统与国家网络管理平台及各级科研单位在线服务平台建设，建成跨部门、跨领域、多层次、专业化的科研仪器网络服务体系，将公共财政投资购置的科研仪器全部纳入网络平台管理体系，建立科研仪器开放共享评价机制，将开放共享情况与公共财政对仪器购置的支持挂钩，同时积极实现首都科技条件平台信息系统与科研仪器第三方服务机构互联对接，提升网络管理平台的对外服务能力，推动科研仪器的深度开放和高效利用。

## 五、强化实验技术支撑队伍建设

提高对实验技术岗位重要性的认识，重视专业技术支撑人才的培养、引进和使用。借鉴发达国家经验，建立以薪酬待遇为主的实验技术人员保障机制，肯定优秀实验技术人员的工作成绩，增加实验技术人员获得感，提升高校和科研院所的科技创新支撑保障能力。加大对高水平实验技术人员的培养力度，不断优化实验技术人员配备，使其能够满足迅速增长的科研任务需求和科研仪器管理需求。根据技术支撑人员自身职业特点设定合理的评价标准与激励机制，推动高校和科研院所制定相应的职称评定和绩效考核制度，使实验技术人员的评价与考核侧重于实验技术、实验创新、技术支持能力、业绩成果和服务质量等。

## 六、统计发布大型科研仪器开放共享情况

为了及时统计汇总大型科研仪器开放共享的数据，有力地促进大型科研仪器的开放共享工作，应将财政购置大型科研仪器开放共享情况向社会公开发布，其主要意义在于向全社会充分传播相关信息，打破信息壁垒，使大型科研仪器的需求方及时全面地掌握相关信息；也在于营造大型科研仪器管理方的开放共享内驱力；同时，还有助于形成良好的科学普及的舆论环境，为科技创新造势助力。

　　我国科技发展已经从长期跟踪进入领跑、并跑、跟跑"三跑并行"新阶段。"十三五"时期是全面建成小康社会和进入创新型国家行列的决胜阶段。借鉴发达国家的经验，提升北京对大型科研仪器的管理水平，充分发挥大型科研仪器的运行效力，对于顺利实现全球科技创新引领者、高端经济增长极、创新人才首选地、文化创新先行区和生态建设示范城的北京全国科技创新中心建设目标，具有积极的现实意义。

# 第十三章　北京市科学数据管理现状、问题与对策建议[①]

科学数据是人类社会通过科技活动或其他方式获取的反映客观事物本质、特征、变化规律等的原始性、基础性数据，以及根据不同科技活动需要进行系统加工整理的各类数据的集合。当前，科学数据已经成为解决复杂科学问题的关键要素，以及驱动科学发现与决策支持的新型基础设施。2018年3月，国务院办公厅正式发布《科学数据管理办法》（以下简称《办法》），这是确立大数据国家战略以来在国家层面出台的首个科学数据管理的办法，目的是进一步加强和规范科学数据管理，保障科学数据安全，提高开放共享水平，更好地支撑国家科技创新、经济社会发展和国家安全[②]。

《办法》要求科学数据管理工作实行国家统筹、各部门与各地区分工负责的体制，对地方科学数据管理工作提出了要求，具体是：省级人民政府相关部门在科学数据管理方面负有建立健全管理政策和规章制度、做好或授权数据保密、规划科学数据中心建设和数据管理运行保障等工作职责；可参照《办法》制定具体实施细则；实行科学数据采集、汇交与保存、共享与利用、保密与安全、评价考核与处罚等具体管理工作。

本章在对北京市科学数据的管理现状和存在问题进行梳理总结的基础上，借鉴国家及外省市经验，提出了完善北京市科学数据管理工作的对策建议。

## 第一节　北京市科学数据管理现状

近年来，北京市科技投入不断加大，创新能力不断提升，在长期科学研究实践中，产生积累了海量的具有科学价值和实用意义的科学数据。与此同时，北京市积极建立健全包括科技报告制度、信息公开制度、自然科学基金项目管理办法等在内的科学数据相关管理政策和规章制度，进一步加强了农业、医疗领域的科学数据库建设，推动了科技计划项目形成的科学数据和市自然科学基金基础研究成果数据的汇交、开放和共享，并强化了科学数据的保密与安全管理。

---

① 本章作者：王涵、涂平。
② 刘垠. 国务院办公厅印发《科学数据管理办法》[N]. 科技日报，2018-04-03（01）.

## 一、建立了相关政策制度

科技报告是记录科研活动细节以及基础数据的载体，北京市制定了科技报告制度，印发了《北京市科技计划科技报告管理办法（试行）》（京科发〔2017〕235号），推动科技报告统一呈交、规范管理和共享使用。推行科研项目"双公开"制度，发布《北京市科委项目（课题）信息公开工作规定（试行）》，将科技计划项目（课题）相关信息在市科委官方网站和市科技计划项目统一管理平台进行双公开，加强科研信息公开与共享。修订北京市自然基金项目管理制度，印发《北京市自然科学基金项目管理办法》（京科发〔2019〕10号），明确项目重要数据汇总机制。

## 二、建立了科学数据库

据调研，北京市市属单位中北京市农林科学院、首都经济贸易大学、北京市创伤骨科研究所、北京市眼科研究所、首都儿科研究所5家单位建有科学数据库共14个。这些数据库是基于本单位科学研究工作建设，或在购置数据库的基础上增加了本单位研究数据建设的科学数据库。另外，加快部署市自然科学基金项目成果库建设工作，加强项目成果应用对接和挖掘工作，为科创基金原始创新、成果转化子基金提供优质项目源，推动首都地区基础研究成果的完整保存、持续积累、开放共享和转化应用。

## 三、加强了科学数据汇交与管理

建立市科技计划项目由承担单位先汇交科技报告再验收项目的工作机制，同时将市财政资金资助的科技计划项目所形成的非涉密和解密的科技报告，定期汇交至国家科技部。市属单位的科学数据情况统一汇交至国家科技基础网络平台，在2019年2月底完成了87家市属单位的科技基础条件资源调查，对市属事业单位科学数据库情况进行了调研，相关调研信息均已汇交至国家科技基础网络平台中心数据库。市自然科学基金资助项目要求在验收前及时提交与成果有关的重要数据、技术资料等；项目验收后，自然科学基金办开展项目研究成果追踪管理，建立优秀项目成果数据库。

## 四、加强了科学数据开放与应用

市科技计划项目统一管理平台面向各类科研主体开放，部分科研项目信息已实现公开，信息系统能够按照不同类型的数据信息，实现分级向各科研主体开放共享，为科研人员提供高效便捷的申报、查询服务。科技报告按照"分类管理、受控使用"的原则，通过北京市科技报告服务系统向社会公众提供检索以及公开和延期公开科技报告摘要信息浏览服务，向实名注册用户提供检索以及公开科技报告全文浏览、全文推送等服务，向科技管理人员提供检索以及全文浏览、全文推送、统计分析等服务。市自然科学基金基础研究成果数据库面向社会公众、科研人员开放，满足查询、共享、应用需求；同时向企业和投资机构等提供部分数据在线浏览服务，向政府、事业单位科研管理人员提供统计分析服务，向产业界和学术界等科创基金参与方提供成果转化服务。

### 五、强化了科学数据保密与安全管理

加强安全保密管理工作，保护科研人员的合法权益。面向各利益相关者提供科技报告开放共享服务，严格做好安全保密管理和知识产权保护工作，严格按照国家和北京市相关保密规定对涉密项目科技报告进行管理，审核确认单位呈交科技报告的密级和保密期限等，并明确要求科技报告使用者在论文发表、专利申请、专著出版等工作中注明参考引用的科技报告，确保科技报告完成人的合法权益。严格落实档案管理制度，加大对保存保管的档案数据的安全管理力度；加强对外交流合作及信息公开中有关数据和内容的保密审查；加强科学数据安全管理宣传培训，提升安全管理科学数据的意识和能力。

# 第二节　北京市科学数据管理存在的问题

### 一、缺乏统一的科学数据管理政策

在政策方面，北京市尚未制定推动科学数据管理和发展的统领性政策，缺乏顶层设计和系统的部署安排，宏观层面缺少对全市科学数据管理和共享的具体要求，如各政府部门管理的科学数据未能在统一制度设计下按照同一标准进行管理；科学数据管理与共享的政策体系也不完善，在部门和单位层面的科学数据管理政策仍存在缺位和不规范问题，科学数据管理各个环节的工作缺乏规范性。

### 二、科学数据开放共享的载体建设有待加强

虽然北京市市属科研院所根据自身科研工作建立了农业、医疗等方面的科研数据库，市属大学在购置数据库基础上增加了本单位相应研究数据的科研和文献数据库，但单位内部的数据库并没有对外开放，科学数据无法共享。区别于单位内部数据库，科学数据中心是促进科学数据开放共享的重要载体，承担科学数据的整合汇交、分级分类、加工整理、分析挖掘、开放共享、交流合作等方面的职责。《办法》要求各地区统筹规划和建设科学数据中心，推动科学数据开放共享，北京市在推动建设科学数据中心方面的工作仍需进一步加强。

### 三、不同数据开放系统有待进一步整合

不同领域、地域的数据开放系统集中在统一平台，平台之间能够相互访问和操作，实

现资源有效聚合，为使用者提供集成服务，已成为国内外共识。目前，国家已将不同领域的科学数据中心整合到统一平台对外开放共享。北京市相关科学数据虽已通过市科技计划项目统一管理平台、北京市科技报告服务系统和市自然科学基金基础研究成果数据库，面向科研人员、普通公众等各类主体开放，满足查询、共享、应用需求。但是，不同数据开放系统尚未整合到统一平台，各类主体仍需进入不同系统查询和浏览数据，在一定程度上造成了数据查询不完整、不全面的麻烦，科学数据使用效率不高。据了解，上海市已将不同数据系统整合在统一平台并链接国内外各类数据开放平台。目前北京市难以与国内外其他数据开放平台合作，不利于资源互联互通和资源交换。

### 四、科学数据管理运行和保障机制有待完善

科学数据所依附的不同主体在运行管理科学数据方面的投入成本不同、管理工作侧重不同，投入低、管理不重视的主体极易造成数据管理工作质量差、效率低。另外，外部科学数据共享服务成效评价和激励工作跟不上，科学数据依附主体的管理积极性不高。

# 第三节　国家及外省市科学数据管理经验

## 一、国家科学数据管理经验

### （一）制定国家层面的科学数据管理政策

国务院办公厅于 2018 年 3 月制定出台的《办法》，对我国科学数据管理工作提出了统一要求。《办法》提出加强科学数据全生命周期管理，从数据采集汇交与保存、共享利用、保密与安全等方面内容规定了具体管理措施；明确主管部门和法人单位的主要职责，规定其要建立相应的管理制度；提出加强科学数据知识产权保护等要求。《办法》为我国的科学数据管理工作确定了行动纲领，对提升我国科学数据工作水平具有重要意义。

### （二）推进国家科学数据中心部署和建设

目前，科技部和中科院、自然资源部、教育部、市场监管总局、卫生健康委、农业农村部、林草局等部门立足前期工作基础，选择有条件的科研院所、高等院校等在高能物理、基因组、气象、地震、海洋等领域组建了 20 个国家科学数据中心，如表 13-1 所示。这些中心将成为我国科学数据管理和开放共享方面重要的基础设施和载体。①

---

① 蒋秀娟. 大数据时代，科学数据管理成新命题［N］. 科技日报，2019-09-27（04）.

**表 13-1　国家科学数据中心**

| 序号 | 国家平台名称 | 依托单位 | 主管部门 |
|---|---|---|---|
| 1 | 国家高能物理科学数据中心 | 中国科学院高能物理研究所 | 中科院 |
| 2 | 国家基因组科学数据中心 | 中国科学院北京基因组研究所 | 中科院 |
| 3 | 国家微生物科学数据中心 | 中国科学院微生物研究所 | 中科院 |
| 4 | 国家空间科学数据中心 | 中国科学院国家空间科学中心 | 中科院 |
| 5 | 国家天文科学数据中心 | 中国科学院国家天文台 | 中科院 |
| 6 | 国家对地观测科学数据中心 | 中国科学院遥感与数字地球研究所 | 中科院 |
| 7 | 国家极地科学数据中心 | 中国极地研究中心 | 自然资源部 |
| 8 | 国家青藏高原科学数据中心 | 中国科学院青藏高原研究所 | 中科院 |
| 9 | 国家生态科学数据中心 | 中国科学院地理科学与资源研究所 | 中科院 |
| 10 | 国家材料腐蚀与防护科学数据中心 | 北京科技大学 | 教育部 |
| 11 | 国家冰川冻土沙漠科学数据中心 | 中国科学院寒区旱区环境与工程研究所 | 中科院 |
| 12 | 国家计量科学数据中心 | 中国计量科学研究院 | 市场监管总局 |
| 13 | 国家地球系统科学数据中心 | 中国科学院地理科学与资源研究所 | 中科院 |
| 14 | 国家人口健康科学数据中心 | 中国医学科学院 | 卫生健康委 |
| 15 | 国家基础学科公共科学数据中心 | 中国科学院计算机网络信息中心 | 中科院 |
| 16 | 国家农业科学数据中心 | 中国农业科学院农业信息研究所 | 农业农村部 |
| 17 | 国家林业和草原科学数据中心 | 中国林业科学研究院资源信息研究所 | 林草局 |
| 18 | 国家气象科学数据中心 | 国家气象信息中心 | 中国气象局 |
| 19 | 国家地震科学数据中心 | 中国地震台网中心 | 中国地震局 |
| 20 | 国家海洋科学数据中心 | 国家海洋信息中心 | 自然资源部 |

资料来源：本章作者根据网络资料整理。

### （三）推进国家科学数据资源平台建设

国家科学数据资源平台嵌入国家科技基础条件平台，通过中国科技资源共享网、中国科技资源网等门户网站进行数据汇交和共享。中国科技资源共享网的"科学数据"模块包括与国家科学数据中心相对应的 20 个数据库。中国科技资源网的"科学数据"模块包括地球系统科学数据、人口健康科学数据、林业科学数据、农业科学数据、气象科学数据、地震科学数据、交通科学数据、海洋科学数据、先进制造与自动化科学数据 9 个数据库。

## 二、外省市科学数据管理经验

### （一）建立健全政策制度

截至 2020 年 8 月，共有 15 个省市（自治区）制定并发布了"科学数据管理办法实施细则"，包括天津、四川、山东、海南、江苏、广西、重庆、内蒙古、安徽、吉林、湖北、云南、甘肃、黑龙江、陕西等省市（自治区）。通过分析上述 15 个省市（自治区）制定的实施细则，可以看出一些特点：一是有些省份的细则在章节设置上突出本省市工作重点。安徽省重点关注科学数据中心建设和数据汇交并单独设置章节，明确科学数据中心分类、职能和建设要求，强调数据汇交的重要性。云南省则将保障机制单设章节。山东省将科学数据中心建设单独设章。二是权责明晰，形成多级管理架构①。山东省提出省科技领导小组加强对全省科学数据管理工作的指导和协调，科学数据管理实行全省统筹、省直部门与各设区市分工负责制，明确了各主体的责任分工。广西设立科学数据管理委员会承担宏观管理和综合协调工作，科学数据管理委员会办公室作为实施主体，还设立了科学数据管理专家委员会承担专业化技术咨询、决策参考和培训服务的相关工作。三是重视评价考核制度。黑龙江省规定，一方面由法人单位、科学数据中心按照年度对数据管理工作情况进行自评，另一方面主管部门可通过用户评价、系统在线测评等方式对所属法人单位、数据中心进行考核。四是完善保障与激励机制。山东省提出法人单位应在岗位设置、收入分配、职称评定等方面建立激励机制。对科学数据中心建设，在人、财、物等方面给予保障和激励，明确将科学数据中心建设、运维等经费纳入本级财政预算；对绩效评价、综合效益突出的科学数据中心给予运行补助或奖励；对升级为国家科学数据中心的给予一次性奖励。

### （二）建设科学数据共享平台

上海科技创新资源数据中心（SSTIR）由上海市科委直属事业单位上海市研发公共服务平台管理中心（上海市科技人才发展中心）建设与管理。作为首批上海科创中心建设"四梁八柱"研发与转化功能型平台之一，以大数据应用为驱动，构建科技资源和知识数据的聚集、评价、挖掘和共享的功能型平台，着力于科技资源数据的集聚融合、运行评估与资源配置服务。其下设"科创数据库"，包括专家库、产业人才库、仪器库、基地库等。同时设有科研数据平台导航和大数据工具导航，与科学院数据云、中国科学数据、科塔学术、arXiv、Springer、Elsevier、IEEE，以及中国国家数据中心、香港政府数据中心、经合组织（OECD）、日本统计局等政府开放数据平台等链接。2020年2月，SSTIR正式成为欧洲开放科学云（EOSC）②首家非欧洲成员机构、亚洲第一家成员机构。SSTIR自主研发的上海科技创新资源"人工智能图谱"是其在EOSC上线的首个产品，该产品在服务组织、数据治理、技术规范上均达到了EOSC的标准。目前，"人工智能图谱"能够提供全英文的专家、论文、专利、百科、标准、图书的关联搜索和相关数据。

陕西省、广东省也分别建立了本省的科学数据共享平台——陕西省科技管理服务一体化平台、广东科学数据共享平台，这两个平台都包括多个领域的科学数据库，向公众提供数据开放共享服务。

---

① 高瑜蔚，石蕾，等.《科学数据管理办法》实施细则比较研究——以正式发布的11份细则为例 [J]. 中国科技资源导刊，2019，51（3）：8-9.

② 欧洲开放科学云（EOSC）是欧盟委员会（European Commission）于2016年提出的欧洲云计划的重要组成部分，旨在整合全球数字化基础设施、科研基础设施，为欧洲研究人员和全球科研合作者提供共享、开放的科学云服务，跨境、跨领域的科研数据存储、管理、分析与再利用服务。

# 第四节　完善北京市科学数据管理的对策建议

## 一、制定市级层面统一的科学数据管理政策

良好的政策机制是保障科学数据管理、推动科学数据共享服务的重要基础。为进一步加强和规范北京市科学数据的开发利用、开放共享和安全保护等管理工作，建议研究制定"北京市关于落实《科学数据管理办法》的通知"，明确要求市政府部门、各区、市属科研机构、高校等切实做好科学数据管理的条件、资金和人员保障，加强与国家相关主管部门对接，探索符合实际的科学数据管理工作流程和要求，推动北京市科学数据管理在国家统一框架下有序开展。借鉴其他省市建立权责明确的多级管理架构的经验，建议由北京推进科技创新中心建设办公室加强对全市科学数据管理工作的指导和协调，科学数据管理实行全市统筹、各部门与各区分工负责制；借鉴其他省市制定政策突出本省市特点的经验，建议北京市政策鼓励大量在京中央单位的科学数据链接到北京市科学数据共享平台，为北京市科技创新服务。

## 二、统筹推进北京市科学数据中心建设

遴选具有领域、行业优势的法人单位建设一批科学数据中心，加快优势科学数据资源集聚。科学数据中心承担相关领域科学数据的整合汇交工作，负责科学数据的分级分类、加工整理和分析挖掘，保障科学数据安全，依法依规推动科学数据开放共享，促进国内外科学数据方面的交流与合作等。其建设重点应关注三方面：一是进行体系化探索，形成层级分明、责权利清晰和服务对象明确的一体化数据管理和服务体系①。二是明确职责和责任单位，建立切实可行的建设规范和流程；组织编制资源开放目录，确定科学数据的密级及开放条件。三是落实相关的保障和支撑，如经费支持和考核监督制度等。

## 三、建立北京市科学数据资源共享平台

借鉴国家科技资源平台建设经验，依托首都科技条件平台建立北京市科学数据资源共享平台，在首都科技条件平台网站增设科学数据模块，整合北京市来自部门、行业的各学科领域的科学数据。借鉴上海科技创新资源数据中心建设经验，收录国外、国家和其他省市地区的科学数据中心链接，供社会公众进行浏览和查阅相关数据信息。在逐步建立健全科学数据制度以及推动北京市各部门、各区、各市属单位建设数据中心过程中，逐步完善

---

① 高瑜蔚，石蕾，等.《科学数据管理办法》实施细则比较研究——以正式发布的 11 份细则为例［J］. 中国科技资源导刊，2019，51（3）：8-9.

数据提交操作流程和规范，推动科学数据汇交、开放共享和保密安全工作。

## 四、建立完善科学数据管理运行保障和评价机制

借鉴外省市经验，建立由政府科技主管部门、依托单位等组成的北京市科学数据管理专家委员会，负责科学数据发展战略、规范标准、管理方式、运行状况等重大问题的决策工作，以及数据管理运行保障和评价工作等。由于《办法》强化了法人单位的主体责任，体现了"谁拥有、谁负责""谁开放、谁受益"。因此，通过设计精细化计量评价方法、实施同行评议等多种手段，加强对科学数据依附主体管理工作的评价，结合激励机制对评价结果较好的主体实施运行经费补助，提升其数据服务质量和效果。

# 成果转化篇

# 第十四章 《北京市促进科技成果 转化条例》解析[①②③]

2019年11月27日，北京市十五届人大常委会第十六次会议表决通过了《北京市促进科技成果转化条例》（以下简称《条例》），这是北京市贯彻党的十九大和十九届二中、三中、四中全会精神，落实《中华人民共和国促进科技成果转化法》（简称《促进科技成果转化法》）等法律法规，为构建北京市高精尖经济结构和实现首都高质量发展、建设具有全球影响力的全国科技创新中心提供制度保障的一部具有重大改革精神的地方性法规，在北京市科技创新法治体系建设史上具有里程碑意义，更是北京坚持和强化全国科技创新中心功能的重大制度举措，标志着北京促进科技成果转化法治环境建设进入了崭新阶段。

## 第一节 《条例》制定背景

党中央、国务院部署实施创新驱动发展战略，深化改革加快探索，制定修订法律法规，努力破除制约科技成果转化的体制机制障碍。党的十九大报告强调要深化科技体制改革，促进科技成果转化。党的十九届四中全会明确提出要建立以企业为主体、市场为导向，产学研深度融合的技术创新体系，创新促进科技成果转化机制，支持大中小企业和各类主体相融通，积极发展新动能。

为落实国家决策部署，北京牢牢把握首都城市战略定位，加快转变经济发展方式，加快推动实现高质量发展。近年来，特别是2014年习近平总书记视察北京明确北京新的城市战略定位以来，在加快深化科技体制改革，尤其是在股权激励、"三权"改革、成果转化现金奖励税收优惠落实等方面，积极开展科技成果转化先行探索，积累了许多成熟可行的先进经验与做法，发挥了很好的示范引领效应，为国家《促进科技成果转化法》的出台积累了政策经验。

《促进科技成果转化法》于2015年修订实施。为进一步细化落实《促进科技成果转化

---

① 本章作者：王海芸、王涵、曹爱红、涂平、王娜。

② 王海芸，王涵，曹爱红，涂平，王娜. 聚焦瓶颈 精准立法 释放制度"红利"——《北京市促进科技成果转化条例》如何破解转化之困 [N]. 科技日报，2019-11-28 (6).

③ 王涵，曹爱红，涂平，王海芸.《北京市促进科技成果转化条例》解读 [N]. 北京日报，2019-11-28 (4).

法》，通过地方性法规出台进一步促进科技成果转化，同时将北京市促进科技成果转化方面的积极探索和成功经验予以固化，在立法制度层面对科技成果转化工作中遇到的突出问题进行解决。《条例》的出台对于北京市将资源优势转化为发展优势、加强全国科技创新中心建设具有重大现实意义。

# 第二节　《条例》制定过程、思路及特点

2018 年 11 月 30 日，《条例》经市人大常委会主任会议审议同意立项，列入 2019 年市人大常委会、市政府立法工作计划。立项之后，市科委会同市司法局、市人大常委会有关部门牵头起草形成《条例》（草案）送审稿，经 2019 年 7 月 9 日市政府常务会研究审议后报请市人大常委会审议。7 月 24 日，市十五届人大常委会第十四次会议对《条例》（草案）进行第一次立法审议。2019 年 9 月 19~20 日，市人大常委会第十五次会议对《条例》（草案）进行第二次立法审议。2019 年 11 月 25～27 日，市人大常委会第十六次会议对《条例》（草案）进行了第三次立法审议并表决全票通过。

根据科技成果转化"全链条—全要素—全社会"的特点，《条例》立法思路体现为：以习近平新时代中国特色社会主义思想为指导，深入贯彻落实习近平总书记对北京重要讲话精神，加快落实创新型国家战略和全国科技创新中心建设部署，以为促进高精尖经济结构构建和首都高质量发展提供法制保障为目标，坚持改革导向、适应科技创新规律；坚持市场导向、促进科技与经济紧密结合；坚持问题导向、适度超前制度安排。立足上位法预留的立法空间，着力解决法律实施落地"最后一公里"问题；立足创新主体成果转化立法诉求，瞄准"权利法"方向，注重以人为本，更多放权赋权，发挥市场配置资源决定性作用，理顺成果转化法律适用关系；立足北京首善之区和创新发展需求，解决成果转化政策不协调瓶颈问题，同时强化制度前瞻考虑，体现北京改革先行优势。

《条例》制定主要呈现三方面特点：一是注重上位法细化与落实。针对《促进科技成果转化法》偏于原则性和指引性的制度进一步细化完善和补充，主要包括法规适用范围、科技成果范畴、医疗卫生机构适用、奖励报酬净收入计算方法、担任行政职务科技人员奖酬等。同时与科技进步法、专利法、合同法等进行了适当衔接，根据实际予以进一步明确和解释，避免法律实施过程中的理解不一致、落实不到位问题。二是注重突出问题导向。针对北京市成果转化重点难点问题进行制度设计，包括高校院所成果转化机构建设、人才评价、勤勉尽责制度、促进企业成果转化措施、公共研发平台建设等条款。三是注重前瞻考虑和创制性设计。顺应国家改革精神，做适度超前、有所创新的制度设计。主要包括科技成果权属改革、成果限时转化、科技成果报告制度、政府采购、应用场景建设等。

# 第三节 《条例》重点制度创新

《条例》按照改革于法有据、立法引领改革精神，针对北京市成果转化突出问题，围绕科研人员积极性调动为核心，以实现"有的转"（解决源头问题）→"有权转"（解决权益问题）→"愿意转"（解决动力问题）→"转得顺"（解决体制机制问题）为主线进行立法制度设计和突破，分为总则、成果权益、转化实施、政府支持和保障、法律责任和附则，共6章45条。从重点制度创新视角看，本书从职务科技成果权属改革制度、激励人才成果转化、优化考核评价、全链条支持企业创新及转化、营造创新生态环境等多方面对《条例》如何破解转化之困进行典型解读。《条例》充分体现了聚焦瓶颈问题，高效精准立法，并充分释放制度红利的特点。

## 一、北京职务科技成果权属改革制度率先迈出全国第一步

2018年3月，《政府工作报告》明确提出"探索赋予科研人员科技成果所有权或长期使用权"。同年7月，国务院印发《关于优化科研管理提升科研绩效若干措施的通知》强调，对利用财政资金形成的职务科技成果，由单位按照权利与责任对等、贡献与回报匹配的原则，在不影响国家安全、国家利益、社会公共利益的前提下，探索赋予科研人员所有权或长期使用权。12月，《国务院办公厅关于推广第二批支持创新相关改革举措的通知》提出，在京津冀地区等8个全面创新改革试验区推广"以事前产权激励为核心的职务科技成果权属改革"。

为顺应并落实国家改革精神和要求，结合北京市先期探索实践和现实需求，《条例》在全国率先从立法层面对职务科技成果权属改革进行制度安排，明确规定政府设立的高校院所，可以将职务科技成果的知识产权以及其他未形成知识产权的科技成果权利，全部或者部分给予科技成果完成人，并同时约定双方成果转化收入分配方式；另外，在不变更权属的前提下，《条例》明确了单位怠于转化情况下的解决路径，即赋予科技成果完成人自主实施转化权，以此更大程度地激励科研人员科技成果转化的积极性。同时也明确规定，利用北京市财政资金设立的应用类科技项目产生的科技成果，项目主管部门应当约定转化义务和转化时限等，对于项目承担者未按期转化的，项目主管部门可以依照约定许可他人转化实施。

我国市场经济体制改革的根本逻辑，是赋予个体更多权力和利益，从而从根本上调动公众首创精神和积极性。"赋予科研人员科技成果所有权"所指向的改革方向，符合这一根本逻辑。《条例》在制度安排上明确了三条解决路径：一是高校院所给予科研人员全部或部分权利，从产权归属上予以变更，同时双方约定收入分配方式；二是职务科技成果的

权属未发生变更仍属于单位时，对于单位怠于转化的，科研人员可以自行投资实施或者与他人合作实施转化，尽量避免科技成果转化错失良机；三是对于北京市财政资金设立的应用类科技项目产生的科技成果，从项目立项时就要求约定其转化义务和转化时限；未按时转化的，可以依照约定由项目主管部门许可他人实施。同时，为了给高校院所进一步减负放权，规定进一步放开高校院所科技成果自主管理权限，明确科技成果转化涉及的国有资产使用、处置、评估、收益等管理规则，职务科技成果转化的管理链条进一步畅通，管理授权力度进一步加大。

## 二、充分释放创新主体活力

人是科技创新最关键的因素，创新的事业呼唤创新的人才，尊重人才是中华民族的悠久传统。近年来，国家通过法律制定、政策引导和舆论宣传等，积极营造鼓励创新、尊重知识、尊重人才、尊重创造的良好社会氛围。《促进科技成果转化法》规定，职务科技成果转化后，由科技成果完成单位对科技成果完成人以及为转化该项科技成果作出重要贡献的人员给予奖励和报酬。《中华人民共和国专利法》也明确规定了被授予专利权的单位应当对职务发明创造的发明人或者设计人给予奖励。2016年，中共中央办公厅、国务院办公厅出台《关于实行以增加知识价值为导向分配政策的若干意见》（厅字〔2016〕35号），明确提出要实行以增加知识价值为导向的分配政策，充分发挥收入分配政策的激励导向作用，激发广大科研人员的积极性、主动性和创造性，鼓励多出成果、快出成果、出好成果，推动科技成果加快向现实生产力转化。为贯彻国家法律法规和中央改革精神，立足北京市实际，《条例》对上位法有关规定进一步细化和补充，明确了以建立健全、以增加知识价值为导向的科技成果权属改革为突破口，更大力度地保障科技成果转化中各方主体的合法权益。

针对不同创新主体的激励方式，《条例》从多维度进行针对性制度设计：

一是对于高校院所科技人员，规定了可以按照不低于科技成果转让或者许可净收入的70%给予奖励和报酬、奖励报酬支出不受当年本单位工资总额和绩效工资总量限制、明确"双肩挑"科技人员的奖励制度、允许科技人员兼职取酬、为高校院所内部专门从事科技成果转化的机构或人员提供经费保障等。

二是针对高校院所，更多赋予科技成果自主管理权限，明确规定高校院所对持有的科技成果可以自主实施转化，除涉及国家秘密、国家安全外，不需审批或备案程序；可以自主决定是否进行资产评估。科技成果转化收入留归本单位。另外，为更有利于开展科技成果转化，规定政府设立的高校院所有权将其持有的科技成果转移到本单位的科技成果转化机构实施转化，允许其将与成果转化直接相关的仪器设备出租、出借或作价投资到科技成果转化实体。

三是规定了北京市支持企业承接转化重大创新项目，参与共性技术研发、基础设施建设和标准制定，鼓励企业加大研发和成果转化投入等方面，建立以企业为主体的成果转化机制。中小微企业对科技成果有着旺盛的需求，但自身缺乏研发能力，对其加大技术供给、予以一定政策倾斜是国际上的通行做法。条例鼓励高校院所优先向中小微企业转移科技成果；政府对符合条件的科技成果许可他人实施的，中小微企业优先实施。

四是对于各类成果转化服务机构，明确其地位和服务内容。转化服务机构是实现科技成果转化、商品化、产业化活动的重要参与者，在有效降低创新风险、加速科技成果转化进程中起着不可替代的关键性桥梁作用。目前，转化服务机构存在规模小、专业化程度低、服务体系不健全、社会认同度不高等问题，亟待扶持和规范。《条例》明确成果转化服务机构的法律地位，鼓励设立各类转化服务机构，支持开展跨境、跨区域科技成果转化服务，支持国内外转化服务机构在北京市设立分支机构，加强技术交易市场建设，发挥转化服务机构供需对接"黏合剂"作用。

五是对于科技成果转化人才，加强成果转化人才培养基地建设，落实北京市引进的科技成果人才在落户、住房、医疗保险、子女就学等方面的待遇。

六是对于公共研发平台和孵化机构，支持建设公共研发平台，明确大学科技园、众创空间、企业孵化器等享受税费减免政策。

科技成果转化是一项系统工程，需要各创新主体的共同推进。《条例》从激励和赋权视角对不同创新主体进行了制度安排和设计，针对高校院所科技人员主要侧重奖励，如奖励报酬不计入工资总额和绩效工资总量等，更好解决转化奖励经费长年搁置、难以下发的问题；针对高校院所缺少专业化转化服务机构、转化能力薄弱的问题，设立专人或者专门机构负责成果转化工作并予以资金保障；针对中小微企业，更多是鼓励科技成果优先向其转让，促进其更快成长壮大；针对各类成果转化服务机构、企业孵化机构、大学科技园、众创空间等，主要侧重于服务内容，相关税费减免政策等，切实高效发挥其在成果转化中的桥梁纽带作用。针对新型研发机构，以立法形式明确赋予更大自主权，为改革探索预留立法空间。

### 三、优化考核评价，打通科技成果转化政策障碍

科学合理的考核评价制度是实现科技资源高效配置，激发创新主体创新潜能和活力的关键之一。《促进科技成果转化法》第 20 条规定，"国家设立的研究开发机构、高等院校应当建立符合科技成果转化特点的职称评定、岗位管理和考核评价制度"。《中华人民共和国科学技术进步法》第 39 条也提出，对国有企业负责人进行业绩考核，应当将企业的创新投入、创新能力建设、创新成效等情况纳入考核范围。针对科技成果转化相关主体的考核评价问题，《条例》在国家上位法规定的框架范围内逐一予以明确。

《条例》针对高校院所，规定建立符合本单位科技成果转化工作特点的职称分类评审、岗位管理和考核评价制度；明确高校院所负责人的勤勉尽责义务和已经履行勤勉尽责义务且没有牟取非法利益仍发生投资亏损的不纳入其对外投资保值增值考核范围；明确成果转化年度报告报送制度等。针对科技成果转化人才，规定在职称评审中增设知识产权、技术

经济等职称专业类别；将科技成果转化创造的经济和社会效益作为科技成果转化人才职称评审的主要评价因素。针对市属国有企业，规定建立有利于科技成果转化的考核评价机制，明确将研究开发投入、科技成果转化等情况列入企业管理者经营业绩考核范围。

一切创新成果都是人做出来的，硬实力、软实力，归根到底要靠人才实力。人才优势是北京最大的优势之一，如何充分运用创新考核评价，将北京的人才优势转化为发展优势，正是《条例》给予解答和突破的关键所在。例如，针对高校院所科技成果转化带来的国有资产流失和增值保值的责任风险，《条例》中明确了高校院所负责人的勤勉尽责义务不纳入对外投资保值增值考核范围的相关程序和规定，为单位负责人减轻了负担，减少了后顾之忧。针对科研人员在职称评审、岗位管理和考核中目前强调论文、评奖，成果转化指标被弱化等问题，《条例》不仅规定了与成果转化相关的职称专业系列，同时将科技成果转化效益引入科技成果转化人才的职称评审等考核范围，有效释放了成果转化相关人员的创新活力；市属国有企业肩负北京高质量发展的重任，更应该发挥技术创新和成果转化的"排头兵"作用，《条例》规定北京市国有资产管理部门应当建立有利于科技成果转化的考核评价机制，提出将市属国有企业的研发投入、科技成果转化等情况列入企业管理者经营业绩考核范围。

## 四、积极营造科技成果转化的创新环境

《促进科技成果转化法》规定，地方各级人民政府应当结合本地实际，加强科技、财政、投资、税收、人才、产业、金融、政府采购等政策协同，为科技成果转化创造良好环境。为加速推进科技成果转化，扫清成果转化道路上的障碍，保障科技成果"转得顺"，《条例》在全市层面建立转化议事协调机制，并从财政资金支持、用房用地保障、人才培养引进、建立科技报告和信息汇交制度、技术交易市场建设、科技资源开放共享、政府采购、应用场景建设、明确医疗卫生机构适用等方面全方位安排了系列切实有效的制度举措，争取打造有利于成果转化的生态环境。

例如，《条例》明确规定政府应当逐步提高科技经费投入总体水平，统筹安排财政资金，支持开展科技成果转化相关工作；设立科技创新基金，引导社会资本投资成果转化；制定科技成果中试熟化与产业化用地用房保障政策。北京市人民政府应当制定科技成果转化人才培养和引进政策，落实北京市引进的科技成果转化人才在落户、住房、医疗保险、子女就学等方面的待遇，对北京市引进的外籍科技成果转化人才简化程序、提供便利。支持政府采购企业创新产品，明确提出有关采购人或者采购代理机构不得以企业规模、成立年限、市场业绩等为由限制其参与政府采购资格；建立全市统一的科技报告制度和成果信息系统，并向社会公开；加强技术交易市场建设，为交易双方提供交易场所，开展技术交易综合配套服务；建立首都科技条件平台，向社会开放重大科研基础设施、大型科研仪器等科技资源；加快科技成果转化应用场景建设；建立知识产权公共服务体系，加强知识产权保护；明确规范医疗卫生机构适用《条例》高校院所的相关规定等。

一项科技成果要转化为产品，需要走过技术研发、中试熟化、企业孵化等阶段，涉及资金、信息、政策、文化等多要素组合，需要全社会参与，牵一发而动全身。良好的制度环境是更好开展科技成果转化的基础性保障。财政资金支持是解决科技成果转化资金短缺的现实选择，由于资本天然的逐利属性，不大可能在科技成果转化效果不明朗阶段有巨大投入，因此需要依靠财政资金强有力的支持和引导。完善的中试基地和产业化配套设施是科技成果转化的重要载体，其有助于推动科技成果被市场接受，促使科技成果落地转化。专业、高效、完整的服务体系，是科技成果转化的重要条件。专业的科技成果转化服务机构和全面的科技成果信息系统是沟通高校院所技术供给和企业技术需求之间的桥梁。当然，专业化的科技成果转化人才队伍更是推动科技成果快速转化的关键，需要培养一批既能做科研，又懂技术产业化推广的专业人才，提升科技成果转化实效。政府采购、实行严格的知识产权保护制度，是世界各国实现自主创新、促进科技成果转化的重要手段和普遍做法。

此外，《条例》还规定了全主体适用科技成果转化工作，如明确中央在京单位适用条例，特别明确了医疗卫生机构适用条例，还明确了成果范畴和类型，明确规定了科技成果包括技术类的科技成果（经国家有关部门登记或批准的），如专利技术、计算机软件、技术秘密、集成电路布图设计、植物新品种、新药，也包括其他类科技成果（未报国家有关部门登记或批准的），如设计图、配方等非技术信息等。

# 第十五章　北京市科技成果限时转化制度研究[1][2][3]

　　科技成果的限时转化也称为强制转化、政府介入权等，是针对一定范围内的科技成果，在一定条件下通过政府干预推动，其在一定时间内转化应用。主要包括两层含义：一是财政资助项目承担单位应当按照规定或立项时的约定，在一定时间内对科技项目产生的科技成果进行转化。对于没有按规定或约定转化的科技成果，政府有权推动其限时转化实施，主要目的是提高科技成果转化效率。二是国家在特殊条件下可以无偿实施，也可以许可他人有偿实施或者无偿实施财政资金资助形成的科技成果。这种情形是为保障国家安全和社会公共利益而实施的。因第二种情况涉及国家安全和社会公共利益，不属于地方事务，这里不做重点讨论，本章主要研究第一类科技成果的限时转化问题。

　　科技成果的种类很多，不同类型的科技成果的转化权属和难易程度存在差异。按照资金来源，科技成果主要包括：财政资金资助科技项目产生的科技成果、社会资金资助项目产生的科技成果和使用单位物质条件产生的科技成果。按照《中华人民共和国科技进步法》（以下简称《科技进步法》），项目承担单位可以依法取得第一类科技成果的发明专利权、计算机软件著作权、集成电路布图设计专有权和植物新品种权，对其持有的科技成果有权自主转化；而后两种科技成果主要按照合同约定确定成果权益归属，单位是否有权转化存在不确定性，因此，无法要求这两类科技成果限时转化。按照科技成果研究所处的阶段不同，科技成果可以分为基础研究成果、应用基础研究成果以及应用和技术开发类成果，显然只有应用和技术开发类成果最接近市场，最有可能实现转化。因此，《北京市促进科技成果转化条例》（以下简称《条例》）也将财政资助的应用类科技项目的限时转化作为科技成果权属规定的一项重要内容。本章主要研究这类项目产生的科技成果的限时转化制度的实施问题（以下简称限时转化）。

---

　　① 本章作者：曹爱红、王海芸、李海丽。
　　② 曹爱红，李海丽. 北京市科技成果限时转化制度研究 [J]. 创新科技, 2019, 19 (7)：56-61.
　　③ 曹爱红，王海芸. 立法视角下的科技成果强制转化制度分析 [J]. 科技中国，2019 (9)：29-34.

# 第一节　北京市实施科技成果限时转化的必要性

实施科技成果限时转化制度可以有效提高科技成果转化效率，很多地方都将其作为促进科技成果转化的主要措施之一。但有专家认为，《中华人民共和国促进科技成果转化法》（以下简称《促进科技成果转化法》）（2015）将科技成果的自主处置权赋予了高校院所，政府不该干涉，质疑财政资金资助形成的科技成果实行限时转化制度的合法性；还有部分专家认为，财政资金形成的科技成果限时转化制度是权利和责任对等的体现，是政府部门代表国家保护公共利益的需要[1][2]。另外，有专家将这一措施质疑为僵尸条款，认为美国著名的《拜杜法案》中也有相似的条款[3][4]，但到目前为止，尚未使用过，没有列入的必要。但本书认为，财政资金资助的应用类科技项目设立的目标是将其产生的科技成果（以下简称科技成果）转化为现实生产力，对于没有转化的科技成果，有必要进行强制转化，其必要性体现在以下四个方面：

## 一、落实国家上位法和北京市地方性法规的需要

《科技进步法》《中华人民共和国专利法》及《专利实施强制许可办法》等法律政策对于科技成果的限时转化都做了原则性规定，但没有明确限时转化的具体客体、开始时间节点、转化实施的合理期限、执行主体、实施主体、实施程序、转化后的利益分配及不转化的措施等，这在一定程度上影响了法律法规的进一步落实。《条例》规定了利用本市财政资金设立的应用类科技项目限时转化的条件、程序和执行主体等事项，并作为义务性规定要求相应的创新主体必须执行。并同时规定，对于项目承担者未按期转化的，规定主管部门可以按照约定终止项目，在技术市场信息网络平台上发布，并依照约定许可他人实施。亟须通过地方法规予以明确。

## 二、提高北京市科技投入资金使用效率的现实需要

北京市正处于全国科创中心建设和高质量减量发展的关键时期，每年有大量的财政资金用于资助应用研究和试验发展。2018 年，北京地区的研发投入强度为 6.17，其中用于科技项目的财政经费约为 654.5 亿元；专利申请量与授权量分别为 21.1 万件和 12.3 万件，

---

① 陈宝明. 我国财政资助科技成果强制转化义务实施问题研究 [J]. 管理现代化，2014（3）：120-122.

② 李石勇. 财政资助科技成果政府介入权法律制度探究 [J]. 政法论丛，2018（4）：82-92.

③ 陈迎新，李施奇，周玥. 美国《拜杜法案》介入权改革及其对中国的启示 [J]. 中国科技论坛，2017（7）：169-175.

④ Shane S. Encouraging university entrepreneurship? The effect of the Bayh-Dole Act on university patenting in the United States [J]. Journal of Business Venturing, 2004（1）：127-151.

其中，发明专利申请量与授权量分别为 10.9 万件和 4.8 万件[①]。这些成果大多是财政资金资助的应用类科技项目产生的，这些项目设立的目的是通过科技创新来推动产业发展和社会进步。因此，对于这类未转化的科技成果实行强制转化，可推动财政投入资金尽快创造社会价值，提高财政资金的使用效率。

### 三、提高科技成果质量和转化效率的迫切需要

虽然国内外限时转化制度真正实施的判例较少，美国《拜杜法案》的相应条款也没有真正执行，但有人称其为"达摩克利斯之剑"，这种制度存在的关键在于它的威慑、引导作用[②③]。《科技进步法》和《促进科技成果转化法》等国家法律规定了项目承担单位对其持有的科技成果有转化的权利，但按照目前的成果转化管理制度，这类科技成果属于国有无形资产，单位负责人要承担成果转化时带来的国有资产的使用、监管、处置等责任，以及成果转化后续产生国有资产的增值保值责任，致使很多单位领导缺乏推动科技成果转化的动力，不注重对本单位承担项目产生科技成果转化情况的监督责任，部分研究人员在研发时也不注重科技成果的质量及与市场的契合度，这些均影响了科技成果的转化效率。因此，明确规定财政资助形成成果的限时转化，是强化单位在成果转化中的责任、提高成果质量和转化效率的需要。

### 四、保证成果转化主体权责一致的需要

一是保证不同类型科技成果完成主体的权益一致性的需要。目前，北京市通过地方法规对专利的强制实施做了专门规定，但对于其他类型的科技成果尚无明确规定，这将造成不同科技成果完成主体的权利、责任和义务的不一致，影响法律的公平性。二是与财政资助产生的科技成果相关的主体有政府部门、项目承担单位和成果完成人等，项目承担单位对其持有的财政资助产生的科技成果的使用、处置和收益分配权实际上来自政府的委托，因而政府相关部门作为委托人或出资人，按照约定有权对约定的科技成果进行强制转化，从而保障政府作为委托方的根本利益，加快推动科技成果转化为现实生产力，提高财政资金的使用效益。

# 第二节　北京市在科技成果限时转化方面的探索

北京市早在 2011 年就开始探索科技成果的限时转化制度。《北京市人民政府关于进一

---

① 资料来源：《北京统计年鉴》（2019）。

② O'Brien, W. March-in rights under the Bayh-Dole Act: The NIH's paper tiger? [J]. Seton Hall Law Review, 2013 (4): 1403.

③ 黄光辉. 美国拜杜法案中的介入权制度：迷失与反思 [J]. 湖北行政学院学报, 2015 (6): 81-86.

步促进科技成果转化和产业化的指导意见》（京政发〔2011〕12号）（以下简称《指导意见》）就对财政资金支持的应用性研究项目的限时转化做出了规定，研究成果应在完成后一年内实施转化；一年内未实施转化的，可由成果完成人和参加人根据与本单位的协议进行该项科技成果的转化，并享有协议约定的权益。2014年修订的《北京市专利保护和促进条例》规定，对于具备实施条件、未能适时实施的单位所拥有的专利，北京市鼓励职务发明的发明人、设计人与其他单位和个人以签订合同的方式予以实施。2019年11月新出台的《条例》规定，对于利用本市财政资金设立的应用类科技项目，项目主管部门可以在有事先约定限时转化义务的情况下，对于项目承担者在约定转化期限内未实施转化且无正当理由的科技成果，采取在技术市场信息网络平台上发布或依照约定许可他人实施的方式进行强制转化。

显然，科技成果限时转化制度一直备受重视，从2011年开始对财政资金支持的应用类研究项目探索实行限时转化制度，但没有实施案例。原因有二：一是《指导意见》虽属于北京市政府出台的政策文件，但层级较低，缺少法律的强制性。二是限时转化的启动条件不明确，如对于财政资金支持的应用类科技项目没有明确界定；未实施转化的标准不清楚；对于单位不与成果完成人和参加人签订协议的情况下如何进行限时转化没规定等。

《北京市专利保护和促进条例》（2014年）规定，"对于具备实施条件、未能适时实施的单位拥有的专利，本市鼓励职务发明的发明人、设计人或者其他单位和个人，与拥有专利权的单位以签订合同的方式予以实施"。显然，这个限时转化制度的设计存在规范性缺失，如作为启动条件之一的"适时"如何界定？再如，鼓励发明人、设计人等人或单位实施，如果不实施也没有强制性措施。所以，在实践中也较难实施。

2019年11月新出台的《条例》规定了科技成果限时转化的条件、程序和项目主管部门、项目承担者等相关主体的义务，对于推动限时转化制度又向前迈进了一大步。但目前市财政资金设立的应用类科技项目的协议模板还没有公布，限时转化制度的实施条件、流程等尚不明确，加上技术市场信息网络平台尚未正式运行，限时转化制度也无法落实。

## 第三节　国内各省市在科技成果限时转化方面的实践

国内很多省市在地方立法中对于限时转化都做了细化规定，但对于限时转化涉及要素规定各不相同（见表15-1）。

表 15-1　国内各省市地方法规关于成果限时转化的规定

| 涉及要素 | 具体规定 | 出处 |
|---|---|---|
| 实施主体 | 科技成果完成人或团队 | 浙江、湖北、武汉、山东、陕西、深圳、辽宁、四川、河北、广东 |
| 实施主体 | 市技术转移促进机构委托专业交易机构 | 深圳 |
| | 他人 | 黑龙江、四川、贵州、河北、广东、北京 |
| 实施客体 | 单位持有的科技成果 | 浙江 |
| | 省财政资金资助项目产生的科技成果 | 黑龙江、陕西、贵州 |
| | 利用财政性资金全额资助的科技项目形成的科技成果 | 河北 |
| | 利用财政性资金形成的具有实用价值的技术成果 | 广东、深圳、辽宁 |
| | 利用财政资金资助的应用类科技项目的成果 | 山东、北京 |
| | 利用本市财政性资金设立的科学技术项目所形成的发明专利权、计算机软件著作权、集成电路布图设计专有权和植物新品种权 | 武汉 |
| | 利用本省财政资金设立的研究开发机构、高等院校所取得的职务科技成果 | 四川 |
| 时限 | 1 年 | 浙江、黑龙江、湖北、山东、陕西、四川、广东 |
| | 2 年 | 陕西、深圳、辽宁、四川 |
| | 3 年 | 贵州、广东 |
| | 4 年 | 河北 |
| 限时转化时限初始点 | 成果完成时、科技成果形成后 | 湖北、深圳、辽宁、贵州 |
| | 专利授权后或者其他科技成果登记备案后 | 浙江 |
| | 项目完成后或项目验收完成日起 | 山东、陕西、四川 |
| | 约定转化期限后 | 黑龙江 |
| | 取得职务科技成果 | 河北 |
| | 约定的实施转化期限届满之日起 | 广东、北京 |
| 强制实施执行主体 | 立项部门、项目主管部门 | 黑龙江、北京 |
| | 单位主管部门 | 四川 |
| | 国有资产管理部门 | 陕西 |
| | 资助资金出资部门 | 贵州 |
| | 省人民政府 | 广东 |
| 转化方式 | 有偿或无偿 | 黑龙江、陕西 |
| | 自主转化 | 东湖 |
| | 市技术转移促进机构委托专业交易机构实施交易；交易不成的，由市科技部门许可他人运用 | 深圳 |

| 涉及要素 | 具体规定 | 出处 |
|---|---|---|
| 转化方式 | 对科技成果采取挂牌交易、许可他人实施等形式实现科技成果转化 | 河北 |
| | 在技术市场信息网络平台上发布，并依照约定许可他人实施 | 北京 |
| 收益分配 | 转化收益中至少70%归项目完成人所有 | 东湖 |
| | 该技术成果运用产生的利益分配按照约定执行；没有约定的，按照同等比例分配 | 深圳 |

资料来源：本章作者根据政策文件内容整理。

　　限时转化的实施主体不同。限时转化的实施主体可以分为两类：第一类是科技成果完成人、参与人或团队，如浙江、湖北、山东等；第二类是他人或具有实施能力的单位，如北京、黑龙江、贵州等。还有些省市在地方法规中对两类实施主体的限时转化分别做了规定，如四川、河北和深圳等。

　　强制实施的执行主体不同。在各省市地方法规中，科技成果强制实施的执行主体主要包括：省人民政府、国有资产行政管理或者其他行政管理部门、主管部门、项目立项部门、资助资金出资部门、科技部门等。其中，省人民政府作为强制执行主体的可操作性不强，而其他部门与高校院所的成果转化都存在关联，一定条件下可成为限时转化的执行主体。

　　限时转化的实施客体不同。各地地方法规中，限时转化的实施客体包括七种说法："利用财政性资金形成的具有实用价值的技术成果"（如广东、深圳、辽宁），"利用财政性资金全额资助的科技项目形成的科技成果"（如河北），"省财政资金资助项目产生的科技成果"（如黑龙江、陕西、贵州），"利用财政资金资助的应用类科技项目的成果"（如北京、山东），"单位持有的科技成果"（如浙江），"利用本市财政性资金设立的科学技术项目所形成的发明专利权、计算机软件著作权、集成电路布图设计专有权和植物新品种权"（如武汉），"利用本省财政资金设立的研究开发机构、高等院校所取得的职务科技成果"（如四川）。其中"单位持有的科技成果"和"利用本地财政资金资助项目产生的科技成果"的市场化程度不一，难以要求其在一定时间内强制转化。"财政资金资助应用类科技项目形成的科技成果"和"利用财政资金资助形成的有应用价值的科技成果"的市场化程度相对较高，可以要求其限时转化。

　　限时转化的时限设置各不相同。一是转化期限不同，如湖北、浙江、湖南、山东、黑龙江、四川、宁夏、重庆、福建、江苏等规定为1年，深圳、陕西为2年，贵州为3年，河北为4年等。另外，黑龙江、广东、北京等省市提出约定转化期限，为不同领域的科技成果的限时转化提供了实施保障。二是限时转化期限的起始时间不同，分别是专利授权后、成果完成后、项目验收完成之日起、专利授权后或者其他科技成果登记备案后等。其中项目验收完成之日起、专利授权后或者其他科技成果登记备案后适用于所有科技成果的时间节点，其他的时间节点都很难准确把握或只适用于部分成果。

限时转化的转化方式不同。各地地方法规中对于限时转化方式的规定主要包括四类：第一类是允许科技成果完成人、参与人或他人转化实施。如浙江、广东、河北等。第二类是委托专业交易机构实施交易。如《深圳经济特区技术转移条例》提出由市技术转移促进机构委托专业交易机构实施交易，交易不成的，由市科技部门许可他人运用。第三类是河北、江苏提出的采取挂牌交易的方式实现科技成果转化。第四类是北京提出的在技术市场信息网络平台上发布，并依照约定许可他人实施。

综上所述，各地地方法规的细化规定各有侧重，北京市可以借鉴其他省（区市）的立法经验，尽快细化落实职务科技成果的限时转化制度。第一，借鉴山东、广东等省的经验，将限时转化的客体界定为利用财政资金应用类科技项目形成的科技成果。第二，由于科技成果的领域、技术成熟度和市场成熟度等的不同，可以借鉴广东、黑龙江等省的经验，采取在立项时由立项部门与项目承担单位约定的方式，确定限时转化的时限，提高限时转化的可操作性。第三，借鉴河北、四川、深圳等地的经验，在地方法规中对科技成果完成人（或团队）、他人等的限时转化分别进行规定，赋予他们参与科技成果转化的权利，提高科技成果转化的效率。第四，借鉴黑龙江、陕西、四川等省的经验，明确规定政府相关部门介入科技成果转化的权利。另外，北京市可在地方法规中明确各创新主体违反限时转化制度应承担的法律责任，增加科技成果限时转化的强制性，改善科技法规的"软法"性质。

# 第四节　国外科技成果限时转化的理论与实践分析

## 一、国际公约对于科技成果限时转化的相关规定

在国外，"科技成果"不属于专有名词，也没有科技成果限时转化的提法，与此相对应的是政府资金资助的专利强制许可和政府介入权等。专利实施强制许可，指在未经专利所有权人同意的情况下，一国政府允许第三方生产专利产品或使用专利过程。

从历史上看，强制许可一直是国际上和发达国家专利制度的一个重要内容。这项制度的渊源可追溯到1884年的《保护工业产权巴黎公约》。1967年修订的《保护工业产权巴黎公约》第5条第2款中规定，联盟各国都有权授予强制许可，防止专利权滥用，包括不实施的情况。该条第4款规定，从专利申请之日起四年届满以前，或从授予专利之日起三年届满以前（以后满期间为准），不能以不实施或不充分实施为理由申请强制许可；若专利权人的不实施有正当理由，可以拒绝强制许可。这种强制许可虽非独占性，但也不得转

让，除非与被许可的部分企业或商誉一并转让（包括授予分许可证）。

《与贸易有关的知识产权协议（TRIPS）》（以下简称《TRIPS》）（1993 年）和《TRIPS 协定与公众健康宣言（多哈宣言）》（2001 年）中明确了该项制度，规定"授予权利的例外"和"未经权利人授权的其他使用"条款及其严格限制条件，同时给予 WTO 各成员国为了公共健康而灵活使用这项条款的权利。《TRIPS》第 31 条共有 12 款，规定"授予权利的例外"和"未经权利人授权的其他使用"条款极其严格限制条件，同时给予 WTO 各成员国为了公共健康而灵活使用这项条款的权利。按照《TRIPS》，强制许可的理由有：公共利益、公共健康、紧急状态或其他紧急情况、公共非商业性使用、被确认为限制竞争的行为、专利不实施、因合理要求被拒绝许可、从属专利。

## 二、其他国家对科技成果限时转化的相关规定

为促进科技创新转化为现实生产力，英国、美国、日本、法国、印度等国家法律都对财政资金资助形成的专利的强制许可有明确规定。

1907 年《英国专利法》第 24 条（1）规定：当公众对于该专利发明的合理要求没有被满足的时候，贸易局有权命令颁发强制许可或取消该专利。1919 年修订的《英国专利法》第 27 条"阻止滥用垄断权的规定"规定，授予专利审查官对于所有诉称滥用垄断权的案件进行审判。该条款于 1928 年和 1932 年经过两次修订，第 27 条（2）规定了六种滥用垄断权的情形。这个规定确立了英国专利法在以后将近一个世纪中关于强制许可理由的框架。现行的《英国专利法》第 48 条明确规定，"自一件专利获准满三年后，如未进行使用或滥用其专利权，任何人均可就该专利向专利局局长请求对其进行强制许可"。即如果一项专利在被授予 3 年之后，该专利未能以合理的条件满足英国本国需求，或专利权人拒绝授予许可情形下会损害工商业活动的建立与发展时，任何人均可要求对此专利实施强制许可。此外，当一项专利属于具有相当大的经济意义的重大技术进步而此项专利受到在先专利的限制时，则从属专利的专利权人能被颁发强制许可，在先专利的所有人也可以获得交叉许可。

美国 1980 年通过的《拜杜法案》规定，大学、非营利机构和小企业可以获得联邦政府经费资助产生的发明的知识产权，并允许其在勤勉开发有关和为公共利益将发明向市场转化时排他许可。其中第 203 条"介入权"规定，联邦政府在一定条件下（取得专利的机构在合理长的时间内未有效实施该发明；或未能满足国家安全或者公众合理使用该发明方面的要求；或成果转让违反了美国工业界优先受让的原则）可使用介入权，即当大学等合作机构拒绝授予技术许可时，政府部门可以自行许可。《拜杜法案》中规定的政府"介入权"，就对应着我国的财政资金资助项目产生科技成果的限时转化义务。此外，美国是世界上专利强制许可活动最活跃的国家。据统计，在这一制度诞生的 20 年里就产生了 107 例案件，1960 年至今又产生了 120 多例案件，所涉专利数万计。

日本在 2003 年完成对国立研究机构等的独立行政法人化改革后，日本大学又增加了

通过将新知识应用到社会，使其产生出经济价值和社会价值的使命。日本《产业活力特别措施法》对于所委托技术的研究成果在专利权以及其他法定权利方面进行了规定，包括国家因公共利益所需，理由明确地谋求专利使用权时，无偿给予国家该项专利的使用权；在该项专利在一定期间内无正当理由而未被有效应用时，国家认为有必要为促进该项专利的应用采取措施，理由明确的情况下，则受托者给予第三者该项专利的使用权。日本专利法也规定，如果一项专利连续3年在日本未实施，或其实施符合公共利益，则可对此专利实施强制许可。据调研，日本立命馆大学规定，如果学校3年内没有将专利转化就不再交专利维护费，然后由专利完成人来优先转化该专利并缴纳专利维护费，否则，该专利就对社会公开。

法国《知识产权法典》对专利未实施或未充分实施情形下强制许可也做了明确规定，即从专利申请之日起4年以上或专利授权之日起3年以上，专利权人和其继受人均没有实施转化且缺乏正当理由的，任何公法法人或民事法律人只要向法国的专利行政主管部门申请，都可以获得强制许可。

《印度专利法》在关于"强制许可总原则"的规定中，明确了专利权人的当地实施义务和对进口权的限制：授予专利是为了鼓励发明，并保证该发明没有不当迟延的在印度尽可能充分地实施，并保证其商业上合理的规模；授予专利不是仅使专利权人能垄断专利产品的进口。因此，2002年修订专利法时，印度没有删除专利权人的实施义务，反而进一步明确规定了对印度国内未实施专利可以进行强制许可的理由。《印度专利法》（2002年）第84条规定，颁发强制许可的理由包括三点：一是公众对于专利发明的合理需要无法满足（其中，专利发明在印度国内没有按足够的商业规模来实施或者没有以合理可行的最大规模来实施，被视为公众对于专利发明的合理需要无法满足）；二是没有以可承受的合理价格向公众提供专利发明；三是在印度境内没有实施专利发明。

从国际相关的法律法规来看，专利强制许可是国际上推动专利技术转移的一种重要手段。虽然各国把财政资助科技成果的所有权授权给承担单位所有，但各国政府一般都保留了限时使用的权利，特别是对于专利不能及时转化应用的情况，政府有权强制许可他人在一定时间内实施转化，以推动这些技术转化为现实生产力的效率，从而提高本国的竞争实力。

# 第五节　北京市实施科技成果限时转化制度的建议

## 一、明确限时转化的客体范围

实施中明确限时转化制度的适用主体。不同的科技项目设立的目标不同，对其产生科技成果的要求差异很大。如基础研究和应用基础类研究主要是为了增加社会的知识存量,其成果主要通过发表论文、撰写论著等形式产生社会效益,应用类研究主要目标是将知识转化为技术为社会创造经济价值,其成果主要包括专利、技术秘密等,这类成果在一定的市场条件和技术条件下可以转化为现实生产力。因此,限时转化制度应该将限时转化的客体限制为财政资金资助的应用类项目产生的科技成果,并针对立项时与项目承担者明确约定其转化义务的科研项目成果;对于其他类型的科技成果不强制要求其限时转化。

## 二、完善科技成果限时转化的制度体系

政府相关部门要尽快出台落实科技成果限时转化政策措施,制定市财政资金支持应用类科技项目的协议模板,从源头上理清科技成果限时转化相关主体的权利、责任和义务;搭建技术市场信息网络平台;明确项目主管部门可以将科技成果在技术市场信息网络平台上发布和依照约定许可他人实施的条件、方式和具体流程。同时建议相关部门根据不同行业领域特点,大致规定成果的转化时限范围,在满足行业特点的同时,提高转化效率。另外,对于领域不同、技术成熟度不同和市场成熟度不同的科技成果,立项部门可以在立项时与项目承担者以约定的方式,确定成果的转化时限,从而满足特殊条件下限时转化的要求。

## 三、拓宽科技成果限时转化的途径

财政资金资助应用类科技项目的限时转化制度的实施,关键在于按照时间阶段的不同,设立多种转化途径,不同途径中项目委托方、承担单位与成果完成人三方分别承担起自身的责任。第一,在项目结题后超过一定时间但在约定转化期限内时,对于单位无正当理由、仍未转化的科技成果,支持科技成果完成人转化实施,对于科技成果完成人与单位在不同签约情形下的转化问题,进行分类规范,保障科技成果完成人在成果转化中的权益,从而使科研人员的"地下转化"活动"阳光化";第二,对于超过约定转化期限,科技成果完成单位和科技成果完成人无正当理由尚未转化的科技成果,支持将其在技术市场信息网络平台上发布,将科技成果推向市场,推动成果信息的快速流动和扩散,提高成果转化效率;第三,对于超过约定转化期限、无正当理由尚未转化的科技成果,也可以支持项目管理部门根据约定介入,将该科技成果许可他人转化实施,从而提高科技成果转化效率;第四,对于有限时转化要求的科技成果,也可确定相关许可条件,通过国家或北京市知识产权运营相关平台发布,在一定时期内向社会开放许可。为北京市技术交易市场提供了持续的技术成果来源,促进北京市技术交易市场的科技成果集聚和发展,同时也吸引更多的技术需求方到北京市技术交易市场集聚。

## 四、明确政府在科技成果限时转化中的责任

对于财政资助科技项目产生的科技成果,建议将政府部门作为限时转化的执行主体,在制定政策时明确他们的责任。发挥项目管理部门的作用:一是立项时强调项目管理部门

的监督责任。要求项目管理部门与承担单位约定成果形式、转化期限和考核目标，并将成果转化情况作为项目验收的重要内容。二是明确项目管理部门在成果限时转化中的强制实施责任。对于承担单位在约定时间内无正当理由未实施转化的，立项部门可以采取强制措施进行成果转化。三是加大对未在约定期限内实施成果转化的项目承担单位的惩罚和责任追究力度。

# 第十六章　担任领导职务的科技人员获得科技成果转化奖酬存在的问题分析与立法建议①

《中华人民共和国促进科技成果转化法》（以下简称《促进科技成果转化法》）规定要对完成、转化该项科技成果做出重要贡献的人员给予奖励和报酬，但对担任领导职务的科技人员获得奖励和报酬没有明确规定。党中央和国务院出台系列政策文件明确了研究开发机构、高等院校中担任领导职务的科技人员获得奖励和报酬的相关规定。在操作和执行中，担任领导职务的科技人员出于对纪检监察部门事后追责的担忧，不敢从科技成果转化活动中获得奖励和报酬，其成果转化积极性不高，影响了科技成果的有效转化。这种现象值得关注和在地方立法中解决。

## 第一节　科技成果转化奖励和报酬内涵界定

《促进科技成果转化法》规定："国家设立的研究开发机构、高等院校对其持有的科技成果，可以通过自主决定转让、许可或者作价投资等投资方式进行科技成果转化。"一般来讲，转让和许可是现金交易；作价投资是将相关科技成果折算股份或者出资比例进行投资。因此，从科技成果转化奖励和报酬类别来看，主要包括现金、股权激励两种类型。

现金激励主要是指将科技成果知识产权作价进行转让所获得的部分收益直接以现金方式按科技人员贡献程度进行发放。

股权激励是指研究开发机构、高等院校以职务科技成果向企业作价投资，从该项科技成果形成的股份或出资比例中提取一定比例作为奖励，对完成、转化科技成果作出重要贡献的人员进行奖励；或者国有科技型企业以本企业股权为标的，采取股权出售、股权奖励、股权期权等方式，对企业重要技术人员和经营管理人员实施激励的行为。股权激励作为一种长期可持续的激励措施对于科技成果转化有着更为积极的意义。科技成果转化是具有风险性的市场活动，股份回报比现金奖励更能反映其真实价值。同时，通过将科技成果转化收益与其自身利益相结合，可以加深科技人员同企业的长期合作，共同推动科技创新，真正实现技术的完全转化。

---

① 本章作者：王涵、涂平。

## 第二节　影响担任领导职务的科技人员获取
## 奖酬的原因分析

研究开发机构、高等院校中担任领导职务的科技人员获取科技成果转化奖励和报酬方面，存在"不知道能不能拿奖酬、不愿意拿奖酬、不敢拿奖酬"等现象，主要原因如下：

### 一、法律层面只有指引性条款和原则性规定，不够细化和不具有操作性

2015 年新修订出台的《促进科技成果转化法》第四十四条规定：职务科技成果转化后，由科技成果完成单位对完成、转化该项科技成果做出重要贡献的人员给予奖励和报酬。科技成果完成单位可以规定或者与科技人员约定奖励和报酬的方式、数额和时限。《促进科技成果转化法》对于获得奖励和报酬的科技人员没有分类，对担任领导职务的这一类科技人员没有做出明确的法律规定，仍是指引性条款和原则性规定。担任领导职务的科技人员是否能与一般科技人员一样，按照规定和约定获得科技成果转化的奖励和报酬（现金和股权奖励），在法律层面的规定相对原则、不够细化。因此，地方和基层单位执行中有较大的解释空间，可操作性相对较弱，导致担任领导职务的科技人员不知道科技成果转化奖励和报酬"能不能拿"。

### 二、党中央和国务院出台的相关政策措施相对细化，但制度设计仍需完善

《关于实行以增加知识价值为导向分配政策的若干意见》（中办国办厅字〔2016〕35号）、《实施〈中华人民共和国促进科技成果转化法〉若干规定》（国发〔2016〕16 号）、《教育部　科技部关于加强高等学校科技成果转移转化工作的若干意见》（教技〔2016〕3号）、《教育部办公厅关于进一步推动高校落实科技成果转化政策相关事项》（教技厅函〔2017〕139 号）等政策进一步规定，正职领导[①]可获得现金奖励，原则上不得获取股权激励，任期内不可持股或者限制交易。对于其他担任领导职务的科技人员[②]，可以获得现金、股份或者出资比例等奖励和报酬（见表 16-1）。但是，对于正职领导任正职前获得的股权"及时"予以转让和"逾期"未转让的具体时间、如何限制交易及在本人不担任正职职务后解除股权交易限制的方式和程序等都没有明确规定。在操作中，由于政策的不稳定和不

---

① 正职领导指的是国务院部门、单位和各地方所属研究开发机构、高等院校等事业单位（不含内设机构）正职领导，以及上述事业单位所属具有独立法人资格单位的正职领导。如《中国科学院领导人员兼职和科技成果转化激励管理办法》指出，正职领导包括中科院的所长、党委书记或担任法定代表人的其他领导人员；《关于实行以增加知识价值为导向分配政策的若干意见》补充，正职领导包括领导班子成员中属中央管理的干部。

② 其他担任领导职务的科技人员主要指国务院部门、单位和各地方所属研究开发机构、高等院校等事业单位（不含内设机构）的副职领导及非领导班子的干部人员。非领导班子的干部人员包括研究开发机构、高等院校等事业单位的不同部门及处室的主要负责人。

持续性，担任领导职务的科技人员特别是正职领导出于各种顾虑，"不愿意"领取科技成果转化获得的奖励和报酬。

表 16-1　担任领导职务的科技人员获得奖励和报酬规定

| 分类 | | 内容 | 来源 |
|---|---|---|---|
| 正职领导 | 现金奖励 | 可以获得现金奖励 | 《实施〈中华人民共和国促进科技成果转化法〉若干规定》《教育部办公厅关于进一步推动高校落实科技成果转化政策相关事项》 |
| | 股权激励 | 原则上不得获取股权激励 | |
| | 任正职前 | 持续推进探索科研机构、高校领导干部正职任前在科技成果转化中获得股权的代持制度 | 《促进科技成果转移转化行动方案》 |
| | | 在担任现职前因科技成果转化获得的股权，任职后应及时予以转让，逾期未转让的，任期内限制交易，且不得利用职权为所持股权的企业谋取利益。限制股权交易的，在本人不担任上述职务一年后解除限制 | 《关于实行以增加知识价值为导向分配政策的若干意见》 |
| 非正职领导 | | 可以获得现金、股份或者出资比例等奖励和报酬 | 《实施〈中华人民共和国促进科技成果转化法〉若干规定》 |

资料来源：本章作者根据资料整理。

### 三、党纪党规等有明确的限定条件，在操作中往往从严管理

《中国共产党党员领导干部廉洁从政若干准则》（2010年）等党纪党规对党政领导干部经商办企业的、拥有非上市公司（企业）的股份或者证券的、买卖股票或者进行其他证券投资的、从事有偿中介活动的、在国（境）外注册公司或者投资入股、在经济实体、社会团体等单位中兼职或者兼职取酬等营利性活动作出了限制性规定。《中国共产党纪律处分条例》（2018年）第九十四条明确规定了对党政领导干部从事上述活动给予警告或严重警告、撤销党内职务或者留党察看、开除党籍处分等不同程度的处分。《事业单位工作人员处分暂行规定》（人力资源和社会保障部监察部令第18号）第十八条对事业单位工作人员违反国家规定从事、参与营利性活动或者兼任职务领取报酬的，给予警告或者记过处分；情节较重的，给予降低岗位等级或者撤职处分；情节严重的，给予开除处分。现有关于党政领导干部科技成果转化激励机制的规定，严格适用党纪党规、事业单位管理等行政纪律条例。

在实际操作中，纪检监察等部门往往从严管理，甚至将20世纪八九十年代的文件作为参考依据。据调研得知，市农工委纪检监察对市农科院提出巡视反馈意见将1984年党中央、国务院颁布的《关于进一步制止党政机关和党政干部经商、办企业规定》，以及

1986年中办、国办《关于贯彻执行〈中共中央、国务院关于进一步制止党政机关和党政干部经商、办企业规定〉几个问题的说明》中关于"科研、教育等事业单位，不得从事与本单位业务、技术无关的经营活动"作为主要参考依据。

由于部分担任领导职务的科技人员对于"私自经营活动""违反若干规定①"的相关法律法规和政策等规定了解不够全面，对于党政领导可以依法获得的奖励和报酬心存顾虑，甚至担心后续追责，对于应获得的科技成果转化现金奖励也"不敢"领取。研究开发机构和高等院校的二级机构或者基层职能部门倾向从严、低风险的政策解释，扩大了政策适用范围；又由于股权激励方式涉及审批、税收、作价折算方式、股权转让定价、股权分配等多个环节及敏感问题，使得其实施过程更为复杂，即使并非具有独立法人资格单位的正职领导，也会慎行在任职期内获取科技成果转化的股权激励。

### 四、部分高校院所内部管理制度不完善、配套政策和程序不健全，导致国家政策不能落地

虽然担任领导职务的科技人员和一般科技人员符合《促进科技成果转化法》及其他创新创业政策中规定的获得股权奖励、离岗创业、在职创业的条件，经规定流程审核批准，允许其获得现金奖励、股权奖励以及在职在岗创业等，应当不属于违反规定经商办企业的情况。但在实际情况下，研究开发机构、高等院校也存在"三重一大"决策和内部信息公开等内控制度、党政领导干部在科技成果转化过程中获得的股权奖励及创办企业情况的申报及公示等管理制度还不健全等现实情况，不能确保国家下放的管理权限"接得住、管得好"，导致国家法律和政策不能完全落地。

## 第三节　北京市已有的政策突破及外省市经验借鉴

北京市在政策层面对担任领导职务的科技人员获得奖励和报酬进行了积极探索，遵循分类管理和探索股权代持制度。外省市在地方性法规和创新政策层面进行了规定，大部分省市在地方性法规中明确规定正职领导和其他担任领导职务的科技人员获得不同类型奖酬，或规定与国家政策保持一致；广东省在地方立法中规定按照《促进科技成果转化法》执行；在创新政策方面上海更进一步突破，规定正职领导可以获得股权奖励，且任职期间不得进行股权交易。

---

① 中共中央组织部印发的《关于进一步规范党政领导干部在企业兼职（任职）问题的意见》，中共中央纪委、中共中央组织部印发的《关于规范中管干部辞去公职或者退（离）休后担任上市公司、基金管理公司独立董事、独立监事的通知》等。

## 一、北京市已开展的有益探索和突破举措

2016 年，北京市人民政府办公厅印发的《北京市促进科技成果转移转化行动方案》（京政办发〔2016〕50 号）进一步健全科技成果转移转化激励机制，对于担任领导职务的科技人员获得科技成果转化奖励和报酬也遵循了分类管理的原则执行，并作出了进一步突破和探索，主要包括：明确高等学校、科研院所、医疗机构等单位正职领导，是科技成果的主要完成人或对科技成果转化作出重要贡献的，可按有关规定获得现金奖励（原则上不得获取股权激励）；其他担任领导职务的科技人员，可按有关规定获得现金、股份或出资比例等奖励和报酬。探索高等学校、科研院所、医疗机构等单位领导干部任正职前在科技成果转化中获得股权的代持制度。

## 二、外省市的经验借鉴

在立法层面，云南、湖南、河南、内蒙古、四川、贵州、陕西、黑龙江、辽宁和河北等省市（自治区）的科技成果转化地方性法规明确规定：担任领导职务科技人员获得奖励和报酬实施分类管理。研究开发机构、高等院校等事业单位及其所属具有独立法人资格单位（不含内设机构）的正职领导，是科技成果的主要完成人或者对科技成果转化作出重要贡献的，可以依照本条例获得现金奖励；其他担任领导职务的科技人员，可以依照本条例获得现金、股份或者出资比例等奖励和报酬。

重庆、广西、山东、福建、天津、上海、浙江等省市的地方性法规对"担任领导职务的科技人员获得奖励和报酬"的规定，遵循了《关于实行以增加知识价值为导向分配政策的若干意见》《实施〈中华人民共和国促进科技成果转化法〉若干规定》《教育部 科技部关于加强高等学校科技成果转移转化工作的若干意见》《教育部办公厅关于进一步推动高校落实科技成果转化政策相关事项》等做法，与国家和部委相关政策保持一致。

广东省促进科技成果转化地方立法规定，利用本省财政性资金设立的高等院校、科学技术研究开发机构中担任行政职务的科技人员，对完成、转化科技成果做出重要贡献的，可以按照《促进科技成果转化法》等有关规定获取奖励和报酬。

另外，大部分省市的地方性法规还规定了"对担任领导职务的科技人员的科技成果转化收益分配实行公开公示制度，不得利用职权侵占他人科技成果转化收益"。

在政策层面，部分省市如上海市在遵循国家政策基础上进一步突破，并通过加强部门协同推进落实。2019 年 3 月，上海市委办公厅、市政府办公厅印发的《关于进一步深化科技体制机制改革 增强科技创新中心策源能力的意见》明确提出"单位领导包括正职领导都可以获现金、股权或出资比例奖励"，具体规定是：具有独立法人资格的事业单位领导人员作为科技成果主要完成人或对科技成果转化作出重要贡献的，可获得现金、股权或出资比例奖励；对正职领导人员给予股权或出资比例奖励的，需经单位主管部门批准，且任职期间不得进行股权交易。

# 第四节　完善担任领导职务的科技人员获取
# 奖酬的立法建议

基于上述分析，建议根据国家法律法规政策、北京市实践做法及外省市经验，在严格遵守党规党纪的基础上，对于研究开发机构、高等院校中担任领导职务的科技人员在获取奖励和报酬的具体标准和实施条件在地方立法中予以明确规定，避免因标准不同、理解不同造成法律规定适用的困境。

## 一、对担任领导职务的科技人员获得奖酬分类管理

一是界定正职领导的范围。明确获得奖酬的正职领导满足"在政府设立的研究开发机构、高等院校及其所属的具有法人资格单位担任领导职务的科技人员；是科技成果主要完成人或者对科技成果转化做出重要贡献"的条件。

二是对担任领导职务的科技人员获得奖酬进行分类管理。正职领导可以依法获得现金奖励，不得获得股权激励。担任其他领导职务的科技人员，可以依法获得现金、股份或者出资比例等奖励和报酬。

## 二、明确任正职前的股权处理程序

正职领导在担任现任职务前因科技成果转化获得的股权，任现职后应及时予以转让，转让股权的完成时间原则上不超过 3 个月；逾期未转让的，任期内限制交易。限制股权交易的，不得利用职权为所持股权的企业谋取利益，在本人不担任前述职务一年后解除限制。

## 三、规定担任领导职务的科技人员的限制条款

担任领导职务的科技人员在科技成果转化活动中不得利用所在单位的名义、声誉和影响力牟取私利，不得利用职权侵占他人科技成果转化收入。

## 四、完善单位管理制度，建立宽容免责机制

建立符合本单位特点的科技成果转化管理制度。单位应当对担任领导职务的科技人员的科技成果转化收益分配实行公开公示和报告制度，明确公示其在成果完成或成果转化过程中的贡献情况及拟分配的奖励、占比情况等。

市审计、纪检监察机关应当考虑科研创新规律，对科技成果转化工作中的无意过失与牟取私利等违纪违法行为进行区分。

# 第十七章　科技成果所有权制度改革关键法律问题研究[①]

2018 年国务院《政府工作报告》明确提出"探索赋予科研人员科技成果所有权或长期使用权",这种直接对科研人员的"放权"表述,强化了《中华人民共和国促进科技成果转化法》(以下简称《促进科技成果转化法》)体现的对国有资产管理放权松绑的"改革逻辑",反映了党中央、国务院对于科研人员创造性劳动和知识价值的高度尊重。

科技成果的权利性质、权利归属和管理权限划分,是政府引导市场机制发挥促进科技成果转化作用的前提和关键,是新阶段不能回避的命题。应当进一步厘清政府与市场关系,强化以科研人员为主体的科技成果权利制度建设,推进以民事权利义务为核心的成果转化体制市场化改革,更加旗帜鲜明地坚持市场机制在促进科技成果转化活动中发挥决定性作用。

## 第一节　科技成果所有权改革的政策的探索实践脉络

2016 年,中共中央办公厅、国务院办公厅印发《关于实行以增加知识价值为导向分配政策的若干意见》(中办国办厅字〔2016〕35 号)在国家层面率先提出了"探索赋予科研人员科技成果所有权或长期使用权",将其作为"鼓励科研人员通过科技成果转化获得合理收入"的重要改革措施。之后,《国务院关于印发国家技术转移体系建设方案的通知》(国发〔2017〕44 号)和 2018 年国务院《政府工作报告》重申确认了该改革路径。

2018 年,国务院《政府工作报告》之后,《国务院关于落实〈政府工作报告〉重点工作部门分工的意见》(国发〔2018〕9 号)、《国务院关于优化科研管理提升科研绩效若干措施的通知》(国发〔2018〕25 号)等国家层面政策,也坚定持续推动该改革举措(见表 17-1)。

---

[①]　本章作者:肖尤丹、王涵。

表 17-1 现行国家科技成果所有权改革政策及其框架

| 文件名称 | 赋权对象 | 所赋权利 | 授权主体 | 赋权方式 | 获权主体 |
|---|---|---|---|---|---|
| 《中共中央办公厅、国务院办公厅关于实行以增加知识价值为导向分配政策的若干意见》（中办国办厅字〔2016〕35号） | 接受企业、其他社会组织委托的横向委托项目 | 知识产权使用权和转化收益，并探索赋予科研人员科技成果所有权或长期使用权 | 项目承担单位 | 通过合同约定 | 科研人员 |
| 国务院关于印发国家技术转移体系建设方案的通知（国发〔2017〕44号） | 在法律授权前提下，探索横向委托项目科技成果 | 职务发明科技成果产权 | 高校、科研院所等单位 | 共同拥有 | 完成人或团队 |
| 国务院关于落实《政府工作报告》重点工作部门分工的意见（国发〔2018〕9号） | 科技成果 | 所有权或长期使用权 | 不详 | 不详 | 科研人员 |
| 国务院关于优化科研管理提升科研绩效若干措施的通知（国发〔2018〕25号） | 接受企业、其他社会组织委托项目形成的职务科技成果 | 所有权或长期使用权 | 合同双方 | 合同双方自主约定 | 不详 |
| | | | 项目承担单位 | 自主处置 | |
| | 对利用财政资金形成的职务科技成果 | | 单位 | 按照权利与责任对等、贡献与回报匹配的原则，在不影响"三利益"的前提下，探索赋予 | 科研人员 |
| 国务院关于推动创新创业高质量发展打造"双创"升级版的意见（国发〔2018〕32号） | 职务科技成果 | 所有权或长期使用权 | 不详 | 试点赋予 | 科研人员 |
| 国务院办公厅关于推广第二批支持创新相关改革举措（国办发〔2018〕126号） | 职务科技成果 | 国有知识产权所有权 | 不详 | 赋予一定比例的职务科技成果所有权（从事后转化收益奖励前置为事前奖励） | 科研人员 |

资料来源：本章作者根据文件内容整理。

# 第二节　推进科技成果所有权改革亟须厘清的基本概念

## 一、科技成果所有权不是科技成果所有制

在我国经济体制下，科技成果所有制问题，即是否施行科技成果公有制。从中华人民共和国成立到改革开放前，我国长期实行科技成果公有制。在当时的制度框架下，生产资料社会主义公有制是确定科技成果公有性质的唯一标准，无论科技成果由谁创造、由谁资助、由谁管理，都应当属于"全民所有、无偿使用、不得私有"（见表17-2）。

**表 17-2　体现科技成果公有制特征的典型制度表述**

| 发布时间 | 文件名称 | 制度表述 |
|---|---|---|
| 1965 年 11 月 | 中共中央、国务院批转中央保密委员会、国家科委党组等六部门关于科学技术保密工作的两个文件 | 我国的一切科学技术成就都属于国家所有，我国各单位只要是工作上需要的，都可以充分利用。任何单位或个人都不得以任何借口把科学技术成果垄断起来，据为私有 |
| 1978 年 11 月 | 国家科委关于科学技术研究成果的管理办法 | 科技成果属于国家重要财富，全国各有关单位都可利用它所需要的科技成果 |
| 1980 年 1 月 | 商业部商业科技管理工作试行办法 | 社会主义制度下的科技成果，属于全民所有，全国一切单位（包括集体所有制单位）都可以利用 |

资料来源：本章作者根据文件内容整理。

20 世纪 80 年代，我国通过科技体制市场化改革，建立以《专利法》《民法通则》中知识产权为主体的科技成果权利法律制度体系，及以《技术合同法》为核心的科技成果许可、转让、入股、收益的市场法律规则体系，从观念、制度与机制上突破了制约科研单位取得科技成果权利、实施技术有偿转让的所有制障碍，科技成果成为知识产权和技术合同的客体，任何单位和个人都可以依法享有知识产权等科技成果权利，并通过许可、转让、作价入股等方式行使科技成果权利获得合法收益，科技成果公有制问题得到了制度解决。

## 二、科技成果所有权不是物权法范围的所有权概念

一是所有权在现有的法学理论体系中属于特定词。其不是关于财产全部权利和法律利益的代名词。而是具有严格法律含义的特定类型权利。从我国《民法通则》《民法总则》《物权法》的规定来看，"所有权"是针对不动产和动产的特殊财产权，是物权的一种类型，物权是法定权利，非经法律规定不得设立。

而科技成果作为无形的智力产品并不属于法律上的不动产或者动产。因科技成果而产

生的、具有类似所有权排他性的人身权利和财产权利，都属于知识产权，它与物权是两类相互区别、相互独立的民事权利。因此，科技成果并不适用于物权所有权的规定，进而不存在物权所有权才具有占有、使用、收益和处分的各项权能规定，也不适用于物权法中关于事业单位国有财产所有权的特殊限制。比如，我国著作权法中规定了著作权的十七种具体权利，其中四种人身权利、十三种财产权利，但没有占有、使用等类似权利。

二是科技成果是否存在所有权的问题，早在 1988 年国家科委就曾两次专门发文对此作出了正式的解释和说明。按照《国家科委负责人发表谈话关于实施技术合同法涉及的技术成果评价和权属问题的说明》《国家科学技术委员会政策法规司负责人阐述技术市场有关法律、法规和政策界限》的说明：所有权是排他权，其权利主体是特定的，义务主体是不特定的。一项技术成果，只有经申请并被授予专利权以后，专利权人才在专利权有效期内享有与所有权相类似的实施其发明创造专利的排他权。非专利技术成果使用权、转让权则不同，它只存在特定的当事人之间。它没有对抗第三者的效力。因此，非专利技术成果的使用权和转让权，不是排他权利，而是非独占的权利，因而不具有物权法意义上"所有权"属性。不过科技成果"所有权"改革探索，可以从《民法总则》规定的财产所有权的角度去理解。

### 三、科技成果所有权是民事主体就科技成果依法享有的全部法律权利

从我国法律现行制度表述上看，并没有科技成果所有权这一专有的民事权利类型，但从国务院《政府工作报告》提出赋予科技人员科技成果所有权的角度看，"科技成果所有权"只是相关政策文件对涉及科技成果全部法律权利和合法利益的通俗表述。

## 第三节 当前科技成果所有权改革存在的制度问题

### 一、放权性质上，行政权限和民事权利需要予以区分

在权属改革中，权利性质的把握不清是阻碍当前科技成果所有权制度改革的最大问题。由于科技成果权益中的民事权利和国有单位科技成果转化行政管理事权不分，导致了目前在科技成果转化活动中市场和政府关系始终无法实现正常理顺。

国家设立的研究开发机构和高等院校作为重要的创新主体，因未真正成为独立的法人人格，在实际中难以适用"法无禁止皆可为"的市场规则，特别是在《促进科技成果转化法》明确赋予了国有单位转化自主管理事权，在制度上部分实现从"政府管"到"市场管"的情况下，仍然由于一些下位管理规定狭义理解科技成果转化与资产处置的关系，使得国家法律难以真正落实。这既严重损害了我国法律制度的权威性，也极大影响了中央

和国务院深化科技体制改革战略部署的有效实施。

## 二、权属关系上，行政管理关系、资助项目关系和内部职务关系需要予以区分

无论是权利归属还是收益分配，本质上都是法律关系的实际体现。当前在涉及科技成果所有权的大量规范性文件和制度中，不区分法律关系、不明确法律主体的情况非常普遍，这导致了任何"一刀切式"的归属规定在具体实施上都存在既不可行也不合法不合规的困境。

国家财政资金设立科研项目产生成果的归属，本质上是项目资助合同关系中的一种相对法律关系，只涉及项目合同当事人之间，并不必然对其他单位和个人产生影响。但是，在一些政策文件中，却将对其的理解在范围上扩展为全部财政资助活动产生的成果，包括所谓国有单位持有的成果，在主体上扩展为所有国有单位。这本身并不正确。

此外，还将国家资助和职务关系混同，由国家直接干预单位与其雇员之间的法律关系，这有违法治原则。需要明确指出，职务发明或者职务科技成果，只能存在于因为劳动合同、雇佣关系或者劳务关系等职务关系形成的雇主单位和雇员个人之间，单纯的物质资助并不能产生职务关系。

## 三、权属对象上，科技成果、科技成果权利和转化收益需要予以区分

成果归属、权利归属和收益归属，虽然相互关联、相互影响，但是在法律制度中三者又有巨大差异，将三者混为一谈既可能掩盖制度实施中问题的本质，也会混淆导致问题的原因和结果。

在我国《促进科技成果转化法》中，这三者间有明确的制度区别。该法第四十条明确区分了科技成果和科技成果权益。其中，科技成果有两种法律形式：发明创造和其他科技成果，并基于这两种不同成果产生了两类成果权益，前者适用《专利法》成为专利申请权和专利权，后者适用《合同法》成为其他技术成果的使用权和转让权。而收益方面，《促进科技成果转化法》第四十三条解决国家和国有事业单位之间的收益分配，第四十三条和第四十四条解决单位与其职工之间的收益分配（奖励报酬）。

# 第四节　科技成果所有权的法律内涵探究

在我国现行法律中，民事主体依法享有的科技成果全部法律权利是由"法律规定的法定权利""合同约定的其他权益""其他受到法律保护的合法利益"三部分组成。《促进科技成果转化法》第三条第二款就明确规定了科技成果转化活动应当"依照法律法规规定和

合同约定，享有权益，承担风险"。

## 一、科技成果的法定权利

2017 年，《民法总则》第 123 条规定，知识产权就是权利人就发明、实用新型、外观设计、计算机软件、设计图纸、技术秘密、集成电路布图设计、植物新品种等科技成果所依法享有的专有的权利，加上《民法通则》知识产权一节中对发现权、发明权和其他成果权利的法律确认，从我国现有立法来看知识产权是科技成果获得法定权利的重要形式之一。

落实科技成果所有权制度改革的相关国务院文件也体现了这种理解。其中，《关于实行以增加知识价值为导向分配政策的若干意见》《国务院办公厅关于推广第二批支持创新相关改革举措》都直接使用了知识产权作为科技成果所有权的权利形式，《国务院关于印发国家技术转移体系建设方案的通知》虽然没有直接使用知识产权，但"职务发明"作为一项专利法上的特有制度，也意味着"职务发明科技成果产权"实际上就是专利权。

## 二、合同约定的其他民事权益

除了以知识产权为形式的科技成果法定权利以外，《合同法》和《促进科技成果转化法》还规定了可以通过合同约定"非专利技术的使用权和转让权"（包括技术秘密使用权、转让权）。其中，使用权是指为生产经营目的实施该项非专利科技成果的权利，转让权是指通过技术合同向他人提供或者转让该项成果获得物质利益的权利。除知识产权和其他科技成果的使用权、转让权以外，《合同法》和《促进科技成果转化法》未创设任何其他民事权利。

## 三、其他合法利益

其他合法利益主要是《民法通则》中的发现权、发明权和其他科技成果权的合法利益，以及和《民法总则》中关于数据的合法利益。发现权和发明权主要是公民和法人根据《国家科学技术奖励条例》，因重大科学发现或在科学技术领域所做的具有创造性重大科学技术成就，经评审而获得的政府荣誉和国家奖励的精神和物质利益。应当重点注意发明权与专利权性质的重大差异。


# 第五节　科技成果权属改革的国际经验


国外相关立法均没有科技成果所有权的提法或表述，与科技成果权属相关的改革均主要集中于知识产权法律领域。从世界范围来看，科技成果权属改革的焦点就集中在如何有效促进政府科技资源产出科技成果的运用转化上。

## 一、美国：统一联邦项目专利权保留规则

美国 1980 年制定的《拜杜法》（其正式名称为《1980 年专利法修正案》或《1980 年大学与小企业专利程序法》），通过优化政府资助项目形成专利权的归属机制，激发私立大学和小企业参与财政公共研发活动的积极性。

美国并非从一开始就对财政资助项目专利权归属问题有清晰的认识。在《拜杜法》制定之前，政府倾向保留权利的做法和相对混乱的专利授权政策，直接导致了美国联邦政府资助研发项目形成的专利权运用效率低下。美国政府问责办公室报告显示，1980 年美国联邦政府大约拥有 28000 项授权专利，但其中仅有不到 5% 的专利被商业化许可实施。

1980 年 12 月 12 日，由参议员伯奇·拜和参议院院长鲍伯·杜尔提案的《1980 年专利法修正案》（即《拜杜法》）通过。《拜杜法》主要针对参与政府资助项目的私立大学和小企业，打破"谁投资，谁拥有"的一般规则，明确赋予项目承担者（但不包括外国人）可以优先选择保留项目产出成果的专利权。但同时，该法也明确设定了选择保留权利的项目承担者应当履行的法律义务，除及时披露研发成果、及时申请专利权等一般义务外，对于大学等非营利性机构，《拜杜法》第 202 条（C）（7）还作出了特别规定，未经联邦资助机构授权不得向第三人转让专利权。

## 二、日本：放权与国立机构法人化双管齐下

与美国《拜杜法》以私立大学和小企业为改革对象不同，日本的改革以国立大学和国立机构为重点。1999 年《产业活力再生特别措施法》规定，大学老师及学院科研成果归大学，大学可以申请专利并进行集中管理，同时，项目承担者在履行特定义务的情况下，可以获得专利权。2000 年《产业技术竞争力强化法》放宽了对国立大学及其雇员兼职从事技术转移的限制。

2002 年，日本政府发布《知识财产战略大纲》，推进国立大学和研究机构的法人化改革，赋予大学自由运用转移研发成果的权利，全方位促进了大学技术转移、提升产学研合作层次。

# 第六节　对北京地方立法中科技成果权属制度的建议

从当前科技成果所有权改革精神来看，通过细化科技成果权属规则、厘清成果转化行政管理事权划分、依法保障个人转化合法权益，为科技成果转化活动营造公平有序的市场环境和制度保障，既是各级政府依法履行促进科技成果转化职责、落实中央和国家重大改

革要求的制度体现，也是政府营造有利于科技成果转化制度环境、激发释放科技成果转化巨大市场活力的必然要求。为此，建议在具体规则设计上，着力从破解制约科技成果权属界定的三对关键关系入手，在地方立法层面上为科技成果权属破题，围绕厘清科技成果权属中的政府和市场关系，以理顺现有上位法规定中涉及的各类民事权利、行政事权和利益分配关系为根本，着力从破解制约权属界定的三对关键关系入手——科技成果与科技成果权益、科技成果权益与国有单位转化事权、国有单位事权与个人转化权益，具体有以下三点：

一是体现科技成果与科技成果权益。本市建立健全以增加知识价值为导向的科技成果权益分配机制，积极推进职务科技成果权属改革，尊重、维护和保障科技成果转化中各方主体的合法权益。

二是体现国有单位事权与个人转化权益。政府设立的研究开发机构、高等院校，可以将其依法取得的职务科技成果的知识产权以及其他未形成知识产权的职务科技成果的使用、转让、投资、入股等权利，全部或者部分给予科技成果完成人，并同时约定双方成果转化收益分配方式。

科技成果涉及国家安全、国家利益、重大社会公共利益的，不适用前款规定。

政府设立的研究开发机构、高等院校持有的职务科技成果具备转化条件，该单位应当积极组织实施转化或者在不变更权属的前提下，与科技成果完成人依法签订协议由科技成果完成人实施转化；双方未能签订转化协议且单位未组织实施转化的，科技成果完成人可以自行实施或者与他人合作实施转化，所得收益归科技成果完成人。

三是体现科技成果权益与国有单位转化事权。利用财政资金设立的应用类科技项目，项目主管部门应当在合同中明确项目承担者的科技成果转化义务和转化期限等事项。项目承担者在约定转化期限内无正当理由未实施转化的，项目主管部门有权组织实施转化。

# 第十八章 北京地方科技立法中关于 中央单位适用性分析[1][2]

科技创新已成为区域发展的第一动力，各类创新主体包括中央单位都有使命和责任参与其中。中央在京单位创新优势集聚，更应成为首都科技创新发展和经济建设的主力军。但由于我国高校院所的事权采取分级管理，中央单位主要受其主管部门直接管理，地方创新政策存在难以适用中央单位，造成中央在京单位的科技创新优势在北京区域创新发展过程中尚未发挥，科技创新对本地经济发展的推动作用还需要进一步提高。目前，国家刚编纂或修订了《民法典》《专利法》等法律，正在积极推进《中华人民共和国科技进步法》（以下简称《科技进步法》）的修订工作，随后地方要进一步落实国家相关法律，制定科技领域综合性地方性法规已势在必行。如何更好地利用地方性法规激发中央在京单位科技创新动力，推动区域经济高质量发展是北京市地方立法需要直面的突出问题。

## 第一节 中央单位适用地方性法规政策的问题

### 一、各省市地方性法规对中央单位适用的规定不清晰

目前，各地现行的地方性法规中，很多科技领域法规没有明确区分中央单位或地方单位，导致中央单位无法精准适用。以北京为例，目前北京市科技领域地方性法规共 10 部，每个地方性科技法规的适用范围为北京市行政区内或北京市内某一区域范围；对于其中涉及的高校院所和企业没有明确区分中央单位和地方单位，主要通过支持、鼓励等方式规定，如《北京市实施〈中华人民共和国农业技术推广法〉办法》第十二条、第十六条、《北京市科学技术普及条例》第二十一条，《北京市专利保护和促进条例》第二十三、第二十五条，《北京市促进中小企业发展条例》（2020）第三十六条等，他们主要是以鼓励或支持等方式进行普惠性规定，或者授权单位可以选择实施。再如《中关村国家自主创新示范区条例》共有 22 处涉及"高等院校"，都没有区分市属单位和中央在京单位，并且都

---

① 本章作者：曹爱红、王海芸。
② 曹爱红，王海芸. 地方科技立法中关于中央单位适用性问题分析 [J]. 科技中国，2021（1）：68-73.

是通过支持、鼓励等方式进行规范，没有设置义务性条款。由于北京市法规中涉及的高校、研发机构等单位也没有区分中央和市属单位，难以成为中央单位保障其在科技创新活动中相关权益的法律依据，导致中央在京单位难以执行这些地方法规。不过今年实施的《北京市促进科技成果转化条例》对于高校院所的单位属性进行了区分，并明确规定了中央在京单位的科技成果情况年度报告的抄送义务，为地方政府了解中央单位的科技创新和成果转化情况，更精准地服务中央单位和推动北京科技创新发展，提供了法制保障。

## 二、中央单位执行地方政策存在一定障碍

国家积极推动中央单位适用地方性法规政策的探索。国家虽然出台了支持中央单位适用地方政策的相关规定，如在《关于支持中央单位深入参与所在区域全面创新改革试验的通知》（发改办高技〔2018〕29号）中明确提出，中央单位要在不增加中央财政负担的前提下，深度参与所在地区的全面创新改革试验，参照执行所在地区省级人民政府出台的发展规划、优惠政策和激励措施，努力推动重点领域和关键环节改革任务取得实质性突破。具体按照国家和所在地有关规定，完善本单位科研人员兼职兼薪、离岗创业、返岗任职管理规定，支持科技人员创新创业[1]。但由于中央单位大多事项的审批权、许可权、处罚权等行政管理权利都在其主管部门或者国家各部委，多通过部门规章的形式进行授权规定，对于一些地方创新政策或者与中央单位执行地方政策存在障碍，出现"不敢""不愿"现象。如"京校十条""京科九条"规定的高校院所将科技成果转化岗的科研人员列入中关村示范区高端人才职称评定试点范围，在中央在京高校院所中的落实情况一般，2014～2019年，只有少数高校落实了这一政策；同时对于各省市政策规定与国家部委规定有差异或其主管部委未明确规定的，中央单位也都采取稳妥和保守观望态度，政策难以落实。

## 三、在京中央单位优势在推动北京高质量发展中尚未得到充分发挥

北京地区科技创新资源密集，其中80%的创新资源集聚在中央单位，这些本应为北京市创新发展的主力军。但近年来中央单位科技成果"孔雀东南飞"现象较为突出。以中科院为例，2016年，中国科学院科技成果转移转化为全国企业新增销售收入达3831亿元，但为北京企业新增销售收入仅为103.2亿元，排名全国第12位，占新增销售收入总额比重仅2.7%，只占江苏的1/10和广东的1/5。[2]

## 四、地方难以全面了解中央在京单位的科技成果信息

尽管《科技进步法》、《中华人民共和国促进科技成果转化法》（以下简称《促进科技成果转化法》）中赋予了地方政府管理、指导和协调本行政区域内科技创新和成果转化工

---

① 关于支持中央单位深入参与所在区域全面创新改革试验的通知（发改办高技〔2018〕29号）[EB/OL]. https://www.ndrc.gov.cn/xxgk/zcfb/tz/201801/t20180118_962648.html.
② 王涵，曹爱红，涂平. 促进科技成果在京转化落地问题调研及建议[J]. 科技中国，2020（6）.

作的权责，但由于我国高校院所事权的分级管理机制，中央单位对其主管部委负责，北京市难以了解中央在京高校、科研机构的科技成果及其转化的相关信息，难以全面把握全市科技创新和成果转化的总体情况，无法充分实现与中央单位重大成果的精准对接，一定程度上影响了北京在全国科技创新中心建设和高质量发展中的科学决策，也不利于北京市科技发展布局和高精尖经济结构构建①。

# 第二节　中央单位适用地方性法规的法理依据充分

## 一、中央单位适用地方性法规政策不存在法律障碍

（一）中央单位适用地方性法规符合宪法规定

地方立法权来自《中华人民共和国宪法》（以下简称《宪法》）规定。《宪法》第100条规定："省、直辖市的人民代表大会和它们的常务委员会，在不同宪法、法律、行政法规相抵触的前提下，可以制定地方性法规，报全国人民代表大会常务委员会备案"②。说明地方性法规在符合不与宪法、法律、行政法规相抵触及适用于本行政区域等原则的基础上，适用于中央单位。

（二）中央单位适用地方性法规符合其他法律规定

我国没有专门的中央地方关系法或地方自治法，通常是以分散的单行法形式加以调整。明确地方事权的法律主要包括《中华人民共和国立法法》（以下简称《立法法》）、《地方各级人民代表大会和地方各级人民政府组织法》（以下简称《地方组织法》）等，其他规定大多散见于《中华人民共和国行政诉讼法》（以下简称《行政诉讼法》）、《科技进步法》、《促进科技成果转化法》、《中华人民共和国高等教育法》等单行法律、法规或部门规章之中。

一是中央单位适用地方性法规符合《立法法》和《地方组织法》的规定。我国《立法法》第72条、《地方组织法》第7条也都按照宪法规定明确了北京市制定地方性法规的权利和原则。同时，《立法法》第73条规定了地方立法权限，包括两个方面：第一，执行法律、行政法规的规定，需要根据本行政区域的实际情况做出具体规定；第二，对地方性事务进行相关规定。

二是《行政诉讼法》为中央单位适用地方性法规提供法律依据。《行政诉讼法》第六十三条规定，人民法院审理行政案件，以法律和行政法规、地方性法规为依据。地方性

---

① 王涵，曹爱红，涂平．促进科技成果在京转化落地问题调研及建议［J］．科技中国，2020（6）.
② 参见《宪法》第100条规定。

法规适用于本行政区域内发生的行政案件。因此，各省市地方性法规可以为中央单位提供法律保障。

三是中央单位适用地方性法规符合上位法规定。《促进科技成果转化法》《科技进步法》明确规定各级地方政府在促进行政区域内科技创新和成果转化活动的权责。中央单位满足适用北京市地方性法规的要求。

## 二、国家支持中央单位一定条件下适用地方法规政策

国家支持中央单位在一定条件下适用属地的地方性法规。国家发改委、财政部、教育部、科技部等相关部门都明确规定（见表18-1），中央高校、科研机构可根据上级管理部门规定，在"符合国家相关法律法规规章""不增加中央财政负担"的前提下，在科技创新活动中适用各省市的地方创新政策，深度参与地方的改革创新。如中科院《关于新时期加快促进科技成果转移转化指导意见》提出，中科院所属单位在符合国家相关法律法规规章的前提下，可以根据发展需求，执行所在地方党委、政府出台的科技创新相关政策[1]。2016年9月，国务院印发《北京加强全国科技创新中心建设总体方案》，提出在中关村国家自主创新示范区内，"允许在京中央高等学校、科研院所在符合国家相关法律法规的前提下，经主管部门授权，试行北京市的相关创新政策"[2]。

表18-1 各部委关于中央单位执行所在地政策的规定

| 政策名称 | 《关于新时期加快促进科技成果转移转化指导意见》（科发促字〔2016〕97号） | 《关于进一步推动高校落实科技成果转化政策相关事项的通知》（教技厅函〔2017〕139号） | 《促进在京高校科技成果转化实施方案》 | 《关于支持中央单位深入参与所在区域全面创新改革试验的通知》（发改办高技〔2018〕29号） | 《交通运输部促进科技成果转化暂行办法》（交科技发〔2017〕55号） |
|---|---|---|---|---|---|
| 出台部门 | 中国科学院 | 教育部办公厅 | 教育部科学技术司和中关村科技园区管理委员会 | 国家发展改革委办公厅、教育部办公厅、科技部办公厅、财政部办公厅、国资委办公厅、中科院、国防科工局综合司 | 交通运输部 |

---

[1] 中国科学院、科学技术部关于印发《中国科学院关于新时期加快促进科技成果转移转化指导意见》的通知 [EB/OL]. http://www.most.gov.cn/tztg/201608/t20160824_127365.htm.

[2] 国务院关于印发北京加强全国科技创新中心建设总体方案的通知 [EB/OL]. http://www.gov.cn/zhengce/content/2016-09/18/content_5109049.htm.

| | | | | | |
|---|---|---|---|---|---|
| 规定内容 | 院属单位在符合国家相关法律法规规章的前提下，可以根据发展需求，执行所在地方党委、政府出台的科技创新相关政策 | 支持高校参与国家自主创新示范区、全面创新改革试验区相关改革试点，规定示范（试验）区内高校可根据实际情况，执行所在地区省级人民政府有关科技成果转化政策，并在校内制度规范中载明实施的具体事项和办法 | 应促进国家、北京市及中关村政策集成适用，按照深度参与北京全面创新改革试验的要求，在京高校参照执行北京市及中关村示范区支持科技成果转化相关政策，有效形成政策合力 | 中央单位要在不增加中央财政负担的前提下，深度参与所在地区的全面创新改革试验，参照执行所在地区省级人民政府出台的发展规划、优惠政策和激励措施，努力推动重点领域和关键环节改革任务取得实质性突破。具体按照国家和所在地有关规定，完善本单位科研人员兼职兼薪、离岗创业、返岗任职管理规定，支持科技人员创新创业 | 单位在符合国家相关法律法规规章的前提下，可根据发展需求，经部门批准，参照执行所在地省级党委、政府出台的相关科技成果转化的激励政策 |
| 针对对象 | 中科院院属单位 | 示范（试验）区内高校 | 在京高校 | 中央单位 | 交通部下属单位 |
| 前提条件 | 在符合国家相关法律法规规章的前提下，根据发展需求 | 根据实际情况 | 无 | 在不增加中央财政负担的前提下 | 符合国家相关法律法规规章的前提下 |

资料来源：本章作者自行整理。

因此，地方性法规符合国家相关法律法规规章、不增加中央财政负担的前提下，可以对中央单位的活动进行分类规范。第一，对于与中央单位主管部门规定一致，且涉及科技成果转化关键环节的制度，可对相关主体进行必要性制度设计；第二，对于各省市发展急需、不涉及中央单位主管部门或其他管理部门事权的制度，可以进行急需性条款设计；第三，对于地方创新性制度规定，地方可以在征询国家相关部委意见的前提下，进行选择性制度设计，中央单位可以根据自身实际选择实施。

## 第三节　国内重点省市在中央单位适用地方性法规方面的立法实践

对于中央单位在本地地方性法规的适用性问题，各省市已做了大量尝试。以促进科技成果转化方面的地方性法规为例，2015 年《促进科技成果转化法》修订实施后，30 个省市都制定、修订或重新制定了本地的科技成果转化相关的地方性法规，大多数省市都明确规定本省（市）行政区域内科技成果转化及相关活动适用本条例（或者办法），此外，部分省市在中央高校院所适用地方性法规方面还采取了四种明确模式（见表 18-2）。

表 18-2　各地法规关于中央单位适用地方政策的规定

| 序号 | 模式类型 | 适用方式 | 省份 |
|---|---|---|---|
| 1 | 统一规定 | 在立法中没有区分中央单位和省、市单位，统称为"研究开发机构和高等院校""利用财政资金设立的研究开发机构、高等院校""国家设立的研究开发机构和高等院校"或"政府设立的研究开发机构和高等院校" | 天津、浙江、陕西、河北、黑龙江 |
| 2 | 部分制度参照执行 | 区分"本市设立和国家在本市设立"单位，对省属单位转化活动进行规定，中央单位承担本省财政性资金资助项目的科技成果转化活动可以参照本条例的有关规定执行 | 广东、福建 |
| 3 | 选择参照执行 | 区分"本市设立和国家在本市设立"单位，明确规定中央单位可以按照地方法规规定执行 | 四川 |
| 4 | 特定制度义务规定 | 区分"本市设立和国家在本市设立"单位，但鉴于二者科技成果转化活动均发生在本省（直辖市、自治区）行政领域，故在地方立法中适用措施做分别规定 | 上海、北京 |

资料来源：本章作者自行整理。

第一，统一规定模式。这种立法模式不区分中央单位和地方单位进行统一性规定，不论是支持、鼓励性条款，还是一些强制性条款，都按照一类主体进行统一规定。

从各省市地方法规对于中央单位适用的规定看出，这种规定一般适用于执行性地方法规。这类法规主要在于落实《促进科技成果转化法》，其立法精神和上位法大致相同，几乎不存在差异，地方特色不太突出。同样这些法规对于中央单位的支持、约束和法律保障作用也不太强，中央单位难以将其作为科技创新工作的法律依据。

第二，部分制度参照执行模式。这种模式是地方性法规对中央在本省（市）与本省（市）单位进行了区分，对于本地管理权限内涉及中央单位的事项，明确要求且中央单位可以参照本地创新主体的规定执行。如《广东省促进科技成果转化条例》第五十一条规定："驻粤高等学校、科学技术研究开发机构承担本省财政性资金资助项目开展科技成果转化活动的，参照本条例有关规定执行。"[①]

这种模式只针对地方事权的事项进行规定，制度和实施主体非常明确，规定内容一般要求参照执行，有一定的强制性；但这类规定往往涉及制度面窄，对于部分地方立法中更大力度的创新性制度设计中央单位无法适用，一定程度上限制了地方性法规对中央单位的

---

① 广东省促进科技成果转化条例［EB/OL］. http：//stic. sz. gov. cn/xxgk/zcfg/content/post_ 2910142. html.

法律保障作用。

第三，选择参照执行模式。这类地方性法规中区分了中央在本省（市）与本省（市）单位，并规定中央在本省（市）可以按照地方条例执行。如《四川省促进科技成果转化条例》第七十九条："驻川研究开发机构、高等院校、国有独资企业及国有资本占控股地位或者主导地位的企业开展科技成果转化活动，可以按照本条例有关规定执行。"[①]

这种规定模式适用于存在地方特色的创新性制度设计的地方性法规。对于中央单位而言，这种规定模式使他们获得了是否执行当地条例相关规定的选择权，在地方性法规的落地实施上有很大的操作空间，一方面便于他们根据实际情况及时调整实施措施，对于地方性法规中的强制性制度设计可以参照实际选择来执行；另一方面也可以将条例作为保护他们创新的法律依据。但是对地方政府而言，这种可选择性并不利于地方建设发展需要的一些必要性制度的落地实施。

第四，特定制度义务规定模式。这类地方性法规明确区分了中央在本省（市）与本省（市）单位，但对于科技成果转化制度中的三种情况，地方性法规分别进行了规定：一是对于本地科技创新过程中的必要制度，且涉及不同的法律范围的不同主体，立法中分别对两类主体进行必要性制度设计。如《北京促进科技成果转化条例》第二十九条分别规定了本市设立的研发机构、高等院校的科技成果转化情况年度报告义务；第十九条第一款规定了政府设立的研发机构、高等院校（包括央属在京单位）领导的尽职免责义务，第二款规定了本市设立的研发机构、高等院校执行尽职免责程序后可以免除的责任范围。二是对于符合国家法律法规和各部委规定、支持科技创新的必要的法规制度，地方性法规中也做了义务性规定，如《上海市促进科技成果转化条例》科技成果信息汇交、高校院所成果转化管理制度、市场定价制度、科技人员考核等。三是对于本地有特色的创新性制度，目前各省地方性法规都进行了选择性规定设计，中央单位可以根据自身实际选择执行。如《浙江省促进科技成果转化条例》第三十七条（成果转化奖励）、第四十一条（"三技"活动的奖励制度）、《上海市促进科技成果转化条例》第三十六条（成果转化收入分配）、人才流动制度《广东省促进科技成果转化条例》第十一条（科研人员知情权）、第十五条（尽职免责）等（见表18-3）。

这类模式在满足中央单位实施条件的基础上对其责任做了明确规定，一方面，在地方立法中对于中央单位科技创新过程中的责权利更清晰，也便于其落地实施；另一方面，对于地方也更利于整个区域科技治理，但由于涉及中央单位的管理事权，不仅需要全国人大的审批，在立法过程中还要征求中央单位意见，同时针对必要性制度，还需围绕制度的内容、权限、实施主体、执行等与相关国家相关部委进行协商，从而得到国家相关部委和中央单位的支持，为制度的落实做好准备。

---

① 四川省促进科技成果转化条例［EB/OL］. 四川日报，2018-10-06.

表18-3　中央单位适用地方性法规制度设计

| 序号 | 性质 | 类型 | 分类条件 | 涉及制度 |
|---|---|---|---|---|
| 1 | 义务性规定 | 必要性 | 单位进行科技成果转化的必要环节或必要条件，与国家各部委规定一致，不增加中央单位财政负担 | 高校院所科技成果转化管理制度、内部转移机构建设、人才考核评价制度、科技成果完成人资助转化权限 |
| | | 急需性 | 北京市发展和成果转化中迫切需要的，但不涉及中央单位主管部门或其他管理部门事权 | 科技成果转化年度报告制度 |
| 2 | 选择性规定 | 选择性 | 促进各创新主体进行科技成果转化的激励性制度，但与一些部委规定不完全一致 | 高校院所成果转化权益、高校院所职务成果权益改革、简化高校院所转化程序、勤勉尽责、绩效工资总量、担任领导职务科技人员的奖励报酬规定、人才交流、营造服务环境 |

资料来源：本章作者自行整理。

# 第四节　未来北京市地方立法中关于中央单位适用的制度设计建议

目前，地方立法为科技创新提供法制保障已成为国家法制化治理的必要条件。为最大限度地利用中央单位丰富的科技创新资源，提升对本地经济、社会的竞争力，建议北京市地方立法中加强关于中央单位的适用性的制度设计：

第一，将中央单位作为北京市科技法规的规范主体。中央在京单位是北京市科技创新发展的主力军，北京市在地方立法时，建议明确规定科技法规的适用范围为本行政区域内包括中央单位在内的各主体的科技创新活动，并且在地方性法规中要明确中央单位和地方单位，区分两类创新主体的责任、权利和义务。如对于涉及中央单位参与的地方性事务可以明确规定中央单位参照执行；或者明确中央单位可以参照执行本地法规。

第二，对于在满足条件下科技创新的重点制度可以进行中央单位的义务性条款设计。在地方性立法中，对于两类重点制度可以进行义务性条款设计：一是进行必要性条款。在符合《民法典》《科技进步法》《促进科技成果转化法》《专利法》等上位法的立法精神，且不增加中央财政负担的前提下，对于涉及科技创新关键环节的必要性制度进行规定，如高校院所的科技创新管理制度建设、科技人员等相关人才的考核评价、项目承担单位的义务等。二是进行急需性条款设计。对于北京市科技创新和高质量减量发展中急需的但又不涉及中央单位主管部门或其他管理部门事权的相关制度，本市科技法规可以对中央单位进行义务性规定，如科技资源和信息共享制度、工程化项目中应用场景对中小微企业的支持等。

第三，加强中央单位使用的选择性制度设计。随着科技法规立法质量的逐步提高，北京市地方性法规更加契合本地实际，将逐步有更多的地方特色的制度设计或前瞻性的制度设计。为更好地推动地方性法规的落地实施，对于与部委政策规定有差异的制度，或北京市先行先试的有效制度，建议北京市立法时对中央单位进行选择性制度设计，授权中央单位选择适用。如涉及机构科技创新管理的自主权、科研管理、成果权属改革、创新激励、考核评价、人才交流和聘用等制度，允许中央单位选择适用，在避免管理冲突的同时，也可以在最大限度上为中央单位积极参与北京科技创新改革提供法律保障。

# 第十九章　北京经济技术开发区科技成果转化现状分析及对策建议①

北京经济技术开发区（以下简称"经开区"）作为全国科技创新中心"三城一区"主平台的重要组成，是科技成果转化、高端制造业和战略性新兴产业发展的重要载体。经开区发展规划明确提出，到2020年，与三大科学城形成比较完善的对接转化合作机制，促进国际尖端科技成果转化，落地一批具有影响力的重大产业化项目；到2035年，形成高效成熟的国际前沿技术转化、产业化机制，持续提升科技成果转化规模和效益，率先建成具有全球影响力的科技成果转移转化示范区。为此，如何实现科技成果转化主承载区的定位，成为开发区近一段时期着力解决的重大问题。

本章通过调查研究，力求摸清经开区科技成果转化落地情况，包括科技成果转化的现状、问题以及转化环境，并在此基础上研究提出促进经开区进一步承接科技成果转化的对策建议。

## 第一节　经开区科技成果转化现状分析

本章中的科技成果转化是指将科技成果直接实现产业化或产品化的转化活动。以2016~2017年经北京市认定的高新技术成果转化项目的360家企业作为基础数据，分析经开区科技成果转化的现状。

### 一、科技成果转化企业类型

从调研的情况看，360家企业中，外资及港澳台资企业94家，占总数的26%；有限责任公司308家，占总数的86%；股份有限公司52家，占总数的14%；上市公司23家，占总数的6%；法人投资或控股的企业251家，占总数的70%。

### 二、科技成果来源地

调查样本中，来自"三城"的科技成果转化企业共140家，占调研样本的38.9%。其

---

① 本章作者：李海丽。

中，138 家来自中关村科学城，2 家来自怀柔科学城，可见中关村科学城由于高校院所聚集，已经成为经开区科技成果转化项目的主要来源地。来自广州、上海、深圳、郑州等国内其他城市的占企业比 29.5%。来源于外国及港澳台的企业占比 26%，其中又以美国最多，占到国外科技成果总数的 44%。来源于经开区内部的企业占比 27.7%，其中，有科技企业的自主研发，有海内外专家学者的创新创业型项目，也有经开区已有企业以多种形式合作设立新企业落地新项目进行成果转化。

## 三、科技成果来源机构

企业是科技成果转化项目的主要来源。从调研样本数据看，科技成果转化项目多数是由企业根据自身生产经营需要，通过自主研发（占 79%）、合作研发（占 15.3%）、委托设计、技术购买等方式获得科技成果并随之进行产业化。在合作研发 15.3% 的比例中，与高校和科研院所合作的占 10%，可以看出高校和科研机构是科技成果的另一个重要来源。

## 四、科技成果来源渠道

从调研的情况来看，企业自主研发、技术引进、产学研合作是经开区科技成果转化的主要来源。以企业为创新主体及推动力的研发活动，是目前经开区成果转化项目主要渠道之一。引进技术也是科技成果转化的另一重要渠道，经开区企业引进国内外先进技术主要采用关键设备引进、核心技术产权购买、专有技术许可、合作生产与合资生产等模式。产学研合作也是经开区科技成果来源的渠道之一，而这其中又有不同的合作方式，第一种是企业拥有独立的研发机构，特点是企业具有独立的研发能力，合作多是从市场需求出发，以产业化重大项目为牵引和科研院所合作，聚焦突破关键技术。如北京北汽李尔汽车系统有限公司与北汽集团、美国李尔公司、北京理工大学等单位合作，开展新能源汽车关键技术研究，在电机、电控等关键零部件方面取得了一系列突破，推出了面向市场的产品。第二种是企业与高等院校或科研院所在企业共建实验室、工程研究中心或研究院等研发平台，如由北京千方科技股份有限公司牵头，京冀地区通信、汽车与交通产业内的 10 家龙头企业发起成立的北京智能车联产业创新中心。第三种是组建产学研战略联盟，如由清华大学电机系、天津大学电气工程学院、北京嘉捷企业汇科技有限公司等 19 家机构发起成立的智能电力产学研联盟，整合智能电力上下游产业资源，为联盟成员提供金融、政策等服务。第四种是搭建科技成果转化和孵化公共服务平台，如汇龙森国际企业孵化（北京）有限公司投资近 2000 万元建设了新材料公共技术服务平台，定位在小试、中试环节。第五种是科研院所设立产业技术研究院，如经开区通过支持龙头企业牵头，引导在京高校、科研院所围绕主导产业关键环节布局重点实验室、工程实验室等。

## 五、科技成果所属领域、类型和所处阶段

从调研数据来看，按照转化项目所属产业类别由高到低依次排列为：生物医药、电子

信息、先进制造、新能源与节能、新材料、高技术服务、环境与资源、航空航天、工程等。转化项目占比较高的三大行业依次为生物医药、电子信息、先进制造，占比均在15%以上，与经开区目前主导产业相一致。从转化成果类别看，虽有少量基础与检测类、实物与技术类项目，但整体以应用技术为主，即经开区科技成果转化呈现应用性强的特征。从科技成果所处阶段看，85%以上的科技成果转化项目处于产业化应用阶段，个别处于大规模应用、完成工业中试或工业工程状态；一小部分处于试用、小批量或小范围使用状态；个别企业目前还没有销售额，处于完成工业中试亟待大规模生产状态。

### 六、科技成果转化模式

从调研样本来看，经开区科技成果转化的模式主要有联合转化、设立企业、技术转让及技术入股四种，其中，以联合转化模式最多，占52.8%；其次为设立企业模式，占35.5%；技术转让模式及技术入股模式等为辅。联合转化模式指大院大所与企业合作设立研发机构及实验室进行成果转化，如北京科益虹源光电技术有限公司，依托中国科学院微电子研究所及中国科学院光电研究院的技术力量，结合北京亦庄国际投资发展有限公司的资本，成立了经开区光刻机零部件技术创新中心。设立企业模式指大专院校、科研院所、大型集团企业或跨国企业通过直接投资设立企业的方式进行成果转化，如北京诺康达医药科技有限公司与中关村科学城开展技术合作，成立全资子公司北京壹诺药业有限公司，就缓释泪小管植入剂、眼用封闭剂等应用技术及项目开展成果转化落地。技术转让模式指以科技成果的产权转让方式将成果转移到企业并进行产业化，如北京星网卫通科技开发有限公司通过产权转让模式实现科技成果在经开区转化落地。技术入股模式是指技术持有人（或者技术出资人）以技术成果作为无形资产作价出资经开区企业，促进成果转化的行为，如四川大学丘小庆教授以其蛋白类新型抗生素的发明技术入股北京亦科信息菌素研究院有限公司。

# 第二节  经开区科技成果转化的环境分析

### 一、经开区科技成果转化的优势分析

#### （一）区位优势明显

经开区是北京市唯一同时享受国家级经济技术开发区和国家高新技术产业园区双重优惠政策的国家级经济技术开发区[①]，交通方便，区位优势明显。相比于海淀、朝阳等其他

---

① 资料来源：http://bj.zgtouzi.net/Park/index/7.html。

城区，房价、房租等成本目前仍相对较低。

## （二）产业基础雄厚

经过二十多年的发展，经开区已经形成较为雄厚的产业基础，特别是在新一代信息技术、集成电路、医药健康、高端装备制造、新能源智能汽车等方面，已经形成比较大的优势。自 2016 年开发区明确为北京全国科技创新中心建设的主平台之一后，形成了以中芯国际为龙头的集成电路产业集群；以京东方为龙头的新型显示产业集群；以拜耳、GE 为代表的生物医药产业集群；以北京奔驰为龙头的高端汽车产业集群等众多产业集群。拥有世界 500 强企业 80 多家，国家级高新技术企业 802 家，产值连续 11 年占工业总产值的90% 以上。

## （三）投融资体系不断完善

构建了"6（以产业投资为重点、间接融资为配合、融资担保为纽带、科技保险为后盾、企业信用为基础、培育上市为目标）+1（政府）+N（特色园区和企业）"的产业金融服务体系。引导成立了电子信息、生物医药等各类产业基金 105 只，资金总规模达 3000 亿元，并成功争取国家集成电路产业投资基金和北京市集成电路产业基金入区，初步形成了以亦庄国投为投融资主体、以战略性新兴产业基金为母基金的基金业务体系。[①] 此外，积极探索利用借壳上市、短期融资券、金融租赁等金融工具，为企业提供资金支持。

## （四）科技创新服务体系逐步健全

构建"产业联盟+研究院+专利池+技术交易平台+基金+特色产业园"六位一体的科技创新服务体系[②]。建有软件园、生物医药产业园、留学人员创业园等一批专业孵化器以及海外学人中心等一批专门服务机构；成立了软件联盟、生物技术研发服务联盟等产学研技术联盟；建立了企业创新信息服务数据平台、专利服务平台和 8 个获得国际国内权威机构认证的检测服务机构。

## （五）基础设施和服务配套较完备

经开区内基础设施建设完善，运用水、电等循环利用设施，能够为入驻企业节省大量水电费支出。设有海关、商检、外汇管理等系列配套功能；建设完成专家公寓、青年公寓等配套设施；建有"一站式"服务大厅、"当日办结"等海关服务；建设有生物试剂进出口的物流中心和绿色通道。

## 二、经开区科技成果转化的劣势分析

经开区定位是主要承接科技成果转化，目前仍存在科技成果转化随机性较大，转化率不高的问题。与中心城区相比，经开区在可依托研发资源方面处于劣势；与外省市相比，经开区在用地、人工等产业成本方面又处于劣势。

---

① 资料来源：http：//www.360doc.com/content/15/0123/11/6913722_ 443051198. shtml。
② 资料来源：https：//www.sohu.com/a/78619674_ 119746。

## （一）高校院所等研发资源不足

与海淀区、西城区等中心城区相比，经开区最大的劣势就是缺少高校院所等研发资源，这种资源非常重要，可以不断地向园区输送高水平的毕业生，为园区发展提供技术和人才支持。目前，经开区内大学数量少，只有北京电子科技职业学院和北京兴华大学2所。再扩展到大兴区也只有北京印刷学院、北京石油化工学院、北京建筑大学、中国人民公安大学、首都师范大学科德学院、北京邮电大学世纪学院、北京交通运输职业学院大兴校区7所。但与开发区电子信息、装备制造、生物工程和医药、汽车及交通设备四大主导产业相契合的重点高校缺乏，能为区里企业提供的技术支持也较少。

## （二）对科研人员的吸引力还不够

通过调研发现，企业来到经开区后还需要大量的研发人员，部分企业在招聘人才方面还存在困难，这也是与经开区缺乏高校院所等研发资源相伴生的。特别是从中关村科学城落地到开发区的企业反映，从海淀区来到经开区后，招人非常困难，因为很多研发人员都是高校毕业的，海淀区又是北京高校密集地区，科研环境、生活氛围等都比较好。经开区优质教育资源、国际化教育资源不足制约了高端人才、国际人才的聚集，虽然已经引进一些名校的分校，但其教育质量、学校氛围与海淀、西城等老牌教育强区相比，仍有明显差距。另外，优质的医疗资源也缺乏，目前经开区内只有同仁医院南院、东方医院南院区、国家康复医院等，社区医疗服务等医疗基础设施还需改善升级。这些都制约了经开区对人才的吸引力。

## （三）第三方技术服务市场还不健全

技术转移中介机构在科研成果从大学、研究机构向企业转移的过程中发挥着重要作用。与中心城区相比，经开区境内从事技术转移服务的中介机构少，亟待培育；缺乏专业化的科技成果转化平台；为初创企业提供政策对接、商事办理、融资与交易代理等服务的第三方公共服务平台也不足。

## （四）对科技成果转化的早期扶持不足

第一，重视大项目、大企业，对初创型科技企业和创新型小项目重视不足；第二，现有扶持政策存在落实不到位的情况，如一些企业反映项目引进时许诺的房租减免优惠未落实等；第三，缺乏常态化的创新激励和成果发现机制，没有形成专业化的科研成果对接平台及数据库。

# 第三节　完善经开区科技成果转化环境的对策建议

从上述对经开区科技成果转化现状分析可以看出，科技成果转化项目来源渠道主要有企业自主研发、产学研合作研发、技术市场交易等,科技成果转化模式以联合转化模式为主,科技成果整体上处于产业化应用状态。下面需进一步聚焦经开区"四大主导产业",完善科技成果转化环境,不仅要吸引"三城"科技成果,更要吸引全国乃至全球的科技成果落地转化。从经开区发展的环境来看,区位优势、基础设施和产业基础等都较好,在这个基础上,需要进一步在"软件"上下功夫。

## 一、发展壮大第三方科技中介服务市场

完善科技中介服务门类,加快发展研究开发、技术转移、知识产权、科技咨询、科技金融等专业科技服务和综合性科技服务业。充分发掘社会资源,鼓励国有企业、民营企业与科研单位联合兴办科技企业孵化器或生产力促进中心,盘活存量资源。支持科技人员创办科技类民办非企业单位,从事科技中介服务。大力发展创业投资服务机构,吸引社会资金支持科技创新活动。加强科技中介机构与科研机构、高等学校、其他中介机构的联合与协作,广泛建立协作网络,特别是与法律、会计、资产评估等服务机构和投融资机构协调配合。① 以财税、政府购买服务等多种形式,鼓励社会组织和机构组织召开多种形式技术交易及成果转化促进活动,如成果转化对接会、项目推介会、研发需求推介会、企业考察洽谈会、投融资交流论坛等,促进第三方科技中介服务市场发展壮大。

## 二、建立和完善科技成果中试基地和熟化平台

通过调研发现,适合落在经开区的成果类型是从样品到产品、产品到走向市场的商品,即科技成果转化以及产业化项目。为此,要加大中试基地建设力度,如清华大学认为中试基地非常需要,从原始技术到市场化的产品之间是有距离的,实验室的中试能力有限,清华实验室的发酵罐最多只能 5 吨。鉴于此,建议围绕经开区四大主导产业大力发展中试基地和科技成果熟化平台,对已有中试基地和平台进行整合优化提升,支持龙头企业建立中试基地并对行业内企业开放,鼓励北京地区高校院所去经开区进行科技成果的中试熟化,提供资金补贴和政策支持,让高校科研院所成果与企业需求的衔接顺畅,同时提供第三方中试验证服务,并可延伸发展成实习基地、就业基地。

## 三、充分发挥区内外高校院所等创新资源的作用

针对经开区高校院所研发资源缺乏的问题,有两点建议:一是充分发挥经开区及大兴区内高校院所的作用,研究每所学校的优势,可与经开区产业对接的领域,挖掘适合在区内转化的成果和资源,利用其培养科技成果转化骨干人员,如可利用北京电子科技职业学院、北京邮电大学世纪学院培养电子信息、装备制造等领域的人才,为经开区的企业提供优质的人才供给。二是深化与区外高校院所的合作,以产业引导基金、财税政策、创新创业孵化器等多种形式,引导区内企业与区外大院大所共建联合研发中心、联合实验室、工

---

① 资料来源:http://www.most.gov.cn/fggw/zfwj/zfwj2002/200512/t20051214_54981.htm。

程技术中心或研究院等研发平台，为产学研各方提供一个相对固定的交流平台与成果转化载体。同时，鼓励校企之间建立"人才定向培养"合作机制，学校为企业培养优秀的技术技能人才，企业为学生实习实训、就业提供更大空间，建立起"把教室建在车间，把车间建在学校"的校企共建实习实训基地模式。以此逐步涵养研发创新资源，使得在经开区落地转化的成果和人才引得来、留得住。

### 四、营造引才聚才的良好环境氛围

在生活配套、公共设施和人才政策等方面加大服务保障力度，吸引聚集优秀人才。引进优质教育资源，与国际国内名校合作，引入社会资本建设高品质国际学校和国内名校，建立覆盖从幼教到高中阶段教育的优质国际、国内教育服务体系，解决人才的后顾之忧，形成人才吸引力。引进优质的医疗资源，充分利用同仁医院南院、北大医院大兴院区等三甲医院资源，带动社区医疗服务体系健全和逐步完善。完善对"三城"及海外高层次人才服务制度，如人才工作居住证制度；完善高层次人才社保、医疗、住房、子女入学等综合服务。

### 五、完善科技成果转化的金融服务体系

构建以重大科技成果转化专项资金为牵引的多元投入机制，推动重点产业知识产权运营基金市场化运作。共建校地、院地科技合作基金，形成"技术+场地+资本"的配套，为常态化沟通对接及项目落地提供有力支撑与保障。以区域规划、政策扶持等手段促使以天使投资、创业投资为代表的科技金融机构聚集，提高企业投融资需求的便利性和易得性。引导银行等金融机构支持企业开展科技成果转移转化，加快建设科技金融专营机构、科技保险专营机构，鼓励银行开展投贷联动模式创新，促进创新创业及成果转化。

附　录

# 附录 1 国家科技创新政策（2020 年）目录

| 序号 | 文件名 | 文件文号 | 发文部门 | 发文时间 |
|---|---|---|---|---|
| 一、综合政策（规划、计划） | | | | |
| 1 | 中共中央关于制定国民经济和社会发展第十四个五年规划和二〇三五年远景目标的建议 | | | 2020 年 10 月 29 日 |
| 2 | 中共中央 国务院关于新时代加快完善社会主义市场经济体制的意见 | 中发〔2020〕10 号 | 中共中央、国务院 | 2020 年 5 月 11 日 |
| 3 | 关于加强新时代民营经济统战工作的意见 | | 中共中央办公厅 | 2020 年 9 月 |
| 4 | 国务院关于落实《政府工作报告》重点工作部门分工的意见 | 国发〔2020〕6 号 | 国务院 | 2020 年 6 月 6 日 |
| 5 | 科技部关于《长三角科技创新共同体建设发展规划》的通知 | 国科发规〔2020〕352 号 | 科技部 | 2020 年 12 月 20 日 |
| 6 | 科技部、农业农村部、教育部、财政部、人力资源社会保障部、银保监会、中华全国供销合作总社《关于加强农业科技社会化服务体系建设的若干意见》的通知 | 国科发农〔2020〕192 号 | 科技部、农业农村部、教育部、财政部、人力资源社会保障部、银保监会、中华全国供销合作总社 | 2020 年 7 月 8 日 |
| 7 | 科技部、财政部《关于推进国家技术创新中心建设的总体方案（暂行）》的通知 | 国科发区〔2020〕93 号 | 科技部、财政部 | 2020 年 3 月 23 日 |
| 二、体制改革 | | | | |
| 8 | 中共中央 国务院印发《深化新时代教育评价改革总体方案》 | | 中共中央、国务院 | 2020 年 10 月 |
| 9 | 中共中央办公厅 国务院办公厅印发《深圳建设中国特色社会主义先行示范区综合改革试点实施方案（2020−2025 年）》 | | 中共中央办公厅、国务院办公厅 | 2020 年 10 月 |

续表

| 序号 | 文件名 | 文件文号 | 发文部门 | 发文时间 |
|---|---|---|---|---|
| 10 | 国务院办公厅关于印发全国深化"放管服"改革优化营商环境电视电话会议重点任务分工方案的通知 | 国办发〔2020〕43号 | 国务院办公厅 | 2020年11月 |
| 11 | 国务院办公厅关于加快推进政务服务"跨省通办"的指导意见 | 国办发〔2020〕35号 | 国务院办公厅 | 2020年9月29日 |
| 12 | 国务院办公厅关于加快医学教育创新发展的指导意见 | 国办发〔2020〕34号 | 国务院办公厅 | 2020年9月23日 |
| 13 | 国务院办公厅关于深化商事制度改革进一步为企业松绑减负激发企业活力的通知 | 国办发〔2020〕29号 | 国务院办公厅 | 2020年9月10日 |
| 14 | 国务院办公厅关于进一步优化营商环境更好服务市场主体的实施意见 | 国办发〔2020〕24号 | 国务院办公厅 | 2020年7月21日 |
| 15 | 关于支持民营企业加快改革发展与转型升级的实施意见 | 发改体改〔2020〕1566号 | 国家发展改革委、科技部、工业和信息化部、财政部、人力资源社会保障部、人民银行 | 2020年10月14日 |
| 16 | 科技部办公厅 财政部办公厅 教育部办公厅 中科院办公厅 工程院办公厅 自然科学基金委办公室关于印发《新形势下加强基础研究若干重点举措》的通知 | 国科办基〔2020〕38号 | 科技部办公厅、财政部办公厅、教育部办公厅、中科院办公厅、工程院办公厅、自然科学基金委办公室 | 2020年4月29日 |
| 17 | 科技部 发展改革委 教育部 中科院 自然科学基金委关于印发《加强"从0到1"基础研究工作方案》的通知 | 国科发基〔2020〕46号 | 科技部、发展改革委、教育部、中科院、自然科学基金委 | 2020年3月4日 |
| 三、创新创业 | | | | |
| 18 | 中共中央国务院关于构建更加完善的要素市场化配置体制机制的意见 | | 中共中央、国务院 | 2020年3月30日 |
| 19 | 保障中小企业款项支付条例 | 中华人民共和国国务院令（第728号） | 国务院 | 2020年7月14日 |
| 20 | 国务院关于进一步提高上市公司质量的意见 | 国发〔2020〕14号 | 国务院 | 2020年10月9日 |
| 21 | 国务院关于实施金融控股公司准入管理的决定 | 国发〔2020〕12号 | 国务院 | 2020年9月13日 |
| 22 | 国务院关于印发新时期促进集成电路产业和软件产业高质量发展若干政策的通知 | 国发〔2020〕8号 | 国务院 | 2020年8月4日 |

续表

| 序号 | 文件名 | 文件文号 | 发文部门 | 发文时间 |
|---|---|---|---|---|
| 23 | 国务院办公厅关于建设第三批大众创业万众创新示范基地的通知 | 国办发〔2020〕51 号 | 国务院办公厅 | 2020 年 12 月 24 日 |
| 24 | 国务院办公厅转发国家发展改革委关于促进特色小镇规范健康发展意见的通知 | 国办发〔2020〕33 号 | 国务院办公厅 | 2020 年 9 月 25 日 |
| 25 | 国务院办公厅关于以新业态新模式引领新型消费加快发展的意见 | 国办发〔2020〕32 号 | 国务院办公厅 | 2020 年 9 月 21 日 |
| 26 | 国务院办公厅关于支持多渠道灵活就业的意见 | 国办发〔2020〕27 号 | 国务院办公厅 | 2020 年 7 月 31 日 |
| 27 | 国务院办公厅关于提升大众创业万众创新示范基地带动作用进一步促改革稳就业强动能的实施意见 | 国办发〔2020〕26 号 | 国务院办公厅 | 2020 年 7 月 30 日 |
| 28 | 国务院办公厅关于推广第三批支持创新相关改革举措的通知 | 国办发〔2020〕3 号 | 国务院办公厅 | 2020 年 2 月 21 日 |
| 29 | 关于支持新业态新模式健康发展激活消费市场带动扩大就业的意见 | 发改高技〔2020〕1157 号 | 国家发展改革委、国家网信办、工业和信息化部、教育部、人力资源社会保障部、交通运输部、农业农村部、商务部、文化和旅游部、卫生健康委、国资委、市场监管总局、医保局 | 2020 年 7 月 14 日 |
| 30 | 科技部关于认定 2020 年国家高新技术产业化基地的通知 | 国科发高〔2020〕260 号 | 科技部 | 2020 年 9 月 29 日 |
| 31 | 科技部关于印发《国家新一代人工智能创新发展试验区建设工作指引（修订版）》的通知 | 国科发规〔2020〕254 号 | 科技部 | 2020 年 9 月 29 日 |
| 32 | 科学技术部印发《关于科技创新支撑复工复产和经济平稳运行的若干措施》的通知 | 国科发区〔2020〕67 号 | 科技部 | 2020 年 3 月 21 日 |
| 33 | 教育部关于应对新冠肺炎疫情做好 2020 届全国普通高等学校毕业生就业创业工作的通知 | 教学〔2020〕2 号 | 教育部 | 2020 年 3 月 4 日 |
| 34 | 财政部　工业和信息化部　科技部　国家发展和改革委员会关于完善新能源汽车推广应用财政补贴政策的通知 | 财建〔2020〕86 号 | 财政部、工业和信息化部、科技部、国家发展改革委 | 2020 年 4 月 23 日 |

续表

| 序号 | 文件名 | 文件文号 | 发文部门 | 发文时间 |
|---|---|---|---|---|
| 35 | 财政部 人力资源和社会保障部 中国人民银行关于进一步加大创业担保贷款贴息力度全力支持重点群体创业就业的通知 | 财金〔2020〕21号 | 财政部、人力资源和社会保障部、中国人民银行 | 2020年4月15日 |
| 36 | 工业和信息化部 国家发展和改革委员会 科学技术部 财政部 人力资源和社会保障部 生态环境部 农业农村部 商务部 文化和旅游部 国家税务总局 国家统计局 国家市场监督管理总局 中国人民银行 中国银行保险监督管理委员会 中国证券监督管理委员会 国家知识产权局关于健全支持中小企业发展制度的若干意见 | 工信部联企业〔2020〕108号 | 工业和信息化部、国家发展改革委、科技部、财政部、人力资源和社会保障部、生态环境部、农业农村部、商务部、文化和旅游部、国家税务总局、海关总署、国家市场监督管理总局、中国人民银行、中国银行保险监督管理委员会、国家统计局、中国证券监督管理委员会、国家知识产权局 | 2020年7月3日 |
| 37 | 工业和信息化部办公厅关于运用新一代信息技术支撑服务疫情防控和复工复产工作的通知 | 工信厅信发〔2020〕4号 | 工业和信息化部办公厅 | 2020年2月18日 |
| 38 | 工业和信息化部关于应对新型冠状病毒肺炎疫情帮助中小企业复工复产共渡难关有关工作的通知 | 工信明电〔2020〕14号 | 工业和信息化部办公厅 | 2020年2月9日 |
| 39 | 农业农村部办公厅关于国家农业科技创新联盟建设的指导意见 | 农办科〔2020〕12号 | 农业农村部办公厅 | 2020年6月29日 |
| 四、人才 | | | | |
| 40 | 国务院办公厅关于进一步完善失信约束制度构建诚信建设长效机制的指导意见 | 国办发〔2020〕49号 | 国务院办公厅 | 2020年12月18日 |
| 41 | 国务院办公厅关于推进对外贸易创新发展的实施意见 | 国办发〔2020〕40号 | 国务院办公厅 | 2020年11月9日 |
| 42 | 科技部 财政部 教育部 中科院关于持续开展减轻科研人员负担激发创新活力专项行动的通知 | 国科发政〔2020〕280号 | 科技部、财政部、教育部、中科院 | 2020年10月22日 |
| 43 | 科技部办公厅关于实施科技人员服务企业专项行动·湖北专项的通知 | 国科办智〔2020〕94号 | 科技部办公厅 | 2020年10月14日 |

续表

| 序号 | 文件名 | 文件文号 | 发文部门 | 发文时间 |
|---|---|---|---|---|
| 44 | 科技部办公厅关于开展科技人员服务企业专项行动的通知 | 国科办函智〔2020〕59号 | 科技部办公厅 | 2020年4月7日 |
| 45 | 科技部印发《关于破除科技评价中"唯论文"不良导向的若干措施（试行）》的通知 | 国科发〔2020〕37号 | 科技部 | 2020年2月17日 |
| 46 | 教育部　科技部印发《关于规范高等学校SCI论文相关指标使用树立正确评价导向的若干意见》的通知 | 教科技〔2020〕2号 | 教育部、科技部 | 2020年2月18日 |
| 47 | 农业农村部　国家发展改革委　教育部　科技部　财政部　人力资源社会保障部　自然资源部　退役军人部银保监会关于深入实施农村创新创业带头人培育行动的意见 | 农产发〔2020〕3号 | 农业农村部、国家发展改革委、教育部、科技部、财政部、人力资源社会保障部、自然资源部、退役军人部、银保监会 | 2020年6月13日 |
| 五、财税和金融 | | | | |
| 48 | 中华人民共和国预算法实施条例 | 中华人民共和国国务院令（第729号） | 国务院 | 2020年8月3日 |
| 49 | 科技部　自然科学基金委关于进一步压实国家科技计划（专项、基金等）任务承担单位科研作风学风和科研诚信主体责任的通知 | 国科发监〔2020〕203号 | 科技部、自然科学基金委 | 2020年7月17日 |
| 50 | 科技部　财政部　发展改革委关于印发《中央财政科技计划（专项、基金等）绩效评估规范（试行）》的通知 | 国科发监〔2020〕165号 | 科技部、财政部、发展改革委 | 2020年6月19日 |
| 51 | 科技部　教育部　人力资源社会保障部　财政部　中科院　自然科学基金委关于鼓励科研项目开发科研助理岗位吸纳高校毕业生就业的通知 | 国科发资〔2020〕132号 | 科技部、教育部、人力资源社会保障部、财政部、中科院、自然科学基金委 | 2020年5月27日 |
| 52 | 教育部办公厅关于进一步加强国有资产出租出借管理的通知 | 教财厅函〔2020〕9号 | 教育部办公厅 | 2020年7月29日 |
| 53 | 金融控股公司监督管理试行办法 | 中国人民银行令〔2020〕第4号 | 中国人民银行 | 2020年9月11日 |

续表

| 序号 | 文件名 | 文件文号 | 发文部门 | 发文时间 |
|---|---|---|---|---|
| 54 | 中国人民银行 银保监会 财政部 发展改革委 工业和信息化部关于进一步对中小微企业贷款实施阶段性延期还本付息的通知 | 银发〔2020〕122号 | 中国人民银行、银保监会、财政部、发展改革委、工业和信息化部 | 2020年6月1日 |
| 55 | 中国银行保险监督管理委员会 工业和信息化部 国家发展和改革委员会 财政部 中国人民银行 国家市场监督管理总局关于进一步规范信贷融资收费降低企业融资综合成本的通知 | 银保监发〔2020〕18号 | 中国银行保险监督管理委员会、工业和信息化部、国家发展和改革委员会、财政部、中国人民银行、国家市场监督管理总局 | 2020年5月18日 |
| 56 | 财政部关于加强行政事业单位固定资产管理的通知 | 财资〔2020〕97号 | 财政部 | 2020年8月26日 |
| 57 | 财政部关于印发《项目支出绩效评价管理办法》的通知 | 财预〔2020〕10号 | 财政部 | 2020年2月25日 |
| 58 | 税务总局等十三部门关于进一步推进纳税缴费便利化改革优化税收营商环境若干措施的通知 | 税总发〔2020〕48号 | 税务总局、发展改革委、公安部、司法部、财政部、人力资源社会保障部、住房城乡建设部、商务部、人民银行、海关总署、医保局、档案局、密码局 | 2020年9月28日 |
| 六、园区 | | | | |
| 59 | 国务院关于印发北京、湖南、安徽自由贸易试验区总体方案及浙江自由贸易试验区扩展区域方案的通知 | 国发〔2020〕10号 | 国务院 | 2020年9月21日 |
| 60 | 国务院关于促进国家高新技术产业开发区高质量发展的若干意见 | 国发〔2020〕7号 | 国务院 | 2020年7月17日 |
| 61 | 国务院关于深化北京市新一轮服务业扩大开放综合试点建设国家服务业扩大开放综合示范区工作方案的批复 | 国函〔2020〕123号 | 国务院 | 2020年9月7日 |
| 62 | 国务院关于做好自由贸易试验区第六批改革试点经验复制推广工作的通知 | 国函〔2020〕96号 | 国务院 | 2020年7月7日 |
| 63 | 科技部 农业农村部 水利部 国家林业和草原局 中国科学院 中国农业银行关于印发《国家农业科技园区管理办法》的通知 | 国科发农〔2020〕173号 | 科技部、农业农村部、水利部、国家林业和草原局、中国科学院、中国农业银行 | 2020年6月25日 |

续表

| 序号 | 文件名 | 文件文号 | 发文部门 | 发文时间 |
|---|---|---|---|---|
| 64 | 科技部办公厅　财政部办公厅关于开展"百城百园"行动的通知 | 国科办区〔2020〕24 号 | 科技部办公厅、财政部办公厅 | 2020 年 3 月 25 日 |
| 七、知识产权与技术转移 | | | | |
| 65 | 国家科学技术奖励条例 | 国令第 731 号 | 国务院 | 2020 年 10 月 7 日 |
| 66 | 国务院关于实施知识产权利担保统一登记的决定 | 国发〔2020〕18 号 | 国务院 | 2020 年 12 月 22 日 |
| 67 | 科技部关于印发《赋予科研人员职务科技成果所有权或长期使用权试点单位名单》的通知 | 国科发区〔2020〕273 号 | 科技部 | 2020 年 10 月 12 日 |
| 68 | 科技部　教育部印发《关于进一步推进高等学校专业化技术转移机构建设发展的实施意见》的通知 | 国科发区〔2020〕133 号 | 科技部、教育部 | 2020 年 5 月 13 日 |
| 69 | 科技部办公厅关于加快推动国家科技成果转移转化示范区建设发展的通知 | 国科办区〔2020〕50 号 | 科技部办公厅 | 2020 年 6 月 4 日 |
| 70 | 教育部　国家知识产权局　科技部关于提升高等学校专利质量促进转化运用的若干意见 | 教科技〔2020〕1 号 | 教育部、国家知识产权局、科技部 | 2020 年 2 月 3 日 |
| 八、其他 | | | | |
| 71 | 科学技术活动违规行为处理暂行规定 | 科学技术部令第 19 号 | 科技部 | 2020 年 7 月 7 日 |
| 72 | 科技部关于印发《科学技术活动评审工作中请托行为处理规定（试行）》的通知 | 国科发监〔2020〕360 号 | 科技部 | 2020 年 12 月 23 日 |
| 73 | 交通运输部　科学技术部关于印发《国家交通运输科普基地管理办法》的通知 | 文科技发〔2020〕73 号 | 交通运输部、科技部 | 2020 年 7 月 10 日 |

# 附录 2 北京科技创新政策 (2020 年) 目录

| 序号 | 文件名 | 文件文号 | 发文部门 | 发文时间 |
|---|---|---|---|---|
| 一、综合政策（规划、计划） | | | | |
| 1 | 中共北京市委 北京市人民政府关于进一步提升营商环境活力促进经济高质量发展的实施意见 | | 中共北京市委、北京市人民政府 | 2020 年 4 月 26 日 |
| 2 | 中共北京市委 北京市人民政府关于加快培育壮大新业态新模式促进北京经济高质量发展的若干意见 | | 中共北京市委、北京市人民政府 | 2020 年 6 月 9 日 |
| 3 | 中共北京市委关于制定北京市国民经济和社会发展第十四个五年规划和二〇三五年远景目标的建议 | | 中共北京市委 | 2020 年 11 月 29 日 |
| 4 | 中共北京市委办公厅 北京市人民政府办公厅印发《加强首都公共卫生应急管理体系建设三年行动计划（2020~2022 年）》的通知 | | 中共北京市委办公厅、北京市人民政府办公厅 | 2020 年 6 月 4 日 |
| 5 | 北京市人民政府办公厅关于印发《北京市区块链创新发展行动计划（2020~2022 年）》的通知 | 京政办发〔2020〕19 号 | 北京市人民政府办公厅 | 2020 年 6 月 30 日 |
| 6 | 北京市农业农村局 北京市发展和改革委员会 北京市科学技术委员会 北京市财政局 北京市园林绿化局关于印发《北京市现代种业发展三年行动计划（2020~2022 年）的通知 | 京政农发〔2020〕24 号 | 北京市农业农村局、北京市发展和改革委员会、北京市科学技术委员会、北京市财政局、北京市园林绿化局 | 2020 年 4 月 8 日 |
| 7 | 北京市经济和信息化局关于印发《北京市促进数字经济创新发展行动纲要（2020~2022 年）》的通知 | 京经信发〔2020〕51 号 | 北京市经济和信息化局 | 2020 年 9 月 22 日 |

续表

| 序号 | 文件名 | 文件文号 | 发文部门 | 发文时间 |
|---|---|---|---|---|
| 8 | 北京加快推进国家级金科新区建设三年行动计划（2020—2022年） | | | 2020年11月18日 |
| 二、体制改革 | | | | |
| 9 | 北京市优化营商环境条例 | 北京市人民代表大会常务委员会公告〔十五届〕第25号 | 北京市人民代表大会常务委员会 | 2020年4月1日 |
| 10 | 关于深化京津口岸营商环境改革　进一步促进跨境贸易便利化若干措施的公告 | 京津联合公告第7号 | 北京市商务局 | 2020年4月7日 |
| 11 | 北京市商务局（北京市人民政府口岸办公室）　天津市商务局（天津市人民政府口岸服务办公室）　中华人民共和国北京海关　中华人民共和国天津海关关于深入优化京津口岸营商环境进一步促进跨境贸易便利化若干措施的公告 | 京津联合公告第6号 | 北京市商务局 | 2020年2月10日 |
| 12 | 北京市科学技术委员会印发《关于落实"放管服"要求　进一步完善北京市科技计划项目经费监督管理的若干措施》的通知 | 京科发〔2020〕8号 | 北京市科学技术委员会 | 2020年7月1日 |
| 13 | 北京市科学技术委员会关于印发《北京市科技专家库管理办法（试行）》的通知 | 京科发〔2020〕1号 | 北京市科学技术委员会 | 2020年2月17日 |
| 14 | 关于印发北京市工程研究中心管理办法的通知 | 京发改规〔2020〕7号 | 北京市发展和改革委员会 | 2020年11月23日 |
| 15 | 北京市发展和改革委员会关于进一步深化改革做好外资项目有关工作的通知 | 京发改规〔2020〕4号 | 北京市发展和改革委员会 | 2020年9月7日 |
| 16 | 北京市人力资源和社会保障局关于印发《关于进一步推进便民服务持续优化营商环境的若干措施》的通知 | 京人社办发〔2020〕18号 | 北京市人力资源和社会保障局 | 2020年9月28日 |
| 17 | 北京市教育委员会关于印发北京市支持中央在京高校共建项目管理办法的通知 | 京教财〔2020〕13号 | 北京市教育委员会 | 2020年8月31日 |

续表

| 序号 | 文件名 | 文件文号 | 发文部门 | 发文时间 |
|---|---|---|---|---|
| 18 | 北京市市场监督管理局 北京市人民政府行政审批制度改革办公室关于印发北京市开展"证照分离"改革全覆盖试点工作方案的通知 | 京市监发〔2020〕98号 | 北京市市场监督管理局、北京市人民政府行政审批制度改革办公室 | 2020年8月7日 |
| 19 | 北京市市场监督管理局关于贯彻落实《北京市优化营商环境条例》的实施意见 | 京市监发〔2020〕72号 | 北京市市场监督管理局 | 2020年6月10日 |
| 20 | 北京市市场监督管理局关于印发进一步推进市场主体登记便利化优化营商环境实施办法的通知 | 京市监发〔2020〕49号 | 北京市市场监督管理局 | 2020年4月27日 |
| 21 | 北京市高级人民法院印发《北京市高级人民法院关于提高执行工作质效为优化首都营商环境提供司法保障的意见（试行）》的通知 | 京高法发〔2020〕101号 | 北京市高级人民法院 | 2020年3月11日 |
| 三、创新创业 | | | | |
| 22 | 北京市促进中小企业发展条例 | 2020年9月25日北京市第十五届人民代表大会常务委员会第二十四次会议修订 | 北京市人民代表大会常务委员会 | 2020年10月9日 |
| 23 | 北京市人民政府办公厅关于印发《进一步支持中小微企业应对疫情影响保持平稳发展若干措施》的通知 | 京政办发〔2020〕15号 | 北京市人民政府办公厅 | 2020年4月17日 |
| 24 | 北京市科学技术委员会关于印发《北京市科技企业孵化器认定管理办法》的通知 | 京科发〔2020〕13号 | 北京市科学技术委员会 | 2020年8月10日 |
| 25 | 北京市科学技术委员会 北京市财政局关于进一步利用首都科技创新券助力企业复工复产的通知 | 京科文发〔2020〕121号 | 北京市科学技术委员会 | 2020年7月17日 |

续表

| 序号 | 文件名 | 文件文号 | 发文部门 | 发文时间 |
|---|---|---|---|---|
| 26 | 北京市科学技术委员会　北京市人力资源和社会保障局　北京市市场监督管理局　中关村科技园区管理委员会　北京市大兴区人民政府印发《关于持永久居留证外籍人才创办科技型企业的试行办法》的通知 | 京科发〔2020〕6号 | 北京市科学技术委员会 | 2020年6月3日 |
| 27 | 北京市发展和改革委员会　北京市科学技术委员会关于印发北京市构建市场导向的绿色技术创新体系实施方案的通知 | 京发改〔2020〕789号 | 北京市发展和改革委员会、北京市科学技术委员会 | 2020年6月1日 |
| 28 | 北京市人力资源和社会保障局关于印发《北京市人力资源和社会保障局支持多渠道灵活就业实施办法》的通知 | 京人社就发〔2020〕19号 | 北京市人力资源和社会保障局 | 2020年9月29日 |
| 29 | 北京经济技术开发区打造大中小企业融通型特色载体推动中小企业创新创业升级专项资金管理办法 | | 北京经济技术开发区 | 2020年5月25日 |
| 30 | 北京经济技术开发区打造大中小企业融通型特色载体推动中小企业创新创业升级专项资金实施细则 | | 北京经济技术开发区 | 2020年5月25日 |
| 四、科技人才 | | | | |
| 31 | 北京市人民政府办公厅关于印发《北京市科分落户管理办法》的通知 | 京政办发〔2020〕9号 | 北京市人民政府办公厅 | 2020年7月14日 |
| 32 | 北京市科学技术委员会关于弘扬科学家精神加强作风学风与科研诚信建设的实施意见 | 京科发〔2020〕16号 | 北京市科学技术委员会 | 2020年12月18日 |
| 33 | 北京市人力资源和社会保障局关于印发《北京市积分落户操作管理细则》的通知 | 京人社开发发〔2020〕8号 | 北京市人力资源和社会保障局 | 2020年7月15日 |
| 34 | 北京市人力资源和社会保障局关于印发《北京市职称评审管理暂行办法》的通知 | 京人社事业发〔2020〕12号 | 北京市人力资源和社会保障局 | 2020年7月31日 |
| 35 | 北京市人力资源和社会保障局关于调整2020年度北京市部分专业技术人员职称考试资格考试工作安排的通知 | 京人社事业字〔2020〕46号 | 北京市人力资源和社会保障局 | 2020年4月24日 |

续表

| 序号 | 文件名 | 文件文号 | 发文部门 | 发文时间 |
|---|---|---|---|---|
| 36 | 北京市人力资源和社会保障局 北京市科学技术委员会关于印发《北京市深化自然科学研究人员职称制度改革实施办法》的通知 | 京人社事业发 [2020] 36号 | 北京市人力资源和社会保障局 | 2020年11月30日 |
| 37 | 北京市人力资源和社会保障局关于印发《北京市工程技术系列（人工智能）专业技术资格评价试行办法》的通知 | 京人社事业发 [2020] 30号 | 北京市人力资源和社会保障局 | 2020年11月4日 |
| 38 | 北京市人力资源和社会保障局 北京市农业农村局关于印发《北京市深化农业技术人员职称制度改革实施办法》的通知 | 京人社事业发 [2020] 26号 | 北京市人力资源和社会保障局 | 2020年10月29日 |
| 39 | 北京经济技术开发区支持高精尖产业人才创新创业实施办法（试行） | | 北京经济技术开发区 | 2020年9月1日 |
| 40 | 北京经济技术开发区管理委员会关于印发《北京经济技术开发区博士后工作管理办法》的通知 | 京技管 [2020] 31号 | 北京经济技术开发区管理委员会 | 2020年4月10日 |
| 五、产业发展 | | | | |
| 41 | 北京市科学技术委员会 北京市经济和信息化局关于对实施北京市高精尖产业技能提升培训政策有关事项的通知 | 京科专发 [2020] 157号 | 北京市科学技术委员会 | 2020年8月31日 |
| 42 | 北京市科学技术委员会 北京市经济和信息化局 北京市人力资源和社会保障局 北京市财政局关于印发《北京市高精尖产业技能提升培训补贴实施办法》的通知 | 京科发 [2020] 3号 | 北京市科学技术委员会 | 2020年3月6日 |
| 43 | 北京市科学技术委员会 北京市发展和改革委员会 北京市卫生健康委员会 北京市医疗保障局 北京市药品监督管理局 中关村科技园区管理委员会关于印发《关于加强新型冠状病毒肺炎科技改革促进医药健康创新发展的若干措施》的通知 | 京科发 [2020] 2号 | 北京市科学技术委员会 | 2020年2月2日 |
| 44 | 北京市教育委员会关于印发北京高等学校高精尖创新中心建设管理办法的通知 | 京教研 [2020] 1号 | 北京市教育委员会 | 2020年7月8日 |

续表

| 序号 | 文件名 | 文件文号 | 发文部门 | 发文时间 |
|---|---|---|---|---|
| 45 | 北京市经济和信息化局关于印发《北京市关于促进北斗技术创新和产业发展的实施方案（2020—2022年）》的通知 | 京经信发〔2020〕4号 | 北京市经济和信息化局 | 2020年2月19日 |
| 46 | 北京市商务局关于印发《关于促进商务咨询服务业健康发展的若干措施》的通知 | 京商商服字〔2020〕1号 | 北京市商务局 | 2020年3月30日 |
| 47 | 北京市商务局关于印发《北京市关于打造数字贸易试验区实施方案》的通知 | 京商服贸字〔2020〕33号 | 北京市商务局 | 2020年9月18日 |
| 六、财税与金融 | | | | |
| 48 | 中共北京市委　北京市人民政府关于完善国有金融资本管理的实施意见（二○二○年十一月二十五日） | | 中共北京市委、北京市人民政府 | 2020年12月14日 |
| 49 | 北京市财政局　北京市经济和信息化局关于修订《北京市小微企业信用担保代偿补偿资金管理实施细则》的通知 | 京财经建〔2020〕2288号 | 北京市财政局 | 2020年11月4日 |
| 50 | 北京市财政局关于印发《北京市项目支出绩效评价管理办法》的通知 | 京财绩效〔2020〕2146号 | 北京市财政局 | 2020年10月29日 |
| 51 | 北京市财政局关于印发《北京市预算绩效目标管理办法》的通知 | 京财绩效〔2020〕2137号 | 北京市财政局 | 2020年10月28日 |
| 52 | 北京市财政局　北京市人力资源和社会保障局　中国人民银行营业管理部关于北京市进一步加大创业担保贷款贴息力度全力支持重点群体创业就业的通知 | 京财金融〔2020〕1159号 | 北京市财政局 | 2020年7月7日 |
| 53 | 北京市财政局关于新型冠状病毒感染肺炎疫情防控期间同加大政府采购支持中小微企业力度的通知 | 京财采购〔2020〕195号 | 北京市财政局 | 2020年2月7日 |
| 54 | 北京市财政局关于降低本市政府性融资担保费率的实施细则 | | 北京市财政局 | 2020年4月30日 |
| 55 | 北京市地方金融监督管理局关于印发《关于加强高层次人才金融服务的若干措施》的通知 | | 北京市地方金融监督管理局 | 2020年4月3日 |
| 56 | 北京市地方金融监督管理局　中国人民银行营业管理部　中国银行保险监督管理委员会北京监管局关于印发《关于加快优化金融信贷营商环境的意见》的通知 | 京金融〔2020〕31号 | 北京市地方金融监督管理局 | 2020年2月28日 |

续表

| 序号 | 文件名 | 文件文号 | 发文部门 | 发文时间 |
|---|---|---|---|---|
| 57 | 北京市地方金融监督管理局 中国人民银行营业管理部 中国银保监督管理委员会北京监管局 中国证券监督管理委员会北京监管局《关于加大金融支持科创企业健康发展的若干措施》的通知 | 京金融〔2020〕7号 | 北京市地方金融监督管理局 | 2020年1月10日 |
| 58 | 国家税务总局北京市税务局等十二部门关于推进纳税缴费便利化改革优化税收营商环境若干措施的通知 | 京税发〔2020〕131号 | 国家税务总局北京市税务局 | 2020年12月25日 |
| 七、中关村 | | | | |
| 59 | 中关村科技园区管理委员会关于印发《中关村国家自主创新示范区关于推进特色产业园区建设 提升分园产业服务能力的指导意见》的通知 | 中科园发〔2020〕26号 | 中关村科技园区管理委员会 | 2020年10月26日 |
| 60 | 中关村科技园区管理委员会关于印发《中关村国家自主创新示范区中关村前沿技术创新中心建设管理办法》的通知 | 中科园发〔2020〕28号 | 中关村科技园区管理委员会 | 2020年12月31日 |
| 61 | 中关村科技园区管理委员会关于印发《中关村国家自主创新示范区数字经济引领发展行动计划（2020-2022年）》的通知 | 中科园发〔2020〕24号 | 中关村科技园区管理委员会 | 2020年10月14日 |
| 62 | 中关村科技园区管理委员会 丰台区人民政府关于印发《中关村丰台园轨道交通高端产业创新发展行动计划（2020-2022年）》的通知 | 中科园发〔2020〕23号 | 中关村科技园区管理委员会 | 2020年10月14日 |
| 63 | 中关村科技园区管理委员会《关于强化高价值专利运营 促进科技成果转化的若干措施》的通知 | 中科园发〔2020〕22号 | 中关村科技园区管理委员会 | 2020年9月30日 |
| 64 | 中关村科技园区管理委员会 北京市科学技术委员会 北京市发展和改革委员会 北京市经济和信息化局 北京市财政局关于发布2020年度防疫抗疫领域中关村首台（套）重大技术装备试验示范项目的通知 | 中科园发〔2020〕12号 | 中关村科技园区管理委员会 | 2020年6月24日 |
| 65 | 中关村科技园区管理委员会 北京市科学技术委员会 北京市发展和改革委员会 北京市经济和信息化局 北京市财政局关于发布2019年度中关村首台（套）重大技术装备试验、示范项目的通知 | 中科园发〔2020〕9号 | 中关村科技园区管理委员会 | 2020年5月7日 |

续表

| 序号 | 文件名 | 文件文号 | 发文部门 | 发文时间 |
|---|---|---|---|---|
| 66 | 中关村科技园区管理委员会关于支持科技"战疫" 促进企业持续健康发展有关工作的通知 | 中科园发〔2020〕3号 | 中关村科技园区管理委员会 | 2020年2月7日 |
| 67 | 中关村科技园区管委会支持投资机构在中关村示范区开展投资实施细则 | 一 | 中关村科技园区管理委员会 | 2020年4月21日 |
| 八、知识产权与技术转移 | | | | |
| 68 | 中共北京市委办公厅 北京市人民政府办公厅印发《关于强化知识产权保护的行动方案》的通知 | 一 | 中共北京市委办公厅 北京市人民政府办公厅 | 2020年8月22日 |
| 69 | 北京市知识产权局关于印发《北京市知识产权行政处罚裁量权适用规定（试行）》和《北京市知识产权行政处罚裁量基准表（试行）》的通知 | 京知局〔2020〕241号 | 北京市知识产权局 | 2020年8月27日 |
| 70 | 北京市知识产权局关于修订《北京市知识产权运营试点示范单位认定与管理办法》的通知 | 京知局〔2020〕172号 | 北京市知识产权局 | 2020年6月17日 |
| 71 | 北京市知识产权试点示范单位认定与管理办法 | 京知局〔2020〕171号 | 北京市知识产权局 | 2020年6月17日 |
| 72 | 北京市知识产权局关于废止《北京市专利行政委托执法办法》的通知 | 京知局〔2020〕116号 | 北京市知识产权局 | 2020年5月11日 |
| 73 | 北京市知识产权局关于印发《"三城一区"知识产权行动方案（2020-2022年）》的通知 | 京知局〔2020〕57号 | 北京市知识产权局 | 2020年3月3日 |
| 74 | 北京市教育委员会关于进一步提升北京高校专利质量加快促进科技成果转移转化的意见 | 京教研〔2020〕5号 | 北京市教育委员会 | 2020年5月20日 |
| 九、其他 | | | | |
| 75 | 北京市实验动物许可证管理办法（修订版） | 京科发〔2020〕12号 | 北京市科学技术委员会 | 2020年7月15日 |
| 76 | 北京市司法局关于印发《境外仲裁机构在中国（北京）自由贸易试验区设立业务机构登记管理办法》的通知 | 京司发〔2020〕91号 | 北京市司法局 | 2020年12月31日 |

# 附录3 北京科技创新政策（2020年）摘编

## 中共北京市委 北京市人民政府关于加快培育壮大新业态新模式 促进北京经济高质量发展的若干意见
### （2020年6月9日）

为深入贯彻习近平总书记关于统筹推进疫情防控和经济社会发展工作的重要指示精神，认真落实党中央决策部署，扎实做好"六稳"工作，全面落实"六保"任务，努力在危机中育新机、于变局中开新局，促进北京经济平稳增长和高质量发展，现提出以下意见。

### 一、总体要求

以习近平新时代中国特色社会主义思想为指导，全面贯彻党的十九大和十九届二中、三中、四中全会精神，深入贯彻习近平总书记对北京重要讲话精神，坚持以人民为中心的发展思想，坚持稳中求进工作总基调，坚持新发展理念，坚持以供给侧结构性改革为主线，坚持以改革开放为动力，立足首都城市战略定位，准确把握数字化、智能化、绿色化、融合化发展趋势，在疫情防控常态化前提下，加快推进新型基础设施建设，持续拓展前沿科技应用场景，不断优化新兴消费供给，高水平推进对外开放，全面改革创新政府服务，培育壮大疫情防控中催生的新业态新模式，打造北京经济新增长点，为北京经济高质量发展持续注入新动能新活力。

### 二、把握新基建机遇，进一步厚植数字经济发展根基

抓住算力、数据、普惠AI等数字经济关键生产要素，瞄准"建设、应用、安全、标准"四大主线谋划推进，力争到2022年底基本建成网络基础稳固、数据智能融合、产业生态完善、平台创新活跃、应用智慧丰富、安全可信可控的新型基础设施。

（一）建设新型网络基础设施。扩大5G网络建设规模，2020年底前累计建成5G基站超过3万个，实现五环内和北京城市副中心室外连续覆盖，五环外重点区域、典型应用场景精准覆盖，着力构建5G产业链协同创新体系，推进千兆固网接入网络建设。优化和稳定卫星互联网产业空间布局。以高级别自动驾驶环境建设为先导，加快车联网建设。构建服务京津冀、辐射全国产业转型升级的工业互联网赋能体系，加快国家工业互联网大数据中心、工业互联网标识解析国家顶级节点（北京）建设。

（二）建设数据智能基础设施。推进数据中心从存储型到计算型升级，加强存量数据

中心绿色化改造，加快数据中心从"云+端"集中式架构向"云+边+端"分布式架构演变。强化以"筑基"为核心的大数据平台建设，逐步将大数据平台支撑能力向下延伸，构建北京城市大脑应用体系。提升"算力、算法、算量"基础支撑，打造智慧城市数据底座。推进区块链服务平台和数据交易设施建设。

（三）建设生态系统基础设施。加强共性支撑软件研发，打造高可用、高性能操作系统，推动数据库底层关键技术突破。培育一批科学仪器细分领域隐形冠军和专精特新企业。鼓励建设共享产线等新型中试服务平台。支持各类共享开源平台建设，促进形成协同研发和快速迭代创新生态。加强特色产业园区建设，完善协同创新服务设施。

（四）建设科创平台基础设施。以国家实验室、怀柔综合性国家科学中心建设为牵引，打造多领域、多类型、协同联动的重大科技基础设施集群。突出前沿引领、交叉融合，打造与重大科技基础设施协同创新的研究平台体系。围绕脑科学、量子科学、人工智能等前沿领域，加强新型研发机构建设。以创建国家级产业创新中心为牵引，打造产业创新平台体系。完善科技成果转化服务平台，培育先进制造业集群促进机构。

（五）建设智慧应用基础设施。实施智慧交通提升行动计划，拓展智能停车、智慧养老等智慧社区和智慧环境应用。加快构建互联网医疗服务和监管体系，推进互联网医院建设，加强 AI 辅助诊疗等技术运用。引导各类学校与平台型企业合作，开发更多优质线上教育产品。支持企业建设智能协同办公平台。推动"互联网+"物流创新工程，推进现代流通供应链建设。加快传统基建数字化改造和智慧化升级。

（六）建设可信安全基础设施。促进网络安全产业集聚发展，培育一批拥有网络安全核心技术和服务能力的优质企业，支持操作系统安全、新一代身份认证、终端安全接入等新型产品服务研发和产业化，建立可信安全防护基础技术产品体系，形成覆盖终端、用户、网络、云、数据、应用的安全服务能力。支持建设一体化新型网络安全运营服务平台，提高新型基础设施建设的安全保障能力。

**三、拓展新场景应用，全力支持科技型企业创新发展**

聚焦人工智能、5G、物联网、大数据、区块链、生命科学、新材料等领域，以应用为核心，通过试验空间、市场需求协同带动业态融合、促进上下游产业链融通发展，推动新经济从概念走向实践、转换为发展动能，促进科技型企业加快成长。

（七）实施应用场景"十百千"工程。建设"10+"综合展现北京城市魅力和重要创新成果的特色示范性场景，复制和推广"100+"城市管理与服务典型新应用，壮大"1000+"具有爆发潜力的高成长性企业，聚焦"三城一区"、北京城市副中心、中国（河北）自由贸易试验区大兴机场片区等重点区域，加速新技术、新产品、新模式的推广应用，为企业创新发展提供更大市场空间，培育形成高效协同、智能融合的数字经济发展新生态。

（八）加强京津冀应用场景合作共建。将工业升级改造应用场景作为推动京津冀协同创新重要内容。聚焦津冀钢铁、装备、石化等重点行业的智能化、数字化升级改造需求，深入开展需求挖掘和技术梳理，支持企业参与津冀应用场景建设。加快京津冀产业链供应链协同合作，共同构建区域产业创新生态。

（九）增强"科技冬奥"智能化体验。围绕办赛、参赛、观赛等重点环节，加强数字孪生、云转播、沉浸式观赛、复眼摄像、多场景一脸通行等智能技术的体验布局。建设奥林匹克中心区、延庆赛区、首钢园区三大智慧示范园区，推动自动驾驶、智慧导览、高清直播、虚拟体验、智能机器人、数字化3D重建等技术在园区应用。

（十）推动央企应用场景创建。深入对接金融、能源、电力、通信、高铁、航空、建筑等领域在京央企，围绕科技金融、智慧能源、数字建筑、智能交通、智慧工厂以及老旧小区改造等领域的技术需求，共同组织凝练一批具有较大量级和较强示范带动作用的应用场景，推动工业互联网、智能装备制造、大数据融合、现场总线控制等领域企业参与央企应用场景建设。

**四、挖掘新消费潜力，更好满足居民消费升级需求**

顺应居民消费模式和消费习惯变化，深化消费领域供给侧结构性改革，加强消费产品和服务标准体系建设，完善促进消费的体制机制，切实增强消费对经济发展的基础性作用，更好满足人民群众多元化、品质化消费需求。

（十一）举办北京消费季活动。以"政策+活动"为双轮驱动，组织开展贯穿多个重要节假日的促消费活动，促进线上线下全场景布局、全业态联动、全渠道共振，实现千企万店共同参与，周周有话题、月月有活动，激发消费热情，加快消费回补和潜力释放。

（十二）支持线上线下融合消费。倡导绿色智能消费，实施4K进社区工程，在重点商业街布局8K显示系统。发挥本市大平台大流量优势，拓展社群营销、直播卖货、云逛街等消费新模式，支持线上办展。鼓励线上企业推广移动"菜篮子"、门店宅配、无接触配送等新项目，引导企业建设共同配送服务中心和智能自提柜相结合的末端配送服务体系。

（十三）扩大文化旅游消费。鼓励景区推出云游览、云观赏服务。实施"漫步北京""畅游京郊"行动计划和"点亮北京"夜间文化旅游消费计划，引导市民开展家庭式、个性化、漫步型旅游活动。繁荣首店首发经济，培育发展一批网红打卡新地标，满足年轻时尚消费需求。支持线上体育健康活动和线上演出发展。加强国产原创游戏产品前期研发支持，提高精品游戏审核服务效率。

（十四）便利进口商品消费。支持跨境电商保税仓、体验店等项目建设。进一步扩大开展跨境电商"网购保税+线下自提"业务的企业范围，推进跨境电商进口医药产品试点工作，提升航空跨境电商、跨境生鲜等物流功能。争取保税货物出区展览展示延期审批流程优化。加快落实国家免税店创新政策，优化口岸、市内免税店布局。

（十五）优化升级消费环境。支持企业创制标准，率先落实以企业产品和服务标准公开声明为基础、第三方机构开展评估的企业标准"领跑者"制度。完善生活性服务业标准规范。以首都功能核心区为重点，以市场化方式推动老城区百货商场、旅行社和酒店提质升级。

### 五、实施新开放举措，不断提升开放型经济发展水平

发挥服务业扩大开放综合试点与自由贸易试验区政策叠加优势，搭建更高水平开放平台，着力构建具有北京特点的开放型经济新体制，以开放的主动赢得发展的主动，以高水平的开放赢得高质量的发展。

（十六）全面升级服务业扩大开放。制定服务业扩大开放升级方案，推动"云团式"产业链集群开放，实现"产业开放"与"园区开放"并行突破。加快北京天竺综合保税区创新升级，争取设立北京大兴国际机场综合保税区，积极推动北京亦庄综合保税区申报。建设面向全球、兼顾国别特色的国际合作产业园区，推动共建"一带一路"高质量发展。做强双枢纽机场开放平台，提升北京首都国际机场和大兴国际机场国际航线承载能力。高标准办好中国国际服务贸易交易会、中关村论坛、金融街论坛。

（十七）高质量建设自由贸易试验片区。发挥临空经济区、自由贸易试验区、综合保税区"三区"叠加优势，分阶段推出中国（河北）自由贸易试验区大兴机场片区制度创新清单，赋予更大改革自主权。全面推广实施"区域综合评估+标准地+告知承诺"开发模式，编制重点产业招商地图和产业促进政策，加快建设成为国际交往中心功能承载区、国家航空科技创新引领区和京津冀协同发展示范区。

（十八）加大重点领域开放力度。将金融开放作为建设国家金融管理中心的重要组成部分，发展全球财富管理，推动跨境资本有序流动，探索本外币合一的账户体系，提升金融市场国际化专业服务水平，加强金融科技创新国际合作。推进科技服务业开放，促进中关村国家自主创新示范区在开放中全面创新，吸引世界知名孵化器、知识产权服务机构等落地，建设海外创投基金集聚区。加快数字贸易发展，建立健全数字贸易交易规则，培育一批具有全球影响力的数字经济龙头企业、独角兽企业。推进文化国际交流合作和旅游扩大开放，深化专业服务领域开放改革。

（十九）完善开放保障机制。强化知识产权保护和运用机制，统筹推进知识产权多元化保护格局，完善新领域新业态知识产权保护制度。提升贸易便利化，拓展国际贸易"单一窗口"服务功能和应用领域，申报创建国家进口贸易促进创新示范区。推行准入、促进、管理、保护多位一体的外商投资服务机制。优化国际人才服务保障，建设外籍人才服务体系，完善国际医疗、国际学校等生活配套服务。

### 六、提升新服务效能，着力营造国际一流营商环境

主动适应新动能加速成长的需要，研究制定优化营商环境政策4.0版，加快转变政府职能，更大力度破解体制机制障碍，构建企业全生命周期服务体系，精准帮扶企业特别是受疫情影响严重的中小微企业渡过难关，努力打造国际一流营商环境高地。

（二十）深化"放管服"改革。进一步精简行政审批，细化审批标准，定期开展评估。更大力度清理备案事项、证明事项，规范中介服务，试点"备查制"改革，全面清理影响市场主体经营准入的各种隐性壁垒。推进"证照分离"改革，清理职业资格和企业资

质，强化公平竞争审查制度刚性约束，不断降低准入门槛。积极争取建筑师负责制试点。全面推进"双随机、一公开"监管和线上"非接触"监管，建立健全行政处罚裁量基准制度和执法纠错机制，规范监管执法行为，减少不当干预。

（二十一）提升服务企业效能。全面实施一次性告知清单制度，深化"办好一件事"，优化新业态"一件事"办理流程。优化商事仲裁，增强国际商事仲裁服务能力，提升商事案件审判质效，强化企业破产管理。设立政策兑现窗口，推行政策兑现"一次办"。完善企业"服务包"制度，建立由市、区两级主要领导牵头的定期走访企业机制，畅通政企沟通渠道，着力构建"亲""清"新型政商关系。

（二十二）加快打造数字政府。健全公共数据目录，统一数据接入的规范和标准，制定数据开放计划，优先将与民生紧密相关、社会迫切需要、行业增值潜力显著的公共数据纳入开放清单。深化大数据精准监管，出台政府与社会数据共享治理规则，打破"数据烟囱"和"信息孤岛"。实施政务网络升级改造，完善1.4G专网覆盖。提升政法工作智能化建设水平。在更大范围内实现"一网通办"，大力推进"不见面"审批。改造升级公共信用信息服务平台，推动信用承诺与容缺受理、信用分级分类监管应用。

（二十三）精准帮扶中小微企业。完善中小微企业数据库，精准帮扶科技创新、基本生活性服务业等行业的中小微企业，特别是餐饮、住宿、旅游、影院剧场等受疫情影响严重的行业企业。加强政银企数据共享，提高中小微企业首贷比例、信用贷款比例，大力推广供应链融资，鼓励银行强化首贷中心、续贷中心特色化产品配置，加强进驻银行考核评价。用好用足再贷款再贴现专项政策。健全知识产权质押融资风险分担机制。大力推动中小企业数字化赋能，建设一批细分行业互联网平台和垂直电商平台，培育一批面向中小企业的数字化服务商。鼓励专业服务机构企业上云，打造中小企业数字赋能生态。

## 七、实施保障

（二十四）加强组织领导。建立健全工作推进机制，主管市领导按照职责分工每月专项调度、协调推进。各区各部门各单位建立相应推进机制，主要负责同志亲自研究部署和组织推动相关工作。各相关部门抓紧制定实施细则，尽快形成"1+5+N"政策体系。

（二十五）完善投入机制。制定"五新"政策资金保障方案，统筹用好财政资金、产业基金，提升政府资金使用绩效。完善社会资本投入相关政策，切实降低准入门槛，做好社会资金投资服务。

（二十六）创新服务监管。坚持改革创新，进一步提升政府服务在行政审批、政策支持、标准规范、资源开放等方面的科学性、灵活性和针对性。坚持包容审慎监管，建立市级统筹研究协调机制，探索适用于新业态新模式的"沙箱监管"措施。

（二十七）确保落地实施。坚持清单化管理、项目化推进，各牵头部门尽快梳理形成"五新"政策项目清单。加强督查督办，制定督查任务台账和项目台账，定期跟踪问效。各区各部门各单位定期听取企业和群众对政策落实的意见建议，针对发现问题及时调整完善政策。

附件：

1. 北京市加快新型基础设施建设行动方案（2020-2022年）
2. 北京市加快新场景建设培育数字经济新生态行动方案
3. 北京市促进新消费引领品质新生活行动方案
4. 北京市实施新开放举措行动方案
5. 北京市提升新服务进一步优化营商环境行动方案

# 附件1　北京市加快新型基础设施建设行动方案（2020-2022年）

## 一、基本目标和原则

聚焦"新网络、新要素、新生态、新平台、新应用、新安全"六大方向，到2022年，本市基本建成具备网络基础稳固、数据智能融合、产业生态完善、平台创新活跃、应用智慧丰富、安全可信可控等特征，具有国际领先水平的新型基础设施，对提高城市科技创新活力、经济发展质量、公共服务水平、社会治理能力形成强有力支撑。整体建设遵循以下原则：

——政府引导、市场运作。加强统筹规划，加大政策保障，优化营商环境，发挥社会投资主体作用，推动形成多元化参与的政企协同机制。

——场景驱动、建用协同。以应用为牵引，聚焦民生服务和产业发展需求，不断拓展智慧城市创新应用场景，促进新型基础设施建设与应用融合发展。

——夯实基础、培育生态。充分发挥集约化、智能化建设优势，夯实基础支撑能力。加快推动传统产业转型和新业态发展，构建高精尖的产业链生态系统。

——安全可控、创新发展。鼓励协同创新，完善标准规范，从管理和技术两方面着手，全面提升新型基础设施体系安全水平。充分发挥创新共性平台的基础支撑作用。

## 二、重点任务

### （一）建设新型网络基础设施

1.5G网络。扩大5G建站规模，加大5G基站选址、用电等支持力度，2020年实现5G基站新增1.3万个，累计超过3万个，实现五环内和北京城市副中心室外连续覆盖，五环外重点区域、典型应用场景精准覆盖。加速推进5G独立组网核心网建设和商用。加强5G专网基础设施建设，在特殊场景、特定领域鼓励社会资本参与5G专网投资建设和运营。深入推进"一五五一"工程，推动5G+VR/AR虚拟购物、5G+直播、5G+电竞等系列应用场景建设，推进冬奥赛事场馆5G改造，丰富"5G+"垂直行业应用场景。支持5G射频芯片及器件检测与可靠性平台、5G+AIoT器件开放创新平台、5G+超高清制播分发平台等一批产业创新平台建设，着力构建5G产业链协同创新体系，培育一批5G细分领域龙头企业。（责任单位：市通信管理局、市规划自然资源委、市住房城乡建设委、市城市管理委、市发展改革委、市经济和信息化局、市委宣传部、市科委、中关村管委会、北京冬奥组委相关部门、北京经济技术开发区管委会、各区政府）

2. 千兆固网。积极推进千兆固网接入网络建设，以光联万物的愿景实现"百千万"目标，即具备用户体验过百兆，家庭接入超千兆，企业商用达万兆的网络能力。推进网络、应用、终端全面支持 IPv6，推动 3D 影视、超高清视频、网络游戏、VR、AR 等高带宽内容发展，建设千兆固网智慧家居集成应用示范小区，促进千兆固网应用落地，力争 2020 年新增 5 万户千兆用户。（责任单位：市通信管理局、市委网信办、市经济和信息化局、市住房城乡建设委、市委宣传部、北京经济技术开发区管委会、各区政府）

3. 卫星互联网。推动卫星互联网技术创新、生态构建、运营服务、应用开发等，推进央企和北京创新型企业协同发展，探索财政支持发射保险补贴政策，围绕星箭总装集成、核心部件制造等环节，构建覆盖火箭、卫星、地面终端、应用服务的商业航天产业生态，优化和稳定"南箭北星"空间布局。（责任单位：市经济和信息化局、市发展改革委、市科委、市财政局、北京经济技术开发区管委会、丰台区政府、海淀区政府、石景山区政府）

4. 车联网。加快建设可以支持高级别自动驾驶（L4 级别以上）运行的高可靠、低时延专用网络，加快实施自动驾驶示范区车路协同信息化设施建设改造。搭建边缘云、区域云与中心云三级架构的云控平台，支持高级别自动驾驶实时协同感知与控制，服务区级交通管理调度，支持智能交通管控、路政、消防等区域级公共服务。三年内铺设网联道路 300 公里，建设超过 300 平方公里示范区。以高级别自动驾驶环境建设为先导，打造国内领先的智能网联汽车创新链和产业链，逐步形成以智慧物流和智慧出行为主要应用场景的产业集群。（责任单位：北京经济技术开发区管委会、市经济和信息化局、市交通委、市公安局公安交通管理局、市科委、市通信管理局、市规划自然资源委）

5. 工业互联网。加快国家工业互联网大数据中心、工业互联网标识解析国家顶级节点（北京）建设，开展工业大数据分级分类应用试点，支持在半导体、汽车、航空等行业累计建设 20 个以上标识解析二级节点。推动人工智能、5G 等新一代信息技术和机器人等高端装备与工业互联网融合应用，培育 20 个以上具有全国影响力的系统解决方案提供商，打造 20 家左右的智能制造标杆工厂，形成服务京津冀、辐射全国产业转型升级的工业互联网赋能体系。营造产业集聚生态，加快中关村工业互联网产业园及先导园建设，创建国家级工业互联网示范基地。（责任单位：市经济和信息化局、市发展改革委、市通信管理局、中关村管委会、北京经济技术开发区管委会、各区政府）

6. 政务专网。提升政务专网覆盖和承载能力。以集约、开放、稳定、安全为前提，通过对现有资源的扩充增强、优化升级，建成技术先进、互联互通、安全稳定的电子政务城域网络，全面支持 IPv6 协议。充分利用政务光缆网和政务外网传输网资源，为高清视频会议和高清图像监控等流媒体业务提供高速可靠的专用传输通道，确保通信质量。完善 1.4G 专网覆盖，提高宽带数字集群服务能力。（责任单位：市经济和信息化局、市发展改

革委、市财政局、市委机要局、北京经济技术开发区管委会、各区政府)

(二)建设数据智能基础设施

7. 新型数据中心。遵循总量控制,聚焦质量提升,推进数据中心从存储型到计算型的供给侧结构性改革。加强存量数据中心绿色化改造,鼓励数据中心企业高端替换、增减挂钩、重组整合,促进存量的小规模、低效率的分散数据中心向集约化、高效率转变。着力加强网络建设,推进网络高带宽、低时延、高可靠化提升。(责任单位:市经济和信息化局、市发展改革委、市通信管理局)

8. 云边端设施。推进数据中心从"云+端"集中式架构向"云+边+端"分布式架构演变。探索推进氢燃料电池、液体冷却等绿色先进技术在特定边缘数据中心试点应用,加快形成技术超前、规模适度的边缘计算节点布局。研究制定边缘计算数据中心建设规范和规划,推动云边端设施协同健康有序发展。(责任单位:市经济和信息化局、市发展改革委、市通信管理局)

9. 大数据平台。落实大数据行动计划,强化以"筑基"为核心的大数据平台顶层设计,加强高价值社会数据的"统采共用、分采统用",探索数据互换、合作开发等多种合作模式,推动政务数据、社会数据的汇聚融合治理,构建北京城市大脑应用体系。编制完善公共数据目录,统一数据接入规范标准,完善目录区块链的运行和审核机制,推进多层级政务数据、社会数据的共享开放。加强城市码、"健康宝"、电子签章、数据分析与可视化、多方安全计算、移动公共服务等共性组件的集约化建设,为各部门提供基础算力、共性组件、共享数据等一体化资源能力服务,持续向各区以及街道、乡镇等基层单位赋能,逐步将大数据平台支撑能力向下延伸。建设完善统一的公共数据资源开放平台,汇聚并无条件开放政务、交通、城市治理等领域数据3000项以上,支撑交通、教育、医疗、金融、能源、工业、电信以及城市运行等重点行业开展大数据及人工智能应用。建设北京公共数据开放创新应用基地,通过训练、竞赛等形式有条件开放高价值多模态融合数据。(责任单位:市经济和信息化局、市委编办、市发展改革委、市财政局、北京经济技术开发区管委会、各区政府)

10. 人工智能基础设施。支持"算力、算法、算量"基础设施建设,支持建设北京人工智能超高速计算中心,打造智慧城市数据底座。推进高端智能芯片及产品的研发与产业化,形成超高速计算能力。加强深度学习框架与算法平台的研发、开源与应用,发展人工智能操作系统。支持建设高效智能的规模化柔性数据生产服务平台,推动建设各重点行业人工智能数据集1000项以上,形成智能高效的数据生产与资源服务中心。(责任单位:市经济和信息化局、市科委、中关村管委会、海淀区政府)

11. 区块链服务平台。培育区块链技术龙头企业、骨干企业,形成研发创新及产业应用高地。建设北京市区块链重点企业名单库,做好服务和技术推广。建设政务区块链支撑服务平台,面向全市各部门提供"统管共用"的区块链应用支撑服务。围绕民生服务、公共安全、社会信用等重点领域,探索运用区块链技术提升行业数据交易、监管安全以及融合应用效果。结合自由贸易试验区建设，支持开展电子商务、电子交易以及跨境数字贸易的区块链应用，提高各类交易和数据流通的安全可信度。（责任单位：市科委、中关村管委会、市经济和信息化局、市发展改革委、市政务服务局）

12. 数据交易设施。研究盘活数据资产的机制，推动多模态数据汇聚融合，构建符合国家法律法规要求的数据分级体系，探索数据确权、价值评估、安全交易的方式路径。推进建立数据特区和数据专区，建设数据交易平台，探索数据使用权、融合结果、多方安全计算、有序分级开放等新交易的方法和模式，率先在中国国际服务贸易交易会上开展试点示范。（责任单位：市经济和信息化局、市金融监管局）

（三）建设生态系统基础设施

13. 共性支撑软件。打造高可用、高性能操作系统，从技术、应用、用户三方面着手，形成完备的产业链和生态系统。支持建设数据库用户生态，推动数据库底层关键技术突破。支持设计仿真、EDA、CAE等工业领域关键工具型软件开发，培育多个保障产业链安全的拳头产品。加强高端ERP、运维保障等管理营运类软件产品研发，优化大型企业智能化办公流程。布局面向金融、电信等行业领域的云计算软件，支撑超大规模集群应用，发展地理信息系统等行业特色软件，加快短视频、直播、在线教育、线上医疗等互联网新业态应用产品研发，培育数字经济增长动能。（责任单位：市经济和信息化局、市科委、中关村管委会、北京经济技术开发区管委会）

14. 科学仪器。聚焦高通量扫描电镜、高分辨荧光显微成像显微镜、质谱色谱联用仪、分子泵等科学仪器短板领域，发挥怀柔科学城大科学装置平台优势和企业创新主体作用，攻克一批材料、工艺、可靠性等基础前沿、共性关键技术，突破核心器件瓶颈。推进高端分析仪器、电子测量仪器与云计算、大数据等新一代信息技术融合发展。聚焦分析仪器、环境监测仪器、物性测试仪器等细分领域，支持发展一批隐形冠军和专精特新企业，优化科学仪器产业生态。（责任单位：怀柔科学城管委会、市发展改革委、市科委、市经济和信息化局）

15. 中试服务生态。发挥产业集群的空间集聚优势和产业生态优势，在生物医药、电子信息、智能装备、新材料等中试依赖度高的领域推动科技成果系统化、配套化和工程化研究开发，鼓励聚焦主导产业，建设共享产线等新型中试服务平台，构建共享制造业态。依托重点科研机构、高等学校、科技型企业、科技开发实体面向产业提供中试服务，推动在京各类创新载体提升中试服务能力，构建大网络、多平台的中试服务生态。（责任单位：中关村管委会、市科委、市发展改革委、市教委、市经济和信息化局）

16. 共享开源平台。依托信创园，提升研发底层软硬件协同研发能力，建设"两中心三平台"信创应用生态。支持搭建支持多端多平台部署的大规模开源训练平台和高性能推理引擎，形成面向产业应用、覆盖多领域的工业级开源模型库。鼓励企业研发、运营开源代码托管平台，支持基于共享平台开展共享软件、智能算法、工业控制、网络安全等应用创新，促进形成协同研发和快速迭代创新生态。推动国家北斗创新应用综合示范区建设，打造"北斗+"融合应用生态圈。(责任单位：市经济和信息化局、市科委、中关村管委会、北京经济技术开发区管委会、海淀区政府、顺义区政府)

17. 产业园区生态。以市场为导向，夯实园区发展基础。鼓励园区建设优化协同创新服务设施，为园区企业提供全方位、多领域、高质量的服务。围绕信创、5G+8K、工业互联网、网络安全、智能制造等重点行业领域，建设一批特色鲜明的产业园区。推进京津冀产业链协同发展，支持产业园区合作共建。加强国际交流合作，高水平规划建设产业合作园区。(责任单位：中关村管委会、市发展改革委、市科委、市经济和信息化局)

(四)建设科创平台基础设施

18. 重大科技基础设施。以国家实验室、怀柔综合性国家科学中心建设为牵引，打造多领域、多类型、协同联动的重大科技基础设施集群。加强在京已运行重大科技基础设施统筹，加快高能同步辐射光源、综合极端条件实验设施、地球系统数值模拟装置、多模态跨尺度生物医学成像设施、空间环境地基综合模拟装置、转化医学研究设施等项目建设运行。聚焦材料、能源、生命科学等重点领域，积极争取"十四五"重大科技基础设施项目落地实施。(责任单位：市发展改革委、市科委、怀柔科学城管委会)

19. 前沿科学研究平台。突出前沿引领、交叉融合，打造与重大科技基础设施协同创新的研究平台体系，推动材料基因组研究平台、清洁能源材料测试诊断与研发平台、先进光源技术研发与测试平台等首批交叉研究平台建成运行，加快第二批交叉研究平台和中科院"十三五"科教基础设施建设。围绕脑科学、量子科学、人工智能等前沿领域，加快推动北京量子信息科学研究院、北京脑科学与类脑研究中心、北京智源人工智能研究院、北京应用数学研究院等新型研发机构建设。(责任单位：市发展改革委、市科委、中关村科学城管委会、怀柔科学城管委会)

20. 产业创新共性平台。打造梯次布局、高效协作的产业创新平台体系。在集成电路、生物安全等领域积极创建1-2家国家产业创新中心，在集成电路、氢能、智能制造等领域探索组建1-2家国家级制造业创新中心，积极谋划创建京津冀国家技术创新中心。继续推动完善市级产业创新中心、工程研究中心、企业技术中心、高精尖产业协同创新平台等布局。(责任单位：市发展改革委、市经济和信息化局、市科委、中关村管委会、北京经济技术开发区管委会、各区政府)

21. 成果转化促进平台。支持一批创业孵化、技术研发、中试试验、转移转化、检验检测等公共支撑服务平台建设。推动孵化器改革完善提升，加强评估和引导。支持新型研发机构、重点实验室、工程技术中心等多种形式创新机构加强关键核心技术攻关。培育一批协会、联盟型促进机构，服务促进先进制造业集群发展。(责任单位：市科委、市发展改革委、市经济和信息化局、中关村管委会、北京经济技术开发区管委会、各区政府)

(五)建设智慧应用基础设施

22. 智慧政务应用。深化政务服务"一网通办"改革，升级一体化在线政务服务平台，优化统一申办受理，推动线上政务服务全程电子化。2020年底前市级80%、区级

70%依申请政务服务事项实现全程网上办结。建设完善电子证照、电子印章、电子档案系统，支持企业电子印章推广使用，拓展"亮证"应用场景，最大限度实现企业和市民办事"无纸化"。加快公共信用信息服务平台升级改造，推动信用承诺与容缺受理、分级分类监管应用。拓展"北京通"APP 服务广度深度，大力推进政务服务事项的掌上办、自助办、智能办。依托市民服务热线数据，加强人工智能、大数据、区块链等技术在"接诉即办"中的应用，建设在线客服与导办、办事管家、用户个人空间及全市"好差评"等系统。加快建设北京城市副中心智能政务服务大厅。建设城市大脑，形成"用数据说话、用数据决策、用数据管理、用数据创新"的服务管理机制。（责任单位：市政务服务局、市公安局、市经济和信息化局、市发展改革委、市财政局、北京经济技术开发区管委会、各区政府）

23. 智慧城市应用。聚焦交通、环境、安全等场景，提高城市智能感知能力和运行保障水平。实施智慧交通提升行动计划，开展交通设施改造升级，构建先进的交通信息基础设施。2020 年内推进 1148 处智能化灯控路口、2851 处信号灯升级改造，开展 100 处重要路口交通信号灯配时优化，组织实施 10 条道路信号灯绿波带建设，到 2022 年实现城区重点路口全覆盖。推进人、车、桩、网协调发展，制定充电桩优化布局方案，增加老旧小区、交通枢纽等区域充电桩建设数量。到 2022 年新建不少于 5 万个电动汽车充电桩，建设 100 个左右换电站。建立机动车和非道路移动机械排放污染防治数据信息传输系统及动态共享数据库。建设"一库一图一网一端"的城市管理综合执法平台，实现市区街三级执法联动。完善城市视频监测体系，提高视频监控覆盖率及智能巡检能力。加快建设智能场馆、智能冬奥村、"一个 APP"等示范项目，打造"科技冬奥"。加快推动冬奥云转播中心建设，促进 8K 超高清在冬奥会及测试赛上的应用。（责任单位：市交通委、市生态环境局、市公安局、市城市管理委、北京冬奥组委相关部门、市经济和信息化局、市科委、市发展改革委、北京经济技术开发区管委会、各区政府）

24. 智慧民生应用。聚焦医疗卫生、文化教育、社区服务等民生领域，扩大便民服务智能终端覆盖范围。支持智能停车、智慧门禁、智慧养老等智慧社区应用和平台建设。建设全市互联网医疗服务和监管体系，推动从网上医疗咨询向互联网医院升级，开展可穿戴等新型医疗设备的应用。进一步扩大电子健康病历共享范围，推动医学检验项目、医学影像检查和影像资料互认。建设完善连通各级医疗卫生机构的"疫情数据报送系统"。支持线上线下智慧剧院建设，提升优秀文化作品的传播能力。支持教育机构开展云直播、云课堂等在线教育。推进"VR 全景智慧旅游地图""一键游北京"等智慧旅游项目，鼓励景区推出云游览、云观赏服务。基于第三代社保卡发放民生卡，并逐步实现多卡整合，推进"健康宝"深度应用。建设全市生活必需品监测体系。（责任单位：市民政局、市卫生健康委、市医保局、市市场监管局、市教委、市文化和旅游局、市委网信办、市经济和信息化局、市科委、市商务局、市人力资源社会保障局、市发展改革委、北京经济技术开发区管委会、各区政府）

25. 智慧产业应用。推动"互联网+"物流创新工程，推进现代流通供应链建设，鼓励企业加大 5G、人工智能等技术在商贸物流设施的应用，支持相关信息化配套设施建设，发展共同配送、无接触配送等末端配送新模式。建设金融公共数据专区，支持首贷中心、续贷中心、确权融资中心建设运行。支持建设车桩一体化平台，实现用户、车辆、运维的动态全局最佳匹配。打造国内领先的氢燃料电池汽车产业试点示范城市。推进制造业企业智能升级，支持建设智能产线、智能车间、智能工厂。探索建设高精尖产业服务平台，提供运行监测、政策咨询、规划评估、要素对接的精准服务。（责任单位：市商务局、市发展改革委、市科委、市财政局、市金融监管局、市经济和信息化局、北京经济技术开发区管委会、各区政府）

26. 传统基础设施赋能。加快公路、铁路、轨道交通、航空、电网、水务等传统基建数字化改造和智慧化升级，助推京津冀基础设施互联互通。开展前瞻性技术研究，加快创新场景应用落地，率先推动移动互联网、物联网、人工智能等新兴技术与传统基建运营实景的跨界融合，形成全智慧型的基建应用生态链，打造传统基建数字化全国标杆示范。着力打造传统基建数字化的智慧平台，充分发挥数据支撑和能力扩展作用，实现传统基建业务供需精准对接、要素高质量重组和多元主体融通创新，为行业上下游企业创造更大发展机遇和更广阔市场空间。（责任单位：市发展改革委、市交通委、市科委、市经济和信息化局、北京经济技术开发区管委会、各区政府）

27. 中小企业赋能。落实国家"上云用数赋智"行动，支持互联网平台型龙头企业延伸服务链条，搭建教育、医疗、餐饮、零售、制造、文化、商务、家政服务等细分行业云。建设一批细分行业互联网平台和垂直电商平台，培育一批面向中小企业的数字化服务商。鼓励各类专业服务机构企业上云，支持中小企业服务平台和双创基地的智能化改造，打造中小企业数字赋能生态。（责任单位：市经济和信息化局、市发展改革委）

（六）建设可信安全基础设施

28. 基础安全能力设施。促进网络安全产业集聚发展，培育一批拥有网络安全核心技术和服务能力的优质企业。支持操作系统安全、新一代身份认证、终端安全接入、智能病毒防护、密码、态势感知等新型产品服务的研发和产业化，建立完善可信安全防护基础技术产品体系，形成覆盖终端、用户、网络、云、数据、应用的多层级纵深防御、安全威胁精准识别和高效联动的安全服务能力。（责任单位：市经济和信息化局、市委网信办、市科委、海淀区政府、通州区政府、北京经济技术开发区管委会）

29. 行业应用安全设施。支持开展 5G、物联网、工业互联网、云化大数据等场景应用的安全设施改造提升，围绕物联网、工业控制、智能交通、电子商务等场景，将网络安全能力融合到业务中形成部署灵活、功能自适应、云边端协同的内生安全体系。鼓励企业深耕场景安全，形成个性化安全服务能力，培育一批细分领域安全应用服务特色企业。（责任单位：市委网信办、市经济和信息化局、市科委）

30. 新型安全服务平台。综合利用人工智能、大数据、云计算、IoT 智能感知、区块链、软件定义安全、安全虚拟化等新技术，推进新型基础设施安全态势感知和风险评估体系建设，整合形成统一的新型安全服务平台。支持建设集网络安全态势感知、风险评估、通报预警、应急处置和联动指挥为一体的新型网络安全运营服务平台。（责任单位：市委网信办、市经济和信息化局、市科委）

### 三、保障措施

#### （一）强化要素保障

加大信贷优惠支持力度，发挥财政资金、基金引导作用，积极争取利用不动产投资信托基金，支持各类市场主体参与建设。加强对全市重大新基建项目土地指标的保障。重点引进培育规划建设、投资运营等方面的行业管理人才以及引领新基建技术研发的技术领军人才。（责任单位：市发展改革委、市财政局、市金融监管局、市规划自然资源委、市人才局）

#### （二）完善标准规范

围绕技术研发、工程实施、维护管理等，支持研究建立企业、行业标准，推动地方标准上升为国家标准，促进新型基础设施的互通、融合，提高产业核心竞争力。（责任单位：市市场监管局、市经济和信息化局、市发展改革委）

#### （三）丰富应用场景

聚焦"互联网+"教育、医疗、交通、社区服务等行业领域，加快推出一批示范工程。围绕教育、医疗、交通等重点行业领域，组织创新应用大赛，推动公共数据有序开放。支持制造企业开展智能化改造，组织开展中小企业数字化赋能。发展数字经济新业态新模式，扩大新消费。（责任单位：市科委、中关村管委会、市发展改革委、市经济和信息化局、北京经济技术开发区管委会、各区政府）

#### （四）优化营商环境

深入推进重要领域和关键环节改革，提升服务企业水平。放宽市场准入，实行包容审慎监管，探索适用于新业态新模式的"沙箱监管"措施。（责任单位：市发展改革委、市市场监管局、市通信管理局、市委网信办）

## 附件2　北京市加快新场景建设培育数字经济新生态行动方案

### 一、工作思路

以数字化赋能经济发展和培育优化新经济生态为主线，以场景驱动数字经济技术创新、场景创新与新型基础设施建设深度融合为引领，聚焦人工智能、5G、物联网、大数据、区块链、生命科学、新材料等领域新技术应用，为推动企业特别是中小企业技术创新应用提供更多"高含金量"场景条件，积极推广新业态新模式，加快培育新的经济增长点，更好推动北京经济高质量发展。

## 二、基本原则

——系统布局、统筹推进。统筹政策、机制、资金、人才等要素，集聚央地、市区、行业、领域等资源，有序开放场景供给，促进新技术、新产业、新业态、新模式不断涌现。

——创新驱动、数字引领。充分发挥北京科技和人才优势，加快推动产业链向高端环节延伸，引领高精尖产业发展。紧紧围绕超大城市治理需求，促进基于数字化的智慧城市发展。

——区域协同、融合赋能。以"三城一区"、北京城市副中心为核心，以中关村"一区多园"为拓展，以服务京津冀协同发展为方向，形成场景建设集聚效应和场景供给多元态势。加强新技术应用示范，推动创新资源聚合，带动产业深度融合发展。

——健全制度、创新监管。健全场景建设机制，引导各类主体参与，加速技术、产品应用和迭代，完善创新创业生态，提高服务能力和监管效率，实现放活与管好有机结合，形成政府、市场、社会多方共建共享的场景应用格局。

## 三、发展目标

通过实施应用场景"十百千"工程，建设"10+"综合展现北京城市魅力和重要创新成果的特色示范性场景，复制和推广"100+"城市管理与服务典型新应用，壮大"1000+"具有爆发潜力的高成长性企业，为企业创新发展提供更大市场空间，培育形成高效协同、智能融合的数字经济发展新生态，将北京建设成为全国领先的数字经济发展高地。

## 四、重点任务

（一）面向智能交通，构建绿色安全智慧出行体系。丰富自动驾驶开放测试道路场景，在北京经济技术开发区、海淀区等重点区域部署 5G 车联网路侧基础设施，建设云平台，率先实现 L4/L5 级自动驾驶在城市出行、物流运输等场景应用，促进智慧城市、智能交通、智能汽车一体化融合发展。聚焦城市交通管理智能化体系建设和出行服务质量提升等相关应用场景，围绕交通计算、绿色交通一体化和公交线网优化等需求，推动大数据、云计算、人工智能、北斗导航等技术在全市交通综合治理中的应用示范。聚焦智慧轨道交通建设与运营等典型应用场景，围绕智慧车辆、智能维护、智慧建设、智慧制造等，推动机器人、非降水施工、环境智能感知及控制、智能安检、北斗导航、5G、建筑信息模型（BIM）等技术在轨道交通 13 号线扩能改造、11 号线、19 号线等项目中推广应用，服务保障市民安全、便捷、绿色、舒适出行。（责任单位：市交通委、市重大项目办、市公安局公安交通管理局、市科委、市经济和信息化局、中关村管委会、北京经济技术开发区管委会、海淀区政府）

（二）面向智慧医疗，加快人工智能等技术与医药健康交叉融合。加快推进互联网医院建设，引入人工智能、5G、区块链、物联网、身份认证等技术，整合线上线下医疗资源，推进医联体建设，实现信息与资源共享，拓展健康管理、数据运营、金融服务等增值功能，为市民提供高效、便捷、智能的诊疗服务。加快推进"智慧医院"建设，围绕医院智能化管理、智能化诊疗等关键环节，加快预导诊机器人、语音录入、人工智能辅助诊疗等技术布局，推动医院内部流程再造，提高医疗质量和效率。（责任单位：市卫生健康委、市科委、市药监局、市医保局、北京银保监局、市金融监管局）

（三）面向城市管理，提升城市精细化管理水平。聚焦智慧社区、环境治理等应用场景，推广海淀城市大脑场景的组织经验，大力发展城市科技，推进物联网、云计算、大数据、人工智能、5G、超高清视频等技术应用。加快综合风险评估、监测预警等关键环节技术开发，推广 5G 网络图像传输和处理技术、终端接收和网络视频技术应用，为智慧安防提供支撑，提升首都安全整体防控智能化水平。支持大气、水、土壤等生态环境质量监测与评估，污染物及温室气体排放控制与污染源监管，生活垃圾分类投放收运及森林防火应急救援等领域关键技术产品研发与集成示范应用，持续推动环境质量改善，切实维护生态安全。（责任单位：市经济和信息化局、市民政局、市公安局、市应急局、市城市管理委、市生态环境局、市园林绿化局、市水务局、市科委）

（四）面向政务服务，运用区块链等技术赋能效率提升。聚焦政务服务"全程网办、全网通办"，推动区块链、人工智能、大数据等技术创新应用，推进政务服务"减材料、减跑动、减时限、减环节"，实现工作日全程交互式在线实时服务，不断提高线上政务服务群众满意度。探索运用区块链等技术提升数据共享和业务协同能力，重点推进电子证照、电子档案、数字身份等居民个人信息的全链条共享应用，强化数据安全管理和隐私保护。强化新技术在"互联网+"监管领域的应用，推动线上闭环监管和"非接触式"监管。在西城、朝阳、海淀、顺义等区综合运用新技术开展政务服务创新示范。推动运用新技术对政务服务质量等定期进行精准评估。（责任单位：市政务服务局、市科委、市经济和信息化局、西城区政府、朝阳区政府、海淀区政府、顺义区政府）

（五）面向线上教育，以数字化驱动教育现代化。加强数字资源共享交换中心和统一服务门户建设，做好数字教育资源知识产权保护，实现优质数字教育资源汇聚共享。选择部分学校开展互联网教学试点，推进智慧校园建设。鼓励和支持各类平台型企业运用人工智能等技术开发智慧教育业务，探索"互联网+"教育等未来教育新模式。将线上教育类服务纳入政府购买服务指导性目录，引导各类学校与平台型企业合作开发在线课程、个性辅导等优质线上教育产品。（责任单位：市教委、市财政局、各区政府）

（六）面向产业升级，加速重点领域数字化转型。加大装备制造、新能源汽车、医药健康、高效设施农业等领域应用场景开放力度，加强 5G、工业自动化控制、工业 AR、数字孪生、超高清视频等技术示范应用，推动智能化、数字化转型。利用大数据、云计算、人工智能、移动互联网、工业互联网等技术，助推平台经济、共享经济、在线经济等新兴服务经济发展，培育研发、设计、检测等高端服务业态，推动服务业转型升级。围绕远程办公，支持企业集成人工智能、大数据等技术，建设智能协同办公平台，为企业提供无边界协同、全场景协作等远程办公服务。运用数据加密、信息安全等技术，保障远程办公信息和数据安全。围绕内容创作、设计制作、展示传播、信息服务、消费体验等文化领域关键环节，推动人工智能、大数据、超高清视频、5G、VR 等技术应用，促进传统文化产业数字化升级，培育新型文化业态和文化消费模式。探索中小企业上云的典型场景及实施路径，积极培育相关平台型企业，支持企业向专精特新方向转型发展。（责任单位：市经济和信息化局、市科委、市文化和旅游局、市广电局、市文物局、海淀区政府）

（七）面向央企服务，探索数字融合发展新模式。持续深化在京央企应用场景组织工作。围绕在京中央金融机构供应链金融、跨境支付、资产管理、保险等行业技术需求，推动区块链、大数据、人工智能等领域科技型企业参与相关应用场景建设。深入对接能源、电力、通信、高铁、航空、建筑等领域在京央企，共同围绕智慧能源、数字建筑、智能交通、智慧工厂以及老旧小区改造等领域的技术需求，组织凝练一批具有较大量级和较强示范带动作用的应用场景，推动工业互联网、智能装备制造、大数据融合、现场总线控制等领域企业参与央企应用场景建设。（责任单位：市科委、市国资委）

（八）面向"科技冬奥"，加快智能技术体验应用。聚焦"科技冬奥"智能技术典型场景应用，围绕办赛、参赛、观赛等重点环节，加强数字孪生、云转播、沉浸式观赛、复眼摄像、多场景一脸通行等智能技术体验布局。加快推动奥林匹克中心区、延庆赛区、首钢园区等三大智慧示范园区建设，打造基于人工智能技术深度集成利用的智慧场馆，推广自动驾驶、智慧导览、高清直播、智能机器人、数字化 3D 重建等技术在园区聚集应用，助力举办一届精彩、非凡、卓越的冬奥盛会。（责任单位：北京冬奥组委相关部门、市科委、朝阳区政府、延庆区政府、石景山区政府）

（九）面向重点区域，加强重大应用场景示范组织设计。聚焦"三城一区"城市大脑建设、"能源谷"、"生命谷"、北京综合性国家科学中心、国家新一代人工智能创新发展试验区等重大战略布局，加快智慧城市、智能电网、智能楼宇、智能仪器仪表等应用场景落地。聚焦北京城市副中心环球影城、地下交通环廊、设计小镇、城市绿心等重大项目技术需求，加强数字建筑、智慧灯杆、资源循环利用等技术应用。聚焦中国（河北）自由贸易试验区大兴机场片区、天竺综合保税区，推广应用新型海关监管技术。加快数字复原、智能化全自动立体停车、市政"多杆合一"等技术在城市更新中的应用。（责任单位：中关村科学城管委会、怀柔科学城管委会、未来科学城管委会、北京经济技术开发区管委会、北京城市副中心管委会、天竺综保区管委会、市商务局、北京海关、市城市管理委、大兴区政府、顺义区政府）

（十）面向京津冀协同，加快构建跨区域产业链生态。将工业升级改造应用场景作为推动京津冀协同创新重要内容，加强与天津市、河北省对接，聚焦重点行业智能化、数字化升级改造需求，支持企业参与两地应用场景建设，搭建相关工业互联网平台，加快区域产业链供应链协同合作，共同构建产业创新生态。在钢铁行业，加强智能终端、智能制造系统、工业互联网等技术应用；在装备行业，推进工业大数据、数字孪生、智能控制等技术示范推广；在石化行业，支持模拟仿真、信息物理融合等技术应用；在建材行业，推动工业机器人、先进仪表等技术落地；在食品加工行业，推广大数据、物联网、生产线数字化控制等技术运用；在纺织行业，开展 VR、3D 打印、数据建模等技术示范。（责任单位：市发展改革委、市科委、市经济和信息化局、中关村管委会）

**五、保障措施**

（一）探索实施"包容、审慎、开放"监管模式。探索建立应用场景建设容错纠错机制，实施"包容期"管理和柔性监管方式，依法审慎开展行政执法。在医疗、教育、交通、政务服务等与民生密切相关的场景项目中，支持科技型企业参与应用示范，推动监管模式创新。（责任单位：市市场监管局、市卫生健康委、市教委、市交通委、市政务服务局、市药监局）

（二）探索建立科技攻关和场景应用新机制。探索建立开放的科技攻关新机制，明确揭榜任务、攻坚周期和预期目标，征集并遴选具备较强技术基础、创新能力的企业或高校院所等集中攻关。组织实施前瞻性、验证性、试验性应用场景项目，搭建场景"沙箱"，支持底层技术开展早期试验验证，为数字技术大规模示范应用提供场景机会。（责任单位：市科委、市经济和信息化局、市政务服务局、市交通委、中关村管委会）

（三）构建公平竞争、择优培育的应用场景供需对接机制。探索"政府搭台、企业出题、企业答题"模式，通过市场化机制、专业化服务和资本化途径，推动有序发布应用场景建设需求，广泛征集场景解决方案，依规遴选优秀解决方案。鼓励企业开展同台竞技和技术产品公平比选，形成具有内在驱动力的多方参与长效场景建设机制。（责任单位：市科委、市经济和信息化局、市国资委、各区政府）

（四）建立健全数据开放共享机制。加快实施全市大数据行动计划，推动市级大数据向各区开放共享。深化以目录区块链为核心的政务信息资源共享，完善职责、数据、库表三级目录体系，循序构建数据采集、汇聚、处理、共享、开放、应用及授权运营规则，推进信用、交通、医疗等领域政务数据集逐步实现分级分领域脱敏开放。探索建设基于区块链的数据市场，加快数据交易，保障流通安全。（责任单位：市经济和信息化局）

（五）加强政策协同支持应用场景建设。统筹利用各类政府资源支持应用场景建设，在金融服务、数据开放、科研立项、业务指导等方面加大对场景建设的支持。用好科技创新基金、高精尖产业发展基金等政府投资基金，发挥财政资金引导带动作用，吸引社会资本加大对场景项目、底层技术企业的投资力度。创新政府采购需求管理，采购人或采购代理机构应合理考量首创性、先进性等因素，不得仅以企业规模、成立年限、市场业绩等为由限制企业参与资格。（责任单位：市科委、市财政局、市发展改革委、市金融监管局、市经济和信息化局）

（六）加强市区两级应用场景建设管理。各区、各部门要加大组织力度，把应用场景建设列入重要议事日程，组建工作专班，加强业务协同，打破部门壁垒，推动数据共享。加强规划设计，用好智库"外脑"，按照细化、量化、项目化、具体化的要求做好场景封装、评议工作。注重发挥市场机制和场景招商功能，吸引社会资本投资参与场景建设。细化需求挖掘、技术梳理、方案编制、咨询评议、审核发布、对接实施等组织流程，引入行

业专家等参与场景初期设计，共同挖掘技术应用需求，寻找解决方案。（责任单位：各区政府、市级各部门）

（七）培育融通发展的应用场景创新生态。鼓励大中小企业结成应用场景"联合体"，由行业龙头企业牵头加强场景组织设计，通过搭建场景平台开放技术、标准、渠道等资源，利用众智、众包、众扶、众筹等新模式吸引中小企业参与，共同推进场景建设。支持底层技术跨界示范应用，实现不同场景协同联动发展。积极培育场景集成服务企业和第三方中介服务机构，开展技术集成"总包"、场景供需对接等服务，不断提升场景组织效率。（责任单位：市科委、市经济和信息化局、中关村管委会、各区政府）

# 附件 3　北京市促进新消费引领品质新生活行动方案

## 一、总体思路

在做好常态化疫情防控基础上，积极顺应消费理念、消费方式、消费习惯的转变趋势，以深化消费领域供给侧结构性改革为主线，立足当下，着眼长远，加快构建消费新生态体系，激发新消费需求，促进市场回暖和消费回升，不断满足人民群众对美好生活的新期待。

## 二、主要目标

精准有序推动复商复市，多措并举促进消费提档升级，提振消费信心，释放消费潜力，培育新兴消费，升级传统消费，推广健康消费，扩大服务消费，进一步稳定消费市场运行，更好发挥消费对经济发展的基础性作用。

## 三、培育消费新模式，打造智慧新生活

（一）培育壮大"互联网+"消费新模式。搭建对接平台，推动实体商业与电商、新媒体等合作，推广社交营销、直播卖货、云逛街等新模式。引导线上企业与街道、社区等合作，推广前置仓、移动"菜篮子"等新模式。利用专项资金，支持培育一批门店宅配、"前置仓+提货站"、"安心达"无接触配送等示范项目。推动将定点医疗机构的互联网复诊服务费用纳入医保支付范围，实现"互联网复诊+处方在线流转+医保自动结算+药品配送到家"一站式服务。优化在线教育机构备案审查工作，支持优质校外线上培训机构参与本市中小学线上课程建设，办好"空中课堂"。（责任单位：市商务局、市卫生健康委、市医保局、市教委）

（二）开启数字化新生活。实施 4K 进社区工程，推进 30 万户以上 4K 超高清机顶盒进社区，为居民更新超高清电视机提供技术支撑。在重点商业街区布局 8K 显示系统，试点 8K 超高清演出、赛事直播等应用。示范推广典型个案，鼓励文旅体行业创新发展云旅游、云演出、云阅读、在线远程体育健身等线上营销新形态。加快国产原创属地精品游戏审核。（责任单位：市广电局、市委宣传部、市商务局、市文化和旅游局、市体育局）

（三）拓展线上展览促消费。支持线上线下融合办展，依托北京线上展会发展联盟，为展会项目线上举办提供免费技术支持、产品推广及分销服务。支持举办国际汽车制造业博览会、餐饮采购展览会、礼品及家居用品展览会、国际健康产业博览会、"动漫北京"动漫游戏产业线上交易会等线上品牌展会。组织开展绿色食品、老字号、汽车、智能终端产品线上展卖促销活动。（责任单位：市商务局、市文化和旅游局、市农业农村局、市经济和信息化局）

**四、巩固疏解整治成果，提升便民服务新品质**

（四）推进生活性服务业"六化"发展。坚持规范化、连锁化、便利化、品牌化、特色化、智能化发展，2020年，实现蔬菜零售等8项基本便民商业服务功能社区覆盖率98%左右。继续将便民商业设施项目纳入市政府固定资产投资支持范围。持续推进重要产品平台追溯体系建设，完善生活性服务业电子地图功能，上线一批品牌连锁资源库企业和标准化门店。（责任单位：各区政府、市商务局、市发展改革委）

（五）推动传统便民服务提质增效。组织老字号依托电商平台开展专场直播、网上促销活动，支持符合条件的餐饮食品老字号进驻连锁超市。鼓励各区发展生活性服务业特色小店，提供个性化"服务包"。指导行业协会明确疫情防控和经营服务标准，征集并发布一批符合要求的"放心餐厅"，持续推进明厨亮灶等阳光餐饮工作。开展家政服务员职业技能培训专项行动，2020年计划培训5万人次。加强家政行业信用体系建设，探索以"信用码"记录家政服务员健康状况、从业经历、技能培训、有无犯罪背景等信息。（责任单位：市商务局、市市场监管局、市卫生健康委、市城管执法局、市城市管理委、市发展改革委、各区政府）

（六）完善社区商业布局。完善街区商业生态配置指标，制定社区商业设施规划建设市级工作指南和区级工作方案。做好基本便民商业网点精准补建。2020年，建设提升1000个左右基本便民商业网点；新增10条左右生活性服务业示范街区和深夜食堂特色餐饮街区，累计达到20条左右。推进社区商业生活服务中心建设，支持具备条件的便民网点增加早餐、简餐主食制售等便民服务。探索具备条件的商超、蔬菜零售、餐饮等企业以厢式智能便利设施、蔬菜直通车等方式在特定时段、指定区域销售。（责任单位：市商务局、市规划自然资源委、市住房城乡建设委、市市场监管局、市城市管理委、市城管执法局、各区政府）

（七）健全规范标准体系。重点围绕物流、蔬菜零售、餐饮、家政、美容美发、洗染等行业制定（修订）相关标准、服务质量规范和评价办法。做好标准规范宣贯，培育4000个左右标准化示范门店。加强服务人才培养和技能培训，打造有温度的"北京服务"。织严织密安全稳定风险防控网，防范商业企业闭店跑路、债权债务、合同纠纷等风险。（责任单位：市商务局、市人力资源社会保障局、市文化和旅游局、市教委、市卫生健康委、市市场监管局、市公安局、各区政府）

#### 五、创建国际消费中心城市，优化消费新供给

（八）集聚优质品牌繁荣首店首发经济。引进国内外知名品牌旗舰店、体验店，发展原创品牌概念店、定制店，推进北京品牌产品内外销"同线同质同标"，构建品牌汇集、品质高端、品位独特的优质商品供给体系。制定鼓励发展商业品牌首店的政策措施，梳理国际品牌首店首发引进名录，对引进首店首发的商场和电商平台等给予资金支持。（责任单位：市商务局、市经济和信息化局）

（九）加快推进商业领域城市更新。扩大传统商场"一店一策"改造升级试点范围，实施贷款贴息支持政策，加快推进改造提升工程。推进传统商圈改造提升三年行动计划，3 年内完成 22 个商圈提档升级，2020 年重点打造朝阳区 CBD、昌平区龙德等 6 个商圈。大力促进王府井步行街硬件设施、商业业态提质增效，争创全国示范步行街，重塑"金街"名片。（责任单位：市商务局、市规划自然资源委、市城市管理委、相关区政府）

（十）优化服务消费供给。分类有序开放户外旅游，做好实名预约、入园必检和限流等防控措施，启动"漫步北京""畅游京郊"等行动计划，引导市民开展家庭式、个性化、分散型旅游活动。鼓励利用闲置工业厂区等场所建设文化时尚中心、健康管理维护中心、养生养老中心、消费体验中心等新型载体。线上线下多渠道宣传全市消费打卡地，支持餐饮、特色小店、商场、老字号等打造沉浸式、体验式消费场景，培育网红打卡新地标。创建 20 个全民健身示范街道和体育特色乡镇，建设 30 公里社区健走步道、300 片多功能运动场地和 650 块社会足球场地，推出 10 条自行车精品骑游路线；依法简化赛事审批流程，鼓励支持社会力量举办各类赛事，全年举办 400 余项赛事活动。制定智慧健康养老产品及服务推广目录。组织共享单车平台推出骑行激励措施，鼓励"骑行+公共交通"通勤方式，培育健康生活习惯。（责任单位：市文化和旅游局、市规划自然资源委、市发展改革委、市商务局、市体育局、市民政局、市卫生健康委、市交通委）

（十一）多渠道扩大进口消费。启动"品味消费在北京首发季"线上活动，组织开展 10 场以上进口商品线上促销。支持跨境电商保税仓、体验店等项目建设，加快推进跨境电商进口医药产品试点、"网购保税+线下自提"等新业务。加快落实国家免税店创新政策，优化口岸、市内免税店布局，开发专供免税渠道的优质特色产品。支持企业开展离境退税即买即退试点，优化离境退税服务流程，进一步扩大试点范围。（责任单位：市商务局、市财政局、北京市税务局、市文化和旅游局）

（十二）加快城乡消费融合发展。建立全市农产品产销对接联动工作机制，解决京郊农产品销售难问题。进一步提升乡村商业网点连锁化率。积极开展"战疫助农"电商直播，助力农产品销售。（责任单位：市商务局、市农业农村局、市园林绿化局、市经济和信息化局、市广电局）

（十三）促进汽车等大宗商品消费。促进汽车消费，实施促进高排放老旧机动车淘汰更新方案；研究推出摇号新政，面向本市无车家庭优先配置购车指标，促进刚需家庭购车消费；采取电商平台集中办理、京外购车客户网签等形式，简化二手车外迁交易流程。促

进家居商品和家装服务消费，联合家居家装主力卖场和品牌，开展主题促销；引导金融机构创新家装消费信贷产品。拉动集团消费，鼓励电商平台开展防疫物资、劳保用品、办公用品等团购促销。（责任单位：市商务局、市生态环境局、市交通委、北京市税务局、市市场监管局、市公安局公安交通管理局、市金融监管局、市经济和信息化局）

（十四）启动夜京城 2.0 行动计划。设计开发 10 条左右"夜赏北京"线路，策划举办 10 场精品荧光夜跑、夜间秀场等户外主题活动。实施"点亮北京"夜间文化旅游消费计划，推动有条件的博物馆、美术馆、景区、公园、特色商业街区等延长营业时间。优化调整促消费活动审批流程，推动相关流程网上办理。（责任单位：市商务局、市文化和旅游局、市体育局、市文物局、市园林绿化局、市公园管理中心、市城管执法局、市公安局）

**六、健全生活必需品保障体系，布局流通新基建**

（十五）全面发挥双枢纽机场作用。推动顺义区、大兴区申请国家级进口贸易促进创新示范区，打造保税进口聚集区。提升首都机场跨境电商、跨境生鲜等物流功能，提高空港口岸整车进口口岸规模与效率，积极申请增加中高端平行车进口口岸功能。加快构建航空经济产业体系，带动文化艺术、医药健康、人工智能等产业集聚，增强双机场货运发展内生动力。（责任单位：市商务局、市发展改革委、北京海关、相关区政府）

（十六）打造流通领域集约化、智慧化、绿色化物流供应链体系。统筹构建"物流基地+物流（配送）中心+末端配送网点"的商贸物流体系。加快推动现有四大物流基地规范提升和新增物流基地规划建设，对接专项规划，落实规划物流节点具体用地。加快商贸物流领域新基建进度，支持物联网、无人仓储、人工智能等技术应用，鼓励企业共建共享冷链物流配送中心。引导企业建设共同配送服务中心和智能自提柜相结合的末端配送服务体系。（责任单位：市商务局、市规划自然资源委、市发展改革委、市经济和信息化局、市住房城乡建设委、市邮政管理局、市城管执法局、市人防办、各区政府）

（十七）建设生活必需品信息化监测、库存、调拨体系。运用大数据、云计算和移动互联网等技术建立生活必需品保障平台，整合现有系统及供应链上下游数据资源，打通横纵向数据壁垒，优化数据监控手段，提升数据分析和决策能力，实现全市生活必需品储备及商品物资的智能化调控，提升供应保障能力。（责任单位：市商务局、市发展改革委、市经济和信息化局）

（十八）大力推进消费扶贫。推动北京农副产品流通体系提质扩容。依托消费扶贫双创中心，加强与新疆和田、西藏拉萨、青海玉树以及河北、内蒙古、湖北等重点对口支援地区的产销对接，开展扶贫产品"七进"活动和"扶贫超市"建设。组织受援地区与本市网络视听平台合作，开展扶贫产品直播促销活动，发挥中国国际服务贸易交易会等展会平台作用，拓宽扶贫产品线上线下营销渠道。（责任单位：市扶贫支援办、市国资委、市商务局、市委网信办、市广电局）

**七、持续深化"放管服"改革，优化消费发展新环境**

（十九）完善工作机制。继续发挥全市总消费促进工作机制作用，完善市区两级定期调度工作机制，及时协调解决企业面临的困难和问题。支持第三方机构应用大数据建立全市消费环境评价体系，围绕夜经济、商圈改造、生活性服务业等指标定期发布分区、分行业消费活跃度指数，为各区、各部门提供数据参考。（责任单位：市商务局、市文化和旅游局、市体育局、市经济和信息化局、市教委、市卫生健康委、市民政局、市委宣传部、各区政府）

（二十）建立疫情防控常态化形势下行业标准指引。推出餐饮、美发、楼宇商场、超市、景区、公园、体育场所等行业指引，加大检查力度，督导经营主体做好疫情防控与服务工作；提倡预约消费。鼓励景区、公园加大非周六日的门票优惠力度，引导游客合理游览。有条件的单位可结合端午节、国庆节等节假日，优化工作安排，鼓励职工弹性作息。（责任单位：市商务局、市文化和旅游局、市园林绿化局、市公园管理中心、市体育局、市疾控中心、市人力资源社会保障局、各区政府）

（二十一）持续优化营商环境。持续扩大品牌连锁生活性服务业"一市一照""一区一照"试点企业范围，支持有条件的区试点推行营业执照与食品经营许可证"证照联办"。对符合简易低风险适用政策的传统商场装修改造项目，免于办理环评审批手续。从规划、建设、消防、登记注册等方面研究逐步放宽政策限制，探索"前店后厂"经营模式和利用地下闲置空间培育多元融合型消费业态。加快重点领域"短视频、直播+X"项目内容审核备案服务，深化互联网院线准入"放管服"改革，按照相关规定，推广告知承诺制。（责任单位：市市场监管局、市商务局、市规划自然资源委、市生态环境局、市住房城乡建设委、市消防救援总队、市广电局、市委宣传部、各区政府）

（二十二）加大财政金融支持力度。统筹财政资金和政策，对全市促消费工作给予支持。吸引社会资本参与消费领域新基建项目建设，培育壮大"北京智造"，推动高精尖产业发展。策划开展北京消费季活动，加快市场回暖和消费回补。引导金融机构提供更多符合产业发展方向、贴近消费需求的专属消费信贷产品。将受疫情影响较大的文旅、餐饮等企业，纳入金融服务快速响应机制。推出京郊旅游健康保险产品，为游客和景区工作人员提供保险服务。（责任单位：市商务局、市财政局、市市场监管局、市文化和旅游局、市委宣传部、人民银行营业管理部、市金融监管局、北京银保监局、各区政府）

# 附件4　北京市实施新开放举措行动方案

## 一、总体要求

以习近平新时代中国特色社会主义思想为指导，坚持开放、包容、普惠、平衡、共赢的经济全球化发展方向，立足首都城市战略定位，充分发挥国际交往中心功能作用，深入探索以服务业为主导的开放新模式，着力打造"新高地、新引擎、新平台、新机制"，在危机中育新机、于变局中开新局，以开放的主动赢得发展的主动，以高水平的开放赢得高质量的发展。

## 二、重点任务

### （一）打造开放新高地

1. 在"自贸试验区+"基础上全面升级服务业扩大开放。发挥服务业扩大开放综合试点与自由贸易试验区政策叠加优势，制定服务业扩大开放升级方案。聚焦重点领域、重点区域，推动"云团式"产业链集群开放，实现"产业开放"与"园区开放"并行突破，争创北京开放新优势。进一步打造制度创新高地，探索投资、贸易、监管等制度创新，提升资金、土地、人才、数据等要素供给效率，争取跨境服务贸易负面清单管理模式、产业链供地等一批创新举措在京实施，构建服务业开放的新环境。合理布局，争取在全市范围内构建由自由贸易试验区、综合保税区、开放园区组成的开放型经济发展新格局。（责任单位：市服务业扩大开放综合试点工作领导小组成员单位）

2. 建设高标准高质量自由贸易试验片区。聚焦科技创新、数字贸易、服务贸易等重点领域，实现更高水平的投资便利、贸易便利、资金往来便利和要素供给便利。发挥临空经济区、自由贸易试验区、综合保税区"三区"叠加优势，分阶段推出中国（河北）自由贸易试验区大兴机场片区制度创新清单，赋予其更大改革自主权。全面推广实施"区域综合评估+标准地+告知承诺"开发模式，编制重点产业招商地图和产业促进政策，探索推动区块链技术在商务交易等环节的应用，推进中国（河北）自由贸易试验区大兴机场片区加快建设成为国际交往中心功能承载区、国家航空科技创新引领区和京津冀协同发展示范区。（责任单位：市商务局、北京海关、市规划自然资源委、市发展改革委、大兴区政府）

3. 打造各具特色的综合保税区。加快北京天竺综合保税区创新升级，优化生物医药研发试验用特殊物品检疫查验流程，开展低风险生物医药特殊物品行政许可审批改革，做强医疗健康产业；简化文物艺术品进口付汇和进出境手续，创新实现存储、物流、布展、结算等业务链条全程统包，做大文化进出口贸易；扩大保健品、生鲜食品等中高端消费品进口，促进北京消费升级。积极争取北京大兴国际机场综合保税区尽快获批、如期封关运行，在全国率先打造"一个系统、一次理货、一次查验、一次提离"港区一体化监管模式。启动北京亦庄综合保税区申报，重点发展先进制造、供应链管理、保税服务等业务，致力打造以科技创新为特色的海关特殊监管区域创新示范。（责任单位：市商务局、天竺综保区管委会、顺义区政府、大兴区政府、北京经济技术开发区管委会、北京海关、市发展改革委、市文物局、人民银行营业管理部）

4. 促进中关村国家自主创新示范区在开放中全面创新。探索与自由贸易试验区的联动创新发展模式，努力打造世界领先科技园区和创新高地，成为世界级的原始创新策源地、全球创新网络的关键枢纽。支持设立跨国公司区域总部、研发中心，境外高校院所、科研机构的研发中心，科技类国际组织和国际服务机构的分支机构，吸引世界知名孵化器、知识产权服务机构等落地。支持与国外科技园区、创新伙伴开展双向合作，搭建国际化协同创新平台，开展前沿技术研究、标准创制、应用推广以及创新服务。支持企业或社会组织建设运营中关村国际合作创新园、区域性国际科技创新合作中心。完善全球化创业投资服务体系，引入一批创投基金、并购基金、耐心资本，建设海外创投基金集聚区。（责任单位：中关村管委会、市科委、市知识产权局、市金融监管局、市商务局、市经济和信息化局）

（二）升级开放新引擎

5. 进一步扩大金融业对外开放。将金融开放作为建设国家金融管理中心的重要组成部分，提升北京服务全球金融治理和国际合作的能级。发展全球财富管理，支持设立外资控股资管机构，支持符合条件的资管机构参与 QFLP、QDLP、人民币国际投贷基金等试点，推动其申请 QDII 资格和额度；支持外资独资开展跨境股权投资和资产管理，申请成为私募基金管理人，支持符合条件的外资私募基金管理机构申请公募基金管理业务资格；支持非投资性外资企业依法以资本金进行境内股权投资。推动跨境资本有序流动，开展本外币合一银行账户体系试点，支持符合条件的跨国公司开展跨境资金集中运营管理业务，支持符合条件的机构参与不良资产和贸易融资等跨境资产转让。提升金融市场国际化专业服务水平，支持国际知名征信评级、银行卡清算等机构在京发展并获得相应业务许可，支持外资机构按规定的条件和程序取得支付业务许可证；支持证券公司、基金管理公司、期货公司、人身险公司 100% 外资持股，支持外资保险机构在京设立健康险、养老险公司；加快推进新三板改革，根据国家有关政策，积极探索外资机构投资新三板市场；争取设立私募股权转让平台，拓宽国际风险资本退出通道；支持在京发起绿色金融国际倡议和国际组织，支持设立国际绿色金融机构和投资基金。加强金融科技创新国际合作，支持外资金融机构和外资科技企业入驻北京金融科技与专业服务创新示范区，承接国际金融科技项目孵化和产业应用；支持国际金融机构与在京金融科技企业深化战略和股权合作并申领金融牌照；支持国际金融科技企业与在京机构合作，探索创建国际化的金融科技行业自律规范和标准。（责任单位：市金融监管局、人民银行营业管理部、北京银保监局、北京证监局、市科委、西城区政府、海淀区政府）

6. 深化数字经济和贸易开放。制定实施促进数字贸易发展的意见，建立健全包容审慎的数字贸易交易规则，探索出境数据分类分级。推动建立数据市场准入、数据管理、数据使用、数据监管等机制。加快推进公共数据开放，制定本市公共数据管理制度。高质量建设数字贸易示范区域，依托中关村国家自主创新示范区、中国（河北）自由贸易试验区大兴机场片区、朝阳区和北京天竺综合保税区、北京经济技术开发区，打造数字贸易发展引领区、数字贸易创新试验区、数字内容发展示范区和数字贸易融合发展区。推动区块链等数字技术赋能生产及交易各环节，加快培育发展服务型制造新业态新模式。培育一批具有全球影响力和市场引领性的数字经济龙头企业、独角兽企业。（责任单位：市发展改革委、市商务局、市经济和信息化局、市委网信办、市科委、市政务服务局、市委宣传部、市广电局、中关村管委会、海淀区政府、朝阳区政府、大兴区政府、天竺综保区管委会、

北京经济技术开发区管委会）

7. 加深文化旅游融合开放。围绕新一代信息技术领域，结合云游戏、数字音乐、数字阅读等场景需求，搭建国际化协同创新平台。加快传统出版企业数字化转型，推动信息技术、内容渠道、资本市场等要素融合发展。打造全球文化艺术展示交流交易平台、国际文化贸易跨境电商平台等交流合作平台；推进"一带一路"文化贸易与投资重点项目展示活动和亚洲文化贸易中心项目；推动对外文化贸易基地与数字文化产业聚集区"双区联动"。提升北京国际电影节影响力。进一步优化离境退税便利措施，加快落实国家免税店创新政策，促进入境游消费；继续争取外商独资旅行社试点经营中国公民出境旅游业务（赴台湾地区除外）落地。（责任单位：市委宣传部、市广电局、市文化和旅游局、市商务局、北京海关、北京市税务局、市财政局、天竺综保区管委会）

8. 全面推进专业服务领域开放改革。聚焦会计、咨询、法律、规划、设计等领域，加速专业服务资源要素统一开放和自主流动，增强专业服务机构国际合作能力，建立跨领域全链条融合渗透的综合性专业服务机制，落地一批示范性的品牌企业，引入一批国际化专业服务要素，形成一批具有国际影响力的品牌区域和平台项目，打造全流程专业服务生态链。加快构建境外服务合作伙伴网络，以更高层次、更高水平参与国际竞争、国际贸易、国际经济治理。建立专业服务国际联合体，在会计审计、管理咨询、争议解决服务、知识产权、建筑设计等领域探索推进京港澳专业服务机构共建，建立取得内地注册资格的港澳专业人士来京执业对接服务机制。允许境外知名仲裁机构经批准后，在试点区域设立代表处并依法开展相关工作；支持开展网上仲裁，建立高效的数字贸易纠纷仲裁机制。积极争取建筑师负责制试点，对简易低风险试点项目在开工前免于施工图设计文件审查。（责任单位：市发展改革委、市商务局、市财政局、市知识产权局、市司法局、市政府外办、北京市税务局、人民银行营业管理部、市规划自然资源委）

（三）建设开放新平台

9. 打造具有全球影响力的服务贸易展会平台。提质升级办好中国国际服务贸易交易会，围绕服务贸易全领域，举办全球服务贸易峰会、高峰论坛、行业大会、专业论坛、洽谈及边会活动、展览展示、成果发布和配套活动等，推动组建全球服务贸易联盟，努力打造全球服务贸易发展的风向标和晴雨表，与中国国际进口博览会、中国进出口商品交易会共同构成我国扩大对外开放和拓展对外交往的新平台。（责任单位：市商务局及各相关单位）

10. 做强双枢纽机场开放平台。发挥北京首都国际机场和北京大兴国际机场双枢纽机场聚集辐射效应，打造国家发展新的动力源，形成世界级国际航空枢纽。提升国际航线承载能力，扩大航线网络，增加国际航班比例，形成辐射全球的网络布局。鼓励中外航空公司运营国际航线，允许外国航空公司"两场"运营。建设国际航空货运体系，制定促进北京航空货运发展政策，支持扩大货运航权。打造北京大兴国际机场全货机优先保障的货运跑道，吸引航空公司投放货运机队。优化北京首都国际机场货运设施及智能化物流系统。

完善航空口岸功能，提升高端物流能力，扩展整车、平行车等进口口岸功能。（责任单位：市发展改革委、民航华北地区管理局、市商务局、北京海关、顺义区政府、大兴区政府、天竺综保区管委会、首都机场集团公司）

11. 建设高层级科技创新交流合作平台。立足于科学、技术、产品、市场全链条创新，将中关村论坛打造成国际化、国家级、高水平的科技创新交流合作平台。围绕创新与发展，聚焦国际科技创新前沿和热点问题，邀请全球科学家、企业家、投资人等共同参与，传播新思想、提炼新模式、引领新发展。遴选发布一批具有世界引领性的创新成果、科技政策、研究报告。开展面向全球的技术交易综合线上服务，融合项目征集、路演、洽谈、交易、展示等功能。与中国北京国际科技产业博览会有机融合，形成汇集顶级交流、高端发布、全球交易、高水平展览的多功能平台，扩大论坛产业带动性。（责任单位：中关村管委会、市科委、市政府外办、市贸促会、海淀区政府）

12. 举办高水平金融街论坛。立足打造国家金融政策权威发布平台、中国金融业改革开放宣传展示平台、服务全球金融治理的对话交流平台，围绕全球金融监管、金融开放、金融治理和金融科技等领域重要议题，开展高峰对话和深入研讨，发布重要金融改革开放政策，促进中国金融业与国际金融市场联通，共同应对全球金融风险挑战。（责任单位：市金融监管局、人民银行营业管理部、北京银保监局、北京证监局、西城区政府）

（四）优化开放新机制

13. 强化知识产权保护和运用机制。围绕"严保护、大保护、快保护、同保护"体系，统筹推进知识产权多元化保护格局，推动本市知识产权保护立法，研究落实惩罚性赔偿制度，围绕电子商务等重点领域加强知识产权专项执法保护，加强商业秘密保护和风险防控，推动国际产业园区知识产权保护一站式维权服务。探索建设知识产权交易平台，优化知识产权评估交易体系建设，健全知识产权质押融资风险分担机制，推动知识产权保险试点，构建知识产权金融创新服务体系。推进运营服务体系建设，促进专利技术转化运用；支持运营模式探索，培育一批具有示范效应的运营机构，提高知识产权运用水平。（责任单位：市知识产权局、市高级法院、市市场监管局、市委宣传部、市文化执法总队、市司法局、市金融监管局、北京证监局、人民银行营业管理部、北京银保监局、市财政局、市科委、中关村管委会、市教委）

14. 提升贸易便利化。主动优化进口流程，面向全球扩大市场开放，申报创建国家进口贸易促进创新示范区。提高通关信息化水平，拓展国际贸易"单一窗口"服务功能和应用领域，实现业务办理全程信息化、货物管理电子化、通关申报无纸化、物流状态可视化。优化贸易服务流程，针对鲜活易腐商品实施预约通关、快速验放；扩大高级认证企业免担保试点范围。创新监管模式，对进境货物实行"两段准入"监管模式，推进"两步申报""两类通关""两区优化"等通关监管改革，提高提前申报比例，打造空港贸易便利化示范区。（责任单位：市商务局、市经济和信息化局、北京海关、顺义区政府、大兴区政府、天竺综保区管委会）

15. 畅通投资"双行道"。推动本市共建"一带一路"高质量发展，持续推进对外经贸合作提质增效；完善对外投资合作支持政策；进一步简化企业对外投资备案流程，实现备案管理无纸化；推出"京企走出去"线上综合服务平台及系列"国别日"活动，为企业提供商机发现、项目撮合、财税咨询、安全预警等综合服务。提升外资促进和服务水平，落实全国版和自由贸易试验区版外商投资准入负面清单，鼓励外商投资新开放领域；用好中国国际服务贸易交易会、投资北京洽谈会、京港洽谈会等投资促进平台，创新开展招商活动；提高政策透明度，强化政策执行规范性，完善"双随机、一公开"工作机制，畅通外资企业咨询服务和诉求反馈渠道，做好外商投诉管理服务；落实重点外资企业"服务管家"和"服务包"机制，实施"一对一"精准服务。积极打造面向全球、兼顾国别特色的国际合作产业园区。（责任单位：市发展改革委、市商务局、市投资促进服务中心、市贸促会、市财政局、市国资委、市市场监管局、市政府外办、市经济和信息化局等相关单位及各区政府）

16. 优化国际人才服务保障。建设外籍人才服务体系，构建可"落地即办"的外籍人才服务工作网络，打造可"全程代办"的国际人才服务手机端"易北京"信息平台。推进属地化服务管理，向外籍人才聚集的区下放外国人来华工作许可审批权，逐步实现外籍人才工作许可、工作类居留许可"一窗受理、同时取证"。促进国际医疗服务发展改革，推动国际医疗示范项目建设，提高医疗服务质量和水平。优化国际学校空间布局，支持中小学接收外国学生。提升国际化政务服务能力，推动面向外籍人才和外资企业政务服务全程电子化、全程信息共享、全程交互。加快建设北京市政府国际版门户网站，打造多语种、广覆盖、全流程的一站式网上服务平台。（责任单位：市人才局、市科委、市人力资源社会保障局、市公安局、市卫生健康委、市医保局、市教委、市商务局、市政务服务局）

**三、保障措施**

（一）加强组织领导

将落实本行动方案列入服务业扩大开放综合试点专班议题。巩固"总体协调+重点领域+重点区域"三级专班架构，加强专职人员配备和培训力度。

（二）强化统筹调度

将行动方案相关任务纳入市领导季调度、专班月会商机制，进行滚动调度。在风险可控的前提下，精心组织，先行先试。各项开放改革措施，凡涉及调整地方性法规或政府规章的，按法定程序加快推进地方立法工作。

（三）做好宣传评估

充分宣传解读新开放政策措施和成果成效，加强相关信息公开。利用中国国际服务贸易交易会等国际性展会平台，全方位宣传推介。通过对外交流、出访考察等，加强中外合作、增强互信互惠。及时评估任务落实情况，总结制度经验，并复制推广。

## 附件 5　北京市提升新服务进一步优化营商环境行动方案

### 一、精简行政审批、清理隐性壁垒

（一）持续精简行政审批事项。按照国务院要求，进一步取消、下放、承接行政许可事项，动态调整政务服务事项。分类清理政务服务"零办件"事项。通过告知承诺审批、电子证照应用和信息共享等方式，进一步压减审批事项申请材料和办理时限。（责任单位：市政府审改办牵头，市相关部门、各区政府按职责分工负责）

（二）分类清理隐性管理事项。全面梳理与行政审批相关的评估、评审、核查、登记等环节中的隐性管理问题清单，建立行政审批实施情况定期评估机制，分类分批清理影响市场主体准入和经营的隐性壁垒。（责任单位：市政府审改办牵头，市相关部门、各区政府按职责分工负责）

（三）清理规范行政备案事项。将市级层面设定的行政备案事项全部纳入清单管理并向社会公布。梳理目录管理、年检年报、指定认定等行政管理措施，整治变相审批。（责任单位：市政府审改办牵头，市相关部门、各区政府按职责分工负责）

（四）持续清理证明事项。梳理企业上市过程中需要开具的各类证明，对市场主体反映突出的"无犯罪记录"等证明事项开展清理。加大对已清理证明事项的监督落实力度，杜绝边减边增、明减暗增、反弹回潮。做好涉证明投诉问题的调查处理。（责任单位：市政府审改办、北京证监局、市金融监管局、市公安局牵头，市相关部门、各区政府按职责分工负责）

（五）规范中介服务管理。清理行政审批中介服务事项，除依据法律法规或国务院要求设定的外，审批部门不得设定行政审批中介服务事项；能够通过征求部门意见、加强事中事后监管解决以及申请人可按要求自行完成的，一律不得设定行政审批中介服务事项。加强对涉及行政管理的中介服务的管理，强化中介机构执业情况、信用和用户评价等信息公开，为企业获取便捷、规范、优质的中介服务提供支持，重点解决企业开办、商标注册、专利申请、招投标、人力资源、司法鉴定、工程建设、法律服务等领域中介服务市场便利度和专业度不足问题。加强中介服务网上交易平台建设，规范网上交易活动。严厉查处"黑中介"行为，建立投诉举报机制，推行信用监管机制，净化中介服务市场环境。（责任单位：市政府审改办牵头，市相关部门、各区政府按职责分工负责）

（六）细化公开行政审批标准。针对市场主体反映的突出问题，细化审批标准，坚持不公开不得作为行政审批依据，压缩审批自由裁量权，着力解决审批标准不公开、不透明、自由度过大等问题。（责任单位：市政务服务局牵头，市相关部门、各区政府按职责分工负责）

（七）探索基于风险的分级分类审批模式。在工程建设等领域，试点推行事项风险分级，对风险低的进一步简化审批，对风险高的严格审批。（责任单位：市政府审改办、市规划自然资源委牵头，市相关部门、各区政府按职责分工负责）

（八）探索"备查制"改革。在法律法规允许的范围内，试点推行市场主体标准自行判别、权利自主享受、资料自行留存的"备查制"改革，实现"零跑动、零接触"。（责任单位：市政府审改办牵头，市相关部门、各区政府按职责分工负责）

**二、降低准入门槛、激发市场活力**

（九）加快推进"证照分离"改革。落实国务院"证照分离"改革全覆盖要求，出台本市"证照分离"改革实施意见，全面实施涉企经营许可事项取消审批、审批改备案、告知承诺、优化服务等四项改革措施。（责任单位：市市场监管局、市政府审改办牵头，市相关部门、各区政府按职责分工负责）

（十）简化重要工业产品准入。精简优化工业产品生产、流通等领域需办理的行政许可、检验检测等管理措施。做好国务院下放重要工业产品生产许可审批权限的承接工作。贯彻落实国家层面关于强制性认证制度、优化产品目录结构和办理流程时限的相关要求，履行对认证活动的监管职责，推进开展3C产品在线核查工作。（责任单位：市市场监管局牵头，市相关部门按职责分工负责）

（十一）清理职业资格和企业资质。按照国务院统一部署和要求，及时调整职业资格清单，严格执行北京地区的许可认定工作，分步取消水平评价类技能人员职业资格，最大限度地降低就业创业创新门槛。按照住房城乡建设部有关资质改革方案以及工作部署，压减本市工程建设领域企业资质资格类别、等级，对相关企业资质逐步推行告知承诺审批，强化个人职业资格管理，加大执业责任追究力度。（责任单位：市人力资源社会保障局、市住房城乡建设委牵头，市相关部门按职责分工负责）

（十二）严格落实市场准入负面清单制度。按照国家市场准入负面清单和本市新增产业禁止限制目录相关要求，查找有关部门和各区设置的不合理准入限制，列出台账、开展整改。（责任单位：市发展改革委牵头，市相关部门、各区政府按职责分工负责）

（十三）强化公平竞争审查制度。坚持存量清理和增量审查并重，持续清理和废除妨碍统一市场和公平竞争的各种存量政策；严格审查新出台的政策措施，细化审查办法，建立规范流程。对于专业性强的领域，引入第三方开展评估审查。建立公平竞争问题投诉举报和处理回应机制，及时向社会公布处理情况，切实让企业感受到公平竞争环境氛围。（责任单位：市市场监管局牵头，市相关部门、各区政府按职责分工负责）

（十四）推动降低企业融资成本。建立政府、银企数据共享制度，在保护数据隐私的基础上，为金融机构使用不动产登记、税务、市场监管、民政等数据提供便利，提高中小企业信用贷款的成功率和比例，降低融资综合成本。推广基于区块链技术的企业电子身份认证系统，建立市确权中心，通过政府和国企采购合同应收账款确权，聚合融资担保、资产管理等各类金融资源，为企业提供更便捷高效的信贷服务。推动区域性股权市场发展，完善股东名册托管登记机制，扩大中小微企业直接融资规模，提供便利优质的融资服务。

（责任单位：市金融监管局、市市场监管局、市国资委、市政务服务局牵头，市相关部门、各区政府按职责分工负责）

（十五）积极发挥行业协会商会作用。落实国家关于行业协会商会收费管理相关文件精神，进一步加强和改进本市行业协会商会收费管理。加强行业协会商会信息公开、财务公开，规范审计制度，审计报告及时向社会、会员公开，接受监督，积极发挥好行业协会商会作用。（责任单位：市民政局、市市场监管局牵头，市相关部门、各区政府按职责分工负责）

（十六）深化工程建设项目审批改革。完善社会投资和政府投资类工程建设项目审批服务流程，实行"一张表单、一口受理、一个系统"。在北京城市副中心和"三城一区"等区域，积极推进告知承诺、产业项目用地标准化及全流程管理试点。积极争取建筑师负责制试点。对具备条件的建设项目，推行建设单位购买工程质量潜在缺陷保险制度。研究制定本市工程质量潜在缺陷保险风险管理机构管理办法和保险理赔服务规范，为保险公司委托风险管理机构对工程建设项目实施管理制度提供支撑。（责任单位：市规划自然资源委、市住房城乡建设委、市政务服务局、市金融监管局、北京银保监局牵头，市相关部门、各区政府按职责分工负责）

**三、规范执法行为、减少不当干预**

（十七）推动"双随机、一公开"监管全覆盖。在市场监管领域全面推行部门联合"双随机、一公开"监管，避免多头执法、重复检查。梳理行政检查事项，建立随机抽查事项清单，规范抽查检查工作流程，提高监管效能，减轻企业负担。（责任单位：市市场监管局、市生态环境局、市交通委、市农业农村局、市文化和旅游局牵头，市相关部门、各区政府按职责分工负责）

（十八）强化"互联网+"监管。依托市"互联网+"监管系统，加快汇聚本市各类监管数据，强化数据共享应用。强化政府数据治理能力，研究构建政府数据治理规则。探索推进线上闭环监管、"非接触"监管。建立风险预警线索核查处置联动工作机制。推动建立电子商务领域的政企合作和社会共治机制，开展电子商务领域跨平台联防联控试点。（责任单位：市政务服务局牵头，市相关部门、各区政府按职责分工负责）

（十九）积极推进信用监管。制定信用分级分类标准，出台信用信息评价实施细则。完善全市统一的信用联合奖惩制度，明确失信行为和失信联合惩戒的认定范围、标准和程序，细化信用惩戒措施。研究提出本市统一的公共信用信息服务系统升级建设方案。开展失信企业信用修复工作，引导企业诚信自律，鼓励企业重塑信用。（责任单位：市经济和信息化局、市政务服务局牵头，市相关部门按职责分工负责）

（二十）大力推动包容审慎监管。对新技术、新产业、新业态、新模式，按照鼓励创新原则，留足发展空间，同时坚守质量和安全底线，严禁简单封杀或放任不管。加强对新生事物发展规律研究，分类量身定制监管规则和标准。对看得准、有发展前景的，要引导其健康规范发展；对一时看不准的，设置一定的"观察期"，对出现的问题及时引导或处置。建立包容审慎监管目录库并动态调整。（责任单位：市相关部门、各区政府按职责分工负责）完善"双随机、一公开"监管系统，为包容审慎监管目录库提供共享平台。（责任单位：市市场监管局）建立市级包容审慎监管政策统筹研究机制，对出现的新问题、共性问题、综合问题、疑难问题等，及时组织研究，提供政策支持。（责任单位：市发展改革委牵头，市相关部门、各区政府按职责分工负责）

（二十一）探索风险分级分类监管。在建设工程质量安全等领域，试点推行风险等级监管制度，定期发布建设工程质量安全综合管理能力风险负面清单，根据工程的风险等级情况，确定监督检查频次和内容，对纳入负面清单的主体加大监督检查力度。（责任单位：市住房城乡建设委牵头，市相关部门、各区政府按职责分工负责）

（二十二）规范监管执法行为。清理规范、修订完善边界宽泛、执行弹性大的监管规则和标准。持续改进执法方式，建立健全各行业、各领域行政处罚裁量基准制度，推动行政执法规范化建设，杜绝随意执法。完善行政处罚、行政强制、行政检查权力清单。全面推行行政执法公示、行政执法全过程记录、重大行政执法决定法制审核制度。加强行政执法统筹协调，加快推行行政检查单和跨部门联合检查制度，探索建立行政执法监测评估和主动监督纠错机制，并将行政执法监测评估情况纳入年度法治政府建设内容。（责任单位：市司法局、市生态环境局、市交通委、市农业农村局、市文化和旅游局、市市场监管局牵头，市相关部门、各区政府按职责分工负责）

**四、优化对企服务、构建"亲""清"新型政商关系**

（二十三）提升线上政务服务水平。充分利用区块链、人工智能、大数据、5G通信等新技术，增强跨地区、跨部门、跨层级业务协同和数据共享能力，加快推动企业电子印章、电子签名应用，全力深化政务服务"一网通办"改革，大力推进"不见面"审批。推行新开办企业开立银行账户信息共享机制，实现"五险一金"缴费账户的自动归集。将进出口检验检疫、预约检查、联合登临查验功能纳入国际贸易单一窗口。推出"一证办电"，研究高压接电模式。推进数字治理在政务服务领域的应用，推动政务服务全程电子化、全程信息共享、全程交互服务，实现可在线咨询、可在线受理、可在线查询、可在线支付、可在线评价等全流程网上办事服务。实现全市政务服务事项在工作时段提供"在线实时服务"。（责任单位：市政务服务局牵头，市相关部门、各区政府按职责分工负责）

（二十四）强化政府告知义务。在行政管理过程中全面实施一次性告知清单制度，推行主动告知、全面告知、准确告知、全过程告知，书面告知办事企业审批标准、申报材料、关联事项、负责部门、办理时限、办理进度、事中事后监管要求、执法检查标准、违法后果等。强化政府告知约束，加强对行政机关告知义务履行情况的监督考核。（责任单位：市政务服务局牵头，市相关部门、各区政府按职责分工负责）

（二十五）深入推进"办好一件事"。围绕企业全生命周期办事需求，对跨部门、跨层级的政务服务事项，通过建立政府内部联合审批、数据共享、统收统分等业务协同机制，推出200件"办好一件事"套餐。积极优化"超市+餐饮"等新业态"一件事"办理

流程，为企业提供线上线下集成服务。（责任单位：市政务服务局牵头，市相关部门、各区政府按职责分工负责）

（二十六）提供公益法律服务。市、区公共法律服务中心组织律师为小微企业提供现场、电话、网上法律服务。开通保障企业复工复产公证法律服务绿色通道，对符合条件的不可抗力公证申请，实行即来即办；对其他申请实行证明事项告知承诺和申请材料容缺受理。落实"最多跑一次"公证事项范围，规范公证服务收费。（责任单位：市司法局牵头，市相关部门、各区政府按职责分工负责）

（二十七）优化商事仲裁。对当事人申请商事仲裁的，实现速立、速审、速结，并积极推动仲裁中的调解程序，妥善处理商事纠纷；对仲裁案件当事人确因疫情原因导致仲裁费用缴纳有困难的，依据仲裁规则采取缓缴措施。加强国际商事仲裁服务能力建设，提升仲裁员队伍专业化、国际化水平，探索建设有利于国际商事仲裁服务业开放的政策环境，打造国际商事仲裁中心城市。支持北京仲裁委员会（北京国际仲裁中心）承接国际仲裁案件，发布国际案件评析及相关国际案件仲裁指引，建立投资仲裁员名册，完善投资仲裁服务，提升仲裁的国际影响力。（责任单位：市司法局牵头，市商务局、市政府外办、北京市税务局、人民银行营业管理部等单位、各区政府按职责分工负责）

（二十八）提高商事案件审判质效。提高司法审判和执行效率，防止因诉讼拖延影响企业生产经营。加强平等保护民营企业权益意识，保护民营企业和企业家合法财产。严格按照法定程序采取查封、扣押、冻结等措施，依法严格区分违法所得、其他涉案财产与合法财产，严格区分企业法人财产与股东个人财产，严格区分涉案人员个人财产与家庭成员财产，推动健全平等保护的法治环境。进一步规范办理经济犯罪案件，提升质效，依法审慎采取强制措施，禁止超范围、超标的查封扣押冻结，减少对企业正常生产经营的影响，依法保障企业正常经营活动。（责任单位：市高级法院、市公安局牵头）

（二十九）强化企业破产管理。组建企业破产和市场主体退出综合协调机构，构建法院、政府和破产管理人三元格局的破产管理体系。大力推动解决破产管理中财产查控、资产处置、职工安置、信用修复、企业注销等难点问题。开展企业风险监测预警，及时推动企业破产重组。加快研究"僵尸企业"退出政策，建立企业破产案件快速处置机制。（责任单位：市发展改革委、市委编办、市高级法院牵头）

（三十）优化企业服务热线。充分发挥12345企业服务热线作用，针对企业经营发展中遇到的与政务服务、政策制定、政策执行等有关的诉求和问题，提供政策咨询、诉求受理、办理、督办、反馈、回访、评价全链条服务。（责任单位：市政务服务局、市投资促进服务中心牵头，市相关部门、各区政府按职责分工负责）

（三十一）畅通政企沟通渠道。建立常态化的市场主体意见征集机制，搭建政企沟通网上平台，积极发挥行业协会商会、人民团体作用，采用多种方式、多种渠道及时听取市场主体的反映和诉求，了解市场主体生产经营中遇到的困难和问题，研究提出有针对性的政策措施和解决方案。畅通电话沟通渠道，运用大数据加强"僵尸电话"整治，健全政府对外联系电话检查、清理、响应、服务制度。健全市、区两级负责人走访企业制度，完善企业"服务包"制度。（责任单位：市政务服务局、市发展改革委牵头，市相关部门、各区政府按职责分工负责）

（三十二）深化"贴心服务"。加强作风建设，强化对企服务意识，提高业务水平，主动关心、主动服务、主动帮助，倾情倾力服务，及时回应企业的合理诉求、保护企业的合法权益，为企业发展排忧解难，建立"亲""清"新型政商关系。推行政务服务"体验员"机制，为企业提供贴心暖心的服务。（责任单位：市政务服务局牵头，市相关部门、各区政府按职责分工负责）

**五、强化政策兑现、打通"最后一公里"**

（三十三）细化政策执行标准。政策出台时，同步配套细化公开执行标准、流程、措施，同步做好对政策执行一线人员的系统培训，确保政策执行的有效性和一致性。强化政策联动，针对新政策出台时跨部门传导不及时等问题，及时调整配套措施。（责任单位：市政务服务局牵头，市相关部门、各区政府按职责分工负责）

（三十四）提升政策到达率。出台政策解读细则，规范政策解读的内容、形式和渠道。加大政策解读力度，线上线下结合，灵活使用更多渠道、更多方式实现大范围的政策宣传。线上加大新媒体应用，通过要点式解读、微视频、流程图、"一图读懂"、办事指南等多种方式，做到有政策必解读、有疑问必解惑。线下开展上门送政策，通过讲授、案例介绍、研讨等多种形式，将政策送到市场主体手中。针对企业关心的问题和政策中的创新举措，面向企业、中介机构和窗口工作人员，重点围绕商事制度改革、工程建设项目审批、融资信贷、政务服务、监管执法、法治保障等方面开展宣传培训，提升政策知晓度。（责任单位：市政务服务局、市发展改革委牵头，市相关部门、各区政府按职责分工负责）

（三十五）推行政策兑现"一次办"。精简政策兑现申报材料，优化办理流程，加快兑现速度。聚焦减免房租等复工复产政策的兑现，在各级政务服务大厅和网上大厅设立政策兑现窗口，构建政策兑现"一次申报、一次受理、一次兑现"闭环流程。（责任单位：市国资委、市政务服务局牵头，市相关部门、各区政府按职责分工负责）

（三十六）优化基层激励机制。从考核评价、督查追责等方面调动基层积极性，为一线工作人员松绑减负，推动各项改革政策在一线落地。建立公开曝光和内部通报机制，及时纠正不作为、慢作为、乱作为等现象。（责任单位：市政务服务局牵头，市相关部门、各区政府按职责分工负责）

# 中共北京市委关于制定北京市国民经济和社会发展第十四个五年规划和二〇三五年远景目标的建议

（2020年11月29日中国共产党北京市第十二届委员会第十五次全体会议通过）

"十四五"时期是我国全面建成小康社会、实现第一个百年奋斗目标之后，乘势而上开启全面建设社会主义现代化国家新征程、向第二个百年奋斗目标进军的第一个五年，也是北京落实首都城市战略定位、建设国际一流的和谐宜居之都的关键时期。中国共产党北京市第十二届委员会第十五次全体会议认真学习贯彻党的十九届五中全会精神，就制定北京市国民经济和社会发展"十四五"规划和二〇三五年远景目标提出以下建议。

**一、全面建成小康社会，努力在全面建设社会主义现代化国家新征程中走在前列**

1. "十三五"时期北京发展取得历史性成就。"十三五"时期是北京发展史上具有重要里程碑意义的五年。在以习近平同志为核心的党中央坚强领导下，全市人民坚持以习近平新时代中国特色社会主义思想为指导，深入贯彻习近平总书记对北京重要讲话精神，紧紧围绕"建设一个什么样的首都，怎样建设首都"这一重大时代课题，团结奋斗、砥砺前行，各项事业都取得了新的重大成就，北京这座伟大城市的发展正在发生深刻转型。深入落实首都城市战略定位，大力加强"四个中心"功能建设，提高"四个服务"水平，圆满完成新中国成立70周年庆祝活动、"一带一路"国际合作高峰论坛、中非合作论坛北京峰会、世界园艺博览会等重大活动服务保障任务，首都功能持续优化提升。牵住疏解非首都功能这个"牛鼻子"，深入实施疏解整治促提升专项行动，成为全国第一个减量发展的城市；全力支持河北雄安新区建设，高水平规划建设北京城市副中心，首批市级机关顺利迁入，大兴国际机场建成通航，推动京津冀协同发展取得明显成效。坚持创新驱动发展战略，构建高精尖经济结构，2019年经济总量达到3.5万亿元，人均GDP2.4万美元，劳动生产率超过28万元/人，居全国各省区市首位。深入推进供给侧结构性改革，一批重点领域改革取得新突破，国家服务业扩大开放综合示范区和中国（北京）自由贸易试验区成功获批，营商环境连续两年全国第一。建立完善金融监管体系和金融风险防范化解机制，存量金融风险有序化解，新增金融风险有力遏制。坚决打好污染防治攻坚战，实施新一轮百万亩造林绿化工程，城乡环境明显改善。坚持民有所呼、我有所应，建立完善"吹哨报到"和"接诉即办"机制，围绕"七有""五性"保障和改善民生，人民生活水平不断提高。文化事业和文化产业繁荣发展。北京冬奥会冬残奥会筹办工作进展顺利。扶贫支援任务圆满完成。全面从严治党取得重大成果，民主法治建设扎实推进，社会大局保持和谐稳定，首都规划体系得到历史性深化和完善，城市精细化管理水平进一步提升，新冠肺炎疫情防控取得重大战略成果，首都治理体系和治理能力现代化迈出新步伐。"十三五"规划主要目标任务即将完成，率先全面建成小康社会即将实现，北京综合实力和国际影响力明显增强，为率先基本实现社会主义现代化奠定了坚实基础。

2. 新发展阶段面临的新形势。当今世界正经历百年未有之大变局，中华民族伟大复兴正处于关键时期，我国进入新发展阶段。新冠肺炎疫情影响广泛深远，世界进入动荡变革期，我国发展面临环境日趋复杂，重要战略机遇期的机遇和挑战都有新的发展变化。首都北京与党和国家的历史使命联系更加紧密。我国日益走近世界舞台中央，必将进一步提升北京的国际影响力；我国经济长期向好，市场空间广阔，发展韧性强劲，以国内大循环为主体、国内国际双循环相互促进的新发展格局加快构建，为首都新发展提供了最可靠的依托；"四个中心""四个服务"的能量进一步释放，京津冀协同发展深入推进，为首都新发展提供了强大支撑；新一轮科技革命和产业变革深入发展，新产业新业态新模式新需求催生勃发，国家支持北京形成国际科技创新中心，为首都新发展带来了新的机遇；新版城市总体规划深入实施，对优化首都功能、提升城市品质提出更高要求。同时国内国际形势深刻变化，各种不稳定不确定性因素也明显增多，在传统增长动力减弱和疏解减量背景下，创新发展动能仍然不足，高科技领域"卡脖子"问题日益凸显，保持经济平稳健康发展压力加大；人口资源环境矛盾依然突出，疏解非首都功能、治理"大城市病"任重道远；城乡区域间发展不平衡不充分问题依然存在，民生保障、公共安全等领域还有不少短板，城市治理体系和治理能力现代化水平有待提升。要胸怀两个大局，增强机遇意识和风险意识，坚定必胜信心，保持战略定力，发扬斗争精神，深刻认识复杂国际环境带来的新机遇新挑战，准确把握首都新发展的新特征新要求，善于在危机中育先机、于变局中开新局，以首善标准不断开创首都各项事业发展新局面。

3. 到二〇三五年远景目标。到二〇三五年，我国将基本实现社会主义现代化。北京要走在全国前列，率先基本实现社会主义现代化，努力建设好伟大社会主义祖国的首都、迈向中华民族伟大复兴的大国首都、国际一流的和谐宜居之都。展望二〇三五年，北京"四个中心"功能将显著增强、"四个服务"水平大幅提升，更加适应党和国家工作大局需要，成为拥有优质政务保障能力和国际交往环境的大国首都；创新体系更加完善，关键核心技术实现重大突破，国际科技创新中心创新力、竞争力、辐射力全球领先；具有首都特点的现代化经济体系更加成熟，经济总量和城乡居民人均收入迈上新的大台阶，城市综合竞争力位居世界前列；"一核"辐射带动作用明显增强，城市副中心初步建成国际一流的和谐宜居现代化城区，推动京津冀世界级城市群构架基本形成；人民平等参与、平等发展权利得到充分保障，法治中国首善之区基本建成，平安北京建设持续巩固拓展，韧性城市建设取得重大进展，首都治理体系和治理能力现代化基本实现；历史文化名城保护体系健全完善，市民素质和社会文明程度达到新高度，文化软实力显著增强，成为彰显文化自信与多元包容魅力的世界文化名城；生态环境根本好转，优质生态产品供给更加充足，绿色生产生活方式成为社会广泛自觉，碳排放率先达峰后持续下降，天蓝、水清、森林环绕的生态城市基本建成；市民"七有""五性"需求在更高水平上有效满足，城乡区域发展差距明显缩小,基本公共服务实现均等化,健康北京建设取得长足进展,中等收入群体显著扩大,人的全面发展和共同富裕取得更为明显的实质性进展。

**二、"十四五"时期北京经济社会发展的指导思想、基本要求和主要目标**

4. "十四五"时期北京经济社会发展指导思想。高举中国特色社会主义伟大旗帜,深入贯彻党的十九大和十九届二中、三中、四中、五中全会精神,坚持以马克思列宁主义、毛泽东思想、邓小平理论、"三个代表"重要思想、科学发展观、习近平新时代中国特色社会主义思想为指导,全面贯彻党的基本理论、基本路线、基本方略,深入贯彻习近平总书记对北京重要讲话精神,统筹推进"五位一体"总体布局,协调推进"四个全面"战略布局,坚定不移贯彻创新、协调、绿色、开放、共享的新发展理念,坚持稳中求进工作总基调,立足首都城市战略定位,深入实施人文北京、科技北京、绿色北京战略,以首都发展为统领,以推动高质量发展为主题,以深化供给侧结构性改革为主线,以改革创新为根本动力,以满足人民日益增长的美好生活需要为根本目的,以建设国际科技创新中心为新引擎,以疏解非首都功能为"牛鼻子"推动京津冀协同发展,以高水平对外开放打造国际合作和竞争新优势,统筹发展和安全,加快建设现代化经济体系,率先探索构建新发展格局的有效路径,推进首都治理体系和治理能力现代化,实现经济行稳致远、社会安定和谐,为率先基本实现社会主义现代化开好局、起好步。

5. "十四五"时期北京经济社会发展基本要求。推动"十四五"时期经济社会发展,要严格遵循坚持党的全面领导、坚持以人民为中心、坚持新发展理念、坚持深化改革开放、坚持系统观念等重大原则,把握好以下基本要求。

——坚持以首都发展为统领。正确处理好"都"与"城"的关系,始终把大力加强"四个中心"功能建设、提高"四个服务"水平作为首都发展的全部要义来牢牢把握,将"四个中心""四个服务"蕴含的巨大能量充分释放出来,促进经济社会高质量发展。

——更加突出创新发展。在减量发展背景下,坚持走依靠创新驱动的内涵型增长路子,发挥北京科技和人才优势,大力推进以科技创新为核心的全面创新,积极培育新产业新业态新模式新需求,巩固高精尖经济结构,提高经济质量效益和核心竞争力。

——更加突出京津冀协同发展。牢牢抓住疏解非首都功能这个"牛鼻子",以减量倒逼集约高效发展,推动北京城市副中心和河北雄安新区两翼齐飞,增强与天津、河北联动,构建现代化都市圈,建设以首都为核心的世界级城市群。

——更加突出开放发展。坚持以开放促改革、促发展,用好国内国际两个市场两种资源,实施更大范围、更宽领域、更深层次的对外开放,建设更高水平开放型经济新体制。

——更加突出绿色发展。坚持绿水青山就是金山银山理念,严守"双控""三线",深入打好污染防治攻坚战,进一步扩大生态空间容量,持续改善环境质量,让青山绿水蓝天成为大国首都底色。

——更加突出以人民为中心的发展。坚持共同富裕方向,紧紧围绕"七有"目标和市民需求"五性"特点,更好满足人民日益增长的美好生活需要,让发展成果更多更公平地惠及广大人民群众，促进人的全面发展和社会全面进步。

——更加突出安全发展。牢固树立总体国家安全观，强化底线思维，系统构筑安全防线，妥善防范化解现代化进程中的各种风险，坚决维护首都安全稳定。

6."十四五"时期北京经济社会发展主要目标。按照首都发展要求，锚定二〇三五年远景目标，综合考虑未来发展趋势和条件，坚持战略愿景和战术推动有机结合，坚持目标导向和问题导向有机统一，今后五年努力实现以下主要目标。

——首都功能明显提升。中央政务活动服务保障能力明显增强，全国文化中心地位更加彰显，国际交往环境及配套服务能力全面提升，国际科技创新中心基本形成。

——京津冀协同发展水平明显提升。疏解非首都功能取得更大成效，城市副中心框架基本成型，"轨道上的京津冀"畅通便捷，生态环境联防联控联治机制更加完善，区域创新链、产业链、供应链布局取得突破性进展，推动以首都为核心的世界级城市群主干构架基本形成。

——经济发展质量效益明显提升。具有首都特点的现代化经济体系基本形成，劳动生产率和地均产出率持续提高，科技创新引领作用更加凸显，数字经济成为发展新动能，战略性新兴产业、未来产业持续壮大，服务业优势进一步巩固，形成需求牵引供给、供给创造需求的更高水平动态平衡。城乡区域发展更加均衡。重要领域和关键环节改革取得更大突破，开放型经济发展迈上新台阶。

——生态文明明显提升。绿色发展理念深入人心，绿色生产生活方式普遍推广，垃圾分类成为全市人民自觉行动，能源资源利用效率大幅提高，主要污染物排放总量持续削减，基本消除重污染天气，碳排放稳中有降，基本消除劣Ⅴ类水体，环境质量进一步改善，绿色北京建设取得重大进展。

——民生福祉明显提升。实现更加充分更高质量就业，居民收入增长和经济增长基本同步，分配结构明显改善，中等收入群体持续扩大。健康北京建设全面推进，公共卫生应急管理体系建设取得重大进展。教育、社保、住房、养老、文化、体育等公共服务体系更加健全，基本公共服务均等化水平走在全国前列。

——首都治理体系和治理能力现代化水平明显提升。城市治理各领域基础性制度体系基本形成。人民民主更加健全，法治中国首善之区建设迈出新步伐。基层治理水平大幅提升，社会治理总体效能持续增强，市民素质和城市文明程度明显提高。平安北京建设深入推进，防范化解重大风险体制机制不断健全，突发公共事件应急能力显著增强，发展安全保障更加有力。

**三、大力加强"四个中心"功能建设，提高"四个服务"水平**

7. 全力做好政治中心服务保障。严格落实首都功能核心区控制性详细规划。结合功能疏解、搬迁腾退，推进老城重组，优化核心区功能布局，营造安全、高效、有序的政务环境。加强中南海—天安门广场、长安街沿线、玉泉山及周边空间管控和综合整治，严控建筑高度，强化安全保障。优化中央政务功能布局，推进国家功能区建设。持续降低首都功能核心区人口、建筑、商业、旅游"四个密度"。完善重大国事活动常态化服务保障机制。健全"四个服务"相关体制机制。

8. 扎实推进全国文化中心建设。围绕"一核一城三带两区"总体框架，持续做好首都文化这篇大文章，建设人文北京。深入开展习近平新时代中国特色社会主义思想学习教育，办好习近平新时代中国特色社会主义思想研究中心，实施马克思主义理论研究和建设工程。加强中国特色新型智库和首都高端智库建设。深入开展中国特色社会主义和中国梦宣传教育，加强党史、新中国史、改革开放史、社会主义发展史教育。聚焦建党 100 周年等历史节点，组织开展系列主题活动。深入实施北京市新时代公民道德建设实施方案，推动新时代公民道德建设和思想政治工作，建设社会主义核心价值观首善之区。深入实施北京市新时代爱国主义教育实施方案，建设中国共产党早期革命活动（北大红楼）、抗日战争（卢沟桥和宛平城）、建立新中国（香山革命纪念地）爱国主义教育主题片区，打造全国一流爱国主义教育基地。深入实施文明行为促进条例，实施文明创建工程，发展志愿服务，拓展新时代文明实践中心建设，推动首都精神文明建设走在全国前列。

注重老城整体保护与复兴。保护好两轴与四重城廓、棋盘路网和六海八水的空间格局，扩大历史文化街区和历史建筑保护范围。统筹做好文物保护、腾退开放和综合利用。加快推进中轴线申遗保护工作，力争取得突破性成果。推进北京中轴线文化遗产保护立法。加强老字号传承创新，强化非物质文化遗产系统性保护。加强大运河、长城、西山永定河"三条文化带"传承、保护和利用，建设好长城、大运河国家文化公园（北京段），建设中国长城博物馆和大运河博物馆。推进琉璃河西周燕都考古遗址公园等项目建设。加强"三山五园"地区整体保护，建设好国家文物保护利用示范区。

推进公共文化服务体系示范区建设。打造一批国际级文化展示平台。鼓励社会力量兴办博物馆，建设博物馆之城。积极发展实体书店，广泛开展全民阅读，建设书香京城。建设新型网络传播平台，打造全国标杆性区级融媒体中心。创新实施文化惠民工程和文化精品工程，办好文化惠民活动。补齐城市副中心、回天地区、城市南部地区等公共文化体育设施短板，打造一批文化体育新地标。提高公共文化设施运营效率，促进公共文化供给多元化、服务方式智能化。

推进文化产业发展引领区建设。实施文化产业数字化战略，推动文化与科技、旅游、金融等融合发展，培育发展新型文化企业、文化业态、文化消费模式。利用老旧厂房拓展文化空间，打造更多网红打卡地。加强市级文化产业园区规范化运营管理，建设国家级文化和科技融合示范基地，打造文化科技产业集群。持续深化国家文创实验区建设，推动设立文化发展基金、文创银行，用好文创板平台，建设版权运营交易中心和艺术品交易中心，培育头部文化企业，构建充满活力的现代文化产业体系和文化市场体系。做强北京国际设计周等品牌文化活动，建设设计名城。推进国家文化出口基地等建设，促进优秀文化产品进入国际市场。举办历史文化名城论坛、中国大运河文化带"京杭对话"等活动。积极组织参与国际重大文化交流，提升国际传播能力，讲好中国故事、北京故事。

9. 加强国际交往中心设施和能力建设。积极服务国家总体外交大局，进一步增强外交外事活动承载力。扎实推进雁栖湖国际会都扩容提升，建成国家会议中心二期，启动建设第四使馆区，完善大兴国际机场、城市副中心等地区国际交往服务功能。加强国际交往功能区周边综合整治和环境提升，完善商务等配套功能。规划建设国际组织集聚区，争取一批国际组织、跨国公司总部和国际专业机构落户。加快国际会展业发展，建设新国展二三期，启动大兴国际机场会展设施建设。承办和培育一批具有全球影响力的国际会议、国际会展、国际文化旅游活动，持续办好北京国际电影节、北京国际音乐节等品牌活动。加快推进国际学校、国际医院建设，建设国际语言环境。积极参与和服务"一带一路"建设。拓展与国际友城交往，深化民间交往合作。

10. 加快建设国际科技创新中心。全面服务科教兴国、人才强国、创新驱动发展等国家重大战略，制定实施国际科技创新中心建设战略行动计划，建设科技北京。办好国家实验室，加快综合性国家科学中心建设，推进在京国家重点实验室体系重组，推动国家级产业创新中心、技术创新中心等布局建设，形成国家战略科技力量。支持量子、脑科学、人工智能、区块链、纳米能源、应用数学、干细胞与再生医学等领域新型研发机构发展，统筹布局"从0到1"基础研究和关键核心技术攻关，提高科技创新能力和水平。聚焦高端芯片、基础元器件、关键设备、新材料等短板，完善部市合作、央地协同机制，集中力量突破一批"卡脖子"技术。加强科技成果转化应用，打通基础研究到产业化绿色通道。

推进"三城一区"融合发展。进一步聚焦中关村科学城，提升基础研究和战略前沿高技术研发能力，取得一批重大原创成果和关键核心技术突破，发挥科技创新出发地、原始创新策源地和自主创新主阵地作用，率先建成国际一流科学城。进一步突破怀柔科学城，推进大科学装置和交叉研究平台建成运行，形成国家重大科技基础设施群，打造世界级原始创新承载区。进一步搞活未来科学城，深化央地合作，盘活存量空间资源，引进多元创新主体，推进"两谷一园"建设，打造全球领先的技术创新高地。进一步提升"一区"高精尖产业能级，深入推进北京经济技术开发区和顺义创新产业集群示范区建设，承接好三大科学城创新效应外溢，打造技术创新和成果转化示范区。强化中关村国家自主创新示范区先行先试带动作用，设立中关村科创金融试验区，推动"一区多园"统筹协同发展。

深化科技体制改革，推动促进科技成果转化条例、"科创30条"等落深落细。改进科技项目组织管理方式，实行"揭榜挂帅"等制度。加强知识产权保护和运用，提升知识产权交易中心能级。促进政产学研用深度融合，建立健全军民融合创新体系。支持在京高校和科研机构发起和参与全球重大科学计划，办好世界智能网联汽车大会等国际性科技交流活动。

强化企业创新主体地位，促进各类创新要素向企业集聚。发挥企业家在技术创新中的重要作用，鼓励企业加大研发投入，有效落实对企业投入基础研究等方面的税收优惠，支持企业牵头组建创新联合体。发挥大企业引领支撑作用，支持创新型中小微企业成长为创新重要发源地。积极培育硬科技独角兽企业、隐形冠军企业。优化创新创业生态，完善创新创业服务体系，推动科技企业孵化器、大学科技园、众创空间等专业化、品牌化、国际化发展。

**四、牢牢抓住疏解非首都功能这个"牛鼻子"，深入推进京津冀协同发展**

11. 持续推动疏解整治促提升。坚定不移疏解非首都功能，深入落实中央"控增量""疏存量"政策意见，动态完善新增产业禁止限制目录，完善功能疏解引导和倒逼政策。完善央地联动疏解机制，主动配合支持部分央属市属资源向河北雄安新区等地疏解转移。持续开展疏解整治促提升专项行动，有序疏解一般制造业企业、区域性专业市场和物流中心，保留一定重要应急物资和城市生活必需品生产能力。严格落实人口调控责任制。创建基本无违法建设区。统筹利用疏解腾退空间，推动腾笼换鸟，改善人居环境，优化提升首都功能。

12. 高水平规划建设城市副中心。坚持世界眼光、国际标准、中国特色、高点定位，打造京津冀协同发展桥头堡。牢固确立绿色发展定位，积极拓展绿色生态空间，打造便利可达的城市滨水生态体系，建设潮白河生态绿带，创建大运河5A级景区，推动和天津、河北通航。推动企业清洁生产，推行绿色建筑，建设北京绿色交易所。坚持一年一个节点，每年保持千亿以上投资强度，全市各方面资源优先向城市副中心投放。建成行政办公区二期，实现第二批市属行政事业单位迁入，带动更多功能和人口转移。高标准运营环球主题公园及度假区一期，谋划建设二三期。建成综合交通枢纽、三个文化设施、通州堰、六环路入地改造、人民大学通州校区、路县故城遗址公园等项目。有序推进特色小镇建设，确保张家湾设计小镇、台湖演艺小镇、宋庄艺术小镇精彩亮相。围绕"3+1"主导功能谋发展，大力建设运河商务区、文化旅游区、台马科技板块和中关村通州园等片区，办好网络安全产业园，打造高端商务、文化旅游、数字信息等千亿级产业集群。吸引一批符合城市副中心功能定位的重大产业项目，推动央企、市属国企等优质资源落地。推动老城双修，提升基础设施和公共服务质量，提高城市治理智慧化水平。抓好通州区与北三县协同发展规划落地实施，推动一体化发展。健全完善统筹协调机制，引导适宜产业向北三县延伸，打通道路堵点，完善交通等基础设施，优化居住、养老等配套布局。

13. 推动形成更加紧密的协同发展格局。充分发挥北京"一核"辐射作用，带动环京重点地区发展。坚持把支持河北雄安新区建设作为分内之事，建成"三校一院"交钥匙项目，共同推进河北雄安新区中关村科技园规划建设，推动教育、医疗等公共服务领域合作。唱好京津"双城记"，加强滨海-中关村科技园等重点平台建设，推进北京空港、陆港与天津港的融合。大力推进区域交通一体化，积极推进京雄高速等高速公路建设，推动铁路客运和货运外环线建设，推动过境货运功能外移，推进丰西、双桥编组站外迁。加快京滨城际、京唐城际、京港台高铁（丰雄商段）、城际铁路联络线等轨道交通建设，建设"轨道上的京津冀"。深化区域大气、水和固体废物污染联防联控联治机制，支持张家口首都水源涵养功能区和生态环境支撑区建设。积极引导龙头企业在津冀布局，加强京津冀国家技术创新中心建设，以创新链带动产业链供应链，深入推动产业协同发展。加强就业、养老、社保等政策衔接，完善区域公共服务共建共享体制机制。

14. 高标准完成2022年北京冬奥会冬残奥会筹办任务。全面落实绿色、共享、开放、廉洁办奥理念，主动做好各类风险防范应对准备，成功举办一届精彩、非凡、卓越的奥运盛会。高质量完成场馆和基础设施建设，深化赛事组织、场馆运行和外围保障，提升筹办工作专业化、国际化水平。坚持"三个赛区、一个标准"，统筹做好交通、餐饮、住宿、医疗、安保等服务保障工作。有序做好市场开发、宣传推广、媒体运行等工作。精心策划组织火炬传递、开闭幕式等文化活动。依据疫情变化调整办赛策略，制定疫情防控方案和预案。加强冰雪运动队伍建设，提升冰雪运动竞技水平，带动市民群众特别是青少年参与冰雪运动。实施科技冬奥行动计划，提升智慧城市服务水平。因地制宜规划推进场馆可持续利用，加快建设北京国际奥林匹克学院，建设北京冬季奥林匹克公园和奥运博物馆，打造值得传承、造福人民的双奥遗产。协同建设京张文化体育旅游带。

**五、率先探索构建新发展格局的有效路径，建设特色与活力兼备的现代化经济体系**

15. 抓好"两区""三平台"建设。全面推动国家服务业扩大开放综合示范区建设，进一步推动科技、互联网信息、数字经济和数字贸易、金融、文化旅游、教育、健康医疗、专业服务等领域扩大开放。全力打造以科技创新、服务业开放、数字经济为主要特征的自由贸易试验区，加快探索具有较强国际市场竞争力的开放政策和制度，高水平推进科技创新、国际商务服务、高端产业三个片区和中国（河北）自由贸易试验区大兴机场片区（北京区域）建设，推动京津冀协同开放。强化"两区"政策联动，实现"1+1>2"的效果。持续扩大中国国际服务贸易交易会国际影响力，组建全球服务贸易联盟，建设服务贸易特殊监管区，促进服务贸易与货物贸易融合发展，打造全球最具影响力的服务贸易展会。办好中关村论坛，打造具有全球影响力的科技创新交流合作与科技成果发布、展示、交易的重要平台。举办高水平金融街论坛，打造国家金融政策权威发布平台、中国金融业改革开放宣传展示平台、服务全球金融治理的对话交流平台。

16. 加快发展现代产业体系。坚持推动先进制造业和现代服务业深度融合，不断提升"北京智造""北京服务"竞争力。提升产业链供应链现代化水平，以头部企业带动实施产业基础再造和重大技术改造升级工程，"一链一策"定制重点产业链配套政策。深入开展质量提升行动。坚持智能制造、高端制造方向，壮大实体经济根基，保持制造业一定比重。大力发展集成电路、新能源智能汽车、医药健康、新材料等战略性新兴产业，前瞻布局量子信息、人工智能、工业互联网、卫星互联网、机器人等未来产业，培育新技术新产品新业态新模式。在顺义、大兴、亦庄、昌平、房山等新城，打造具有国际竞争力的先进智造产业集群。巩固现代服务业优势，推动生产性服务业向专业化和价值链高端延伸，推动生活性服务业向高品质和多样化升级。提升金融业核心竞争力，服务保障国家金融管理中心功能，大力发展数字金融、科技金融、绿色金融和普惠金融。加快数字货币试验区、金融科技与专业服务创新示范区、银行保险产业园、基金小镇、金融安全产业园等建设，支持各类金融企业做大做强。稳妥推进数字货币研发应用，发展全球财富管理。激发科技服务、研发设计等服务业活力，发展全国技术交易市场和知识产权交易市场。推动商务服务业高端化国际化发展，提升北京商务中心区国际化水平，探索建立专业服务国际联合体和行业联盟。促进生活性服务业标准化、品牌化发展，织密便民商业网点，着力发展健康、养老、育幼、文化、旅游、体育、家政、物业等服务业。提升都市型现代农业发展水平，抓好"米袋子""菜篮子"重要农产品稳产保供，发展种业、观光农业、特色农业、智慧农业、精品民宿，建设一批现代化设施农业基地，打造一批具有地域特色的农产品品牌。

17. 大力发展数字经济。顺应数字产业化、产业数字化发展趋势，实施促进数字经济创新发展行动纲要，打造具有国际竞争力的数字产业集群，建设全球数字经济标杆城市。深入实施北京大数据行动计划，加紧布局 5G、大数据平台、车联网等新型基础设施，推动传统基础设施数字化赋能改造。实施应用场景建设"十百千工程"，率先在城市副中心、"三城一区"、冬奥园区、大兴国际机场等区域建设一批数字经济示范应用场景。鼓励线上教育、在线医疗、远程办公、云上会展等新业态发展。加快企业数字化赋能，促进平台经济、共享经济健康发展。加快数字社会、数字政府建设，提升公共服务、社会治理等数字化智能化水平。健全数字领域法规与政策体系，完善数据共享规则和标准体系，培育数据交易市场，组建大数据交易所，促进数据资源高效有序流动和深度开发利用。推动政务数据分级分类、安全有序开放，保障数据安全。积极参与数字领域国际规则和标准制定。

18. 以供给侧结构性改革引领和创造新需求。增强消费对经济发展的基础性作用，增加消费有效供给，推动消费向体验化、品质化和数字化方向提档升级，大力建设国际消费中心城市。培育做优平台企业，鼓励消费新业态新模式发展，加强线上线下消费融合。增加健康、养老、文化、体育、旅游等服务消费供给。推进传统商圈改造，打造一批购物小镇，提升特色商业街区品质。繁荣夜间经济。积极发展首店经济，布局免税店，促进境外消费回流。扩大入境旅游。改善消费环境，强化消费者权益保护。发挥投资对优化供给结构的关键作用，扩大有效投资，实施一批对促进全市经济社会发展具有基础性、先导性、全局性意义的重大项目。强化高精尖产业投资。持续加大对城市副中心、"三城一区"、城市南部地区等重点区域的投资力度。扩大轨道交通等交通基础设施投资，强化城市更新、民生保障等领域投资。发挥政府投资撬动作用，激发民间投资活力。畅通超大城市现代流通体系，提高高铁、国际航空货运等现代综合运输能力，支持商贸流通设施改造升级、健康发展。办好马坊等物流基地，建设现代化物流体系。完善冷链网点建设，提高冷链物流标准化水平。

19. 统筹区域协调发展。滚动实施城市南部地区行动计划，抓好丽泽金融商务区、大兴生物医药基地、房山北京高端装备制造基地等重点功能区建设，优化提升南中轴发展环境，缩小南北发展落差。推动西部地区发展，建设北京京西产业转型升级示范区。提升平原新城综合承载能力，补齐公共服务和基础设施短板，支持承接适宜的功能和产业，布局一批标志性重大项目，形成各具特色产业发展布局，打造首都发展新增长极。推进生态涵养区生态保护与绿色发展，因地制宜发展绿色产业，健全生态保护补偿机制，加大转移支付力度，深化平原区和生态涵养区结对协作机制，不让保护生态环境的吃亏。

20. 推动城乡融合发展。全面落实乡村振兴战略，实施乡村建设行动，加强美丽乡村建设，持续开展农村人居环境整治。制定北京率先基本实现农业农村现代化行动方案，完善农村基础设施。深化农村土地制度改革，健全"村地区管"体制机制，稳步推进农村集体经营性建设用地入市，激发农村"三块地"活力。深化农村集体产权制度改革。积极发展集体经济，增强集体经济组织服务能力。实施城乡结合部建设行动计划，强化产业提升和环境整治。推广王四营乡减量发展试点，全面推进"一绿"地区城市化建设；制定"二绿"地区规划，探索实施路径，推动大尺度绿化。健全农民增收机制，加强低收入农户脱低后的常态化帮扶。完善东西部协作和对口支援长效机制，助力河北、内蒙古等受援地区巩固拓展脱贫攻坚成果，并与乡村振兴有效衔接。

**六、全面深化改革开放，增强发展活力和创造力**

21. 激发市场活力。全面落实市场准入负面清单制度，建立公开透明的市场准入标准。完善要素市场化配置，推进土地、劳动力、资本、技术、数据等要素市场化改革。积极推进土地管理利用制度改革，建立健全城乡统一的建设用地市场，深化产业用地市场化改革，研究制定综合性机制鼓励盘活存量和低效建设用地。分层分类推进市属国企混合所有制改革，推动国有经济布局优化、结构调整和企业重组，做强做优做大国有资本和国有企业。加强国有企业监管。健全支持民营经济、中小企业发展制度，落实好减税降费、减租降息、稳企稳岗等政策措施，有效缓解融资难融资贵等问题。构建亲清政商关系。

22. 深化财税金融投融资改革。加强财源建设，全面推动预算绩效管理改革，建立全覆盖预算绩效管理体系，推进财政支出标准化，强化财政资源统筹，提高财政资源配置效率和使用效益。深化预算管理制度改革。推进政府事权和支出责任划分改革。主动配合加快地方税体系建设。用好各类产业基金。完善首贷中心、续贷中心、确权融资中心，建设知识产权质押融资中心，增强金融服务实体经济能力。加快多层次资本市场建设，深入推动新三板市场改革，打造面向全球服务中小企业的主阵地。推动设立金融法院。完善政府资金配置多渠道投融资模式，用好各类专项债。健全民间资本推介项目长效机制，规范PPP模式，积极开展基础设施REITs试点。完善棚户区改造、土地储备、老旧小区改造等资金筹措机制。

23. 持续优化营商环境。深入转变政府职能，优化完善机构职能体系。完善营商环境评价体系，滚动推出营商环境改革政策，探索实施一批突破性、引领性改革举措，提高市场化、法治化、国际化水平，打造国家营商环境示范区。健全12345便企服务功能和市区两级走访企业、"服务包""服务管家"制度，加强对中小企业服务，构建企业全生命周期服务体系。深入推进"放管服"改革，持续放宽市场准入门槛，进一步精简行政审批事项，实施涉企许可事项清单管理，推进政务服务标准化规范化，扩大政务公开。持续完善政务服务平台建设，加强数字服务、数字监管建设，推进智慧化发展，运用技术手段提升政府治理能力。构建以信用为基础的分级分类市场监管机制，加强事中事后监管，对新产业新业态实行包容审慎监管，实施"互联网+信用监管"，扩大"双随机、一公开"监管。推进符合首都特点的统计现代化改革。深化行业协会、商会和中介机构改革。

24. 发展更高层次开放型经济。全面落实外商投资准入前国民待遇加负面清单管理制度，坚持引资、引技、引智相结合，提升利用外资质量和投资贸易自由化便利化水平，积极推动对外贸易高质量发展。加快首都机场基础设施改造升级，推进大兴机场二期及配套设施建设，打造具有国际竞争力的双枢纽格局。推进首都机场临空经济示范区建设，实施大兴机场临空经济区行动计划，相互促进、联动发展。推动天竺、大兴机场综保区高质量特色发展和亦庄综保区建设。建设好国际合作产业园。支持企业走出去，培育本土跨国企业集团，坚定维护企业海外合法权益。加强与亚投行、丝路基金等国家开放平台对接。完善京港、京澳全方位合作机制，促进京台交流合作。

**七、深入落实城市总体规划，切实提高首都城市治理水平**

25. 持续推动城市总体规划实施。深化完善国土空间规划体系，推动重点功能区规划、专项规划与街区控规有机融合，实现"多规合一"。严格落实减量发展任务，强化全域空间管控，坚决守住生态保护红线、永久基本农田保护红线、城镇开发边界，严控战略留白空间。全面实施增减挂钩，持续推进城乡建设用地减量提质。严格控制建筑规模，统筹刚性约束与弹性供给。注重城市设计，加强建筑高度、城市天际线、第五立面、城市色彩等管控，塑造特色鲜明的城市风貌。坚定依法有序推进农村乱占耕地建房、浅山区违法占地违法建设、违建别墅等专项整治，深入抓好规划自然资源领域问题整改。健全分级分责不分散的规划管理体制机制，加强城市体检评估，落实规划实施监督问责制度，坚决维护规划的严肃性权威性。

26. 实施城市更新行动。制定实施专项行动计划，创新存量空间资源提质增效政策机制。推行以街区为单元的更新实施模式，推动平安大街、鼓楼大街、观音寺等重点片区更新改造，加快形成整体连片规模效应。积极推进新首钢高端产业综合服务区建设发展，加强工业遗存保护利用，打造新时代首都城市复兴新地标。深入推进背街小巷环境精细化整治提升行动计划，着力打造精品宜居街巷。持续推进老旧小区、危旧楼房、棚户区改造，推广"劲松模式""首开经验"，引入社会资本参与。多种形式推进老城平房区申请式腾退和改善。推动老旧厂房、老旧商场、老旧商务楼宇更新改造。加快推进城市更新领域相关立法。

27. 加强城市基础设施建设。构建系统完备、高效实用、智能绿色、安全可靠的现代化城市基础设施体系。推进轨道交通和地面公交协调发展的公共交通体系建设，织密城市路网，推进平谷线等线路建设，建成丰台站、霍营（黄土店）等大型交通枢纽。实施市郊铁路建设行动计划，整体提升城市副中心线、东北环线、通密线，推进 S2 线南段通勤化改造，建设京门—门大线。加强轨道交通与周边用地及城市功能一体规划。加快货运结构调整，推进"公转铁"和多式联运。完善能源基础设施和安全保障机制，优化能源结构。

高效利用地下空间资源，科学构建综合管廊体系，引导市政设施隐形化、地下化、一体化建设。增强能源、水资源战略储备，加快天津南港和唐山 LNG 储备设施建设，推动南水北调中线扩能、东线进京工程市内配套项目，建设西郊、密怀顺等地下蓄水区，完善城市供水管网系统。大幅增强城市防洪排涝能力，主城区积水点动态清零，建设海绵城市。加强人防设施与城市基础设施相结合，实现军民兼用。

28. 提高城市管理精细化水平。建设数字孪生城市，高标准构建城市大脑和网格化管理体系。运用大数据、云计算、区块链、人工智能等前沿技术，推动城市管理理念、手段等创新。进一步健全完善城市治理所需的地方性法规、政府规章、制度和标准。持续治理交通拥堵，坚持公交优先，优化公交线路，优化拥车、用车管理策略，加强停车综合治理。建设自行车道网，改善慢行出行环境。构建健康街区评价指标体系，营造人本友好、安全、健康的城市公共空间。

29. 构建具有首都特点的超大城市基层治理体系。完善区域化党建工作机制，推动"双报到"常态化。深化街道乡镇管理体制改革，完善街道乡镇职责清单和赋权清单制度，加强综合执法队伍建设、协管员队伍整合，统筹推动撤村建居、街道和社区规模调整。推进社区治理创新，强化社区服务功能，持续为社区减负。鼓励多元主体参与基层社会治理，办好社区议事厅等多种平台，发挥群团组织、社会组织、街巷长、社区专员、小巷管家等作用，实现共建共治共享。实施新一轮回天地区行动计划，深化"回天有我"创新实践，打造党建引领、多方参与、居民共治的大型社区治理样本。

**八、坚持把保障人民健康放在优先发展战略位置，着力建设健康北京**

30. 坚持不懈抓好常态化疫情防控。坚持"外防输入、内防反弹"不放松，完善"及时发现、快速处置、精准管控、有效救治"常态化防控机制。发挥首都严格进京管理联防联控协调机制作用，严格落实外防输入措施。加强进口冷链食品监管，严格食品供应链防疫。发挥发热门诊、社区卫生服务中心等"哨点"作用。提升核酸检测能力水平。持续抓好口岸、社区、公共场所、特殊场所、人员密集和空间密闭场所等常态化防控。提高突发疫情应急处置能力。

31. 健全首都公共卫生管理体系。深入实施突发公共卫生事件应急条例，落实加强首都公共卫生应急管理体系建设三年行动计划。坚持预防为主、健康优先，加大公共卫生投入，改革和强化疾病预防控制体系，提升公共卫生监测预警、风险评估、流行病学调查、检验检测和应急处置能力。做优做强市级疾控中心，规划建设市疾控中心新址，推进市、区两级疾控中心标准化建设，统筹布局 P3 实验室。加强公立医疗机构传染病救治能力建设。强化街道乡镇公共卫生职责，做实社区（村）公共卫生委员会。加强疾控人才队伍建设，建立公共卫生首席专家制。加强防控应急物资储备能力建设。有序推进公共卫生领域立法修法。

32. 完善医疗卫生服务体系。制定实施新一轮健康北京行动计划。坚持基本医疗卫生事业公益属性，推进以治病为中心向以健康为中心转变。深化医疗卫生体制改革，完善分级诊疗服务体系，推进紧密型医联体建设，推动健康联合体试点，实现全市街道乡镇社区卫生服务中心动态全覆盖。提高家庭医生签约覆盖率和服务水平。深化公立医院综合改革，加快形成以公立医院为主体的多元化办医格局。促进优质医疗卫生资源均衡布局，实现每区都有三级医院及标准化建设的妇幼保健院。加强医院安全秩序管理。加大中医药创新和人才培养支持力度，设立市级中医医学中心。推进研究型医院建设，示范建设研究型病房，加强重大疾病和慢性病科研攻关，支持新型疫苗、诊断技术、治疗药物、高端医疗设备等研发应用。落实首都市民卫生健康公约，引导市民形成良好卫生习惯和健康文明生活方式。深入开展爱国卫生运动，创建家庭、社区（村）、单位、学校等健康单元，推动爱国卫生工作从环境卫生治理向全面社会健康管理转变。实现国家卫生区全覆盖。建立高水平卫生健康信息系统，加强数据信息互联互通和共享使用，推动互联网诊疗服务。

33. 积极应对人口老龄化。落实居家养老服务条例，完善街道社区就近养老服务网络，推进养老服务驿站可持续发展，建立健全长期护理保险制度，加快建设居家社区机构相协调、医养康养相结合的养老服务体系。编制养老产业发展中长期规划，培育养老新业态，推动养老事业和养老产业协同发展。鼓励养老资源在周边布局，推动异地医保一体化结算。积极开发老龄人力资源，发展银发经济。推进适老宜居环境建设，营造老年友好型社会氛围。优化人口结构，促进人口合理有序流动，保持城市活力。完善普惠托育服务体系。提高人口素质。

34. 着力提升体育事业发展水平。增加体育场地设施供给，推动体育设施向社会开放，打造百姓身边的"一刻钟健身圈"。完善全民健身公共服务体系，广泛开展群众性体育活动，持续提高市民身体素质。促进体育新消费，推动健身休闲等体育产业发展。优化竞技体育项目布局，加强竞技体育后备人才培养。引进国际高端体育赛事，完成工体改造，办好亚洲杯足球赛。

**九、聚焦"七有""五性"，在更高水平上保障和改善民生**

35. 提高城乡居民收入水平。研究制定居民人均可支配收入持续稳定增长行动计划，健全工资合理增长机制，稳步提升最低工资标准，着力提高中低收入者收入，扩大中等收入群体。推进事业单位、国有企业工资分配制度改革，鼓励多劳多得、优绩优酬。多渠道增加城乡居民财产性收入。完善再分配机制，取缔非法收入。积极发展慈善事业。

36. 全面提高就业质量。实施就业优先政策，千方百计稳定和扩大就业。突出抓好重点群体就业，做好各类困难人员就业帮扶和托底安置，确保零就业家庭动态清零。支持和规范发展新就业形态，鼓励创业带动就业、多渠道灵活就业和劳动技能型就业。健全失业监测预警机制，用好失业保险基金。建立健全统一开放、竞争有序的人力资源市场体系，鼓励开展职业技能培训和创业培训，全面提升公共就业服务水平。依法保护劳动者合法权益。

37. 推进首都教育现代化。坚持社会主义办学方向，全面落实立德树人根本任务，坚持"五育并举"，努力办好人民满意的教育。提高学前教育质量，规范社会力量办园。推动义务教育优质均衡发展，深化学区制管理和集团化办学，多途径扩大义务教育学位供给，优先补足重点区域和结构性缺口。完善市级优质高中教育资源统筹机制，推动高中教育多样化特色发展。完善特殊教育、专门教育保障机制。增强职业技术教育适应性，实现产教融合。支持在京高校"双一流"建设，推进市属高校内涵、特色、差异化分类发展。加快推进沙河、良乡高教园区建设。推进智慧校园和智慧课堂建设，打造"未来学校"。加大教师培养培训力度，强化师德师风建设，打造高素质专业化教育人才队伍。深化新时代教育评价改革和考试招生制度改革。支持和规范民办教育发展，规范校外培训机构。完善终身学习体系，建设学习型城市。

38. 完善社会保障体系。落实养老保险全国统筹、最低缴费年限调整、延迟退休等国家政策，稳步提高社会保障水平。推进社保转移接续，健全基本养老、基本医疗保险筹资和待遇调整机制。统一城乡失业保险政策，建立健全灵活就业人员社保制度。建立社会保险基金应急管理机制，确保社保基金安全可持续运行。推进民生卡"多卡合一"改革。健全退役军人工作体系和保障制度。健全分层分类社会救助体系，有效保障困难群众基本生活。保障妇女儿童合法权益。健全老年人、残疾人关爱服务体系，加强无障碍设施建设。

39. 完善多主体供给、多渠道保障、租购并举的住房保障体系。坚持"房住不炒"定位，完善房地产市场平稳健康发展长效机制。有序均衡供应住宅用地，加大保障性住房供给。鼓励存量低效商办项目改造，深入推进集体土地租赁住房试点，持续规范和发展住房租赁市场。优化住房供应空间布局，促进职住平衡。深入实施物业管理条例，健全完善党建引领下的社区居民委员会、业委会（物管会）、物业服务企业的协调运行机制，充分调动居民参与积极性，形成社区治理合力。发挥业委会（物管会）和物业行业协会作用，开展物业管理突出问题专项治理，着力提高物业服务水平。鼓励用市场化手段破解老旧小区、失管弃管小区物管难题，推动物业服务市场健康发展。

40. 着力办好群众家门口的事。强化大抓基层导向，深入推进党建引领"吹哨报到"向社区治理深化，完善基层治理的应急机制、服务群众的响应机制和打通抓落实"最后一公里"的工作机制。坚持民有所呼、我有所应，更好发挥12345市民服务热线作用，深化"接诉即办"改革，用好民生大数据，推动主动治理、未诉先办，解决好群众身边的操心事、烦心事、揪心事。

**十、大力推动绿色发展，进一步提升生态环境质量**

41. 深入打好污染防治攻坚战。强化大气污染防治攻坚，坚持"一微克"行动，以治理挥发性有机物和氮氧化物为抓手，聚焦机动车、生产生活、扬尘等领域，协同控制 PM2.5 和臭氧污染。巩固平原地区"无煤化"治理成果，科学有序推进山区村庄煤改清洁能源。优化调整交通运输能源结构。严控、调整在京石化生产规模。持续开展秋冬季大气污染综合治理攻坚行动。实施二氧化碳控制专项行动和挥发性有机物专项治理行动。

加强水污染治理和水资源保障。坚持河湖长制，统筹治理河道及两岸生态环境，加快补齐城乡水环境治理短板。持续推进永定河、北运河、潮白河、拒马河等重点流域综合治理与生态修复。完善流域、区域水生态补偿制度，保护好密云水库和官厅水库。加快地下水超采综合治理。实施好节水行动，严格用水总量控制，实现经济社会用水总量零增长，提高水资源集约安全利用水平。强化土壤污染风险管理和生态修复，推动土壤污染防治立法。

严格施行生活垃圾管理条例。坚持党建引领，把垃圾分类纳入社区治理。以服务促管理，推动市民文明习惯养成。严格落实垃圾分类管理责任人制度，发挥各级党政机关、社会单位及其居住小区带头作用。完善垃圾分类收集设施网络和运输体系，提升垃圾焚烧、生化、填埋等设施建设管理水平。聚焦重点行业和关键环节，持续从源头上促进垃圾减量，提高垃圾资源化利用水平，实现原生垃圾零填埋。

42. 提升生态环境空间容量。坚持山水林田湖草系统治理，增强森林湿地生态系统完整性、连通性，建立林长制。落实"三线一单"生态环境分区管控要求，实现生态空间只增不减。完成新一轮百万亩造林绿化工程。抓好核心区绿化，开展长安街、中轴线沿线绿化景观优化，推进"院中一棵树"、口袋公园和道路林荫化建设。推进温榆河公园一二期、南苑森林湿地公园等成长型公园建设，推动绿隔地区城市公园环、郊野公园环建设。推动城市绿道和森林步道建设。深度挖掘传承世园会遗产，办好园艺小镇。全面创建国家森林城市。继续实施城市生态修复、功能完善工程，全面实施矿山生态修复工程，加大拆违还绿、留白增绿力度。加强生物多样性恢复和保护，严厉打击非法捕杀、交易、食用野生动物行为。

43. 提高绿色低碳循环发展水平。全面推进工业、建筑、交通等重点行业和重要领域绿色化改造，深化碳排放权交易市场建设。大力发展新能源和可再生能源。支持绿色技术创新，壮大绿色节能、清洁环保等产业，建立生态产品价值实现机制。创建绿色金融改革创新试验区。加快发展循环经济，率先建成资源循环利用体系。深入推进国家生态文明建设示范区和"两山"实践创新基地创建。引导全社会践行绿色生产、生活和消费方式，倡导"光盘行动"，形成良好的社会风尚。

44. 健全生态文明制度体系。制定并落实最严格的能耗、水耗、污染物排放等标准。建立健全自然保护地体系，实施分级分类监管。健全自然资源资产产权制度，建立自然资源统一调查、评价、监测、确权登记制度，落实自然资源资产有偿使用制度。完善生态环境保护相关法规和执法司法制度，落实生态环境损害赔偿制度。健全领导干部自然资源资产离任审计制度。深化生态环保督察。

**十一、防范化解各类风险隐患，全力维护首都安全稳定**

45. 加强风险防控。提升风险评估和监测预警能力，坚决驯服"灰犀牛"问题，全面防范"黑天鹅"事件，牢牢守住不发生区域性系统性风险底线。完善地方金融监管协调和风险处置机制，严格防范和有序处置金融机构、互联网金融、非法集资等领域风险。严格规范政府举债融资行为，防范化解隐性债务风险，加强国有企业债务约束和经营风险管理。做好国际经贸风险监测研判和预案设计，丰富法律政策工具箱。加强疫情对宏观经济运行和微观主体影响的监测研判，排查化解潜在风险点。建设韧性城市，加强综合防灾、减灾、抗灾、救灾能力和应急体系建设。持续推进应急避难场所建设，完善水、电、油、气、粮食等战略资源应急储备和应急调度制度，建立重要目标、重要设施、重要区域安全状况和风险防控能力定期评估机制，加强对交通物流、市政能源、通讯保障等生命线工程的安全保障和监测。提升生物安全治理能力，维护新型领域安全。完善具有首都特色的应急管理体制，提升对非常规突发重大事件响应和处置能力。

46. 持续建设平安北京。严格落实国家安全工作责任制，进一步压实各级党委（党组）国家安全主体责任，健全国家安全审查和监管制度，加强国家安全体系和能力建设，加强国家安全宣传教育，巩固国家安全人民防线，筑牢首都国家安全屏障。严密防范和严厉打击境内外敌对势力渗透、破坏、颠覆、分裂活动，坚决捍卫首都政治安全。严格落实反恐怖工作责任制，保持对暴恐活动严打高压态势，守住不发生暴恐活动底线。严格落实意识形态工作责任制，加强常态化舆情监测研判，落实网络安全工作责任制，强化网络空间综合治理。坚持和发展新时代"枫桥经验"，完善社会矛盾纠纷多元预防调处化解综合机制，畅通和规范群众诉求表达、利益协调、权益保障通道，完善信访制度，完善各类调解联动工作体系，加强诉源治理，减少诉讼量，构建源头防控、排查梳理、纠纷化解、应急处置的社会矛盾综合治理机制。建立健全社会心理服务体系和危机干预机制。坚持专群结合、群防群治，完善立体化、信息化、智能化社会治安防控体系，健全扫黑除恶长效机制，严厉打击威胁人民群众生命财产安全的突出违法犯罪活动。加强"雪亮工程"、智慧平安社区等建设。构建首都特色禁毒戒毒体系。严格落实安全生产责任制，加强消防、建筑施工、交通、核、生化、危爆物品、水电气热等重点行业领域安全管理，有效遏制重特大安全事故。落实食品药品监管责任制，建立全面覆盖、社会共治的食品药品安全治理体系。

**十二、坚持和加强党的领导，为实现"十四五"规划和 2035 年远景目标提供坚强保证**

47. 加强党对全市经济社会发展各项工作的领导。贯彻党把方向、谋大局、定政策、促改革的要求，推动全市党员干部深入学习贯彻习近平新时代中国特色社会主义思想，增强"四个意识"、坚定"四个自信"、做到"两个维护"，确保党中央决策部署在北京不折不扣落地落实。落实中央巩固深化"不忘初心、牢记使命"主题教育成果的意见，教育引导广大党员干部坚持共产主义远大理想和中国特色社会主义共同理想，为党和人民事业不懈奋斗。坚决扛起全面从严治党主体责任、监督责任，提高党的建设质量，把严的主基调长期坚持下去，营造风清气正的良好政治生态。严明政治纪律和政治规矩，推进政治监督具体化常态化。全面贯彻新时代党的组织路线，落实好干部标准，以提高治理能力为重点，加强领导班子和干部队伍建设，建立健全干部担当作为的激励和保护机制，着力锻造一支与实现"两个一百年"奋斗目标相适应、与首都功能定位相匹配的忠诚干净担当的高素质专业化干部队伍。着力提高广大干部特别是年轻干部政治能力、调查研究能力、科学决策能力、改革攻坚能力、应急处突能力、群众工作能力、抓落实能力。以提升组织力为重点，突出政治功能，高标准完成村（社区）"两委"换届工作，充分发挥基层党组织的战斗堡垒作用和党员先锋模范作用，推动基层党组织全面进步全面过硬。锲而不舍落实中央八项规定精神，持续纠治形式主义、官僚主义，切实为基层减负。完善党和国家监督体系，强化对公权力运行的制约和监督。坚持无禁区、全覆盖、零容忍，构建一体推进不敢腐、不能腐、不想腐体制机制。

48. 推进社会主义政治建设。坚持和完善人民代表大会制度，加强人大对"一府一委两院"的监督，更好发挥根本政治制度保障人民当家作主的优势和作用。坚持和完善中国共产党领导的多党合作和政治协商制度，充分发挥人民政协作为协商民主重要渠道和专门协商机构作用，提高建言资政和凝聚共识水平。深入推进政党协商，健全党同民主党派合作共事机制，支持民主党派和无党派人士更好履行职能。巩固和发展最广泛的爱国统一战线，坚持大团结大联合主题，构建大统战工作格局，做好民族工作和宗教工作，健全统一战线制度体系，加强党外知识分子和新的社会阶层人士工作，凝聚港澳同胞、台湾同胞、海外侨胞力量。发挥工会、共青团、妇联等人民团体作用，把人民群众紧紧团结在党的周围。认真贯彻党的群众路线，创新互联网时代群众工作机制，紧紧依靠全市人民推动首都新发展。支持驻京解放军、武警部队建设，加强国防后备力量建设，巩固军政军民团结。

49. 大力建设法治中国首善之区。推进科学立法、严格执法、公正司法、全民守法，增强党员干部法治思维和依法行政能力。加强市委对立法工作领导，充分发挥市人大及其常委会主导作用，坚持问题导向，加强首都安全、科技创新、公共卫生、生物安全、生态文明、防范风险等重要领域、新兴领域立法，健全首都治理急需的、满足人民日益增长美好生活需要必备的法规制度，提高立法工作质量和效率。加强法治政府建设，严格落实重大行政决策法定程序，提高行政执法效能，把政府工作全面纳入法治轨道。完善监察权、审判权、检察权运行和监督机制，推进执法司法制约监督体系改革和建设，全面提升司法能力、司法效能和司法公信。加快法治社会建设，强化法治宣传教育，完善公共法律服务体系，形成全社会尊重法治、信仰法治、坚守法治的良好风气。

50. 强化人才队伍建设。全面完成新时代推动首都高质量发展人才支撑行动计划，以战略科技人才、科技领军人才、科技成果转移转化骨干人才、一流文化人才、优秀青年人才五支队伍建设为重点，引领带动全市人才队伍高质量发展。实施原始创新人才培育工程、产业领军人才培优工程、杰出青少年人才培养工程、知识更新工程，深化人才发展体制机制改革，整合优化科技人才资源配置，聚集造就一批具有国际水平的顶尖科学家集群和创新人才梯队。培养国际法律服务、商务仲裁等方面人才。完善首都人才工作相关法规、产业人才协同创新体系、多边合作体系和人力资源公共服务体系，持续推动中关村人才特区政策突破创新，塑造首都国际人才社区等品牌，不断优化人才创新创业生态，建设国际人才高地。

51. 健全规划制定和落实机制。按照本次市委全会要求，高标准编制本市"十四五"

规划纲要和专项规划，在认真测算基础上提出相应量化目标，确定一批重大政策、重大改革举措、重大工程，清单化管理，项目化推进。各区要结合实际编制好本地区"十四五"规划。用好高质量发展评价体系。各级、各专项规划要贯彻新发展理念、反映高质量发展要求、拿出构建新发展格局的实际行动，增加政府履行职责约束性指标。健全政策协调和工作协同机制，完善规划实施监测评估机制，确保市委关于"十四五"发展的决策部署落到实处。

实现"十四五"规划和二〇三五年远景目标，任务繁重、前景光明。全市人民要更加紧密地团结在以习近平同志为核心的党中央周围，开拓创新、锐意进取，为率先基本实现社会主义现代化而努力奋斗！

# 北京市人民政府办公厅关于印发《北京市区块链创新发展行动计划（2020—2022年）》的通知（京政办发〔2020〕19号）

各区人民政府，市政府各委、办、局，各市属机构：

《北京市区块链创新发展行动计划（2020—2022年）》已经市政府同意，现印发给你们，请认真贯彻落实。

北京市人民政府办公厅

2020年6月18日

## 北京市区块链创新发展行动计划（2020—2022年）

为深入贯彻落实习近平总书记关于发展区块链技术的重要指示精神，按照党中央、国务院部署，加快推动区块链技术和产业创新发展，特制定本行动计划。

**一、总体要求**

（一）指导思想

以习近平新时代中国特色社会主义思想为指导，全面贯彻党的十九大和十九届二中、三中、四中全会精神，深入贯彻习近平总书记对北京重要讲话精神，紧紧围绕首都城市战略定位，把区块链作为核心技术自主创新的重要突破口，全方位推动区块链理论创新、技术突破、应用示范和人才培养，打造经济新增长点，为加快全国科技创新中心建设、促进经济高质量发展提供有力支撑。

（二）基本原则

原创引领与需求驱动相结合。强化区块链理论研究和自主可控技术创新，推动部署社会影响大、预期效果明显的应用场景，进一步打通创新链、应用链、价值链。

系统布局与动态调整相结合。围绕区块链基础理论、关键技术、产业发展、要素配套等方面进行系统布局，适时调整发展战略、工作重点及计划安排。

即期投入与持续支持相结合。统筹把握区块链发展规律与阶段需求，按照长短结合的思路，建立健全差异化的财政政策机制，打造区块链创新发展的良好生态。

（三）主要目标

到2022年，把北京初步建设成为具有影响力的区块链科技创新高地、应用示范高地、产业发展高地、创新人才高地，率先形成区块链赋能经济社会发展的"北京方案"，建立区块链科技创新与产业发展融合互动的新体系，为北京经济高质量发展持续注入新动能新活力。

二、重点任务

（一）创新引领，打造区块链理论与技术平台

1. 强化区块链基础研究和关键核心技术攻关。聚焦区块链前沿基础理论，支持在密码学、高性能计算、可信芯片、众智科学等重点领域开展研究，突破区块链共性理论问题。围绕区块链高性能、安全性、隐私保护、可扩展性、数据真实性等方向，研究网络模型、共识机制、分布式存储、零知识证明、安全多方计算、跨链协议、智能合约、链上链下协同、监管科技等技术，形成成熟完善、可持续迭代的技术架构体系。（牵头单位：市科委，配合单位：中关村管委会、海淀区政府）

2. 构建区块链底层开源技术平台与生态。鼓励科研机构、高等学校和企业立足区块链关键核心技术成果，建设自主可控的底层开源技术平台，探索开发基于区块链的可信芯片、智能服务器及操作系统，建设具有国际影响力的区块链开源社区，构建创新活跃的区块链开源生态。（牵头单位：市科委、海淀区政府，配合单位：市经济和信息化局）

3. 打造基于区块链的可信信息基础设施体系。完善市区两级目录区块链体系，开展共性应用基础设施建设，形成可信区块链服务支撑平台，初步建成统一数字身份平台、统一政务数据共享平台、统一社会信用平台、统一跨链交互平台，提供共性、安全的区块链基础支撑能力，降低技术使用成本和应用开发门槛。与北京政务云、大数据平台等信息设施结合，逐步形成支撑数字经济和数字社会发展的可信信息基础设施体系。（牵头单位：市科委、市经济和信息化局）

4. 推进区块链标准体系建设。鼓励科研机构、高等学校和企业发起或参与区块链国际、国家和行业标准制修订工作，加快研制面向核心技术的基础性、关键性和安全类标准，提升国际话语权和规则制定权。（牵头单位：市科委、海淀区政府，配合单位：市经济和信息化局、中关村管委会）

5. 建设国际一流的区块链新型研发机构。整合科研机构、高等学校和企业力量，成立北京区块链研究院，纳入本市新型研发机构体系；加快在区块链理论、方法、工具、系统等方面取得变革性、颠覆性突破，产出一批具有国际领先水平的原创性理论成果和关键技术。（牵头单位：市科委，配合单位：海淀区政府）

（二）需求带动，建设落地一批多领域应用场景

6. 推动政务服务"数据共享，业务协同"。推进基于区块链的政务服务共性基础设施建设，助力政务数据跨部门、跨区域可信共享，提高业务协同办理效率。率先聚焦不动产登记、京津冀"一网通办"、财税领域统一电子票据等场景开展示范应用，减环节、减材料、减跑动、减时限，提升企业和群众的获得感。（牵头单位：市政务服务局，配合单位：市财政局、北京市税务局等）

7. 促进金融服务"多方互信，降本增效"。围绕传统金融服务信息校验复杂、成本高、流程长等痛点，推动在供应链金融、资产证券化、跨境支付、贸易融资、智能监管等领域落地一批应用场景，支持相关项目申报金融科技创新监管试点（监管沙箱），促进政

府、市场、机构之间多方互信和高效协同，提升金融服务效能。(牵头单位：市金融监管局，配合单位：中关村管委会等)

8. 加快信用信息"可信采集，可信共享"。基于全市信用信息平台，利用区块链技术实现社会信用监管，提供公共信用服务。创新政府与社会信用数据的采集融合、信息共享、监测评价和自主应用，构建共建、共治、共享的社会信用体系，在医疗、家政、招聘等领域形成基于区块链的信用应用创新示范模式。(牵头单位：市经济和信息化局)

9. 赋能城市管理"可信互联，精细治理"。探索区块链技术在城市交通、电力、水利、信息等基础设施建设中的应用，在公众绿色出行碳普惠示范、城市水资源可信监测等方面调动多方主体积极参与，推动城市数据的可信融通共享，促进城市资源的高效管理和有效配置，提升城市管理数字化、智能化、精细化水平。(牵头单位：市城市管理委、市交通委、市水务局)

10. 推进公共安全"全程可查，流程可溯"。面向食品、危险废物、应急装备物资、救援资金等重点管理对象，推动区块链技术在行政执法、数据存证和追溯管理等场景中的应用，强化安全风险分析评估和预警能力，增强政府部门存证、监管、执法、追责的透明度和便利性，提高数字社会公共安全管理水平。(牵头单位：市市场监管局、市农业农村局、市生态环境局、市应急局、市公安局)

11. 助力卫生健康"可信共享，存证溯源"。围绕数据安全、过程可靠、监管合规的医疗卫生管理体系建设需求，探索打造区块链技术应用场景；基于区块链技术数据共享、信息透明、智能可信等特点，探索其在医疗监管、疫苗管理、医疗废物管理及其他业务场景中的应用。(牵头单位：市卫生健康委)

12. 推动电商交易"高效透明，过程可溯"。推动区块链技术在商贸流通领域的应用，面向数字贸易、跨境贸易、在线零售等线上线下融合发展业务场景，提高交易主体、交易内容的可信度，提高交易过程的透明度、可溯性和安全性，提高交易效率，助力优化消费新供给。(牵头单位：市商务局、海淀区政府等)

(三) 集聚发展，培育融合联动的区块链产业

13. 培育区块链创新企业集群。围绕构建区块链一体化产业链体系，打造具有全球影响力的创新型领军企业，培育一批独角兽企业和高成长性特色企业，为中小型创新企业提供应用场景支持，促进产业链上下游协同发展。积极对接国家有关部门和中央企业，推动其所属区块链研发机构落地北京。(牵头单位：海淀区政府、中关村管委会、市科委，配合单位：市经济和信息化局、朝阳区政府、通州区政府)

14. 打造区块链创新创业服务平台。支持科研机构、高等学校和企业共建联合实验室、技术转移中心等区块链协同创新平台，以成果转让、许可使用、作价入股等方式推进科技成果落地转化。支持区块链创新创业孵化载体建设，举办技术和产业创新竞赛，激发创新创业活力。(牵头单位：海淀区政府、中关村管委会，配合单位：市科委、市经济和信息化局、朝阳区政府、通州区政府)

15. 建设区块链产业创新发展基地。重点在海淀区、朝阳区、通州区等建设各具特色和优势的区块链产业创新发展基地，引进一批创新能力强、发展潜力大的区块链企业，健全完善配套服务体系，在办公用房租金补贴、研发经费补助、人才引进等方面积极给予支持。（牵头单位：市科委，配合单位：市经济和信息化局、中关村管委会、海淀区政府、朝阳区政府、通州区政府）

16. 设立区块链产业投资基金。在本市科技创新母基金下设立区块链产业投资专项子基金，统筹政府投入和社会资本，积极支持区块链创新项目做大做强。建立区块链企业对接资本市场服务机制，鼓励优势企业上市融资。（牵头单位：市科委、海淀区政府，配合单位：市经济和信息化局、市金融监管局、中关村管委会、朝阳区政府、通州区政府）

17. 推进区块链产业联盟建设。围绕技术、应用和产业发展推进区块链产业联盟建设，吸引政、产、学、研、资、用等多方主体加入，在区块链技术、成果、应用、标准、培训、评测等方面开展交流合作，构建协同创新、互利共赢的产业生态。（牵头单位：中关村管委会、海淀区政府，配合单位：市科委、朝阳区政府、通州区政府）

（四）要素保障，建设领先的区块链人才梯队

18. 引进区块链全球顶尖专业人才。实施专项引才行动，大力支持引进区块链关键核心技术领域急需紧缺的海内外人才及创新创业团队。在高聚工程、北京学者等人才计划中，加大对区块链人才的引进、培育和支持力度，为符合条件的人才提供便利条件。（牵头单位：市人才局，配合单位：中关村管委会）

19. 培养区块链高水平创新人才。充分发挥高等学校学科专业优势，鼓励其加强与科研机构、企业协同合作，依托科研项目及实验室建设，深入推进学科交叉融合，完善高层次人才培养方案，开展研究生教育改革试点，促进区块链科研创新和人才培养有机融合，培养一批高水平复合型创新人才。（牵头单位：市教委）

20. 建立区块链人才培训体系。鼓励区块链企业创办企业大学，加快培养区块链系统架构师、开发工程师、测试工程师等专业技术人才。在全市专业技术人员知识更新工程、高精尖产业技能提升培训中，重点开展区块链相关培训。将区块链培训纳入干部教育培训体系，建设高素质专业化干部队伍。（牵头单位：市委组织部、市人力资源社会保障局，配合单位：市科委）

**三、组织实施**

（一）加强组织领导

成立由市领导牵头的区块链工作推进小组，协调解决区块链技术和产业发展中的重大问题。工作推进小组下设办公室，成立工作专班，推动行动计划的落地实施。整合领域专家资源，建立"委办局+专家组"的"1+1"工作机制，开展技术咨询、方案论证、过程指导等工作。（牵头单位：市科委）

（二）强化资金支持

聚焦前沿基础理论、自主可控核心技术等原始创新和底层开源技术平台、可信信息基

础设施建设，围绕区块链应用示范研究、创新孵化平台建设、专业人才引进及人才培养、培训，市区两级财政加大支持力度，坚持长短期投入相结合，鼓励创新主体积极参与产业基地建设，为区块链技术和产业发展提供有力保障。（牵头单位：市财政局、市科委，配合单位：市经济和信息化局、中关村管委会、朝阳区政府、海淀区政府、通州区政府）

（三）完善监管机制

按照包容审慎的监管原则，探索制定区块链技术与应用管理相关政策规章，研究完善区块链风险管理机制。加大对代币发行融资活动的监管力度，保护投资者权益，防范系统性风险。在区块链技术研发、应用中加强数据监管，依法保护个人和商业信息。（牵头单位：市科委，配合单位：市司法局）

（四）营造良好氛围

加强区块链应用示范工程的推广推介，普及区块链基础知识。大力宣传区块链领域的先进典型，营造区块链技术和产业发展的良好舆论环境。（牵头单位：市科委、海淀区政府）

# 北京市经济和信息化局关于印发《北京市促进数字经济创新发展行动纲要（2020—2022年）》的通知（京经信发〔2020〕51号）

各有关单位：

为加快推动北京市数字经济创新发展，打造全国数字经济发展先导区和示范区，经市政府同意，现将《北京市促进数字经济创新发展行动纲要（2020—2022年）》印发你们，请结合实际认真贯彻落实。

特此通知。

北京市经济和信息化局

2020年9月22日

## 北京市促进数字经济创新发展行动纲要（2020—2022年）

为贯彻落实党中央、国务院关于大力推进数字经济发展的战略部署，充分发挥北京市数字产业化和产业数字化优势基础，加快数字技术与经济社会深度融合，促进数据要素有序流动并提高数据资源价值，进一步提升我市数字经济发展水平和治理能力，打造成为我国数字经济发展的先导区和示范区，制定本行动纲要。

**一、总体要求**

坚持以习近平新时代中国特色社会主义思想为指导，全面贯彻党的十九大、十九届二中、三中、四中全会精神，牢固树立创新、协调、绿色、开放、共享的发展理念，立足北京市"四个中心"功能定位，体系化构建数字经济发展体制机制，全面提升基础设施支撑能力、技术产业协同创新能力、产业数字化转型能力、安全保障能力，坚决推动数据要素有序流动和培育数据交易市场，大胆探索关键领域对外开放及跨境数据流动等新模式新业态，积极稳妥推进与国际数字经济、数字贸易规则对接，引领和赋能国内数字经济发展，将北京市建设成为国际数字化大都市、全球数字经济标杆城市。

**二、工作目标**

数字经济发展水平持续提高，打造成为全国数字经济发展的先导区和示范区。到2022年，数字经济增加值占地区 GDP 比重达到55%；基础设施建设及数字产业化能力不断夯实提升，建设完善的数字化产业链和数字化生态；一二三产业数字化转型持续深化，中小企业数字化赋能稳步推进，产业数字化水平显著提升；基本形成数据资源汇聚共享、数据流动安全有序、数据价值市场化配置的数据要素良性发展格局；突破制约数字经济发展的体制机制约束和政策瓶颈，建立数字贸易试验区，开展数据跨境流动安全管理试点，构建适应开放环境的数字经济和数字贸易政策体系。

三、重点工程

以全面推动北京市数字经济高质量发展为方向，围绕基础设施建设、数字产业化、产业数字化、数字化治理、数据价值化和数字贸易发展等任务，开展如下工程：

（一）基础设施保障建设工程

构建高带宽、广覆盖的空天地一体化网络体系，提升5G网络、千兆固网、卫星互联网等网络覆盖水平和服务质量；建设国际领先的新一代超算中心、新型数据中心、云边端设施等数据智能基础设施；建设支撑跨境数据流动、数据交易等领域完善的安全防护基础设施，探索应用区块链、多方安全计算等技术提升数据流通安全保障能力。

（二）数字技术创新筑基工程

加快"三城一区"科技创新能力建设，鼓励央地企业、科研院所协同创新，推动建设世界级研发机构和创新中心；超前布局6G、量子通信、脑科学、虚拟现实等前沿技术，占据创新制高点，全面提升数字经济技术创新能力；坚持应用牵引、体系推进，组织数字化转型关键技术揭榜挂帅，突破集成电路、高端软件等数字技术领域重点"卡脖子"环节；继续加强云计算、边缘计算、大数据、人工智能、区块链、物联网等核心数字技术和网络技术的引领能力；聚焦数字孪生体专业化分工中的难点和痛点，开展数字孪生创新计划；推动建立融合标准体系，加快数字化共性标准、关键技术标准制定和推广。

（三）数字产业协同提升工程

发挥北京市科创中心优势，继续做大做强软件和信息服务业、电子信息制造业等数字产业，培育壮大和引进落地一批行业龙头企业、"单项冠军"企业以及创新型企业，布局一批战略性前沿产业，积极引领北京和国内相关产业发展。探索建设国际化开源社区，培育具有国际竞争力的开源项目和产业生态，汇聚创新资源，赋能数字产业建设。面向5G、工业互联网、北斗导航与位置服务、集成电路、云计算、大数据、人工智能、网络与信息安全等领域打造国际一流的产业集群，发挥集聚引领、产业协同和辐射带动效应，推动大中小企业融通发展，为提升我国数字产业能级发挥核心牵引作用。

（四）农业、工业数字化转型工程

围绕农业供给侧结构性改革、农业高质量发展等乡村振兴战略任务，发展数字田园、AI种植、农业工厂，推进农产品电子化交易，开展农业物联网应用示范基地建设，形成一批数字农业战略技术储备和产品储备，推进智慧乡村建设；推动农村地区公共服务资源的数据化和在线化，创新服务资源融合共享机制，加大涉农部门信息资源和服务资源整合力度，建设智能化的农业生产资源信息化管理平台，大力推进农业数字化转型和农村数字经济发展。

支持传统工厂开展数字化改造，推动工业数据分类分级、采集、汇聚、共享和数据管理能力成熟度评估工作，提升工业企业数字化水平，打造智能制造标杆工厂。促进5G、工业互联网、人工智能、大数据等技术融合应用，加快形成一批可复制、可落地的数字化解决方案，推动北京市制造业高端化发展。着力培育服务型制造业、个性化定制等新业态新模式，鼓励企业利用新一代信息技术创新生产、组织和商业模式。引导工业龙头企业、工业互联网平台企业与中小微企业进行供需对接，提供多层次、多样化服务，为中小微企业数字化转型赋能。

（五）服务业数字化转型工程

支持互联网企业与医疗机构协同创新，整合线上线下医疗资源，建设互联网医院，开展远程诊断和健康管理服务。全面推进医疗机构电子病历共享和电子医学影像共享，建立共享数据资源库和智慧医疗健康大数据平台。

鼓励和支持各类平台型企业运用数字技术开展云课堂等智慧教育业务，探索教育新模式。引导学校与平台型企业合作开发优质线上教育产品，在部分学校试点开展互联网教学，推进智慧校园建设。推进教育资源共享平台建设，实现优质资源汇聚共享。

发挥北京金融机构总部密集优势和国家级金融科技示范区引领作用，推动在供应链金融、资产证券化、跨境支付、贸易融资、智能监管等领域落地一批应用场景，打造标杆性金融科技企业和创新示范，促进政府、市场、机构之间多方互信和高效协同，提升金融服务效能。

探索智慧交通、智慧社区、智慧物流、智慧零售等智慧城市应用场景，运用新一代信息技术在数字经济、社会精准治理领域开展应用试点示范，打造服务业数字化转型全国高地，赋能新型智慧城市建设。

（六）数字贸易发展赋能工程

加强对数字贸易龙头企业多元化支持，推动一批数字贸易跨国企业总部、研发中心和运营中心等重大项目落地。建设数字服务贸易孵化平台，吸引和培育数字贸易中小企业集群化发展。搭建数字贸易服务平台，提供数字贸易大数据管理、政策咨询、分析预警、信用服务、金融服务、知识产权、人才培养等服务功能，实现对中小企业数字化赋能。发挥"中国国际服务贸易交易会"等国际会展交易平台功能，促进数字贸易发展。

（七）数据交易平台建设工程

组建大数据交易所，建立健全数据交易规则、安全保障体系和平台监管机制，开展数据交易商业模式创新试点，推动数据交易供给侧和需求侧双向驱动改革。培育数据市场，推动多行业、多领域、跨部门、跨层级数据有序流通，实现数据资源化、资产化、资本化。构建数据交易生态，实现数据价值最大化，释放数据红利，提升数字经济效益。

（八）数据跨境流动安全管理试点工程

探索数字经济、数字贸易相关管理制度创新，加快推进在数字贸易试验区先行先试，努力打造符合我国国情、与国际接轨的科技创新监管工具。针对数字服务贸易领域商业存在、跨境交付、境外消费、自然人移动等贸易形态涉及的跨境数据流动、数据保护能力认证等内容，最大限度放宽和创新管理政策机制，营造安全开放的发展新环境。

（九）数字贸易试验区建设工程

立足中关村软件园国家数字服务出口基地、金盏国际合作服务区、自贸区大兴机场片区构建"三位一体"数字贸易试验区，加快形成一批高端数字经济新兴产业集群，打造对外开放国际合作新窗口，构建数字贸易跨境服务支撑体系。开展跨境数据分类分级，建立数据跨境流动规则、安全保护及风险管控机制，推动跨境数据安全有序流动；在数字经济新业态准入、数字服务、国际资源引进、跨境电商等领域开展试点，集聚一批数字贸易企业和示范项目；推动数字贸易重点领域政策创新，打造守正开放、包容普惠的数字经济和数字贸易营商环境。

**四、保障措施**

（一）建立健全责权统一、分工明确的推动落实机制。各责任主体将相关任务纳入年度计划，加强落实。建立专家咨询委员会，在研究制订战略规划、实施方案、技术途径、重点技术攻关等领域加强论证，提高决策科学化水平。

（二）加快制定相关政策。支持数字经济领域的龙头企业和创新企业拓展融资渠道，打通相关产业链；用好用足北京市相关先行先试政策，研究制定相关新技术新产品示范应用支持措施，积极在北京市重点建设工程项目中应用。

（三）完善人才储备和培养机制。鼓励校企进一步深入合作，培养一批具有国际竞争力的相关产业技术人才和技能型人才，以多种方式吸引相关人才和创新创业人才，吸引海外高端专业人才来京发展。

# 北京加快推进国家级金科新区建设三年行动计划（2020—2022年）

为贯彻落实《金融科技（FinTech）发展规划（2019—2021年）》《国务院关于全面推进北京市服务业扩大开放综合试点工作方案的批复》《北京市促进金融科技发展规划（2018—2022年）》等文件精神，加快发展北京金融科技与专业服务创新示范区（以下简称金科新区），高标准建设国家级金融科技示范区，打造具有国际影响力的金融科技创新高地，特制定本计划。

## 一、指导思想

以习近平新时代中国特色社会主义思想为指导，全面贯彻党的十九大和十九届二中、三中、四中全会精神，立足金融安全，坚持首善标准，牢牢把握首都"四个中心"城市战略定位，着眼经济高质量发展，充分发挥科技赋能作用，创新金融服务，防范金融风险，推动金科新区建设成为创新引领示范、金科融合模范、国际合作典范、监管创新规范的金融科技创新高地，为北京建设成为具有全球影响力的金融管理中心和科技创新中心提供强有力支撑。

## 二、基本原则

创新引领，融合发展以科技创新引领金融领域的技术突破与场景拓展，推动产业创新、监管创新、服务创新和制度创新，将金融科技发展贯穿到区域创新发展的各领域各环节，注重示范带动，提高金融科技发展质量。

高端定位，集聚发展。全面融入首都和国家金融发展战略，按照"提高质量、提高速度"要求，促进人才、资本、科技等资源加速流通聚集，打造有层次、有亮点、高质量的空间和产业结构，构建有集聚动能和辐射影响力的示范区。

聚焦两端，联动发展。在"一张蓝图、一致行动、优势互补"的原则下，促进政产学研用高度协同，充分发挥金融街、中关村在金融科技供需两端的资源优势，创建区域联动的金融科技创新生态体系。

开放生态，共享发展。进一步服务好国家扩大金融对外开放举措，深入研究全球金融与科技的创新趋势，积极对标全球金融科技发展的领先城市，把握现代金融科技应用的产业特征，形成一系列面向全球的创新产品和服务模式。

行稳致远，合规发展。在遵照法律法规和监管政策的前提下，应用科技手段提升金融服务效能，牢牢守住不发生系统性风险的底线，积极防范非系统性风险的累积，把握创新与安全的边界，平衡速度效率与健康发展关系。

## 三、发展目标

力争用三年时间，推动金科新区建设取得显著成效，引领北京成为全球技术研发和应用场景新高地、产业发展增长极、制度标准策源地、顶尖创新人才首选地和金融科技监管体系引领者。具体目标如下：

创新研发和场景应用能力全球领先。在金融科技底层基础技术和应用技术研发取得突破，在人工智能、大数据、互联技术、分布式技术、安全技术等方面取得一批国内外领先的专利和标准，在金融获客、智能风控、金融安全等领域涌现一批应用成果，在银行科技、保险科技等6大应用领域形成一批国际先进的应用场景。

产业协同聚集发展态势基本形成年均引进20家以上具有行业影响力的金融科技企业和专业服务机构，全球/全国金融科技头部机构总量不少于20家。推动建设一批资源整合度高、创新优势突出的新型研发机构和行业组织，每年开展各类对接交流活动不少于20场。

金融科技高精尖人才加速聚集实施金融科技人才"十百千"工程，培养10名有国际影响力的金融科技企业家、100名行业创新创业领军人才和1000名"金融科技创新工匠"。不断提升技术人员在持牌机构雇员中的占比，部分标杆企业的占比达到50%以上。

金融科技国际化水平显著提升。加强全球交流合作，实施"3×10"计划，组织开展不少于10场有国际影响力的金融科技品牌活动，引进培育不少于10家有国际影响力的金融科技领军企业，参与制定不少于10个国际标准和监管规则，巩固提升金科新区的全球话语权。

金科新区发展环境进一步优化。不断完善金科新区政策环境、市场环境和营商环境，加快金科新区核心区主题楼宇建设，争取3年内提供50万平方米以上的增量空间，打造市场化的金科新区专业配套服务平台。将金融科技创新要素全面融入金科新区智慧管理体系之中，在首都核心区政务管理、公共服务、居民生活、城市设施、安全保障等方面涌现一批标杆企业和创新案例。

**四、重点任务**

（一）全力推动核心关键技术研发

1. 抢占金融科技关键技术制高点。支持北京金融科技研究院发展，与北京智源人工智能研究院、北京微芯边缘计算研究院等新型研发机构加强合作。大力支持突破金融科技领域"卡脖子"和"颠覆性"技术。全面推动人工智能、大数据研发与应用，争取国际创新领先地位。持续推动川、物联网等互联技术进步升级，务实金融科技的基础。以分布式技术为重心，强化云计算、边缘计算的广泛应用，争取区块链的成熟应用。针对智能获客、智能投顾、电子及网络支付、金融安全等领域存在的痛点难点，引导研发团队开展"靶向"攻关。

2. 提升金融科技成果转化能力。对接引进全球一流的创客空间、孵化器和加速器，加快推动金科新区自有品牌孵化器和加速器建设，提升金科新区金融科技创新创业自主可控的能力与水平，推动重大科技成果转化落地。加快建设概念验证中心，搭建金融科技创新载体运行管理平台，为金融科技创业项目提供集成服务。开展"金融科技与专业服务创应用场景奖励计划"，推进前沿技术在金融科技领域的成果应用转化。

3. 加快金融科技标准体系建设积极打造全国金融科技标准中心，推动金融标准和金融治理融合发展。加强与金融标准研究机构的协同合作，支持金科新区企业和机构主导或参与创制金融科技领域底层技术、通用技术、监管技术的国际标准、国家标准、行业标准及团体标准，支持承担金融科技领域标准化组织工作。支持相关机构开展金融科技核心标准研制，主导或参与数字货币、支付、密码算法、移动金融服务等重点领域的国际金融科技标准化工作。

4. 完善金融科技基础设施建设。务实"金基工程"，推进金融资产登记托管系统、清算结算系统、交易设施、交易报告库、重要支付系统、基础征信系统等金融基础设施在金科新区落地。推动金融基础数据中心、公共金融信息、征信信息基础设施建设，打造面向金融行业的可信金融云。协同中国互联网金融协会构建金融科技统计与监测标准体系，搭建金融科技信用信息共享平台。推动跨地域、跨机构的区块链底层技术服务平台建设，加快搭建国家新一代人工智能开放创新平台。

（二）大力推进应用场景示范落地

5. 着力推动银行科技加速发展。支持智慧银行建设，推动智慧网点建设，促进无人网点加速布局。鼓励银行利用人工智能、大数据等技术，推广应用基于区块链的企业电子身份认证（eKYC）信息系统，批量定位潜在客户，降低获客成本。鼓励运用人工智能改革传统客服行业，支持智能坐席的推广普及。建立完善基于区块链的供应链债权债务平台，推进生物识别系统在智能催收系统中的应用。

6. 深入推动支付与清结算智能化发展。促进完善支付服务产业链，推进支付服务向移动化、智能化、场景化、电子化方向发展，打造支付行业新生态。鼓励金融机构和支付企业利用大数据、云计算、人工智能等技术推动产业变革，推动大数据风控、反欺诈在业务领域的创新应用，增强客户服务便利与改善体验。推动以移动支付为核心的金融科技场景拓展，引导居民的节能、低碳生活。

7. 深化金融市场科技应用。鼓励全国中小企业股份转让系统积极探索人工智能、大数据、云计算、区块链等新技术在监管实践中的广泛应用，提升监管智能化水平，推动升级为数字化智慧型证券交易场所。支持北京产权交易所、金融资产交易所等金融市场充分运用区块链等技术开展交易撮合、登记结算和信息披露等业务创新。开展基于智能区块链的新型产权资本市场数字化金融服务平台应用。促进大数据资源融合运用，拓展各类产权交易市场试点项目推广应用。着力提升中小企业股权转让、资产管理业务和中介机构信用信息透明度。

8. 加速保险金融科技创新应用通过物联网、大数据、云计算、人工智能等技术，深耕车险、财产险、寿险等细分领域，实现保险产品个性化和保险定价的准确性，有效提升保险精算的水平和效率。助推保险承保核保、定损理赔、客户服务、风控反欺诈等管理模式的创新变革。综合提升理赔服务与管理效率，实现保险理赔的智能化定损和数字化核赔，提高理赔数据处理的自动化、核赔理赔的高效化和准确化。

9. 全面提升智能投顾创新活力。鼓励财富管理行业在投资者分析、资产配置、风险计量方面加强研发创新，探索人工智能与投资者之间的互动学习，深度挖掘投资者的投资需求。利用新技术将数据、信息、决策进行智能整合，提高投资者工作效率和投资能力。建立健全智能投顾领域的人工干预机制，保障金融市场稳定运行。

10. 增强民生领域金融服务的幸福感。鼓励企业积极赋能民生金融、普惠金融，大力支持金融服务民生场景化建设，支持科技企业拓展衣食住行、医疗教育、电子商务等业务场景。推动金融科技与民生系统互联互通，探索基于通信数据与金融数据融合的普惠金融应用示范，实现主要民生领域的金融便捷服务广覆盖。

（三）加快构建"产学研用资"产业生态

11. 加大重点企业和项目引培力度。制定金科新区企业分级准入审核标准，动态梳理金融科技产业图谱，探索推出"中关村金融科技发展指数"。积极争取金融机构和央企总部衍生金融科技企业落地，面向全球鼓励科技龙头企业设立金融板块，吸引依托前沿科技与金融融合发展的金融科技"独角兽"企业，深入挖掘引进大数据、云计算、人工智能、区块链等细分领域底层技术"单项冠军"，推动培育千亿级综合性金融科技集团和一批百亿级金融科技领军企业。

12. 大力构建协同创新生态体系引进国际一流的金融科技实验室，鼓励持牌金融机构和金融科技领军企业共建金融科技联合实验室。强化与国内外金融科技领域知名高校、院所、智库、协会、联盟等机构合作，推动形成协同创新的产业生态。

13. 努力建设金融科技人才高地加快金融科技人才集聚区建设，支持院士工作站、博士后工作站、企业技术中心等高层次人才成长载体平台建设。针对国内外优秀金融科技人才开通海外人才引进、人才落户、人才公寓、创新创业服务等绿色通道。研究与相关院所高校、认证机构、行业组织等建立长期合作机制，推动科技与金融的跨学科课程设计。挂牌一批金融科技培训和实践基地，建立发展职业教育基地。探索联合国家级银行业、保险业、证券业等行业组织建立国家金融科技从业人员资格认定体系。建设人才联盟，营造鼓励创新、宽容失败的金科新区文化，以文化引才留才。

14. 打造多层次融资服务体系。加快推出符合金融科技领域知识产权质押融资、知识产权保险、知识产权证券化等服务创新方式。发挥创业投资引导基金作用，以设立北京金融科技产业基金为契机，聚集一批专业化、市场化金融科技投资机构。积极搭建投融资路演服务平台，对接企业融资需求，提供个性化融资对接服务。支持金融科技企业上市，对成功挂牌上市的企业予以政策扶持。从绿色金融、天使创投、并购重组、融资租赁等多层次资本市场建设方面为金融科技企业创造良好的融资环境。

（四）全方位塑造智慧品质空间

15. 统筹优化金融科技空间布局。打造"一核多点"的产业空间格局，强化北展地区、北下关地区及中关村大街沿线的核心承载力，辐射德胜、广安、五道口、四季青等区域。充分发挥金科新区与金融街、中关村绵延相接的区位优势，形成布局清晰、功能明确、协同联动的金融科技空间发展格局。

16. 加快推进街区改造和楼宇提升。加快推动交通组织优化、慢行系统建设、市政设施改造、楼宇形象提升和夜景照明、5G 等智慧街区的技术集成。加快推动重点楼宇改造并投入使用，引导推动区域内其他低效楼宇转型升级，建设产业高度集聚、创新生态完善、配套服务健全的金融科技主题楼宇，持续为金融科技产业发展提供空间。

17. 建设"金融科技+"智慧城市。推动金融科技为智慧城市赋能，加快"数据+""互联网+""人工智能+"场景建设，促进川、区块链、生物识别等技术应用，引入智能支付、社会信用评价等系统，推动场景实验、行为模式测评等环节发展，为政务服务、城市管理、公共服务、消费和社会服务、城市安全、产业发展等赋能，提升精细化治理和高质量发展水平。

（五）着力提升国际化引领水平

18. 加大金融科技服务扩大开放力度。鼓励外资、外向型金融科技机构全面参与国家金融业扩大开放与北京服务业扩大开放综合试点。探索开展金融科技外贸综合服务企业试点，重点推动创新型、营销型总部企业溢出，推动企业设立海外研发机构、开展海外技术收购。

19. 建立国际化专业服务体系。加快出台促进专业服务业高质量发展相关措施，引进法律、会计、税收、审计、资产评估、信用评级、知识产权、管理咨询、人力资源、大数据、云计算、国际技术转移、国际标准检测认证等领域国际一流专业服务机构，提供相应政策支持。探索创新跨境金融科技产品服务模式，推动专业服务标准与国际接轨。

20. 加强国际高水平合作交流。发挥好金融街合作发展理事会资产管理、金融科技、国际合作专委会等高端金融对话平台作用，构筑"京伦通""京纽通"等沟通平台，促进与纽约、伦敦、旧金山、巴黎、新加坡、中国香港等全球金融科技中心建立双边、多边的学术交流和商务交往机制。邀请国际相关金融机构展开联合课题攻关，合作进行"金融科技监管与开放"试点项目和场景落地，搭建符合国际标准管理的全球治理与监管架构。

21. 面向全球举办金融科技高品质活动。打造"一会一赛三论坛"五大金融科技活动品牌。加强与国际前沿地区合作，共同筹办更高层次、更大规模、更加开放的全球金融科技峰会，合作办好具有首都特色、全国影响力的"北京 FinTech 大赛"。合作办好成方金融科技论坛，在中关村论坛、金融街论坛中设立金融科技分论坛。

（六）全面加强金融科技风险控制

22. 积极推进金融科技创新监管试点。充分发挥"监管沙箱"在北京先行先试的优势。探索建立监管试点制度体系，加强"入箱"项目辅导，争取更多项目"入箱"；推动金科新区成为"监管沙箱"技术平台的核心承载地，成为试点运行试验田、政策信息首发地、成果展示转化平台；协助人民银行完善对试点项目的全生命周期管理，建立风险评估指标体系，持续动态监测创新应用运行状况。

23. 构建多层次金融科技风险防范体系。深入实施金融风险防控的"金盾工程",加强跨行业、跨市场交叉性金融产品的监管。建立风险联动预警防范处理和风险补偿机制,不断完善应急预案,提升应急响应水平。建设金科新区信用状况监测预警指标系统,建立智慧型风险监控、行为监督、企业服务机制。推进法律约束、行政监管、行业自律、机构内控、社会监督的"五位一体"金融科技风险防范体系。

24. 加强监管科技创新研发和应用推广。支持中国人民银行建设金融科技创新监管风险监控中心。搭建监管科技(RegTech)特色研发平台,鼓励金科新区入驻机构与监管部门合作研发,促进监管科技从数据收集、分析环节向监管全链条的应用拓展,在虚拟助手、市场监管、不端行为监测分析、宏微观审慎监管等领域创新突破,积极服务监管部门提升金融监管效能,提升"以技术管技术"能力。支持配合监管机构不断升级监管科技进行实时合规监管,推动监管端(SupTech)与合规端(CompTech)监管科技共同发展。

25. 探索数据共享保障各主体合法权益。优化大数据共治共享机制,在金科新区探索多方数据安全技术、联邦学习试点等落地示范。建设金科新区大数据融合体系,解决多元异构数据融合的技术痛点和关键问题。加强金融消费者/投资者教育,构建知情权、更正权、使用权等个人信息权体系,打造投资、生产、消费信息反馈系统。强化经营者的取证责任,明确电子证据提供义务、效力、留存年限、留存范围。

(七)着力打造国际一流营商环境

26. 持续优化超高水准政务服务环境。对标国际规则和同类园区最佳实践,积极落实全市营商环境3.0版改革政策。持续创新"卡牌表会榜"和"一企一员"服务模式,根据企业需求动态更新"服务包",全周期、全链条帮助企业解决个性化问题。应用大数据、人工智能、区块链等技术开展"秒批""无感审批""电子证照"等智能场景应用试点。

27. 加大各类政策扶持力度。跟踪研究发达国家地区的金融科技监管政策,积极向国家金融监管部门及其他相关部委争取各类相关政策试点。做好政策贯彻落实和动态调整,在监管实验、专业服务、资本支持、技术创新、成果转化、企业落户、孵化加速、人才发展、场景应用、标准制定、基础设施平台建设、国际交流、楼宇升级、政务服务等政策方面予以支持。

28. 构筑"金融+科技"深度对接平台。充分发挥金融科技协同创新平台和金融科技会客厅的平台作用,推进金融科技"千企对接"工程,畅通金融机构与科技企业的线上、线下对接机制。探索科技与金融"挂钩"的有效机制,举办"10+1"系列金融科技合作研讨会。推出金融科技"英雄榜",鼓励金融机构发榜、科技企业揭榜,进一步提升金融机构和科技企业在新技术研发、新装备使用、新应用场景开发方面的对接效率。联合建设北京金融科技成果展示中心,全面展示首都金融科技创新成果。

29. 加强知识产权保护应用。争取将金融科技加入知识产权保护中心、直通车工作范畴,开展快速审查、快速确权、快速维权为一体的知识产权保护工作。进一步发挥企业信用协同监管平台的作用,加大专利侵权、专利代理严重违法行为等严重失信行为的惩处力度。重点在金融科技领域提供知识产权专利分析、专利布局、专利预警、专利战略以及知识产权运营等高端服务。

30. 全面提升法治保障水平。探索建立金科新区金融司法和仲裁机制，发挥"一带一路"国际商事调解中心和金融街法庭作用，加强与司法部门对接合作，妥善应对金融科技企业纠纷中的新情况、新问题，优化金科新区司法环境。加强对滥用数据、侵犯隐私等违法行为的惩戒，逐步构建法律规范、行政监管、行业自律、社会监督的多元协同共治格局。

# 北京市促进中小企业发展条例

（2013 年 12 月 27 日北京市第十四届人民代表大会常务委员会第八次会议通过　2020年 9 月 25 日北京市第十五届人民代表大会常务委员会第二十四次会议修订）

**目　录**

**第一章　总　　则**

第一条　为了优化中小企业经营环境，保障中小企业公平参与市场竞争，维护中小企业合法权益，支持中小企业创业创新，促进中小企业健康、高质量发展，扩大城乡就业，根据《中华人民共和国中小企业促进法》等法律、行政法规，结合本市实际，制定本条例。

第二条　本市促进中小企业发展工作适用本条例。

本条例所称中小企业，是指依法在本市行政区域内设立，并符合国家划型标准的中型企业、小型企业和微型企业。

第三条　本市坚持保护和激发市场主体活力，坚持营造公开透明、公平惠及的政务环境，坚持各类企业权利平等、机会平等、规则平等，对中小企业特别是其中的小型微型企业实行积极扶持、加强引导、完善服务、依法规范、保障权益的方针。

第四条　本市对中小企业发展实行分类指导，引导中小企业创新、协调、绿色、开放、共享发展，从事高精尖、文化创意、国际交往等符合首都城市战略定位和资源禀赋条件的产业，从事保障城市运行和群众生活必须的产业。

鼓励和支持中小企业专业化、精细化、特色化、新颖化发展。

第五条　市、区人民政府应当将促进中小企业发展纳入国民经济和社会发展规划及计划，制定促进中小企业发展的政策，负责统筹规划、协调推进本行政区域内中小企业发展各项工作。

第六条　市、区中小企业工作主管部门负责组织实施中小企业发展的规划、计划，对中小企业工作进行综合协调、督促、指导和服务，建立健全中小企业公共服务体系，建立、完善中小企业公共服务平台，开展中小企业发展环境评估和促进中小企业发展政策实施效果评价，引导市场化服务机构、行业协会、商会等参与促进中小企业发展工作。

发展改革、科学技术、商务、市场监督管理、人力资源社会保障、规划自然资源、住房城乡建设、财政、税务、金融、生态环境、知识产权、司法行政、文化旅游、教育、体育、卫生健康、民政、园区管理等部门应当在各自职责范围内负责中小企业促进工作，制定并落实促进中小企业发展的措施，对中小企业工作进行指导和服务。

第七条　本市依法保护中小企业及其出资人、经营者的财产权和其他合法权益，任何单位和个人不得侵犯其合法收益。

中小企业应当依法经营，遵守社会公德和行业规范，恪守诚实信用原则，不得损害劳动者合法权益，不得损害社会公共利益。

第八条　本市基于市公共信用信息服务平台，建立中小企业信用信息归集和信用评价体系，建立适合中小企业规范发展的守信激励和失信惩戒制度，实现中小企业信用信息共享、查询和应用的便利化，引导中小企业诚信经营，支持信用优质企业在经济和社会活动中获取更多的便利和机会。

第九条　中小企业可以在自愿的基础上，依法发起、设立中小企业协会或者其他中小企业行业组织，加强自律管理，促进行业发展。

中小企业协会和其他中小企业行业组织根据章程承担为中小企业提供行业信息、宣传培训、合作交流等服务，维护中小企业合法权益，促进公平竞争，向政府及有关部门反映中小企业的诉求和建议，参与中小企业服务体系建设，协助政府公平、有效地实施相关扶持政策和措施。

中小企业协会和其他中小企业行业组织不得以政府名义或者以政府委托事项等为由擅自设立收费项目、提高收费标准。

**第二章　创业扶持**

第十条　市、区人民政府及有关部门应当支持个人、法人或者其他组织依法投资创办中小企业，为中小企业创造公平的市场竞争环境和平等的市场准入条件。

第十一条　本市逐步完善市、区、乡镇创业服务体系。市、区人力资源社会保障部门应当会同中小企业工作主管部门定期发布创业信息，为创业者提供创业咨询、辅导、培训等综合性服务。

第十二条　支持中小企业进行科技研发、工业性试验、中间试验等创业活动。市科学技术部门和经济信息化部门应当编制科技研发、中间试验、工业性试验的服务目录并公布。

第十三条　本市将中小企业发展空间纳入全市产业发展空间布局。市、区规划自然资源、住房城乡建设等部门制定和实施国土空间规划，应当统筹考虑小型微型企业创业基地、科技企业孵化器、大学科技园、众创空间、文化产业园等各类载体的建设用地需求，优先安排用地指标，预留发展空间。

重点产业集聚区和功能区配套建设小型微型企业创业基地，以及利用存量国有建设用地、闲置商务楼宇、产业用房和农村集体经营性建设用地等建设小型微型企业创业基地的，按照有关规定给予政策和资金支持。

第十四条　经认定或者备案的小型微型企业创业创新示范基地、科技企业孵化器、大学科技园、众创空间、文化产业园等，依据国家和本市相关规定享受税收减免、升级改造建设补助、服务奖励、创业培训，以及入驻企业房租补贴等资金支持。

**第三章　资金支持**

第十五条　市、区财政应当在本级财政预算中小企业科目中安排中小企业发展专项资金。

中小企业发展专项资金通过补助、贷款贴息、风险补偿、购买服务、奖励等方式，重点支持中小企业公共服务体系建设、融资服务体系建设、政府性担保体系建设、专精特新发展、创业创新、人才培训等事项。中小企业发展专项资金向小型微型企业倾斜。

支持企业和产业发展的科技、商业、文化等其他专项资金，应当优先支持符合专项资金条件的中小企业。

第十六条　本市设立中小企业发展基金，遵循政策性导向和市场化运作原则，引导和带动社会资金通过合作设立子基金、直接投资等方式，重点支持处于初创期、成长期的中小企业，重点支持拥有自主核心技术、前沿技术的创新型中小企业以及利用新技术、新模式改造提升传统产业的中小企业；其中，投资于初创期中小企业资金占比不低于百分之五十。

市、区财政设立的其他支持企业和产业发展的政策性基金、投资基金等基金，应当加强统筹协调，优先支持符合条件的中小企业。

第十七条　鼓励各类金融机构加大中小企业融资供给，创新普惠金融产品，提高中小企业融资规模和比例。

第十八条　本市按照国家有关规定实行小型微型企业金融服务差异化监管政策，建立小型微型企业信贷业务绩效考核激励机制；提高小型微型企业不良贷款容忍度，增加小型微型企业贷款的规模和比重。

市金融管理部门按照国家要求推进普惠金融发展，引导银行业金融机构创新信贷产品和服务，单列小型微型企业信贷计划，建立适合小型微型企业特点的授信制度，提供信用贷款、中长期贷款，开展无还本续贷业务。

银行业金融机构应当按照国家有关规定完善内部考核激励机制，落实授信尽职免责制度。对于市场前景好、经营诚信但暂时有困难的中小企业，不停贷、压贷、抽贷和断贷。

第十九条　支持金融机构为中小企业提供以应收账款、知识产权、特许经营收益权、收费权、股权、存货、机器设备等为担保品的担保融资。

支持金融机构基于供应链核心部门、企业的信用和交易信息，为上下游中小企业提供应收账款融资。本市建设基于区块链等技术的供应链债权债务平台，推动政府部门、国有企业等应付款方及时确认与中小企业的债权债务关系。

第二十条　本市建立与中小企业融资担保需求规模相适应的政府性融资担保体系。

本市政府性国有担保机构不以营利为目的，应当坚持以中小企业特别是小型微型企业业务为重点，服务小型微型企业的业务占比不低于百分之八十。推广政府、银行、担保机构风险共担机制，提高担保机构对小型微型企业的风险容忍度。对代偿率控制在合理区间的担保、再担保机构，给予一定比例的代偿补偿；对降低担保、再担保费率，取消反担保，提高首贷担保比重的担保机构给予奖励。

第二十一条　支持保险机构开展中小企业贷款保证保险和信用保险业务，开发适应中小企业特点和需求的保险产品；完善政府、银行、保险合作机制，发挥保险增加信用、分散风险作用；发挥市场化再保险作用，支持小型微型企业融资。

第二十二条　本市推进政务数据开放，加强金融数据专区建设，支持首贷服务中心、续贷受理中心和确权融资中心建设运行。

市金融管理部门组织银行业等金融机构在政务服务中心建设首贷服务中心、续贷受理中心和确权融资中心，开展首贷、无还本续贷、应收账款融资、信用贷款、中长期贷款、知识产权质押等业务，提供信息查验、受理、涉企政务数据支持等服务，提高中小企业首贷获得率，提高无还本续贷、信用贷款和知识产权质押业务比例。开展首贷和无还本续贷业务给予担保优惠费率，通过首贷服务中心获得首次贷款的中小企业给予财政贴息。

第二十三条　支持有条件的中小企业通过境内外上市挂牌、发行债券、股权融资、票据融资、信托融资、资产证券化等法律、法规允许的方式直接融资。

鼓励、引导中小企业在全国中小企业股份转让系统挂牌融资。

鼓励以大中型企业为主体发行小型微型企业增信集合债券；支持符合条件的企业发行创业投资债券，募集资金用于出资设立或者增资创业投资基金。

第二十四条　本市将区域性股权市场作为扶持中小企业政策措施的综合运用平台，支持、引导中小企业在区域性股权市场进行直接股权融资。

区域性股权市场设立专精特新板，根据专精特新型中小企业特点，提供挂牌展示、托管交易、投融资服务、培训辅导等服务。

第二十五条　支持征信机构发展针对中小企业融资的征信产品和服务，依法向政府有关部门、公共事业单位和商业机构采集信息。

鼓励第三方评级机构开展中小企业信用评级。

第二十六条　本市建立政府、金融机构、中小企业的常态化对接交流机制和金融服务快速响应机制。发挥银企对接系统和小型微型企业金融综合服务平台作用，综合运用大数据、人工智能、区块链等技术，畅通金融服务通道，提升金融服务及时性、可获得性。

#### 第四章　市场开拓

第二十七条　支持大中小企业融通发展，培育、推广融通发展特色载体。鼓励大企业为中小企业开放空间载体和场景应用，引导中小企业与国内外大型企业协作配套和协同创造，促进中小企业的产品和服务进入大型企业的产业链或者采购系统。

第二十八条　本市采取下列措施，鼓励中小企业产品和服务纳入政府采购：

（一）在企业股权结构、经营年限、经营规模和财务指标等方面对中小企业实行平等待遇；

（二）向中小企业预留的采购份额应当占本部门年度政府采购项目预算总额的百分之四十以上，其中预留给小型微型企业的比例不低于百分之七十，但中小企业无法提供的商品和服务除外；

（三）大中型企业与小型微型企业组成联合体共同参加政府采购的，给予联合体一定比例的价格扣除；

（四）评审中按照有关规定，对小型微型企业产品根据不同行业情况给予一定比例的价格扣除；

（五）支持首台首套新产品新技术。

第二十九条　市商务部门建立和完善贸易救济工作协调机制，对产业安全、贸易风险进行分析、评估和预警，指导和服务中小企业有效运用贸易救济措施，维护企业合法权益。

市知识产权部门应当建立中小企业海外知识产权应急援助机制，鼓励、引导中小企业建立知识产权预警制度。

第三十条　市发展改革委、商务、知识产权、经济信息化、市场监督管理等部门应当支持中小企业自主品牌的培育和建设，促进品牌竞争力和影响力提升，对符合规定的中小企业给予资金支持。

市知识产权、商务等部门应当对中小企业申请注册商标、申请地理标志保护产品和申报老字号等给予指导和帮助。

第三十一条　中小企业服务机构、行业协会和其他中小企业行业组织可以组织中小企业参加国内外展览展销活动。拥有自主知识产权、自主品牌的中小企业参加国内外相关展览展销会以及新产品和新技术推介活动的，市、区中小企业工作主管部门和有关部门应当给予支持。

#### 第五章　创新支持

第三十二条　鼓励中小企业按照市场需求，推进技术、产品、工艺、管理模式、商业模式等创新，支持中小企业成长为专精特新、高新技术企业。

科学技术、发展改革、经济信息化、园区管理等部门对加大技术创新投入、建设研发机构、开展数字化提升的中小企业，给予政策和资金支持。

第三十三条　支持中小企业独立或者联合大企业承担科技重大专项、科技基础设施建设、各类科技计划项目和高新技术产业化项目。市、区科学技术部门应当提供有针对性的指导和服务，对符合条件的给予政策和资金支持。

第三十四条 支持公共科技服务平台建设，为中小企业创新发展提供产品研制、技术开发、设计、咨询、检测等服务。

中小企业开发新技术、新产品、新工艺发生的研发费用，符合国家有关规定的，可以享受税前加计扣除政策。

中小企业的固定资产由于技术进步等原因，确需加速折旧的，可以按照国家有关规定缩短折旧年限或者采取加速折旧方法。

第三十五条 支持中小企业及中小企业有关行业组织参与国际标准、国家标准、团体标准等标准制定，提高产品质量，增强应对技术性贸易壁垒能力。具体办法由市标准化主管部门会同有关部门制定。

第三十六条 高等院校、科研院所与中小企业开展产学研用合作，市、区中小企业工作主管部门会同同级科学技术、教育等部门按照规定给予资金支持。

鼓励高等院校、科研院所采取转让、许可、作价投资等方式，在同等条件下，优先向中小企业转移、实施具有自主知识产权的科技成果，有关部门应当提供便利。

支持中小企业享受技术转让企业所得税先行先试政策。

第三十七条 市、区知识产权部门应当为中小企业提供知识产权咨询辅导和专业培训，提高中小企业知识产权创造、运用、保护和管理水平，并通过补贴、托管、奖励等措施，支持中小企业获得相应的知识产权。

支持中小企业投保知识产权保险，对符合条件的按照规定给予保费补贴。

专精特新中小企业申请和维持发明专利的费用给予资助，具体办法由市知识产权部门会同有关部门制定。

市知识产权主管部门应当会同有关部门推动完善面向中小企业的知识产权价值评估制度。

第三十八条 开放医疗、政务、交通、教育、城市管理等领域的应用场景，支持中小企业新技术、新产品、新模式开展应用示范。

第三十九条 科技创新型中小企业可以根据法律、行政法规和国家有关规定设置特殊股权结构，发行具有特别表决权的股份，在公司章程中约定特别表决权股份拥有更多表决权数量。

第四十条 中小企业、创业者通过首都科技条件平台使用重大科研基础设施、大型科研仪器等科技资源的，市科学技术部门通过科技创新券等方式给予资金支持。

市经济信息化部门应当会同有关部门定期组织创新创业大赛和创新推荐会，鼓励推荐中小企业参加。

第四十一条 本市树立对中小企业及企业家的正向激励导向，营造鼓励创新、宽容失败的文化和社会氛围，对企业创新发展中出现的失败、失误给予更多理解、包容、帮助。

## 第六章　服务保障

第四十二条　本市建立中小企业统计监测、分析和发布制度。

市大数据管理部门依托北京市大数据平台建立包含政务数据、金融数据、企业信用数据和社会数据的综合数据监测体系。市统计部门应当会同市经济信息化部门和政府有关部门对中小企业的统计进行监测、分析，定期发布中小企业发展数据和报告。

第四十三条　市、区中小企业公共服务平台应当汇集政府有关部门服务资源，支持市场化服务机构、行业协会、商会、产业联盟等服务资源在平台汇集。

中小企业公共服务平台为中小企业提供下列服务：

（一）市场监管、财税、金融、政府采购、知识产权、环境保护、安全生产、劳动用工、社会保障等政务服务信息的解读、推送与咨询，并增强解读、推送与咨询服务的综合化、精准化和专业化水平；

（二）投融资、空间场地、信息化、科技服务、展览展示、渠道推广等需求对接；

（三）法律咨询、会计服务、审计服务、税务服务、人力资源招聘等商事服务；

（四）管理能力提升培训、职业技能培训等公共培训服务；

（五）促进中小企业在京津冀地区协同发展。

中小企业通过中小企业公共服务平台获得知识产权、检测试制、信息化、管理咨询、人才与培训、市场开拓、投融资等服务的，市、区中小企业工作主管部门可以通过中小企业服务券等方式给予资金支持。

有关部门出台中小企业政务服务政策，应当及时明确办理条件、地点和流程、所需材料、容缺受理、办理环节和时限、收费标准、联系方式、投诉渠道等内容；办理条件、所需材料不得含有其他、有关等模糊性兜底要求。

第四十四条　中小企业中的高级管理人才和核心技术骨干符合条件的，可以向人才主管部门申请办理本市工作居住证或者人才引进。支持引进科技创新、文化创意、医疗卫生、金融、体育等各类产业发展急需紧缺人才，确保中小企业引进人才占合理比例。

前款规定的工作居住证或者引进人才的条件、待遇、程序等，由人才主管部门规定。

第四十五条　本市建立政府资助引导、社会智力支持和企业自主需求相结合的培训机制，引导社会培训机构创新培训方式、完善培训内容，提高企业营销、管理和技术水平，提升中小企业人员素质。

鼓励高等院校和中小企业共建实习实践基地，创新中小企业人才培养模式。

第四十六条　政府机关、事业单位、部分或者全部使用财政资金的团体组织、大型企业等不得违约拖欠中小企业的货物、工程、服务款项。

中小企业可以通过投诉平台、投诉受理机构等方式反馈违约拖欠信息，有权要求拖欠方支付拖欠款并赔偿因拖欠造成的损失。

市、区中小企业工作主管部门应当建立拖欠中小企业款项快速受理、调解机制。

第四十七条　本市建立健全中小企业应急援助救济机制。发生自然灾害、公共卫生等突发事件或者其他重大事件，造成中小企业损失影响生存时，市、区人民政府及其有关部门应当及时采取税费减免、研发补助、房租减免补贴、就业保障、融资支持或者政府采购等措施并实施。

第四十八条　鼓励法律服务主体为中小企业依法决策、依法经营、依法管理、依法维权提供法律服务。

律师事务所等各类法律服务机构和法学教育研究机构可以通过法律服务热线、法律咨询、志愿服务等方式，为小型微型企业提供法律服务。

第四十九条　市、区人民政府应当每年将中小企业发展情况、扶持中小企业发展政策实施情况、支持中小企业发展的资金使用情况等向同级人大常委会书面报告。

第五十条　市、区人民政府有关部门和行业组织应当公布投诉举报方式，受理中小企业的投诉、举报。

中小企业可以通过12345市民服务热线、部门电话、政府网站、中小企业公共服务平台、政府新媒体等提出对政府相关工作的意见和建议。有关政府部门应当按照规定的时限协调解决、答复；无法解决的，应当及时告知并说明情况。

第五十一条　市税务、金融、市场监督管理、人力资源社会保障、知识产权、财政等部门应当向市经济信息化部门定期通报有关中小企业的税收、融资、登记、就业、知识产权，以及参与政府采购等信息。

市经济信息化部门应当会同市有关部门和区人民政府编制中小企业年度发展报告，并向社会公布。

**第七章　附　则**

第五十二条　本条例自 2020 年 12 月 1 日起施行。

# 北京市人民政府办公厅关于印发《进一步支持中小微企业应对疫情影响保持平稳发展若干措施》的通知（京政办发〔2020〕15号）

各区人民政府，市政府各委、办、局，各市属机构：

经市政府同意，现将《进一步支持中小微企业应对疫情影响保持平稳发展若干措施》印发给你们，请认真贯彻落实。

北京市人民政府办公厅

2020年4月17日

## 进一步支持中小微企业应对疫情影响保持平稳发展若干措施

为深入贯彻落实党中央、国务院关于支持中小微企业发展的决策部署，根据疫情防控新形势，进一步精准帮扶本市中小微企业应对疫情影响、渡过难关，在本市促进中小微企业持续健康发展16条措施基础上，制定以下工作措施。

### 一、延长租金减免政策实施时限

符合首都城市战略定位、不在疏解整治范围内且经营困难的中小微企业、个体工商户，承租京内市及区属国有企业房产从事生产经营活动，按照政府要求坚持营业或依照防疫规定关闭停业且不裁员、少裁员的，免收2020年3月和4月房租；承租用于办公用房的，2020年3月和4月给予租金50%的减免。对承租其他经营用房的，鼓励业主（房东）2020年3月和4月为租户减免租金，具体由双方协商解决。对在疫情期间为承租其房屋的中小微企业减免租金的企业，由市、区政府给予一定资金补贴。鼓励特色园、科技企业孵化器、大学科技园、众创空间、创业基地、文化产业园、视听园区等各类载体将房租减免时间同步延长至4月。承租京内市及区属国有企业房产从事办学活动的民办幼儿园，依照防疫规定延期开学且不裁员、少裁员的，参照中小微企业房租减免政策执行。受疫情影响严重且在京注册的餐饮、便利店、美容美发、家政4类生活性服务业企业以分公司形式设立的连锁直营门店，分公司或门店符合本条规定享受房租减免的中小微企业相关条件要求且承担房租费用的，参照中小微企业房租减免政策执行。鼓励在京中央企业参照上述房租减免政策执行。（责任单位：各区政府、北京经济技术开发区管委会、市国资委、市财政局、市住房城乡建设委、市经济和信息化局、市科委、市委宣传部、市文化和旅游局、市广电局、市体育局、市教委、市商务局、中关村管委会、市文资中心）

## 二、强化对中小微企业金融支持

引导北京银行、北京农商行等金融机构落实国家面向中小银行再贷款再贴现政策，确保将全部资金以优惠利率向中小微企业提供贷款。通过调整绩效考核办法、提高不良容忍度等措施，鼓励金融机构发行小微金融债券，设立更多面向中小微企业的贷款产品。对有发展前景但受疫情影响到期还款暂遇困难的企业延长还款期限。完善企业首贷、续贷服务中心功能，持续提升中小微企业"首贷率"和小微企业无还本续贷占比。充分发挥本市政府性融资担保、再担保机构作用，2020 年对小微企业减半收取融资担保、再担保费，力争将小微企业综合融资担保费率降至 1% 以下。（责任单位：人行营业管理部、北京银保监局、市金融监管局、市政务服务局、市财政局、金控集团）

## 三、鼓励发展供应链金融

推广海淀区确权中心试点经验，发挥北京小微金服平台的统一接口作用，在全市范围开展基于区块链的政府、国有企业对民营企业债务关系确权和促进供应链融资，加强确权中心与北京小微金服平台、中征应收账款融资服务平台对接，力争促进中小微企业全年应收账款融资超过 300 亿元。（责任单位：市金融监管局、人行营业管理部、北京银保监局、市财政局、市国资委、金控集团、海淀区政府）

## 四、促进大中小企业融通创新发展

鼓励市及区属国有企业和龙头企业为中小微企业开放空间载体、场景应用，积极采购中小微企业产品，在资本、品牌和产供销方面与中小微企业形成产业配套协同，为中小微企业发展提供支撑服务。鼓励企业用好首都科技条件平台以及创新券政策。加大文化消费券对实体书店支持力度。（责任单位：各区政府、北京经济技术开发区管委会、市财政局和各区财政局、市经济和信息化局、市国资委、市科委、市委宣传部、市文资中心、市文化和旅游局）

## 五、加强外贸企业帮扶

推动进出口相关金融机构加大信贷投放力度，鼓励扩大出口信用保险保单融资规模，简化报损和索赔程序。按规定为受疫情影响无法如期履行或不能履行国际贸易合同的企业出具不可抗力事实性证明。（责任单位：北京银保监局、人行营业管理部、市金融监管局、市商务局、市贸促会、中国进出口银行北京分行、中国信保公司第三营业部等金融机构）

## 六、支持科技型中小微企业发展

鼓励创投机构在疫情期间加快开展投资，给予中关村示范区范围内已获得风险投资、后续融资需求迫切的孵化器在孵企业等优质科技型中小微企业资金支持。对投资效果较好的创投机构给予一定比例风险补贴，开展首轮投资的，单笔补贴不超过 50 万元，单家机构年度补贴总额不超过 150 万元；开展首轮之后投资的，单笔补贴不超过 100 万元，单家机构年度补贴总额不超过 200 万元。在中关村示范区范围内注册且符合条件的科技型中小微企业通过科技信贷产品融资的，给予企业贷款贴息支持，贴息比例由实际贷款利息的 40% 提高到 50%，每家企业单一信贷产品年度利息补贴不超过 50 万元。调整中关村科技型小微企业研发成本补贴申报标准，营业收入 2000 万元以下符合条件的企业可以申报研发成本补贴。（责任单位：中关村管委会、市科委、市财政局）

**七、保障中小微企业有序复工复产**

清理对中小微企业复工复产不合理限制和简单管控规定，除国家和本市根据防疫情况公布的复工复产限制措施外，对复工复产不设置前置审批审核。在遵守防控要求的情况下，与居民生活密切相关的餐馆、菜店、美容美发、便利店、修理店等可以自主决定复工复产。满足员工办公间距不少于 1 米、每人使用面积不少于 2.5 平方米要求的单位，在做好对人员数量较大的单一空间防疫管理前提下，可以安排员工返岗复工。以户外游览为主的旅游景区和室外健身运动场所安全有序恢复运营。对持有"北京健康宝"且健康状态为"未见异常"的人员，进出商务楼宇、商超、餐馆、工厂、工地、公园景区、各类门店等公共场所，乘坐公共交通工具，进出社区、村等开展复工复产活动，不再要求提供其他与防疫相关的健康证明材料。（责任单位：各区政府、北京经济技术开发区管委会、市发展改革委、市经济和信息化局、市卫生健康委、市住房城乡建设委、市商务局、市文化和旅游局、市体育局、市城管执法局、市市场监管局）

**八、加大援企稳岗支持力度**

结合疫情防控常态化新形势，加大社会保险资金支持力度，对科技创新、城市运行保障、生活性服务业等重点行业中小微企业员工进行业务培训，促进职工技能提升和稳定就业。生产经营困难有失业风险的企业，可同时享受临时性岗位补贴。（责任单位：各区政府、北京经济技术开发区管委会、市人力资源社会保障局、市教委、市文化和旅游局、市体育局、市科委、市经济和信息化局、市国资委、市商务局、市委宣传部、市财政局、市邮政管理局、市股权交易中心）

**九、建立中小微企业经营状况监测预警机制**

各区加强对辖区内中小微企业数量、经营状况、就业情况等重点指标的日常监测，定期梳理中小微企业诉求，提高监测分析的前瞻性和针对性，对可能出现的问题及时预警。市统计部门做好每月各区中小微企业经营状况抽样调查。（责任单位：各区政府、北京经济技术开发区管委会、市统计局、市发展改革委、市经济和信息化局、北京市税务局）

各区、各部门、各单位要深刻认识促进中小微企业平稳发展对保就业、保民生、保稳定、促创新的重要意义，把帮扶中小微企业作为当前一项重要工作来抓。要坚持部门协同、市区联动、精准发力，急企业之所急、想企业之所想，让中小微企业有更多实实在在的获得感。各区要履行好属地责任，结合本地区实际制定实施细则并抓好贯彻落实，要在疫情期间加强企业走访服务工作，及时了解和回应企业诉求，确保本地区企业经营稳定、就业稳定。

# 北京市人力资源和社会保障局　北京市科学技术委员会关于印发《北京市深化自然科学研究人员职称制度改革实施办法》的通知（京人社事业发〔2020〕36号）

各区人力资源和社会保障局、科学技术委员会，北京经济技术开发区社会事业局、科技创新局，市属各部、委、办、局、总公司、高等院校人事（干部）部门，各有关单位：

为贯彻落实中央及市委、市政府关于深化职称制度改革的精神，结合本市实际，现将《北京市深化自然科学研究人员职称制度改革实施办法》印发你们，请遵照执行。

北京市人力资源和社会保障局

北京市科学技术委员会

2020年11月30日

## 北京市深化自然科学研究人员职称制度改革实施办法

为贯彻落实人力资源和社会保障部、科技部《关于深化自然科学研究人员职称制度改革的指导意见》（人社部发〔2019〕40号）及市委办公厅、市政府办公厅《关于深化职称制度改革的实施意见》（京办发〔2018〕4号），结合本市实际，现就深化自然科学研究人员职称制度改革制定如下实施办法。

一、总体要求

以习近平新时代中国特色社会主义思想为指导，牢固树立和贯彻落实新发展理念，深入实施科教兴国战略、人才强国战略和创新驱动发展战略，遵循自然科学研究人员成长规律和科技创新规律，以品德、能力、业绩为导向，以科学评价、分类评价为核心，以激发自然科学研究人员的积极性、创造性为目的，建立符合自然科学研究人员职业特点的科学化、规范化的职称制度，发挥好人才评价"指挥棒"和"风向标"作用，为提升自主创新能力、建设国际科技创新中心提供人才支撑。

二、改革范围

本实施办法适用于在本市国有企业事业单位、非公有制经济组织、社会组织中从事自然科学研究工作的专业技术人才。

三、主要内容

（一）健全制度体系

1. 完善职称层级。自然科学研究系列职称设初级、中级、高级。其中，初级职称只设助理级，高级职称分设副高级和正高级。初级、中级、副高级和正高级职称名称依次为研究实习员、助理研究员、副研究员和研究员。

2. 动态调整职称专业目录。面向世界科技前沿、面向经济主战场、面向国家重大需求，聚焦本市高精尖产业领域，动态调整本市自然科学研究系列职称专业目录，持续满足高精尖产业等重点领域自然科学研究人员的评价需求。

（二）完善分类评价标准

1. 坚持德才兼备、以德为先。坚持把品德放在自然科学研究人员职称评价的首位。用人单位可通过个人述职、年度考核等方式加强对自然科学研究人员科学精神、职业道德、从业操守等方面的评价。强化科研人员的爱国情怀和社会责任，倡导追求真理、勇攀高峰的科学精神，树立勇于创新、严谨求实的学术风气。完善诚信承诺和失信惩戒机制，对在职称评价中伪造学历、资历、论文著作、科研成果、获奖证书、工作业绩等弄虚作假行为，实行"一票否决制"，已取得职称的予以撤销，并记入职称评价诚信档案。

2. 实行体现自然科学研究人员职业特点的评价标准。在国家标准基础上，结合本市实际，制定《北京市自然科学研究人员职称评价基本标准条件》（附后）。按照不同专业、不同层次、不同岗位职责自然科学研究人员特点和成长规律，合理确定评价重点。对从事基础研究的人员，重点评价其提出和解决重大科学问题、开展原创性科技创新的能力，研究成果的科学价值、学术水平和影响力等。对从事应用研究、技术开发与推广的人员，重点评价其技术创新与集成能力，重大技术突破、成果转化效益、技术推广成效和对产业发展的实际贡献等。对从事科技咨询与科技管理服务的人员，重点评价其战略和政策研究能力、决策咨询服务水平、行业评价认可度和科技服务满意度等。职称自主评聘单位可结合本单位实际，制定单位标准。单位标准不得低于国家标准和北京标准。

3. 实行代表作评审制度。将自然科学研究人员的代表性成果作为职称评审的主要依据，建立职称评审代表作清单，明确不同专业、不同层级职称评审所考察的代表作类型。参评自然科学研究系列职称的代表作可包括论文、专利、项目成果、研究报告、专著译著、软件著作、技术标准规范等。注重代表作的质量、贡献和影响力。

（三）畅通晋升渠道

1. 完善高端领军人才研究员直通车评审制度。取得国家级人才表彰奖励、获得国家级科技奖项、在国际重要学术刊物发表具有重大影响力的学术论文、获得国家发明专利金奖等的自然科学研究人员，可按规定申报北京市高端领军人才自然科学研究系列研究员直通车评审。

2. 建立高层次研究人员职称评审绿色通道。对取得重大原创性研究成果或关键核心技术突破，解决"卡脖子"重大技术难题、在自主创新和科技成果转化过程中取得突出成绩的自然科学研究人员，放宽学历、资历等条件限制，可按规定破格申报高级职称评审。经认定的本市战略科技人才及团队核心成员可按规定自主推荐参评自然科学研究系列职称评审。职称自主评聘单位可结合实际，制定本单位高级职称破格申报条件，开通业绩突出人才申报渠道。

3. 畅通基层科研人员职称评价渠道。对长期在艰苦地区、野外台站和基层一线工作的自然科学研究人员，放宽学历、论文等要求，侧重考察其实际工作业绩。对高校、科研院所等事业单位中经批准兼职、在职创办企业、在岗创业、到企业挂职或开展项目合作、离岗创业的专业技术人才，可按规定参加职称评审，其在创新创业期间取得的成果与业绩作为职称评审的重要参考依据。

（四）实行分类管理模式

1. 推行科研机构和高校职称自主评聘。条件成熟的市属科研机构、新型研发机构和新型智库等单位可按照《北京市科研机构专业技术职务自主评聘管理办法》等规定，申请开展自然科学研究系列职称自主评聘工作；市属普通高等学校、高等职业学院、成人高等学校应按照《北京市高等学校教师职务聘任管理办法》等规定，开展自然科学研究系列职称自主评聘工作。职称自主评聘单位应在核定的职称结构比例内推荐自然科学研究人员参加职称评价，并将通过评审的科研人员聘用到相应岗位。

2. 实行社会化职称评价。进一步畅通科研机构、企业等不同性质单位中自然科学研究人员的职称申报渠道。除职称自主评聘单位的科研人员外，其他自然科学研究人员实行"个人自主申报、行业统一评价、单位择优使用、政府指导监管"的社会化职称评价。对于通过社会化取得职称的自然科学研究人员，用人单位可根据需要，自主择优聘任专业技术职务。

3. 强化聘后考核管理。坚持以用为本，实现职称评价结果与专业技术人才聘用、考核、晋升等用人制度相衔接。用人单位坚持"按需设岗、按岗聘用、竞争择优、合同管理"的原则，结合年度考核和聘期考核结果，对不符合岗位要求、不能履行岗位职责或年度考核不合格的自然科学研究人员，可按照有关规定调整岗位、降低岗位等级直至解除聘用。

（五）加强职称评审监督管理

1. 加强评审委员会建设。经市人力资源社会保障局核准备案的职称评审服务机构和职称自主评聘单位，可按规定组建相应层级、专业的自然科学研究系列职称评审委员会。评审委员会在规定的评审权限内，对申报人员进行综合评价，并确定相应职称。职称评审服务机构和职称自主评聘单位负责组建评审委员会专家库，完善评审专家遴选机制，明确评审专家责任，强化评审考核，建立倒查追责机制，提高职称评审的公平性和权威性。

2. 严肃职称评审工作纪律。健全和完善职称评审监督机制，坚持职称评审回避制度、公示制度、结果验收和备案制度，加强对申报条件、工作流程的监督检查。用人单位未认真履行审核责任或出具虚假证明的，依法依规追究单位主要负责人和经办人员的责任。职称评审服务机构和职称自主评聘单位应严格按照有关规定开展职称评价工作，严格按照《北京市自然科学研究人员职称评价基本标准条件》或自主评聘单位制定的评价标准条件审核材料，规范答辩、评审工作程序，严肃职称评价工作纪律。对于未按工作要求操作的职称评审服务机构，市人力资源社会保障局将给予取消评审权的处理。对于不能正确行使评审权、不能确保评审质量的职称自主评聘单位，将暂停自主评审工作，情节严重的收回评审权。

**四、组织实施**

（一）强化组织保障

市人力资源和社会保障局会同市科委负责本市自然科学研究系列职称政策制定、制度建设、协调落实、监督检查和工作评估；各职称评价服务机构、职称自主评聘单位负责落实职称改革相关政策，按照职责权限组织开展本专业、本单位的职称评价工作。

（二）稳步推进改革

自然科学研究人员职称制度改革是分系列推进职称制度改革的重要内容，是加强科学研究人才队伍建设的重要举措。各单位要充分认识自然科学研究人员职称制度改革的重要性、紧迫性，妥善处理改革中遇到的问题，加强组织领导，狠抓工作落实，确保各项改革措施落到实处。要加强舆论引导和政策解读，引导自然科学研究人员积极支持和参与职称制度改革，确保改革平稳推进和顺利实施。

本办法自 2020 年 12 月 1 日起实施。改革前我市核发的自然科学研究系列专业技术职务任职资格证书继续有效。

附件：北京市自然科学研究人员职称评价基本标准条件

# 附件　北京市自然科学研究人员职称评价基本标准条件

申报自然科学研究系列职称人员，应遵守国家宪法和法律法规，从事自然科学研究工作，具有良好的科学道德和敬业精神，学风端正，恪守科研诚信，有献身于科学研究事业的精神；具备相应岗位的胜任能力，能够正常履行岗位职责，完成本职工作任务，按要求参加继续教育，同时还应具备以下条件：

**一、研究实习员**

（一）基本掌握本学科基础理论和专业知识，初步了解本领域国内外研究现状和发展趋势；具备从事科学研究、技术应用、开发与推广、科技咨询与科技管理服务等工作的能力，能够胜任基础性研究工作。

（二）学历和专业工作经历符合下列条件之一：

1. 硕士研究生毕业后，从事本专业研究工作；

2. 大学本科毕业后，从事本专业研究工作满 1 年。

**二、助理研究员**

（一）基本条件

1. 系统掌握本学科基础理论和专业知识，掌握必要的研究方法或实验技术，了解本学科领域国内外研究现状和发展趋势；能够指导初级职称人员开展工作。

2. 学历和专业工作经历符合下列条件之一：

（1）博士研究生毕业后，从事本专业研究工作；

（2）硕士研究生毕业后，从事本专业研究工作满2年；

（3）大学本科毕业后，从事本专业研究工作满5年。

（二）取得初级职称以来，具备下列业绩条件之一：

1. 从事基础研究工作，具备一定的研究能力。参与完成的基础研究领域科研项目获得省部自然科学基金或厅局级以上科技进步奖；或独立撰写研究报告和发表研究论文获得同行认可；或参与编写科研专著、教材得到了广泛应用，获得一定的社会效益；或参与选定科研项目和制定研究方案，完成的科研项目、行业标准或发明专利，取得具有科学意义或实用价值的研究成果，获得一定的经济和社会效益。

2. 从事应用研究、技术开发与推广工作，具备一定的研究和转化推广能力。参与研究课题、科技成果转化或技术推广项目，为解决实际应用中的问题提供理论依据或技术支持，获得一定的经济效益和社会效益；或参与高技术（含专利、标准）推广，使我国的产品、工艺、应用达到世界先进水平，取得较好的经济和社会效益；或在科学工作中取得有学术价值的科学积累，形成技术报告、研究报告或学术论文等。

3. 从事科技咨询与科技管理服务的人员，具备一定的研究和咨询服务能力。参与地市级及以上政府工作报告、行业规划的编写；或参与撰写的研究报告、专报得到厅局级以上领导的肯定性批示；或参与完成的多个技术咨询报告被服务对象采纳，取得一定的经济和社会效益。

（三）取得初级职称以来，具备下列成果条件之一：

作为主要参与人（排名前三），在公开发行的学术刊物上发表有学术价值的专业论文，或完成在行业内具有较大影响的发明专利、项目成果、研究报告、专著教材、软件著作、技术标准规范等，2项及以上。

### 三、副研究员

（一）基本条件

1. 具有较强的科研能力和较丰富的研究工作积累，能够创造性地开展研究工作，是本学科领域的学术骨干；具有指导、培养中初级研究人员或研究生的能力。

2. 学历和专业工作经历应符合下列条件之一：

（1）博士研究生毕业后，从事本专业研究工作满2年；

（2）硕士研究生毕业后，从事本专业研究工作满7年；

（3）大学本科及以上学历毕业、取得中级职称后，从事本专业研究工作满5年；

（4）已取得非本专业副高级职称后，从事本专业研究工作满3年。

（二）取得中级职称以来，具备下列业绩条件之一：

1. 从事基础研究工作，具备较强的研究能力。主持或作为主要参与人完成的基础研究领域科研项目，获得国家自然科学基金或省部级以上科技奖励；或作为第一作者或通讯作者，在国内外核心期刊发表一定数量的学术论文；或在国际性或全国性定期举办的学术会议主会场发言，学术成果得到同行认可；或作为主编编写的正式教材在重点大学正式使用，具有较高的影响力；或提出有较大学术影响和应用价值的研究项目，提出有效的研究途径，制定可行的研究方案，解决科研工作中有重要意义的理论问题。

2. 从事应用研究、技术开发与推广工作，具备较强的研究和转化推广能力。主持研究课题、科技成果转化或技术推广项目，为解决实际应用中的问题提供理论依据或技术支持，获得较好的经济和社会效益；或作为技术骨干开展高技术（含专利、标准）推广，使我国的产品、工艺、应用达到世界先进水平，取得较好的经济和社会效益；或作为主要发明人取得一定数量的发明专利，并得到实际应用，获得较好的经济效益；或作为第一作者或通讯作者在国内外核心期刊发表一定数量的学术论文，或在国际性或全国性定期举办的学术会议主会场发言，学术成果得到同行的认可；或作为主要完成人撰写省级（行业）以上技术标准，并颁布实施。

3. 从事科技咨询与科技管理服务工作，具备较强的研究和咨询服务能力。作为主要参与人参与省部级及以上政府工作报告、行业规划的编写；或作为主要参与人参与撰写的研究报告、专报得到厅局级领导肯定性批示；或参与完成的多个技术咨询报告被服务对象采纳，取得较好的经济和社会效益。

（三）取得中级职称以来，具备下列成果条件之一：

作为第一作者（通讯作者）在国内外核心期刊上发表有重要学术价值的专业论文或作为主要负责人完成在行业内具有较大影响的发明专利、项目成果、研究报告、专著教材、专报、软件著作、技术标准规范等成果，3 项及以上。

（四）具备下列条件之一，可不受学历和专业工作经历限制，破格申报副研究员：

1. 作为主要完成人（排名前三），获得省部级科学技术进步奖、自然科学奖、技术发明奖二等奖及以上项目。

2. 主持承担国家自然科学基金、国家重点研发计划、国家科技重大专项、科技创新 2030—重大项目等国家重大科技任务。

**四、研究员**

（一）基本条件

1. 科研工作能力强，研究工作积累深厚，学术造诣深，学科领域活跃度和影响力强，是本学科领域的学术和技术带头人。具有指导、培养副高级及以下研究人员或研究生的能力。

2. 学历和专业工作经历应符合下列条件之一：

（1）大学本科及以上学历毕业、取得副高级职称后，从事本专业研究工作满 5 年；

（2）已取得非本专业正高级职称后，从事本专业研究工作满 3 年。

（二）取得副高级职称后，具备下列业绩条件之一：

1. 从事基础研究工作，具备很强的研究能力。作为学术带头人能够组织带领科研团队从事高水平研究工作，取得具有一定影响的原创性科技成果或具有重要学术价值的科研成果，获得国家自然科学基金或省部级以上科技奖励；或开拓新的研究领域，创造性地解决学术问题，提出的学术观点或研究方法被国内外学术界公认和广泛引用，促进学科的发展，具有很强的学术影响力；或撰写具有较高影响力的研究报告或发表产生较大学术影响的研究论文，在国内外核心期刊发表。

2. 从事应用研究、技术开发与推广工作，具备很强的研究和转化推广能力。作为技术带头人取得具有显著经济和社会效益的关键技术成果或作为技术负责人主持的科技推广项目达到显著规模，使我国的产品、工艺、应用达到世界先进水平，获得突出效益，或在解决国民经济、国家安全和社会发展的问题上，提出有价值的新思路、新方法；或作为第一作者或通讯作者，在国内外核心期刊发表多篇学术论文，或在国际性或全国性定期举办的学术会议主会场多次发言，学术成果得到同行的认可；或作为第一编制人撰写省级（行业）以上技术标准，或作为主要完成人撰写国家级技术标准，并颁布实施。

3. 从事科技咨询与科技管理服务工作，具备很强的研究和咨询服务能力。撰写的研究报告在服务宏观决策方面有较大影响力，作为主要骨干参与省部级以上政府工作报告、行业规划的编写；或在咨询研究的理论方面取得具有重要影响的原创性成果，作为主要完成人撰写的研究报告、专报具有较高影响力，得到省部级以上领导肯定性批示；或主持完成的多个技术咨询报告被服务对象采纳，取得较好的经济和社会效益。

（三）取得副高级职称后，应具备下列成果条件之一：

1. 作为第一作者（通讯记者），在自然、科学等国际有影响力的学术刊物发表有重要学术价值的专业论文；

2. 作为第一作者（通讯记者）在国内外核心期刊发表有重要学术价值的专业论文，或主持完成在行业领域具有重大影响、得到有效应用的专利、项目成果、研究报告、专著教材、软件著作、技术标准规范等成果，3项以上。

（四）具备下列条件之一，可不受学历和专业工作经历限制，申报高端领军人才自然科学研究系列研究员直通车评审：

1. 作为主要完成人（排名前三）获得国家级科技奖项。

2. 作为第一作者，在国际重要学术刊物上发表过具有重大影响力的学术论文5篇及以上。

3. 作为主要完成人（排名前三），获得国家发明专利金奖，或在本领域内取得具有重大影响力的发明专利，取得重大科技突破和创新成果，取得显著的经济效益和社会效益。

4. 取得国家级人才表彰奖励。

## 北京市科学技术委员会　北京市发展和改革委员会　北京市经济和信息化局　北京市财政局　北京市卫生健康委员会　北京市医疗保障局　北京市药品监督管理局　中关村科技园区管理委员会印发《关于加强新型冠状病毒肺炎科技攻关促进医药健康创新发展的若干措施》的通知（京科发〔2020〕2 号）

各相关单位：

　　为了积极应对新型冠状病毒感染肺炎的疫情，保障市民健康，北京市科学技术委员会会同北京市发展和改革委员会、北京市经济和信息化局、北京市财政局、北京市卫生健康委员会、北京市医疗保障局、北京市药品监督管理局、中关村科技园区管理委员会制定了《关于加强新型冠状病毒肺炎科技攻关促进医药健康创新发展的若干措施》，现印发给你们，请结合实际认真贯彻执行。

北京市科学技术委员会

北京市发展和改革委员会

北京市经济和信息化局

北京市财政局

北京市卫生健康委员会

北京市医疗保障局

北京市药品监督管理局

中关村科技园区管理委员会

2020 年 2 月 2 日

### 关于加强新型冠状病毒肺炎科技攻关促进医药健康创新发展的若干措施

　　为深入贯彻习近平总书记"把人民群众生命安全和身体健康放在第一位"的重要指示精神，落细落实《"健康中国"规划纲要》和《北京市加快医药健康协同创新行动计划（2018-2020 年）》，秉承注重原始创新、坚持问题导向、加强协同转化与促进高端发展的原则，充分发挥首都科技和人才优势，积极应对新型冠状病毒感染肺炎疫情防控，保障市民健康，提升医药健康创新发展水平，打造全球影响力的医学创新中心和产业高地，更好服务全国科技创新中心建设和首都高质量发展，特制定本措施。

　　第一条　建立应对新发突发传染病的科技快速反应体系。建立长期持续投入机制，针对威胁首都城市公共安全稳定的新发突发传染病，在病原检测、疾病流行监测与预警、快速筛查、临床诊疗、便捷消杀、新药（疫苗）研发与快速制备、传统中医药应用、个体防护标准制定和防护产品开发，应急健康科普与心理干预，大数据与公共卫生决策支撑等方面，推动本市医疗卫生机构、高校院所、创新企业建立无缝衔接、协同创新的快速反应体系。在生物样本资源使用、病原学分析、医药健康创新产品应急审批等方面，建立市相关部门联动机制和争取国家事权申报绿色通道，支持有关临床诊疗防疫方案制定，快速诊断试剂、消杀产品与防护装备、疫苗及新药等的开发。（责任单位：市科委、市卫生健康委、市药品监管局）

第二条　大力提升技术平台的应急响应和服务支撑能力。有效整合各领域创新和产业化资源，支持建设一批公共卫生与人群健康领域重点实验室等平台，支持北京全球健康中心、全球健康药物研发中心等创新平台发挥创新品种的研发支撑能力，借力国际顶尖资源，加速创新研发；推动第三方生产服务平台建设，并支持其优先承接新发突发传染病防治等相关创新品种的生产转化；健全第三方技术服务产业链，加快建设防控新发突发传染病的诊断试剂、疫苗、新药、防护产品等急需技术服务平台，大力培育医药健康成果转化中介服务机构，提升成果转化的专业服务水平。（责任单位：市科委、市卫生健康委、中关村管委会、市经济和信息化局）

第三条　强化临床资源对创新品种研发的支撑。针对创新药、高端医疗器械及医药健康与人工智能融合等领域，支持具有领域内优势资源的医疗卫生机构联合，与医药企业共同开展创新品种临床研究，提高临床研究效率。支持医疗卫生机构优先承接重点领域创新品种研发，特别是针对新型冠状病毒感染肺炎的预防、诊断与治疗的创新品种临床研究。支持防控新发突发传染病效果明显的优质医疗机构院内制剂在医联体内依法调剂使用；鼓励医疗机构与药品生产企业合作，依法推动多家医疗机构院内制剂集中委托优势企业生产，支持由企业投入完成药品研发上市相关流程。（责任单位：市卫生健康委、市科委、市药品监管局）

第四条　推动创新医疗器械临床应用与推广。支持在京医疗机构积极采购进入国家创新医疗器械特别审批程序、优先审批程序、应急审批程序等获批上市的器械品种；支持医疗卫生机构积极探索应用首台套产品；优化新型冠状病毒肺炎相关新增医疗服务项目管理方式，提高诊疗新技术、新产品审批效率。（责任单位：中关村管委会、市卫生健康委、市财政局）

第五条　加快创新药的临床应用与市场准入。积极辅导支持创新药纳入国家基本医疗保险药品目录；针对新纳入国家基本医疗保险目录的创新药及拥有自主知识产权、填补临床空白、市场潜力大的各类新药，开通药品阳光采购绿色通道，实行直接挂网采购。支持Ⅰ类创新药开展Ⅳ期临床试验，引导在京医疗机构尽快熟悉、采购并应用创新品种。（责任单位：市医保局、市卫生健康委、市科委）

第六条　支持企业做强做大及开展国际合作。针对医药健康规模生产型企业，特别是拥有纳入国家《新型冠状病毒感染的肺炎诊疗方案》中药、化学药、生物药等品种的企业，支持相关品种的生产线改造升级、二次开发及生产再注册。支持企业积极开展国际合作，特别是与国际抗病毒药物研发领军企业深入联合，加快有效治疗新型冠状病毒感染肺炎的创新药物在国内上市，满足临床治疗的急迫需求。（责任单位：市经济和信息化局、市发展改革委、市科委）

第七条　加强培育医疗人工智能新兴业态。利用人工智能算法、大数据和高性能计算相结合的方式，支持和发展高通量的新药研发平台；对于人工智能医疗器械，在申请产品注册审批时开通绿色通道或依托医疗器械应急审批程序加快审批流程。推动取得市场准入资格的新型冠状病毒感染肺炎相关医疗人工智能产品尽早服务临床；支持 AI+医疗应用场景示范建设带动人工智能等新技术及装备发展。（责任单位：市科委、市发展改革委、市卫生健康委、市药品监管局、市医保局、市经济和信息化局、中关村管委会）

第八条　开放互联网+医疗咨询应用场景。支持本市互联网医疗相关企业参与建设"北京新型冠状病毒感染肺炎线上医生咨询平台"，利用现代信息技术手段，面向市民提供信息发布、在线咨询、心理疏导以及智能导诊、疫情预测等服务。推动交通、运营商、医疗卫生机构等单位适当开放数据，支持高校院所和企业参与建设"北京新型冠状病毒感染肺炎防控服务系统"，利用大数据、人工智能等技术，梳理筛查易感人群，为疫情分析、防控和预测预警提供支持。推动5G、人工智能、大数据、视频通信、远程医疗等新技术、新产品示范应用，带动相关产业发展。（责任单位：市科委、市卫生健康委）

第九条　支持医疗人工智能关键技术研发及产品示范应用。支持本市人工智能领域的企业和高校院所开展远距离大规模红外智能体温检测仪、人工智能分诊系统、人工智能辅助诊断产品、人工智能药物研发平台等产品的共性关键技术研发，推动人工智能、大数据等新技术和新产品在新发突发传染疾病防控及治疗工作中的示范应用，提高公共场合突发传染疾病防控能力，提升各级医疗卫生机构突发传染疾病诊疗水平以及药企药物研发效率，服务卫生健康事业，带动相关产业发展。（责任单位：市科委、市卫生健康委、市经济和信息化局、中关村管委会）

第十条　加强协调服务。完善市级医药健康统筹联席会议机制和服务包制度，持续优化营商环境，加强"一对一"服务，动态跟踪企业、高校院所、科研机构等发展问题和需求，加强协调调度。建立抗击新型冠状病毒感染肺炎疫情应急科技攻关绿色通道机制，采用定向择优、公开征集等组织方式，简化流程，快速启动一批前期已有相关研究基础、短期内可投入临床应用的预防、诊断与治疗创新品种的研发与生产。强化科研诚信，加强有关实验数据、临床病例、流行病学统计等数据、成果的规范管理和开放共享。按照《北京市财政局关于转发〈财政部办公厅关于疫情防控采购便利化的通知〉的紧急通知》的要求，搭建政府采购"绿色通道"，更好满足疫情防控相关采购需求。（责任单位：市财政局、市科委、市卫生健康委、市经济和信息化局、中关村管委会）

# 北京市商务局关于印发《北京市关于打造数字贸易试验区实施方案》的通知（京商服贸字〔2020〕33号）

各相关单位：

为落实党中央、国务院关于加快数字经济和数字贸易发展的指示精神，按照市委、市政府的统一部署，特制定《北京市关于打造数字贸易试验区实施方案》，经市政府同意，现印发给你们，请结合实际贯彻落实。

北京市商务局

2020 年 9 月 18 日

## 北京市关于打造数字贸易试验区实施方案

当前，数字经济成为推动全球经济增长的关键引擎，数字贸易成为国际贸易发展的新趋势，极大改变了全球经济格局和贸易格局。为把握数字经济和数字贸易发展机遇，发挥北京数字资源、数字技术优势，率先推动跨境数据流动试点，打造数字贸易试验区，为首都经济发展提供新动能，提出如下实施方案。

### 一、总体思路

以习近平新时代中国特色社会主义思想为指导，坚持稳中求进总基调，坚持新发展理念，立足"四个中心"城市战略定位，聚焦中关村软件园、金盏国际合作服务区、自贸区大兴机场片区等重点区域，以推动数字经济和数字贸易的开放和创新发展为目标，以实现跨境数据安全有序流动为着眼点，着力推进规则探索、创新政策举措、破解制度瓶颈，增强北京在全球数字领域的先导性、话语权和影响力。

### 二、发展目标

通过数字贸易试验区建设，加快试点示范和政策创新，真正实现北京在数字领域更深层次、更宽领域、更大力度的高水平开放，吸引数字领域高端产业落地，推动数字龙头企业和优秀人才不断汇集，将北京打造成为具有全球影响力的数字经济和数字贸易先导区。

### 三、重点任务

（一）打造三位一体的数字经济和数字贸易开放格局

1. 立足中关村软件园国家数字服务出口基地打造"数字贸易港"和数字经济新兴产业集群。探索开辟数据跨境传输监管的创新机制，打造"数字贸易港"，推进数据跨境流动"先行先试"。发挥中关村地区数据资源丰富、世界 500 强企业云集的优势，打造跨国合作的数字经济新兴产业集群。推动一批物联网、5G、区块链、人工智能等领域的数字化智能化新基建；搭建一批新兴数字技术的联合研发和生态孵化平台；探索一批面向数字贸易的新场景、新业态、新模式。（责任单位：海淀区政府、市委网信办、市经济和信息化局、市商务局、市科委、中关村管委会）

2. 立足金盏国际合作服务区打造数字经济和贸易国际交往功能区。发挥朝阳金盏地区社交媒体发达、未来对外交往重要窗口的优势，加强与相关国际组织、产业联盟和科研机构战略对接，推进数字经济技术、标准、园区和人才培养等领域国际合作的试点示范，培育支持一批数字经济国际合作项目落地，针对数字服务贸易领域商业存在、跨境交付、境外消费、自然人移动等模式涉及的数据跨境流动、数据保护能力认证等内容，最大限度放宽和创新管理政策机制，吸引更多数字领域龙头企业、国际组织入驻。（责任单位：朝阳区政府、市委网信办、市经济和信息化局、市商务局、市委宣传部、市广电局）

3. 立足自贸区大兴机场片区打造数字贸易综合服务平台。发挥自贸区大兴机场片区世界级航空枢纽定位，以及国际临空产业创新资源聚集的优势，重点发展数字医疗、跨境电商、智能制造、智慧物流、云服务等数字产业及领域。强化"空中丝绸之路"辐射带动作用，建立跨境数据运营监管、展示交易等数字贸易综合服务平台。在跨境金融服务、电子认证、在线消费者权益保护等领域参与构建引领全球的跨境电商规则体系。（责任单位：大兴区政府、市委网信办、市经济和信息化局、市商务局）

（二）探索试验区内跨境数据安全有序流动的发展路径

4. 在实验区内探索开展跨境数据流动试点。立足中关村软件园、金盏国际合作服务区和自贸区大兴机场片区，因地制宜地制定跨境数据流动发展规划，实现在不同领域、各有侧重的跨境数据流动试点试行。（责任单位：市委网信办、市经济和信息化局、市商务局等）

5. 分阶段推动跨境数据流动的有序开放。积极推动试验区内少量试点企业与国外特定范围内实现数据流动合规，帮助国内企业开拓国外市场，并允许少量国外重点企业在中国进一步拓展数字业务。在此基础上，通过不断深化开放内容、增加试点企业数量、完善监管方式等，向区域开放拓展，推动在数字领域更大范围的双向开放和互利双赢。（责任单位：市委网信办、市经济和信息化局、市商务局、海淀区政府、朝阳区政府、大兴区政府等）

6. 逐步构建跨境数据流动规则，不断扩大国际合作范围。依托自贸区、"一带一路"等重大国家战略，以中日韩、东盟十国等区域的交流合作为基础，不断打开局面，逐步拓展与美国、欧盟等区域的数据跨境流动。（责任单位：市委网信办、市经济和信息化局、市商务局、海淀区政府、朝阳区政府、大兴区政府等）

（三）推动数字贸易重点领域的政策创新

7. 积极争取试验区内跨境数据流动政策创新。推动数字证书和电子签名的国际跨境互认，搭建"外网"环境，逐步实现数字服务领域的资质互认、市场相互有序开放；开展跨境数据分类分级，建立国际数据跨境流动安全保护及风险控制等机制。（责任单位：市

委网信办、市经济和信息化局、市商务局）

8. 积极争取数字相关领域的政策创新。试点放宽增值电信业务等相关领域外资准入资质，推动允许外商投资国内互联网虚拟专用网业务（外资股比不超过50%）政策落地；探索研究鼓励技术转移的税收政策，适当放宽享受税收优惠的技术转让范围和条件；试点开展本外币合一银行账户体系，提升跨境资金流动自由度。（责任单位：市商务局、市通信管理局、市财政局、市税务局、市知识产权局、北京外汇管理部）

9. 以"服贸会"平台为载体积累政策经验。以"服贸会"平台为载体，做好数据交易专区工作，建立完善数据交易平台，探索数据流通的相关机制，形成可推广可复制的数据交易政策经验。（责任单位：市经济和信息化局、市商务局）

（四）打造开放创新、包容普惠的数字经济和数字贸易营商环境

10. 加大关键环节支持力度。加大对数字经济产业、数字贸易企业扶持力度。鼓励数字龙头企业、产业联盟等牵头成立相关领域发展基金，加强对规则制定、研发设计、海外并购、知识产权等关键环节的资金投入，引导国内外数字经济和数字贸易领域高端团队和原始创新项目在京落地转化和发展。（责任单位：市财政局、市金融监管局）

11. 强化数字领域人才支撑。支持试验区加大对紧缺急需型人才的引进和服务，综合运用人才引进、积分落户、居住证、住房、子女入学等相关政策，吸引国内外数字领域优秀人才集聚。健全国际人才全流程服务体系，构建"落地即办"的外籍人才服务工作网络，加快国际人才社区建设。（责任单位：市人才局、市人力资源社会保障局、市政府外办）

12. 推动知识产权保护及证券化融资。研究数字领域知识产权相关制度，强化对数字贸易企业海外知识产权布局支持，指导企业开展专利导航、知识产权海外预警和纠纷应对；探索构建包含专利、商标、版权等知识产权要素的基础资产组合，研究推动知识产权证券化，降低单个企业融资成本。（责任单位：市知识产权局、市金融监管局）

13. 创新数字技术基础服务。创新数字经济和数字贸易技术基础供给，加快区块链等技术在政务服务、生活服务、金融服务、城市管理、公共安全等领域的赋能提升，推动数字贸易领域区块链技术的应用，提高交易主体、交易内容的可信度，确保交易"高效透明、过程可溯"。（责任单位：市科委、市商务局）

（五）建立上下联动、开放合作的试验区建设工作机制

14. 完善市级职能部门合作机制，明确分工职责；加强与中央网信办、工业和信息化部、商务部等国家工作部门的上下联动与配合；加强国内顶尖智库和人才支持，形成具备前瞻性、科学性和可操作性的试验区建设方案和监管细则，高质量推进工作开展。（责任单位：各相关单位）

# 北京市财政局关于印发《北京市预算绩效目标管理办法》的通知
## （京财绩效〔2020〕2137号）

各级预算部门、各区财政局：

　　为进一步加强本市预算绩效管理，提高绩效目标编制质量和财政资金使用效益，根据《中华人民共和国预算法》、《中共北京市委北京市人民政府关于全面实施预算绩效管理的实施意见》（京发〔2019〕12号）等有关法律、法规，结合本市实际，我局制定了《北京市预算绩效目标管理办法》（见附件）。现予印发，请遵照执行。

　　附件：《北京市预算绩效目标管理办法》

北京市财政局

2020年10月28日

## 北京市预算绩效目标管理办法

### 第一章　总则

　　第一条　为了进一步加强预算绩效管理，提高预算绩效目标管理的科学性、规范性和有效性，根据《中华人民共和国预算法》、《中共北京市委北京市人民政府关于全面实施预算绩效管理的实施意见》（京发〔2019〕12号）等有关法律、法规，结合北京市实际，制定本办法。

　　第二条　本办法适用于财政一般公共预算、政府性基金预算、国有资本经营预算、社保基金预算等纳入预算管理资金的绩效目标管理。涉及预算资金及相关管理活动，如政府投资基金、政府和社会资本合作（PPP）、政府债务资金的绩效目标可参照本办法执行。中央及北京市对绩效目标管理有单独管理要求的，按照相关政策执行。涉密部门及涉密项目应按照保密的相关规定执行。

　　第三条　绩效目标是指财政预算资金计划在一定期限内达到的产出和效果。

　　绩效目标是建设项目库、编制部门预算、进行事前绩效评估、实施绩效监控、开展绩效评价等工作的重要基础和依据。

　　第四条　本办法所称绩效目标：

　　（一）按照预算支出的范围和内容划分，包括基本支出绩效目标、项目支出绩效目标、市对区专项转移支付绩效目标和部门（单位）整体支出绩效目标。

　　基本支出绩效目标是指市级预算部门预算中安排的基本支出在一定期限内对本部门或单位正常运转的预期保障程度，一般不单独设定，而是纳入部门或单位整体支出绩效目标统筹考虑。

项目支出绩效目标是指市级预算部门或单位依据职责和事业发展要求，设立并通过预算安排的项目支出在一定期限内预期达到的产出和效果。

市对区专项转移支付绩效目标是指市级财政部门设立的专项转移支付资金在一定期限内预期达到的产出和效果。

部门（单位）整体支出绩效目标是指市级预算部门或单位按照确定的职责，利用全部部门预算资金在一定期限内预期达到的总体产出和效果。

（二）按照时效性划分，包括总体绩效目标和年度绩效目标。

跨年度实施的项目，既要设置项目总体绩效目标，也要设置年度绩效目标。总体绩效目标是指部门预算跨年度项目在计划期内预期达到的产出和效果。年度绩效目标是指部门预算项目在一个预算年度内预期达到的产出和效果。

第五条　绩效目标管理是指市级财政部门、市级预算部门及所属预算单位、区级财政部门、区级预算部门及所属预算单位以绩效目标为对象，以绩效目标的设定、审核、批复等为主要内容所开展的预算管理活动。

第六条　市、区实行绩效目标分级管理。市级财政部门、市级预算部门及所属预算单位是市级绩效目标管理的主体。

第七条　市级财政部门主要职责：

（一）研究制定市级财政绩效目标管理的有关制度，建立完善与绩效目标管理相匹配的共性绩效指标框架；

（二）组织和指导市级预算部门编制绩效目标、审核绩效目标，审核、批复市本级绩效目标并批复市对区专项转移支付绩效目标；

（三）指导市级预算部门及区级财政部门开展绩效目标管理工作，并对部门绩效目标填报质量进行评价。

（四）搭建市级财政预算绩效指标库。

第八条　市级预算部门主要职责：

（一）负责本部门绩效目标及市对区专项转移支付绩效目标的编制、审核、申报、修正调整等工作；

（二）负责部门本级及所属单位和区级预算部门绩效目标运行监控；

（三）负责构建本行业、本领域、分层次的核心绩效指标和标准体系。

第九条　所属预算单位主要职责：

（一）负责本单位绩效目标编制、申报、修正调整等工作；

（二）实施完成所承担任务的绩效目标。

**第二章　绩效目标的设定**

第十条　绩效目标设定是指市级预算部门或单位按照部门预算管理和绩效目标管理的要求，在编制年度预算、申请追加预算、申请专项转移支付资金时填报绩效目标并随预算向市级财政部门报送的过程。

绩效目标是部门预算安排的重要依据。未按要求设定绩效目标的项目，不得纳入项目库管理，也不得申请部门预算资金。各市级预算部门和单位应按照年度预算编制的要求，设定和填报绩效目标。

第十一条　按照"谁申请资金，谁设定目标"的原则，绩效目标由市级预算部门或单位设定。

项目支出绩效目标，在该项目纳入市级预算部门或单位项目库之前编制，并按要求随同项目入库提交市级财政部门；

市对区专项转移支付绩效目标，由预算部门向财政部门提出资金申请时设定，并提交财政部门审核；

部门（单位）整体支出绩效目标，在申报市级部门预算时编制，并按要求提交市级财政部门。

第十二条　绩效目标要能清晰反映预算资金的预期产出和效果，并以相应的绩效指标予以细化、量化描述。主要包括：

（一）预期产出，是指预算资金在一定期限内预期提供的公共产品和服务情况。

（二）预期效果，是指上述产出可能对经济、社会、环境等带来的影响情况，以及服务或项目受益对象对该项产出和影响的满意程度等。

第十三条　绩效指标是绩效目标的细化和量化描述，主要包括产出指标、效益指标和满意度指标。

（一）产出指标是对预期产出的描述，包括数量指标、质量指标、时效指标、成本指标等。

（二）效益指标是对预期效益的描述，包括经济效益指标、社会效益指标、生态效益指标、可持续影响指标等。

（三）满意度指标是反映服务对象或项目受益人的认可程度的指标。

第十四条　绩效标准是设定绩效指标时所依据或参考的标准。一般包括：

（一）历史标准，是指同类指标的历史数据等；

（二）行业标准，是指国家和北京市公布的行业指标数据等；

（三）计划标准，是指预先制定的目标、计划、预算、定额等数据；

（四）财政部门认可的其他标准。

第十五条　绩效目标设定的依据包括：

（一）国家相关法律、法规和规章制度，国民经济和社会发展规划；

（二）北京市相关法规、规章制度；

（三）市对区事权与支出责任划分的有关规定，专项转移支付管理规定，设立专项转移支付的特定政策目标，各专项的资金管理办法及其实施细则、项目申报指南等；

（四）市级预算部门及单位职能、中长期发展规划、年度工作计划或项目规划；

（五）北京市中期财政规划；

（六）市级财政部门中期和年度预算管理要求，专项转移支付中期规划和年度预算；

（七）相关历史数据、行业标准、计划标准等；

（八）市级财政部门、市级预算部门事前评估结果；

（九）符合市级财政部门要求的其他依据。

第十六条 设定的绩效目标应当符合以下要求：

（一）指向明确。绩效目标要符合国民经济和社会发展规划、部门职能及事业发展规划等要求，并与相应的财政支出范围、方向、效果等紧密相关。

（二）细化量化。绩效目标应当从数量、质量、成本、进度以及效益等方面进行细化，尽量进行定量表述。不能以量化形式表述的，可采用定性表述，但应具有可衡量性。

（三）合理可行。设定绩效目标时要经过调查研究和科学论证，符合客观实际，能够在一定期限内如期实现。

（四）相应匹配。绩效目标要与计划期内的任务数或计划数相对应，与预算确定的投资额或资金量相匹配。

第十七条 绩效目标申报表是所设定绩效目标的表现形式（见附件1），绩效指标内容应与文本内容相对应；市对区专项转移支付绩效目标按照预算管理程序进行填报（见附件2）；部门（单位）整体支出绩效目标，按照确定格式和内容填报，纳入部门预算编报说明中（见附件3）。

第十八条 绩效目标设定的方法包括：

（一）部门（单位）整体支出绩效目标的设定。

1. 对市级预算部门或单位的职能进行梳理，确定各项工作职责。

2. 结合市级预算部门或单位中长期规划和年度工作计划、政策要求，明确年度主要工作任务，预计市级预算部门或单位在本年度内履职所需要达到的总体产出和效果，将其确定为市级预算部门或单位总体目标，并以定量和定性相结合的方式进行表述。

3. 依据市级预算部门或单位总体目标，结合市级预算部门或单位的各项具体工作职责和工作任务，确定每项工作任务预计要达到的产出和效果，从中概括、提炼出最能反映工作任务预期实现程度的关键性指标，并将其确定为相应的绩效指标。

4. 通过收集相关基准数据，确定绩效标准，并结合年度预算安排等情况，确定绩效指标的具体数值。

（二）市对区专项转移支付绩效目标的设定。

1. 对专项转移支付资金的功能进行梳理，包括资金性质、预期投入、支出范围、实施内容、工作任务、受益对象等，明确资金的功能特性。

2. 依据资金的功能特性，预计资金实施在一定时期内所要达到的总体产出和效果，确定资金所要实现的总体目标，并以定量和定性相结合的方式进行表述。

3. 对资金总体目标进行细化分解，从中概括、提炼出最能反映总体目标预期实现程度的关键性指标，并将其确定为相应的绩效指标。

4. 通过收集相关基准数据，确定绩效标准，并结合资金预期进展、预计投入等情况，确定绩效指标的具体数值。

（三）项目支出绩效目标的设定。

1. 对项目的功能进行梳理，包括资金性质、预期投入、支出范围、实施内容、工作任务、受益对象等，明确项目的功能特性。

2. 依据项目的功能特性，预计项目实施在一定时期内所要达到的总体产出和效果，确定项目所要实现的总体目标，并以定量和定性相结合的方式进行表述。

3. 对项目支出总体目标进行细化分解，从中概括、提炼出最能反映总体目标预期实现程度的关键性指标，并将其确定为相应的绩效指标。

4. 通过收集相关基准数据，确定绩效标准，并结合项目预期进展、预计投入等情况，确定绩效指标的具体数值。

第十九条　绩效目标申报程序：

（一）项目绩效目标申报。

1. 所属预算单位设定绩效目标。申请预算资金的单位按照要求设定绩效目标，随同本单位预算提交市级预算主管部门。根据预算主管部门审核意见，对绩效目标进行修改完善。

2. 市级预算部门设定绩效目标。市级预算部门按要求设定本级支出绩效目标，审核、汇总单位绩效目标，提交市级财政部门审核；根据财政部门审核意见对绩效目标进行修改完善。

（二）市对区专项转移支付绩效目标申报。

1. 区级预算部门设定绩效目标。申请转移支付资金的区级预算部门按要求设定绩效目标，并提交区级财政部门；根据区级财政部门审核意见对绩效目标进行修改完善。

2. 市级预算部门设定绩效目标。市级预算部门根据总体情况，按照要求设定绩效目标，并提交市级财政部门审核；根据市级财政部门审核意见对绩效目标进行修改完善。

**第三章　绩效目标的审核**

第二十条　绩效目标审核是指市级财政部门或市级预算部门对相关部门或单位报送的项目支出绩效目标、市对区专项转移支付绩效目标或部门（单位）整体支出绩效目标进行审查核实，并将审核意见反馈给相关被审核主体，指导其修改完善绩效目标的过程。

第二十一条　按照"谁分配资金，谁审核目标"的原则，绩效目标由市级财政部门或市级预算部门按照预算管理级次进行审核。

第二十二条　绩效目标审核是部门预算审核的有机组成部分。绩效目标不符合要求的，市级财政部门或市级预算部门应要求报送单位及时修改、完善。审核符合要求后，方可进入项目库，并进入下一步预算编审流程。

第二十三条　市级预算部门对部门本级和所属单位填报的项目支出绩效目标、市对区专项转移支付绩效目标、部门（单位）整体支出绩效目标进行审核。

第二十四条　市级财政部门根据部门预算审核的范围和内容，对市级预算部门报送的项目支出绩效目标、市对区专项转移支付绩效目标、部门（单位）整体支出绩效目标进行审核。

第二十五条　绩效目标审核的主要内容：

（一）完整性审核。绩效目标的内容是否完整，绩效目标是否明确、清晰。

（二）相关性审核。绩效目标的设定与部门职能、事业发展规划是否相关，是否对申报的绩效目标设定了相关联的绩效指标，绩效指标是否细化、量化。

（三）适当性审核。资金规模与绩效目标之间是否匹配，在既定资金规模下，绩效目标是否过高或过低；或者要完成既定绩效目标，资金规模是否过大或过小。

（四）可行性审核。绩效目标是否经过充分论证和合理测算；所采取的措施是否切实可行，并能确保绩效目标如期实现。综合考虑成本效益，是否有必要安排财政资金。

第二十六条　原则上，绩效目标应由市级预算部门自主审核。针对资金量大、受益范围广、社会影响力大的项目可根据需要委托第三方机构进行绩效目标审核。委托第三方审核应严格控制行政成本，根据服务标准、支出标准和工作量支付评价服务费，强化对第三方的指导、培训和质量监督，提高绩效目标审核质量。

第二十七条　绩效目标审核结果分为"优""良""中""差"四个等级，作为预算安排的重要参考因素。审核结果为"优"的，直接进入下一步预算安排流程；审核结果为"良"的，可与相关市级预算部门或单位进行协商，直接对其绩效目标进行完善后，进入下一步预算安排流程；审核结果为"中"的，由相关市级预算部门或单位对其绩效目标进行修改完善，按程序重新报送审核；审核结果为"差"的，不得进入下一步预算安排流程。

第二十八条　绩效目标审核程序如下：

（一）项目支出绩效目标审核。

1. 市级预算部门审核。市级预算部门对部门本级和所属单位报送的绩效目标进行审核，提出审核意见并反馈给单位。单位根据审核意见对相关绩效目标进行修改完善，重新提交市级预算主管部门审核，审核通过后按程序报送市级财政部门。

2. 市级财政部门审核。市级财政部门对市级预算部门报送的绩效目标进行审核，提出审核意见并反馈给预算部门。市级预算部门根据市级财政部门意见对相关绩效目标进行修改完善，重新报送市级财政部门审核。市级财政部门根据绩效目标审核情况提出预算安排意见。

（二）市对区专项转移支付绩效目标审核。

1. 预算部门审核。预算部门对拟申报的市对区专项转移支付绩效目标进行审核，审核通过后提交本级财政部门审核，并根据财政部门审核意见对相关绩效目标进行修改完善。

2. 财政部门审核。财政部门对本级预算部门报送的专项转移支付绩效目标进行审核，提出审核意见并反馈预算部门。预算部门根据财政部门意见对相关绩效目标进行修改完善，重新报送财政部门审核。财政部门根据绩效目标审核情况提出预算安排意见。

**第四章　绩效目标的批复、调整与应用**

第二十九条　按照"谁批复预算，谁批复目标"的原则，市级财政部门在批复年初部门预算或调整预算时，按要求一并批复绩效目标。

第三十条　绩效目标确定后，一般不予调整。各市级预算部门向市级财政部门申请调剂预算的，应同步办理绩效目标调整，随预算调剂流程调整绩效目标。

第三十一条　市级预算部门或单位应按照批复的绩效目标组织预算执行，并根据设定的绩效目标开展绩效监控、单位自评、部门评价和财政评价，具体工作根据相关制度办法开展。

第三十二条　绩效目标按要求随预算报同级人大审议，并按要求随部门预算同步向社会公开。

**第五章　附则**

第三十三条　各区财政部门、各预算部门可结合实际，制定具体的管理办法和实施细则。

第三十四条　本办法由市财政局负责解释。

第三十五条　本办法自印发之日起施行。

# 中共北京市委办公厅北京市人民政府办公厅印发
# 《关于强化知识产权保护的行动方案》的通知

各区委、区政府，市委各部委办，市各国家机关，各国有企业，各人民团体，各高等院校：

经市委、市政府同意，现将《关于强化知识产权保护的行动方案》印发给你们，请结合实际认真贯彻落实。

中共北京市委办公厅

北京市人民政府办公厅

2020 年 8 月 22 日

## 关于强化知识产权保护的行动方案

加强知识产权保护，是优化营商环境、推动高质量发展的重要抓手。为深入贯彻落实中共中央办公厅、国务院办公厅《关于强化知识产权保护的意见》，进一步完善知识产权保护体系，加快知识产权首善之区建设，结合本市实际，制定本行动方案。

一、总体要求

以习近平新时代中国特色社会主义思想为指导，全面贯彻党的十九大和十九届二中、三中、四中全会精神，深入贯彻习近平总书记对北京重要讲话精神，牢固树立保护知识产权就是保护创新的理念，坚持严格保护、统筹协调、重点突破、同等保护，坚持首善标准，弘扬首创精神，体现首都特色，完善行政执法、司法审判、多元调解、商事仲裁、法律服务、社会监督、行业自律"七位一体"的知识产权保护格局，构建规范管理和严格执法有机衔接的知识产权保护模式，促进保护能力和水平整体提升。力争到 2022 年，知识产权保护制度更加完善，管理体系更加健全，侵权易发多发现象得到有效遏制，权利人维权"举证难、周期长、成本高、赔偿低"问题得到有效治理。到 2025 年，知识产权保护体系更加完善，尊重知识价值的营商环境更加优化，知识产权制度激励创新的作用得到显著发挥。

二、加强法治建设，明确鲜明的知识产权严保护导向

（一）完善法规制度和标准体系。积极推进知识产权保护与促进立法工作，完善各类知识产权保护配套制度。对标国际领先标准，制定修订各类知识产权保护标准。实施职务科技成果的知识产权赋权制度，明确相关知识产权的权属关系，加强对职务科技成果完成人的权益权利保护。

（二）严厉打击违法行为。加大行政机关查处侵权行为的力度，对重复侵权、故意侵权及严重妨碍执法的行为，依法严肃处理。加强行政执法和刑事司法有效衔接，完善案件移送要求及证据标准。加大打击侵犯知识产权犯罪行为力度，进一步细化落实立案追诉标准，研究解决管辖、法律适用等重点难点问题。强化民事司法保护，有效落实惩罚性赔偿制度。制定类型化裁判赔偿规则，依法合理确定侵权赔偿数额。探索通过参考第三方评估情况合理确定知识产权损失标准。

（三）多渠道解决纠纷。建立健全仲裁、调解、行政裁决、司法审判等纠纷解决渠道。发挥行政裁决效率高、成本低、程序简便的优势，指导当事人通过行政裁决快速化解专利侵权纠纷。开展知识产权审判案件繁简分流工作，提高审理效率。完善简单商标授权确权案件速审机制。

（四）完善证据规则。规范司法、行政执法、仲裁、调解等不同渠道的证据标准。鼓励使用公证方式保全证据。探索律师调查令制度，支持律师依法取证。大力推广时间戳、区块链等电子存证技术在知识产权保护领域的应用。

（五）加强信用监管。建立市场主体信用档案，完善失信主体"黑名单"制度。对重复侵权、故意侵权的企业进行社会公示；对严重失信主体，依法依规限制享受财政资金补助等政策扶持，限制申请财政性资金项目，限制参加政府采购活动，限制参与政府投资项目招标，限制参与土地出（转）让和流转等公共资源交易活动。

**三、加强社会共治，构建全面的知识产权大保护格局**

（六）加强仲裁、调解能力建设。提升仲裁机构知识产权专业能力，积极推动互联网仲裁。统筹推进知识产权人民调解、行政调解、司法调解发展。充分发挥知识产权维权中心作用，规范调解流程，培养一批专业调解组织和人员。

（七）强化公共法律服务和行业自律。引导企业利用公证、律师等专业服务，开展知识产权全产业、全链条风险防控和维权服务。支持专业服务机构为小微企业提供公益性质的法律咨询等维权服务。探索开展知识产权公益诉讼，依法保护国家利益、社会公共利益和公民合法权益。强化行业自律，支持各行业协会建立行规行约，定期会商知识产权风险防控和维权措施，建立健全纠纷调解机制。持续开展知识产权志愿服务，调动社会力量积极参与知识产权保护治理。

（八）主动接受社会监督。及时回应人大代表、政协委员关于知识产权保护的建议和提案。实施行政许可和行政处罚"双公示"，依法公开行政监管和处罚依据、条件和结果，接受社会和舆论监督。充分发挥12345市民服务热线作用，广泛听取市民意见建议，及时回应社会关切。

（九）发挥专业技术保障作用。指导建立知识产权侵权纠纷检验鉴定技术支撑联盟，推动检验鉴定能力建设。健全技术调查官制度，完善管理模式和培养机制。支持专业技术人员依法参与检验鉴定、技术分析、价值评估等辅助工作，为知识产权行政执法、仲裁、调解、司法审判工作提供及时、准确的技术支撑。

（十）提升市场主体知识产权保护能力。进一步健全知识产权规范化管理体系，鼓励创新型小微企业以委托方式开展知识产权精细化管理，加强高等学校知识产权试点示范建设。持续推动企业落实知识产权管理相关规范，建立与自身发展相协调的知识产权管理体系。鼓励市场主体在人才引进、国际参展、产品和技术进出口等方面开展知识产权风险预警评估，提高全流程风险管控和维权能力。

（十一）推动设立知识产权保险和维权互助基金。开展知识产权保险试点工作，支持在京保险机构开发知识产权保护保险产品。鼓励企业投保专利执行险、专利被侵权损失险等险种。支持企业以市场化方式设立知识产权维权互助基金，提高维权保障能力。

**四、加强协调衔接，形成高效的知识产权快保护态势**

（十二）加强跨区域协作。建设跨区域知识产权行政保护协作平台，加强跨区域维权援助协同。依托京津冀知识产权合作机制，联合开展侵权假冒线索移送、调查取证、执法协查、结果互认及信息共享，构建跨区域协作治理体系。支持审判机关建立远程诉讼咨询服务平台，为当事人提供远程立案、案件查询、远程视频庭审等多项诉讼服务。

（十三）开展专项保护攻坚行动。加强商标权保护，指导建立预警机制，严肃查处侵权行为。加强网络著作权保护，探索网络执法新模式，优化网络监管技术手段，严厉打击网络侵权盗版行为；明确网络服务提供者的管理责任，加快网络著作权审核规范体系建设。加强商业秘密保护，指导企业健全精细化管理制度，支持专业服务机构参与维权服务，保障商业秘密安全。加强地理标志保护，组织地理标志保护产品专用标志使用核准改革试点工作，指导企业加强地理标志保护产品追溯和质量控制，加强源头标准化、规模化建设，推动建立产销地联动保护机制。规范知识产权代理秩序，综合运用监控排查、行政执法和联合惩戒等措施，集中治理知识产权代理行业违法行为。

（十四）加强重点领域知识产权保护。推动电商平台建立线上线下联动、产销同步共治的知识产权保护机制，督促电商平台履行资质审查、违约处理等管理责任。推动电商平台建立侵权快速反应机制，及时删除侵权内容，停止侵权信息传播。落实电子商务领域专利侵权纠纷快速处理有关规定，推动专利侵权纠纷快速裁决。完善展会知识产权保护制度，实施参展产品知识产权报备制度和参展方不侵权承诺制度，加大对中国国际服务贸易交易会等重大展会的知识产权保护力度。加强体育赛事转播权保护力度，做好2022年北京冬奥会冬残奥会等重大体育赛事的知识产权保护。强化传统医药保护，指导传统医药相关主体申请专利、注册商标，支持企业开展海外维权。强化传统文化保护，推动建立民间文艺、非物质文化遗产等传统文化名录体系。

（十五）积极开展专利侵权纠纷行政裁决示范。探索建立行政调解协议司法确认制度，明确管辖法院和工作流程。利用互联网、大数据等技术手段，探索开展网上审理方式。配备专业技术人员提供技术分析支持，准确高效认定技术事实。

（十六）加强知识产权快保护机构建设。制定本市知识产权保护中心、快速维权中心建设规划，优化专利预审机制，压缩预审周期，提高快速预审能力，提升对人工智能、区块链、5G、物联网、生物医药、新材料等新技术新领域专利快速预审质量，推动快速确权和协同维权，为创新主体提供"一站式"精准维权方案。

**五、加强涉外沟通，营造公平的知识产权同保护环境**

（十七）加强国际交流合作。积极落实本市与世界知识产权组织关于加强知识产权合作的谅解备忘录及补充协议，与世界主要城市建立知识产权合作沟通机制。研究落实签署的国际组织协议和双边多边协议中知识产权保护相关条款，健全与国内外权利人的信息交流渠道，组织开展涉外知识产权保护专项行动，推动国际产业园区知识产权保护"一站式"维权服务等，对国内外权利人合法权益予以同等保护。综合利用各类国际交流合作平台，积极宣传本市知识产权保护发展成就。适时发布本市知识产权保护白皮书。

（十八）加强海外维权援助服务。建立海外维权专家顾问制度，建设本市海外知识产权公共服务信息库和重点领域海外知识产权纠纷应对指导专家库。组织开展企业海外知识产权保护状况调查，对重大海外知识产权纠纷进行信息通报及对策研判，对重点国家（地区）保护状况进行评估预警。鼓励企业建立海外知识产权维权联盟，指导服务机构提供海外风险预警服务。支持企业或服务机构依托海外分支机构，综合开展所在国产业知识产权保护状况观察、维权重大信息通报和重大应急事件协调联动。优化北京（中关村）国际知识产权服务大厅服务资源，为社会主体提供更加便捷、低成本的知识产权国际服务。

（十九）强化进出口环节保护。建立健全进出口知识产权保护部门联动机制，加强对高发渠道、高风险商品、重点贸易国别进出口侵权商品监管力度，进一步提升执法效能，降低企业维权成本。加大对进出口货物侵权违法行为惩处力度，使从北京口岸进出口的侵权商品数量明显减少。加强跨境电商知识产权保护。

**六、加强基础建设，有力支撑知识产权保护工作**

（二十）完善公共服务体系。深入推进本市知识产权公共服务体系建设，实现知识产权公共服务中心各区全覆盖。加强重点产业园区知识产权公共服务布局，推动建立服务园区的知识产权巡回审判机制。探索建立资源集中调度、系统协调联动、信息共建共享的一体化知识产权保护平台，统筹各类知识产权信息资源，推动基础信息互联互通。

（二十一）加大资金投入和支持力度。统筹使用好财政资金，加大对知识产权保护工作的投入力度，保障必要的风险监测预警等重点工作任务经费。鼓励企业加大资金投入，提升知识产权维权能力。

（二十二）加强专业人才队伍建设。制订首都知识产权人才培育行动计划，鼓励高等学校和社会机构联合培养各类知识产权专业人才，引进海外高层次人才在京从事知识产权工作。进一步完善知识产权专业职称评审制度，鼓励知识产权领域律师、行政执法人员、司法人员有序开展交流。

**七、加强组织实施，确保工作任务落实**

（二十三）强化组织领导。全面加强党对知识产权保护工作的领导。各区要将知识产权保护工作纳入党委和政府重要议事日程，定期专题研究，协调解决重点难点问题。要充分发挥市、区知识产权办公会议的议事协调作用，各成员单位按照职责分工抓好落实，协同推进知识产权保护体系建设。市知识产权局要会同市有关部门不断完善工作机制，加强协调指导和督促检查，确保各项工作有效落实，重大问题要及时按程序向市委、市政府请示报告。

（二十四）加强考核评价。将知识产权保护绩效纳入各区委、区政府绩效考核和营商环境评价体系。每年组织开展知识产权保护社会满意度调查和保护水平评估。完善通报约谈机制，督促各区、各部门加大知识产权保护工作力度。

（二十五）落实奖励机制。按照国家和本市有关规定，对在知识产权保护工作中作出突出贡献的集体和个人给予表彰。完善侵权假冒举报奖励机制，激发社会公众参与知识产权保护工作的积极性和主动性。

（二十六）做好宣传引导。加强舆论引导，定期发布具有社会影响力的典型案例，让强化知识产权保护的观念深入人心。落实"谁执法谁普法"责任制，增强知识产权普法实效。推动知识产权保护课程纳入市、区两级党校（行政学院）教育规划。开展知识产权保护进企业、进单位、进社区、进学校、进网络等活动，增强全社会知识产权保护意识，为加快建设知识产权首善之区营造良好氛围。

# 参考文献

［1］王斌，崔思栋，张正则. 体育运动与健康促进［M］. 北京：人民体育出版社，2012.

［2］罗伯特. 费尔德曼，黄希庭. 心理学与我们［M］. 黄希庭译. 北京：人民邮电出版社，2008.

［3］理查德. 谢尔. 沃顿商学院最实用的谈判课［M］. 林民旺，李翠英译. 北京：机械工业出版社，2014.

［4］麦可思研究院. 2017 中国大学生就业报告［M］. 社会科学文献出版社，2017.

［5］陈 春 花：面 对 不 确 定 的 环 境，做 最 好 的 自 己 ［EB/OL］. https：//mp. weixin. qq. com/s/qLLALAJRt1g6Kubr2HfwEw.

［6］Raes F, Pommier E, Neff K D, et al. Construction and factorial validation of a short form of the Self - Compassion Scale［J］. Clinical Psychology & Psychotherapy, 2011, 18（3）：250-255.

［7］Scheier M F, Carver C S, Bridges M W. Distinguishing optimism from neuroticism（and trait anxiety, self-mastery, and self-esteem）：a reevaluation of the Life Orientation Test.［J］. Journal of Personality & Social Psychology, 1994, 67（6）：1063-78.